民國文化與文學_{研究文叢}研究文叢

初 編

李 怡 主編

第16冊

1937～1945：「抗戰建國」與國統區戲劇運動

傅學敏 著

國家圖書館出版品預行編目資料

1937～1945：「抗戰建國」與國統區戲劇運動／傅學敏 著──
初版 ── 新北市：花木蘭文化出版社，2012〔民101〕
目 4+238 面；19×26 公分
（民國文化與文學研究文叢 初編；第 16 冊）
ISBN：978-986-254-893-6（精裝）
1. 抗戰戲劇　2. 劇團　3. 劇評
541.26208　　　　　　　　　　　　　　　　101012605

特邀編委（以姓氏筆畫為序）：

ISBN-978-986-254-893-6

9 789862 548936

民國文化與文學研究文叢
初　編　第十六冊　　　　　　　　ISBN：978-986-254-893-6

1937～1945：「抗戰建國」與國統區戲劇運動

作　　者　傅學敏
主　　編　李　怡
企　　劃　北京師範大學民國歷史文化與文學研究中心（籌）
　　　　　四川大學民國文學暨海外漢學研究中心（籌）
　　　　　現代中國文化與文學研究中心
總 編 輯　杜潔祥
印　　刷　普羅文化出版廣告事業
出　　版　花木蘭文化出版社
發 行 人　高小娟
聯絡地址　新北市永和區中正路五九五號七樓
　　　　　電話：02-2923-1455／傳眞：02-2923-1452
網　　址　http://www.huamulan.tw 信箱 sut81518@gmail.com
初　　版　2012 年 9 月
定　　價　初編 18 冊（精裝）新台幣 30,000 元　　　　版權所有·請勿翻印

《民國文化與文學研究文叢》總序

李　怡

　　這是一套試圖從新的角度——民國歷史文化的視角重新梳理分析中國現代文學的叢書，計劃在數年內連續推出百餘種相關主題的論述，逐漸形成關於現代中國文學的新的學術思路。爲什麼會提出這樣的設想？與最近一些年大陸中國悄然出現的「民國熱」有什麼關係？最終，我們又有怎樣的學術預期呢？

　　近年來大陸中國的「民國熱」折射出了諸多耐人尋味的社會心理：對於一種長期被遮蔽的歷史的好奇？市民情懷復蘇時代的小資心態？對當前社會文化秩序的厭倦與不滿？或許，就是這幾種心理的不同程度的組合？作爲生活在「民國熱」時代的我們，自然很難將自己與這些社會心理切割開來，不過，在學術自身的邏輯裡追溯，我們卻不得不指出，作爲文學史敘述的「民國」概念，無疑有著更爲深遠的歷史，擁有更爲豐富的內涵。

一

　　迄今爲止，在眾多中國現代文學史的敘述概念中，得到廣泛使用的有三種：「新文學」、「近代／現代／當代文學」、「二十世紀中國文學」。值得注意的是，這三種概念都不完全是對中國文學自身的時空存在的描繪，概括的並非近現代以來中國具體的國家與社會環境，也就是說，我們文學眞實、具體的生存基礎並沒有得到準確的描述。因此，它們的學術意義從來就伴隨著連續不絕的爭議，這些紛紜的意見有時甚至可能干擾到學科本身的穩定發展。

　　「新文學」是第一個得到廣泛認可的文學史概念。從 1929 年春朱自清在清華大學講授「中國新文學」、編訂《中國新文學研究綱要》到 1932 年周作人在輔仁大學講演新文學源流、出版《中國新文學的源流》，從 1933 年王哲

甫出版《中國新文學運動史》到 1935 年全面總結第一個十年成就的《中國新文學大系》的隆重推出，從 1950 年 5 月中央教育部頒佈的教學大綱定名為「中國新文學史」到 1951 年 9 月王瑤出版《中國新文學史稿》（上冊），都採用了「新文學」這一命名。此外，香港的司馬長風和臺灣的周錦先後撰寫、出版了同名的《中國新文學史》。乃至在新時期以後，雖然新的學科命名——近代文學、現代文學、當代文學——已經確定，但是以「新文學」為名創辦學會、寫作論著的現象卻依然不斷地出現。

以「新」概括文學的歷史，在很大程度上來源於這一時段文學運動中的自我命名。晚清以降中國文學與中國文化的動向，往往伴隨著一系列「新」思潮、「新」概念與「新」名稱的運動，如梁啟超提出「新民說」、「新史學」、「新學」，文學則逐步出現了「新學詩」、「新體詩」、「新派詩」、「新民體」、「新文體」、「新小說」、「新劇」等。可以說，鴉片戰爭以後的中國進入了一個「求新逐異」的時代，「新」的魅力、「新」的氛圍和「新」的思維都前所未有地得到擴張，及至五四時期，「新文學運動」與「新文化運動」轟然登場，「新文學」作為文學現象進入讀者和批評界的視野，並成為文學史敘述的基本概念，顯然已是大勢所趨。《青年雜誌》創刊號有文章明確提出：「夫有是非而無新舊，本天下之至言也。然天下之是非，方演進而無定律，則不得不假新舊之名以標其幟。夫既有是非新舊則不能無爭，是非不明，新舊未決，其爭亦未已。」〔註1〕今天，學界質疑「新文學」的「新」將其他文學現象排除在外了，以至現代的文學史殘缺不全。其實，任何一種文學史的敘述都是收容與排除並舉的，或者說，有特別的收容，就必然有特別的排除，這才是文學研究的基本「立場」。沒有對現代白話的文學傳統的特別關注和挖掘，又如何能體現中國文學近百年來的發展與變化呢？「新」的侷限不在於排除了「舊」，而在於它能否最準確地反映這一類文學的根本特點。

對於「新文學」敘述而言，真正嚴重的問題是，這一看似當然的命名其實無法改變概念本身的感性本質：所謂「新」，總是相對於「舊」而言，而在不斷演變的歷史長河中，新與舊的比照卻從來沒有一個確定不移的標準。從古文經學、荊公新學到清末西學，「新學」在中國學術史上的內涵不斷變化，「新文學」亦然。晚清以降的文學，時間不長卻「新」路不定，至「五四」已今非昔比，「新」能夠在多大的範圍內、在多長的時間中確定「文學」的性質，實在是一個不容

〔註 1〕 汪叔潛：《新舊問題》，《青年雜誌》1915 年第 1 卷第 1 號。

忽視的學術難題。我們可以從外來文化與文學的角度認定五四白話文學的「新」，像許多新文學史描述的那樣；也可以在中國文學歷史中尋覓「新」的元素，以「舊」爲「新」，像周作人的《中國新文學的源流》那樣。但這樣一來，反而昭示了「新」的不確定性，爲他人的質疑和詬病留下了把柄。誠如錢基博所言：「十數年來，始之以非聖反古以爲新，繼之歐化國語以爲新，今則又學古以爲新矣。人情喜新，亦復好古，十年非久，如是循環；知與不知，俱爲此『時代洪流』疾卷以去，空餘戲狎懺悔之詞也。」〔註2〕

更何況，中國文學的「新」歷史肯定會在很長時間中推進下去，未來還將發生怎樣的變動？其革故鼎新的浪潮未必不會超越晚清－五四一代。屆時，我們當何以爲「新」，「新文學」又該怎麼延續？這樣的學術詰問恐怕不能算是空穴來風吧。

「新」的感性本質期待我們以更嚴格、更確定的「時代意義」來加以定義。「現代」概念的出現以及後來更爲明確的近代／現代／當代的劃分似乎就是一種定義「意義」的方向。

「現代」與「近代」都不是漢語固有的語彙，傳統中國文獻如佛經曾經用「現在」來表示當前的時間（《俱舍論》有云：「若已生而未已滅名現在」）。以「近代」、「現代」翻譯英文的 modern 源自日本，「近代」、「現代」係日文對 modern 的經典譯文。「現代」在一開始使用較少，但至遲在 20 世紀初的中國文字中也開始零星使用，如梁啓超 1902 年的《新民説》。〔註3〕只是在當時，modern 既譯作「現代」與「近代」，也譯作「摩登」、「時髦」、「近世」等。直到 30 年代以後，「現代」一詞才得以普遍使用，此前即便作爲時間性的指稱，使用起來也充滿了隨意性。「近代」進入文學史敘述以 1929 年陳子展的《中國近代文學之變遷》爲早，「現代」進入文學史敘述則以 1933 年錢基博的《現代中國文學史》爲先，但他們依然是在一般的時間概念上加以模糊認定。尤其是錢基博，他的「現代」命名就是爲了掩蓋更具有社會歷史內涵的「民國」：「吾書之所爲題『現代』，詳於民國以來而略推跡往古者，此物此誌也。然不

〔註2〕 錢基博：《現代中國文學史》，長沙：嶽麓書社，1986 年，第 506 頁。

〔註3〕 《新民説》有云：「凡此皆現代各國之主動力也，而一皆自條頓人發之成之，是條頓人不啻全世界動力之主人翁也。」參見《梁啓超全集》第 2 冊，北京：北京出版社，1999 年，第 658、659 頁。關於日文中「近代」、「現代」一詞的來源及使用情況可以參見柳父章：《翻譯語成立事情》，日本岩波書店 1982 年 4 月出版。

題『民國』而日『現代』，何也？曰：維我民國，肇造日淺，而一時所推文學家者，皆早嶄露頭角於讓清之末年，甚者遺老自居，不願奉民國之正朔；寧可以民國概之？」〔註4〕也就是說，像「民國」這樣直接指向國家與社會內涵的文學史「意義」，恰恰是作者要刻意迴避的。

在「現代」、「近代」的概念中追尋特定的歷史文化意義始於思想界。1915年，《青年雜誌》創刊號一氣刊登了陳獨秀兩篇介紹西方近現代思想文化的文章：《法蘭西人與近世文明》和《現代文明史》，「近代（近世）」與「現代」同時成爲對西方思想文化的概括。《青年雜誌》〔註 5〕後來又陸續推出了高一涵的《近世國家觀念與古相異之概略》（第 1 卷第 2 號）和《近世三大政治思想之變遷》（第 4 卷第 1 號）、劉叔雅的《近世思想中之科學精神》（第 1 卷第 3 號）、陳獨秀的《孔子之道與現代社會》（第 2 卷第 4 號）和《近代西洋教育》（第 3 卷第 5 號）、李大釗的《唯物史觀在現代歷史學上的價值》（第 8 卷第 4 號）。《新潮》則刊發了何思源的《近世哲學的新方法》（第 2 卷第 1 號）、羅家倫的《近代西洋思想自由的進化》（第 2 卷第 2 號）、譚鳴謙的《現代民治主義的精神》（第 2 卷第 3 號）等。1949 年以後，大陸中國文學研究界找到了清晰辨析近代／現代／當代的辦法，更是確定了這幾個概念背後的歷史文化內涵，其根據就是由史達林親自審查、聯共（布）中央審定、聯共（布）中央特設委員會編的《聯共（布）黨史簡明教程》和由蘇聯史學家集體編著的多卷本的《世界通史》。《聯共（布）黨史簡明教程》於 1938 年在蘇聯出版，它先後用 67 種文字出版 301 次，是蘇聯圖書出版史上印數最多的出版物之一。就在蘇聯正式出版此書的二三個月後，該書的第七章和結束語就被譯成中文在《解放》上發表，隨後不久，在中國就出現了 4 種不同的中文譯本：由博古任總校閱、中國出版社 1939 年 2 月出版的「重慶譯本」，由吳清友翻譯、上海啓明社 1939 年 5 月出版的「上海譯本」，由蘇聯外文出版局主持翻譯和出版、任弼時等人擔任實際翻譯工作的「莫斯科譯本」，以及解放社於 1939年 5 月出版的「延安譯本」。「上海譯本」多流行於上海和新四軍活動區域，陝甘寧邊區和華北各抗日根據地擁有「莫斯科譯本」與「延安譯本」，大後方各省同時流行「重慶譯本」與「莫斯科譯本」（見歐陽軍喜《論抗戰時期〈聯

〔註 4〕 錢基博：《現代中國文學史》，第 9 頁。
〔註 5〕 1916 年 9 月第 2 卷第 1 號起，《青年雜誌》改名爲《新青年》，文中爲了表述連貫，不作明確指出。

共（布）黨史簡明教程〉在中國的傳播及其對中國共產黨宣傳工作的影響》，載《黨史研究與教學》2008 年第 2 期）。早在延安時代，《簡明教程》就被列入「幹部必讀」書，建國之後，《簡明教程》中的三章加上「結束語」曾被指定爲廣大幹部學習的基本教材，在中國自己編寫的「國際共運史」教材面世之前，它也是高校馬列主義基礎課程的通用教材，直接參與構築了新中國教育的基本歷史觀念。作爲「學科」的中國現當代文學就是在這樣一種歷史觀念的形成中生成的。中譯本《世界通史》第一卷最早由生活·讀書·新知三聯書店於 1959 年初版，至 1978 年出版到第八卷，第九、第十卷由吉林人民出版社分別於 1975、1978 年出版，第十一卷繼續由三聯書店於 1984 年出版，第十二、十三卷由東方出版社 1987、1990 年出版，可以說也伴隨了 1990 年代之前中國的歷史認識過程。

就這樣，馬列主義的五種社會形態進化論成爲劃分近代與現代的理論基礎，由近代到現代的演進，在蘇聯被描述爲 1640 年英國資產階級革命－十月社會主義革命的重大發展，在中國，則開始於淪爲「半殖民地半封建」的 1840 年鴉片戰爭，完成於標誌著社會主義思想傳播的「五四」。大陸中國的史學家更是在「現代」之中另闢「當代」，以彰顯社會主義與共產主義社會的到來，由此確定了中國文學近代／現代／當代的明確格局——這樣的劃分，不僅在時間分段上不再模糊，而且更具有明確的思想內涵與歷史文化質地：資產階級文學（舊民主主義革命文學）、新民主主義革命文學與社會主義文學就是近代－現代－當代文學的歷史轉換。

當然，來自蘇聯意識形態的歷史劃分與西方學術界的基本概念界定存在明顯的分歧。在西方學術界，一般是以地理大發現與資本主義經濟及社會文化的興起作爲「現代」的開端，Modern Times 一般泛指 15～16 世紀地理大發現以來的歷史，這一歷史過程一直延續到今天，並沒有近代／現代之別，即使是所謂的「當代」（Late Modern Time 或 Contemporary Time），也依然從屬於 Modern Times 的長時段。〔註 6〕「現代」的含義也不僅與「革命」相關，而且指涉一個相當久遠而深厚的歷史文化的變遷過程，並包含著歷史、哲學、

〔註 6〕代表作有阿克頓主編的 14 卷本的《康橋近代史》（*The Cambridge Modern History, Cambridge university press .1902-1912*），後來康橋大學出版社又出版了克拉克主編的 14 卷本的《新編康橋近代史》（*The New Cambridge Modern History. Cambridge university press .1957-1959*），這套著作的中文譯本於 1987 年起，由中國社會科學出版社陸續出版，名爲《新編康橋世界近代史》。

宗教等多方面的資訊。德國美學家姚斯在《美學標準及對古代與現代之爭的歷史反思》中考證，「現代」一詞在 10 世紀末期首次被使用，意指古羅馬帝國向基督教世界過渡時期，與古代相區別；而今天一般將之理解爲自文藝復興開始尤其是 17、18 世紀以後的社會、思想和文化的全面改變，它以工業化爲基礎，以全球化爲形式，深刻地影響了世界各民族的生存與觀念。

到了新時期，在大陸中國的國門重新向西方世界開放以後，「走向世界」的強烈渴望讓我們不再滿足於革命歷史的「現代」，但問題是，其他的「現代」知識對我們而言又相當陌生，難怪汪暉曾就何謂「現代」向唐弢先生鄭重求教，而作爲學科泰斗的導師也只是回答說，這是一個「很複雜」的問題。〔註7〕1990 年代，中國學術界開始惡補「現代」課，從西方思想界直接輸入了系統而豐富的「現代性知識」，這個「與世界接軌」的具有思想深度的知識結構由此散發出了前所未有的魅力。正是在「現代性知識」體系中，對現代、現代性、現代化、現代主義的辨析達到了如此的深入和細緻，對文學的觀照似乎也獲得了令人激動不已的效果和不可估量的廣闊前程，中國現代文學史至此有望成爲名副其實的「現代性」或「現代學」意義上的文學史敍述。

應當承認，1990 年代對「現代」知識的重新認定，的確爲我們的文學史研究找到了一個更具有整合能力的闡釋平臺。例如，藉助福柯式的知識考古，我們固有的種種「現代」概念和思想得到了清理，現代、現代性、現代化這些或零散或隨意或飄忽的認識，都第一次被納入一個完整清晰的系統，並且尋找到了在人類精神發展流程裡的準確位置。最近 10 年，「現代性」既是中國理論界所有譯文的中心語彙，也幾乎就是所有現當代文學史研究的話語支撐點。

但是，從另一角度來看，我們的「現代」史學之路卻難以掩飾其中的尷尬。無論是蘇聯的革命史「現代」概念還是今日西方學界的「現代」新知，它們的闡釋功效均更多地得力於異域的理論視野與理論邏輯，列寧與史達林如此，吉登斯、哈貝馬斯與福柯亦然。問題是，中國作家的主體經驗究竟在哪裡？中國作家背後的中國社會與歷史的獨特意義又何在？在革命史「現代」觀中，蘇聯的文學經驗、所謂的「現實主義」道路成爲金科玉律，只有最大程度地符合了這些「他者」的經驗才可能獲得文學史的肯定，這被後來稱爲

〔註 7〕 汪暉：《我們如何成爲「現代的」？》，《中國現代文學研究叢刊》1996 年第 1 期。

「左」的思想的教訓其實就是失去了中國主體經驗的惡果。同樣，在最近 10
餘年的文學史研究中，鮮活的現代中國的文學體驗也一再被納入到全球資本
主義時代的共同命題中，兩種現代性、民族國家理論、公共空間理論、第三
世界文化理論、後殖民批判理論……大清帝國的黃昏與異域的共和國的早晨
相遇了，兩個不同國度的感受能否替換？文學的需要是否就能殊途同歸？他
者的理論是否真讓我們一勞永逸？中國文學的現代之路會不會自成一格？有
趣的甚至還有如下的事實：在 90 年代初期，恰恰也是其中的一些理論（現代
性質疑理論）導致我們對現代文學存在價值的懷疑和否定，而到了 90 年代中
後期，當外來的理論本身也發生分歧與衝突的時候（如哈貝馬斯對現代性的
肯定），我們竟又神奇地獲得了鼓勵，重新「追隨」西方理論挖掘中國文學的
「現代性價值」——中國文學的意義竟然就是這樣的脆弱和動搖，只能依靠
西方的「現代」理論加以確定？

　　除了這些異域的「現代」理論，我們的文學史家就沒有屬於自己的東西
嗎？如我們的心靈，我們的感受，能夠容納我們生命需要的漢語能力。

　　現代，在何種意義上還能繼續成為我們的文學史概念？沒有了這一通行
的「世界」術語，我們還能夠表達自己嗎？

　　問題的嚴重性似乎不在於我們能否在歷史的描述中繼續使用「現代」（包
括與之關聯的「近代」、「當代」等概念），而是類似的辭彙的確已被層層疊疊
的「他者」的資訊所塗抹甚至污染，在固有的中國現代文學史敘述框架內，
我們怎樣才能做到全身而退，通達我們思想的自由領地？

　　中國有「文學史」始於清末的林傳甲、黃摩西，隨著文學史寫作的持續
展開，尤其是到了 1949 年以後，「現代」被單獨列出，不再從屬於「中國文
學史」，這彷彿包含了一種暗示：「現代」是異樣的、外來的，不必納入「中
國文學」固有的敘述程式。

　　「二十世紀中國文學」是中國文學研究界學術自覺，努力排除蘇聯「革
命」史觀影響，尋求文學自身規律的產物。正如論者當年意識到的那樣：「以
前的文學史分期是從社會政治史直接類比過來的。拿『近代文學史』來說，
從一八四〇年鴉片戰爭到一八九八年戊戌變法，半個多世紀裡頭，幾乎沒有
什麼文學，或者說文學沒有什麼根本的變化。……政治和文學的發展很不平
衡。還是要從東西方文化的撞擊，從文學的現代化，從中國人『出而參與世
界的文藝之業』，從文學本身的發展規律，從這樣的一些角度來看文學史，才

比較準確。」「『二十世紀中國文學』這一概念首先意味著文學史從社會政治史的簡單比附中獨立出來，意味著把文學自身發生發展的階段完整性作爲研究的主要對象。」〔註 8〕這樣的歷史架構顯然具有重大的學術價值，「二十世紀中國文學」直到今天依然是影響最大的文學史理念，然而，它也存在著難以克服的一些問題。姑且不論「二十世紀」這一業已結束的時間概念能否繼續涵蓋一個新世紀的歷史情形，而「新世紀」是否又具有與「舊世紀」迥然不同的特徵，即便是這種歷史概括所依賴的基本觀念——文學的世界性、整體性與「現代化」，其實也和文學的「現代」史觀一樣，在今天恰恰就是爭論的焦點。

「二十世紀」作爲一個時間概念也曾被國外史家徵用，但是正如當年中國學者已經意識到的那樣，外人常常是在「純物理時間」的意義上加以使用，相反，「二十世紀中國文學」更願意準確地呈現文學自身的性質。〔註 9〕這樣一來，「二十世紀」的概念也同我們曾經有過的「現代」一樣，實際上已由時間性指稱轉換爲意義性指稱。那麼，構成它們內在意義的是什麼呢？是文學的世界性、整體性與「現代化」——這些取諸世界歷史總體進程的「元素」，它們在何種程度上推動了我們文學的發展，又在多大的程度上掩蓋了我們固有的人生與藝術理想，都是大可討論的。例如，面對同樣一個「世界」的背景，是遭遇了「世界性」還是我們自己開闢了「世界性」，這裡就有完全不同的文學感受；再如，將「二十世紀」看作一個「整體」，我們可能注意到「五四」與「新時期」在「現代化」方向上的一致：「我是從搞新時期文學入手的，慢慢地發現好多文學現象跟『五四』時期非常相像，幾乎是某種『重複』。比如，『問題小說』的討論，連術語都完全一致。我考慮比較多的是美感意識的問題。『傷痕』文學裡頭有一種很濃郁的感傷情緒，非常像『五四』時期的浪漫主義思潮，我把它叫作歷史青春期的美感情緒。」「魯迅對現代小說形式的問題很早就提出一些精彩的見解。我就感覺到當代文學提出的很多問題並不是什麼新鮮問題。」〔註 10〕但是，這樣的「整體性」的相似只是問題的一方面，認眞區分起來，「五四」與「新時期」其實更有著一系列重要的分歧。文

〔註 8〕 黃子平、陳平原、錢理群：《二十世紀中國文學三人談》，北京：人民文學出版社，1988 年，第 36 頁、25 頁。

〔註 9〕 黃子平、陳平原、錢理群：《二十世紀中國文學三人談》，第 39 頁。

〔註 10〕 黃子平、陳平原、錢理群：《二十世紀中國文學三人談》，第 29～30、31 頁。

學的意義恰恰就是建立在細節的甄別上，上述細節的差異不是可有可無的，它們標識的正是文學本身的「形態」的差別，既然「形態」已大不相同，那麼粘合的「整體」的也就失去了堅實的基礎。

更有甚者，雖然已被賦予一系列「現代性」的意義指向，「二十世紀」卻又無法終結人們對它的「時間」指稱。新的問題由此產生：人們完全可能藉助這樣的「時間」框架，重新賦予不同的意義，由此在總體上形成了「二十世紀」指義的複雜和含混。在 80 年代，「二十世紀中國文學」的提出者是以晚清的「新派」文學作為「現代性」的起點，努力尋找五四文學精神的晚清前提與基礎，但是近年來，我們卻不無尷尬地發現美國漢學界已另起爐竈，竭力發掘被五四文學所「壓抑」的其他文學源流。結果並不是簡單擴大了文學的源頭，讓多元的聲音百家爭鳴，而是我們從此不得不面對一個彼此很難整合的現代文學格局，在晚清的世俗情欲與「五四」的文化啓蒙之間，矛盾的力量究竟是怎樣被「整合」的？如果說，「五四」的文化啓蒙壓抑了晚清的世俗情欲，而後者在中國其實已有很長的歷史流變過程，那麼，這樣壓抑／被壓抑雙方的歷史整合就變得頗為怪異，而「五四」、二十世紀作為文學「新質」的特殊意義也就不復存在，我們曾引以自豪的新文學的寶貴傳統可能就此動搖和模糊不清。難道，一個以文學闡釋的「整體性」為己任的學術追求至此完成了自我的解構？

我們必須認眞面對「二十世紀中國文學」這一概念，包括其並未消失的價值和已經浮現的侷限。

二

我們對近現代以來中國文學史的幾大基本概念加以檢討，其目的並不是要在現有的文學描述中將之「除名」，而是想藉此反思我們目前文學研究與文學史敘述的內在問題。「新文學」力圖抓住中國文學在本世紀的「新質」，但定位卻存在很大的模糊空間；「現代文學」努力建立關於歷史意義的完整觀念，但問題是，這些「現代」觀念在很大程度上來自異域文化，究竟怎樣確定我們自己在本世紀的生存意義，依然有太多的空白之處；「二十世紀」致力於「文學」輪廓的勾勒，但純粹的時間概念的糾纏又使得它所框定的文學屬性龐雜而混沌，意義的清晰度甚至不如「新文學」與「現代文學」。這就是說，在我們未來的文學史敘述中，有必要對「新文學」、「近代／現代／當代」、「二

十世紀中國文學」等概念加以限制性的使用，盡可能突出它們揭示中國文學現象獨特性的那一面，盡力壓縮它們各自表意中的模糊空間。與此同時，更重要的是重新尋找和探測有關文學歷史的新的敘述方式，包括新的概念的選擇、新的意義範圍的確定，以及新的研究範式的嘗試等。

「新文學」作為對近百年來白話文學約定俗成的稱謂，繼續使用無妨，且無須承擔為其他文學樣式（如舊體文學）騰挪空間的道德責任，但未來的文學發展又將如何刷「新」，新的文學現象將怎樣由「新」而出，我們必須保留必要的思想準備與概念準備；「現代」則需要重新加以清理和認定，與其將西方資本主義文化的種種邏輯作為衡量「現代性」的基礎，還不如在一個更寬泛的角度認定「現代」：中華帝國結束自我中心的幻覺，被迫與其他世界對話的特殊過程，直接影響了中國人與中國作家的人生觀與自我意識，催生了一種區別於中國古代文學的「現代」樣式。這種「現代」受惠與受制於異域的「現代」命題尤其是西方資本主義的命題，但又與異域的心態頗多區別，我們完全不必將西方的「現代」或「現代性」本質化，並作為估價中國文學的尺度。異域的「現代」景觀僅僅是我們重新認識中國現象的比照之物，也就是說，對於「現代」的闡述，重點不應是異域（西方）的理念，而是這一過程之中中國「物質環境」與「精神生態」的諸多豐富形態與複雜結構。作為一個寬泛性的「過程」概念的指稱，我們使用側重於特殊時間含義的「現代文學」，而將文學精神內涵的分析交給更複雜、更多樣的歷史文化分析，以其他方式確立「意義」似乎更為可行；「二十世紀」是中國文學新的「現代」樣式孕育、誕生和發展壯大的關鍵時期，因為精神現象發生的微妙與複雜，這種時間性的斷代對文學本身的特殊樣式而言也不無模糊性，而且其間文學傳統的流變也務必單純和統一，因此，它最適合於充當技術性的時間指稱而非某種文學「本質」的概括。

這樣一來，我們似乎有可能獲得這樣的機會：將已粘著於這些概念之上的「意義的斑駁」儘量剔除，與其藉助它們繼續認定中國文學的「性質」，不如在盡力排除「他者」概念干擾的基礎上另闢蹊徑，通過對近現代以來中國文學發生與發展歷史情景的細緻梳理來加以全新的定義。

一個民族和國家的文學歷史的敘述，所依賴的巨大背景肯定是這一國家歷史的種種具體的歷史情景，包括國家政治的情狀、社會體制的細則、生存方式的細節、精神活動的詳情等等，總之，這種種的細節，它來自於歷史事實的「還

原」而不是抽象的理論概括。國家是我們生存的政治構架，在中國式的生存中，政治構架往往起著至關緊要的作用，影響及每個人最重要的生存環境和人生環節，也是文學存在的最堅實的背景；在國家政治的大框架中又形成了社會歷史發展的種種具體的情態：這是每個個體的具體生存環境，是文學關懷和觀照的基本場景，也是作為精神現象的文學創造的基礎和動力。

　　從文學生存的社會歷史文化角度加以研究，並注意到其中「國家政治」與「社會背景」的重要作用，絕非始於今日。在「以階級鬥爭為綱」的年代，就格外強調社會歷史批評的價值，新時期以後，則有「文化角度」研究的興起，90 年代至今，更是「文化批評」或「文化研究」的盛行。不過，強調「國家歷史情態」與這些研究都有很大的不同，它是屬於我們今天應當特別加強的學術方式。

　　傳統的社會歷史批評以國家政治為唯一的闡釋中心，從根本上抹殺了文學自身的獨立性。在新時期，從「文化角度」研究文學就是要打破政治角度的壟斷性，正如「二十世紀中國文學」倡導者所提出的「走出文學」的設想：「『走出文學』就是注重文學的外部特徵，強調文學研究與哲學、社會學、政治學、民族學、心理學、歷史學、民俗學、文化人類學、倫理學等學科的聯繫，統而言之，從文化角度，而不只是從政治角度來考察文學。」（註 11）這樣的研究，開啓了從不同的學科知識視角觀察文學發展的可能。「文化角度」在這裡主要意味著「通過文化看文學」。也就是說，運用組成社會文化的不同學科來分析、觀察文學的美學個性。與基於這些「文化角度」的「審美」判斷不同，90 年代至今的「文化研究」甚至打破了人們關於藝術與審美的「自主性」神話，將文學納入社會文化關係的總體版圖，重點解釋其中的文化「意味」，包括社會結構中種種階級、權力、性別與民族的關係。「文化研究」更重視文學具體而微的實際經驗，更強調對日常生活與世俗文化的分析和解剖，更關注文學在歷史文化經驗中的具體細節。這顯然更利於揭示文學的歷史文化意義，但是，「文化研究」的基本理論和模式卻有著明顯的西方背景。一般認為，「文化研究」產生於 50 年代的英國，其先驅人物是威廉姆斯（R.Williams）與霍加特（R.Hoggart）。霍加特在 1964 年創辦的英國伯明罕當代文化研究中心是第一個正式成立的「文化研究」機構，從 80 年代開始，「文化研究」在加拿大、澳大利亞及美國等地迅速發展，至今，它幾乎已成為一個具有全球影響的知識領域。90 年代，「文化

〔註11〕黃子平、陳平原、錢理群：《二十世紀中國文學三人談》，第 61 頁。

研究」傳入中國後對文學批評的影響日巨，但是，中國「文化研究」的一系列主題和思路（如後殖民主義批判、文化／權力關係批判、種族與性別問題、大眾文化問題、身份政治學等等）幾乎都來自西方，而且往往是直接襲用外來的術語和邏輯，對自身文化處境獨特性的準確分析卻相當不足。〔註12〕

突出具體的歷史情景的文學研究充分肯定國家政治的特殊意義，但又絕對尊重文學自身的獨立價值；與80年代「文化角度」研究相似，它也將充分調動哲學、社會學、政治學、民族學、心理學、歷史學、民俗學、文化人類學、倫理學等學科知識，但卻更強調具體國家歷史過程中的「文學」對人生遭遇「還原」；與「文化研究」相似，這裡的研究也將重點挖掘歷史文化的諸多細節，但需要致力於來自「中國體驗」的思想主題與思維路徑。

傳統的中國文學詮釋雖然沒有「社會歷史批評」這樣的概念，但卻在感受、體驗具體作家創作環境方面頗多心得，形成了所謂「知人論世」的詮釋傳統，正如章學城在《文史通義·文德》中說：「不知古人之世，不可妄論古人之辭也。知其世矣，不知古人之身處，亦不可以遽論其文也。」這都是我們今天跳出概念窠臼、返回歷史感受的重要資源。不過，中國現代文學的歷史敘述需要完成的任務可能更爲複雜，在今天，我們不僅需要爲了「知人」而「知世」，而且作爲「世」的社會歷史也不僅僅是「背景」，它本身就構成了文學發展的「結構」性力量，正是在這個意義上，我們更傾向於使用「情景」而不是「背景」；挖掘歷史的我們也不僅要以「世」釋「人」，而且要直接呈現特定條件下文學精神發展的各種內在「機理」，這些「機理」形成了中國文學的「民國機制」，文學的民國機制最終導致我們的現代文學既不是清代文學的簡單延續，也不是新中國文學的前代榜樣。

新的文學史敘述範式將努力完整地揭示近現代以來中國文學生存發展的基本環境，這種揭示要盡可能「原生態」地呈現這個國家、社會、文化和政治的各種因素，以及這些因素如何相互結合、相互作用，並形成影響我們精神生產與語言運行的「格局」，剖析它是如何決定和影響了我們的基本需求、情趣和願望。這樣的揭示，應盡力避免對既有的外來觀念形態的直接襲用——雖然我們也承認這些觀念的確對我們的生存有所衝擊和浸染，但最根本的觀念依然來自於我們所置身的社會文化格局，來自於我們在這種格局中體驗人生和感受世界的態度與方式。眾說紛紜、意義斑駁的「現代性」無法揭開

〔註12〕參見陶東風：《社會轉型與當代知識份子》，上海：上海三聯書店，1999年。

這些生存的「底色」。我們的新研究應返回到最樸素的關於近現代以來中國國家與社會的種種結構性元素的分析清理當中，在更多的實證性的展示中「還原」中國人與中國作家的喜怒哀樂。過去的一切解剖和闡釋並非一無是處，但它們必須重新回到最樸素的生存狀態的分析中——如中外文化的衝突、現代資本主義文化的入侵、現代民族國家的建立、現代性的批判、全球化時代的文化趨勢等。我們需要知道，這些抽象的文化觀念不是理所當然就覆蓋在中國人的思想之上的，只有在與中國人實際生存和發展緊密結合的時候，它們的意義才得以彰顯。換句話說，最終是中國人自己的最基本的生存發展需要決定了其他異域觀念的進入程度和進入方向。如果脫離中國自己的國家與社會狀況的深入分析，單純地滿足於異域觀念的演繹，那麼，即便能觸及部分現象甚至某些局部的核心，也肯定會失去研究對象的完整性，最終讓我們的研究和關於歷史的敘述不斷在抽象概念的替代和遊戲中滑行。近百年來中國文學研究的最深刻教訓即在於此。今天，是應該努力改變的時候了。

作為生存細節的歷史情景，屬於我們的物質環境與精神追求在各個方面的自然呈現。不像「ｘｘ文化與中國現代文學」式的特定角度進行由外而內的探測（這已經成為一種經典式的論述形式），歷史情景本身就形成了文學作為人生現象的構成元素。如在「政治意識形態與中國文學」的研究模式中，我們論述的是這些政治觀念對中國文學的扭曲和壓抑，中國作家如何通過掙脫其影響獲得自由思想的表達，而在作為人生現象的文學敘述中，一切國家政治都在打造著作家樸素的思想意識，他們依賴於這些政治文化提供的生存場域，又在無意識中把國家政治內化為自己的思想構成，同時，特定條件下的反叛與抗爭也生成了思想發展的特定方向——這樣的考察，首先不是觀念的應用和演繹，而是歷史細節、生活細節的挖掘和呈現，我們無須藉「文化理論」講道理，而是對這些現象加以觀察和記錄。

國家歷史情態的意義也是豐富的，除了國家的政治形態之外，還包括社會法律形態、經濟方式、教育體制、宗教形態以及日常生活習俗以及文學的生產、傳播過程等，它們分別組成了與特定國家政治相適應的「社會結構」與「人生結構」。我們的研究，就是在「還原性」的歷史敘述中展開這些「結構」的細部，並分析它們是如何相互結合又具體影響著文學發展的。

作為一種新的文學史敘述方式，我們應特別注意那種「還原性」的命名及其背後的深遠意義，比如「民國文學史」的概念。

1999 年，陳福康藉助史學界的概念，建議中國文學的「現代」之名不妨「退休」，代之以民國文學之謂。近年來，張福貴、湯溢澤、趙步陽、楊丹丹等人都先後提出這一新的命名問題，〔註13〕我之所以將這樣的命名方式稱之為「還原」式，是因為它所指示的國家社會的概念不是外來思想的借用——包括時間的借用與意義的借用——而是中國自己的特定生存階段的真實的稱謂，藉助這樣具體的歷史情景，我們的文學史敘述有可能展開過去所忽略的歷史細節，從而推動文學史研究的深入。

三

肯定「民國文學」式的還原性論述，並不僅僅著眼於文學史的概念之爭，更重要的是開啓一種新的敘述可能。國家歷史情態的諸多細節有可能在這樣的敘述中獲得前所未有的重視，從而為百年中國文學轉換演變的複雜過程、歷史意義和文化功能提出新的解釋。

學術界曾經有一種設想：藉助「民國文學」這樣的「時間性」命名可以容納各種各樣的文學樣式，從而為現代中國文學的宏富圖景開拓空間。這裡需要進一步思考的問題包括兩個方面：其一，「民國文學」是否就是一種單純的時間性概念？其二，文學史敘述的目標是否就是不斷擴大自己的敘述對象？顯然，以國家歷史情態為基準的歷史命名本身就包含了十分具體的社會歷史內容，它已經大大超越了單純的「時間」稱謂。單純的時間稱謂，莫過於西元紀年，我們完全可以命名「中國文學（1911～1949）」，這種命名與「民國文學」顯然有著重大的差異。同樣，是否真的存在這麼一種歷史敘述模式：沒有思想傾向，沒有主觀性，可以包羅萬象？正如韋勒克、沃倫所說：「不能同意認為文學時代只是一個為描述任何一段時間過程而使用的語言符號的那種極端唯名論觀點。極端的唯名論假定，時代的概念是把一個任意的附加物加在了一堆材料上，而

〔註13〕 參看張福貴《從意義概念返回到時間概念——關於中國現代文學的命名問題》（香港《文學世紀》2003 年第 4 期）；湯溢澤、郭彥妮《論開展「民國文學史」研究的必要性與可行性》（《當代教育理論與實踐》2010 年第 2 卷第 3 期）；湯溢澤、廖廣莉《論開展「民國文學史」研究的迫切性》（《衡陽師範學院學報》2010 年第 2 期）；趙步陽、曹千里等《「現代文學」，還是「民國文學」？》（《金陵科技學院學報》2008 年第 1 期）；張維亞、趙步陽等《民國文學遺產旅遊開發研究》（《商業經濟》2008 年第 9 期）；楊丹丹《「現代文學史」命名的追問與反思》（《長春師範學院學報》2008 年第 5 期）。

這材料實際上只是一個連續的無一定方向的流而已；這樣，擺在我們面前的就一方面是具體事件的一片渾沌，另一方面是純粹的主觀的標籤。」「文學上某一時期的歷史就在於探索從一個規範體系到另一個規範體系的變化。」〔註14〕

　　在此意義上，作爲文學史概念的辨析只是問題的表面，更重要的是我們新的文學史敘述需要依託國家歷史情態，重新探討和發現近現代以來中國文學的「一個規範體系到另一個規範體系的變化」。面對日益高漲的「民國文學史」命名的呼籲，我更願意強調中國文學在民國時期的機制性力量。忽略國家歷史情態，我們對現代中國文學發展內在機理的描述往往停留在外來文化與傳統文化二元關係的層面上，而對中國現代歷史本身的構造性力量恰恰缺少足夠的挖掘；引入「民國文學機制」的視角，則有利於深入開掘這些影響——包括推動和限制——文學發展的歷史要素。

　　在歷史的每一個階段，文學之所以能夠出現新的精神創造與語言創造，歸根結底在於這一時期的國家歷史情態中孕育了某種「機制」，這種「機制」是特定社會文化「結構」的產物，正是它的存在推動了精神的發展和蛻變，最終撐破前一個文化傳統的「殼」脫穎而出。考察中國文學近百年來的新變，就是要抓住這些文化中形成「機制」的東西，而「機制」既不是外來思想的簡單輸入，更不是「世界歷史」的共識，它是社會文化自身在演變過程中諸多因素相互作用的最終結果。

　　強化文學史的國家與社會論述，自覺挖掘「文學機制」，可能對我們的研究產生三個方面的直接推動作用。

　　首先，從中國文學研究的中外衝撞模式中跨越出來，形成在中國社會文化自身情形中研討文學問題的新思路。百年來，中外文化衝突融合的事實造就了我們對文學的一種主要的理解方式，即努力將一切文學現象都置放在外來文化輸入與傳統文化轉換的邏輯中。這固然有其合理性，但是，在實際的文學闡釋與研究當中，我們又很容易忽略「衝突融合」現象本身的諸多細節，將中外文化關係的研究簡化爲異域因素的「輸入」與「移植」辨析，最終便在很大程度上漠視了文學創作這一精神現象的複雜性，忽略了精神產品生成所依託的複雜而實際的國家與社會狀況，民國文學機制的開掘正可以爲我們展開關於國家與社會狀況的豐富內容。我們曾倡導過「體驗」之於中國現代

〔註14〕韋勒克、沃倫：《文學理論》，劉象愚等譯，北京：三聯書店 1984 年，第 302、307 頁。

文學研究的意義，而作家的生命體驗就根植於實際的國家與社會情景，文學的體驗在「民國文學機制」中獲得了最好的解釋。

其次，對「文學機制」的論述有助於釐清文學研究的一系列基本概念，如「現代」、「現代化」、「民族」、「進化」、「革命」、「啓蒙」、「大眾」、「現實主義」、「浪漫主義」、「現代主義」等概念，都將獲得更符合中國歷史現實的說明。在過去，我們主要把它們當作西方的術語，力圖在更接近西方意義的層面上來加以運用，近年來，爲了弘揚傳統文化，又開始對此質疑，甚至提出了回歸古典文論、重建中國文論話語的新思路。問題在於，中國古典文論能否有效地表達現代文學的新體驗呢？前述種種批評話語固然有其外來的背景，但是，一旦這些批評話語進入中國，便逐步成了中國作家自我認同、自我表達的有機組成部分，在看似外來的語彙之中，其實深深地滲透了中國作家自己的體驗和思想。也就是說，它們其實已經融入了中國自己的話語體系，成爲中國作家自我生命表達的一種方式。當然，這樣的認同方式和表達方式又都是在中國現代社會文化的場域中發生的，都可以在特定國家歷史情態中獲得準確定位。經過這樣的考辨和定位，中國現代學術批評的系列語彙將重新煥發生機：既能與外部世界對話，又充分體現著「中國特色」，眞正成爲現代中國話語建設的合理成分。

再次，對作爲民國文學機制具體組成部分的各種結構性因素的剖析，可以爲近百年來中國文學的研究提供新的課題。這些因素包括經濟方式、法律形態、教育體制、宗教形態、日常生活習俗以及文學的生產、傳播過程等等。作爲文學的經濟方式，我們應注意到民國時期的民營格局之於中國近現代的出版傳播業的深刻影響，一方面，出版傳播業的民營性質雖然決定了文學的「市場利益驅動」，但另一方面，讀者市場的驅動本身又具有多元化的可能性，較之於一元化思想控制的國家壟斷，這顯然更能爲文學的自由發展提供較大的空間；作爲文學的法律保障，民國時期曾經存在著一個規模龐大的法律職業集團，這樣一個法律思想界別的存在加強著民國社會的「法治」意識，我們目睹了知識份子以法律爲武器，對抗專制獨裁、捍衛言論自由的大量案例，知識者的法律意識和人權觀念在很大程度上保證了爭取創作空間的主動性，這是我們理解民國文學主體精神的基礎；民國教育機構三方並舉（國立、私立與教會）的形式延遲了教育體制的大統一進程，有助於知識份子的思想自由，即便是國立的教育機構如北京大學，也能出現如蔡元培這樣具有較大自主權力並且主張「兼容並

包」、「學術自由」的教育管理者；也是在五四時期，知識份子形成了一個巨大的生存群落，他們各自有著並不相同的思想傾向，有過程度不同的文化論爭，但又在總體上形成了推動文化發展的有效力量。歐遊歸來、宣揚「西方文明破產」的梁啓超常常被人們視作「思想保守」，但他卻對新文化運動抱有很大的熱情和關注，甚至認爲它從總體上符合了自己心目中的「進化」理想；甲寅派一直被簡單地目爲新文化運動的「反對派」，其實當年《甲寅》月刊的努力恰恰奠定了《新青年》出現的重要基礎，後來章士釗任職北洋政府，《甲寅》以周刊形式在京復刊，與新文化倡導者激烈論爭，但論戰並沒有妨礙對手雙方的基本交誼和彼此容忍；學衡派也竭力從西方文化中尋找自己的理論支援，而且並不拒絕「新文化」這一概念本身；與《新青年》「新文化派」展開東西方文化大論戰的還有「東方文化派」的一方如杜亞泉等人，同樣具有現代文化的知識背景，同樣是現代科學文化知識的傳播者——正是這樣的「認同」，爲這些生存群體可以形成以「五四」命名的文化圈創造了條件。而一個存在某種文化同約性的大型文化圈的出現，則是現代中國文化發展十分寶貴的「思想平臺」——它在根本上保證了新的中國文化從思想基礎到制度建設的相對穩定和順暢，所有這些相對有利的因素都在「五四」前後的知識份子生存中聚集起來，成爲傳達自由思想、形成多元化輿論陣地的重要根基。我們可以這樣認爲五四新文化運動第一次呈現了「民國文學機制」的雛形，而這樣的「機制」反過來又藉助五四新文化運動的思想激蕩得以進一步完善成型，開始爲中國文學的自由創造奠定最重要的基礎。

「民國文學機制」在中國現代文化後來的歷史中持續性地釋放了強大的正面效應。我們可以看到，無論生存的物質條件有時變得怎樣的惡劣和糟糕，中國文學都一再保持著相當穩定的創造力，甚至，在某種程度上，由國家與社會各種因素組合而成的「機制」還構成了對國民黨專制獨裁的有效制約。中國在20年代後期興起了左翼文化，而且恰恰是在國民黨血腥的「清黨」之後，左翼文化得到了空前的發展，並且以自己的努力、以影響廣大社會的頑強生命力抵抗了專制獨裁勢力的壓制。抗戰時期，中國文學出現了不同政治意識形態的分區，所謂的「國統區」與「解放區」。有意思的是，中國文學在總體上包容了如此對立的文學思想樣式，而且一定程度上還可以形成這兩者的交流與對話，其支撐點依然是我們所說的「民國文學機制」。民國文學的基礎是晚清－五四中國知識份子的文化啓蒙理想，在文化結構整體的有機關係中，這樣的理想同時也

流布到了左翼文化圈與中國共產黨人的文化論述當中，雖然他們另有自己的政治主張與政治信仰。過去文學史敘述，往往突出了意識形態的不可調和性，也否認社會文化因素的有機的微妙關係，如「啓蒙」與「救亡」的對立面似乎理所當然地壓倒了它們的通約性。只有依託中國文學的具體歷史情景，在「民國文學機制」的歷史細節中重新梳理，我們才能發現，在抗戰時期的文壇上，至少在抗戰前期的文學表達中，「啓蒙」並沒有因爲「救亡」而消沉，反而藉「救亡」而興起，這就是抗戰以後出現的「新啓蒙運動」。

引入「民國文學機制」的觀察，我們還可以進一步發現，中國文學在「民國時期」呈現了獨特的格局：國家執政當局從來沒有眞正獲得文化的領導權，無論袁世凱、北洋政府還是蔣介石獨裁，其思想控制的企圖總是遭遇了社會各階層的有力阻擊，親政府當局的文化與文學思潮往往受到自由主義與左翼文化的多重反抗，尤其是左翼文化的頑強生存在很大程度上形成了民國文學爭取自由思想的強大推動力量，民國文學的主流不是國民黨文學而是左翼文學與自由主義文學。有趣的是，在民國專制政權的某些政策執行者那裡，他們試圖控制文學、壓縮創作自由空間的努力不僅始終遭到其他社會階層的有力反抗，而且就連這些政策執行者自己也是矛盾重重、膽膽突突的。例如，在國民黨掌控意識形態的宣傳部長張道藩所闡述的「文藝政策」裡，我們既能讀到保障社會「穩定」、加強思想控制的論述，也能讀到那些對於當前文藝發展的小心翼翼的探討、措辭謹愼的分析，甚至時有自我辯護的被動與無奈。而當這一「政策」的宣示遭到某些文藝界人士（如梁實秋）的質疑之後，張道藩竟然又再度「退卻」：「乾脆講，我們提出的文藝政策並沒有要政府施行文藝統治的意思，而是赤誠地向我國文藝界建議一點怎樣可以達到創造適合國情的作品的管見。使志同道合的文藝界同仁有一個共同努力的方向。」「文藝政策的原則由文藝界共同決定後之有計劃的進行。」〔註15〕由「文藝界共同決定」當然就不便於執政黨的思想控制了，應該說，張道藩的退縮就是「民國文學機制」對獨裁專制的成功壓縮。

強調「民國文學機制」之於文學研究的意義，是不是更多侷限於強調文學史的外部因素，從而導致對於文學內部因素（語言、形式和審美等）的忽略呢？在我看來，之所以需要用「機制」替代一般的制度研究，就在於「機制」是一種綜合性的文學表現形態，它既包括了國家社會制度等「外部因素」，

〔註15〕張道藩：《關於「文藝政策」的答辯》，《文化先鋒》1942 年第 1 卷第 8 期。

又指涉了特定制度之下人的內部精神狀態，包括語言狀態。例如，正是因爲辛亥革命在國家制度層面爲中國民眾「承諾」了現代民主共和的理想，「民主共和國觀念從此深入人心」，〔註16〕以後的中國作家才具有了反抗專制獨裁、自由創造的勇氣和決心，白話文最終成爲現代文學的基本語言形式，也源自於中國作家由「制度革命」延伸而來的「文學革命」的信心。所以，「民國文學機制」的研究同樣包括對民國時期知識份子所具有的某種推動文學創造的個性、氣質與精神追求的考察，這就是我們今天所謂的「民國範兒」。我認爲，「民國範兒」既是個人精神之「模式」，也指某種語言文字的「神韻」，這裡可以進一步開掘的文學「內部研究」相當豐富。

不理解「民國範兒」的特殊性，我們就無法正確理解許多歷史現象。如今天的「現代性批判」常常將矛頭直指「五四」，言及五四一代如何「斷裂」了傳統文化，如何「偏激」地推行「全盤西化」，其實，民國時期尚未經過來自國家政權的大規模的思想鬥爭，絕大多數的論爭都是在官方「缺席」狀態下的知識界內部的分歧，「偏激」最多不過是一種言辭表達的語氣，思想的討論並不可能眞正形成整個文化的「斷裂」，就是在新文化倡導者的一方，其儒雅敦厚的傳統文人性格昭然若揭。在這裡，傳統士人「身任天下」的理想抱負與新文明的「啓蒙」理想不是斷裂而是實現了流暢的連接，從「啓蒙」到「革命」，一代文學青年和知識份子眞誠地實踐著自己的社會理想，其理想主義的光輝與信仰的單純與執著顯然具有很大的輻射效應，即便在那些因斑斑劣跡載入史冊的官僚、軍閥那裡，也依然可以看到以「理想」自我標榜的情形，如地方軍閥推行的「鄉村建設運動」和「興學重教」，包括前述張道藩這樣的文化專制的執行人，也還洋溢著士大夫的矜持與修養。總之，歷史過渡時期的現代知識者其實較爲穩定地融會了傳統士人的學養、操守與新時代的理想及行動能力，正是這樣的生存方式與精神特徵既造就了新的文明時代的進取心、創造力，又自然維持了某種道德的底線與水準。

一旦我們深入到歷史情景的「機制」層面，就不難發現，僅僅用抽象的「現代化」統攝近現代以來的中國文學史，的確掩蓋了歷史發展的諸多細節。從某種意義上看，「民國文學機制」的出現和後來的解體恰恰才在很大程度上分開了20世紀上下半葉的文學面貌，從根本上看，歷史的改變就在於曾有過的影響文化創造的「機制」的解體和消失；不僅是社會的「結構」性因素的

〔註16〕見《建國以來毛澤東文稿》第4冊，中央文獻出版社，1990年，第546頁。

消失和「體制」的更迭，同時也是知識份子精神氣質的重大蛻變。

　　自然，我們也看到，還原歷史情景的文學史敘述同樣也將面對一系列複雜的情形，這要求我們的研究需包含多種方向的設計，如包括民國社會機制之於文學發展的負面意義：官紳政權的特殊結構讓「人治」始終居於社會控制的中心，「黨國」的意識形態陰影籠罩文壇，扭曲和壓制著中國文學的自然發展，作家權益遠沒有獲得真正的保障，「曲筆」、「壕塹戰」、「鑽網」的文化造就了中國文學的奇異景觀，革命／反革命持續性對抗強化了現代中國的二元對立思維，在一定程度上妨礙了現代文化思想的多維展開。除此之外，我們也應當承認，國家與社會框架下的文學史敘述需要對國家與社會歷史諸多細節進行深入解剖和挖掘，其中有大量的原始材料亟待發現，難度可想而知。同時，文學作為國家歷史的意義和作為個體創作的意義相互聯繫又有所區別，個體的精神氣質可以在特定的國家歷史形態中得到解釋，但所有來自環境的解釋並不能完全洞見個體創造的奧妙，因此，文學的解讀總是在超越個體又回到個體之間循環。當我們藉助超越個體的國家歷史情態敘述文學之時，也應對這一視角的有限性保持足夠的警惕。

　　以上的陳述之所以如此冗長，是因為我們關於文學歷史的扭曲性敘述本來就如此冗長！今天，呈現在讀者諸君面前的這一套文叢試圖重新返回民國歷史的特殊空間，重新探討從具體國家歷史情景出發討論文學的可能，當然，離開民國實在太久了，我們剛剛開始的討論可能還不盡圓熟，對一些問題的思考有時還會同過去的思想模式糾纏在一起，但是我想，任何新的研究範式的確立均非一朝一夕之功，每一種思想的嘗試都必然經過一定時間的蹣跚，重要的是我們已經開始了！從「民國文化與文學研究文叢」第一輯出發，我們還會有連續不斷的第二輯、第三輯……時間將逐漸展開我們新的思想，揭示現代中國文學研究在未來的宏富景觀。

　　這一套規模宏大的學術文叢能夠順利出版，也得益於花木蘭文化出版社，得益於杜潔祥先生的文化情懷與學術遠見，我相信，對歷史滿懷深情的注視和審察是我們和杜潔祥先生的共同追求，讓我們的思想與「花木蘭文化」一起成長，讓我們的文字成為中華文明的百年見證。

　　　　　　　　　　　　　　　　　　　二〇一二年三月五日，農曆驚蟄

1937～1945：「抗戰建國」與國統區戲劇運動

傅學敏　著

作者簡介

　　傅學敏（1970～），女，博士，教授，碩士生導師，現任教於西華師範大學文學院，主要研究方向為中國現代文學與文化，尤其專注於中國現當代戲劇研究，現已獨立出版專著一部，參與編寫專著三部，並在《文藝爭鳴》、《戲劇》等刊物發表學術論文 20 餘篇，獨立主持四川省教育廳重點研究課題一項，參與省部級研究課題三項。

提　　要

　　「抗戰建國」是抗戰時期國統區的主流意識形態，該書通過歷史資料的發掘重點考察抗戰時期戲劇運動與意識形態的互動關係，即意識形態以何種方式規範、制約或推動著戲劇運動的發展，戲劇運動如何闡釋、支撐或偏離了意識形態的要求，同時思考藝術規律、政府調控、市場運作對戰時戲劇運動的共同作用，換言之，抗戰視角與民族意識是本書研究的重心，但這並不意味著影響戲劇發展的其他因素在抗戰時期便不再發生作用，只是這種作用均經過了「抗戰建國」的時代語境，作為戰時戲劇特殊形態的一部分而存在。

　　該書分為五個部分：第一部分主要探討抗戰初期在街頭、在劇院、在部隊蓬勃開展的戲劇大眾化運動，它傳播與促成了國民民族意識的覺醒；第二部分主要探討國民政府對戲劇運動的政策引導與干預；第三部分著重分析戲劇藝術在時代要求、市場運作及政府態度之間的處境，並涉及不同層面的價值定位對戲劇發展的影響；第四部分重點探討戲劇批評對戲劇創作的影響，抗戰時期戲劇批評標準、戲劇特刊以及戲劇熱點問題的討論無不隱含著一定的政治取向或政治影響；第五部分討論抗戰時期舊劇改革的新舊關係，傳統戲曲的邊緣處境使抗戰時期的舊劇改革具有政教性的功能指向和話劇化的藝術取向。

目

次

緒　論

一

　　正如司馬長風所言：在中國新文學史上，戲劇本是最落後的文學品種。到了抗戰時期，它突然後來居上，呈現出繁花似錦的佳景。「無論是劇本的創作，還是戲劇的演出，都突破了戰前的記錄；不但是數量突破，許多且是品質突破。」〔註1〕遺憾的是，長久以來，對這朵戰時開放的戲劇之花，學術界的關注更多停留在戰時戲劇作品的意義解讀和史料梳理，且部分研究視野囿於狹隘的政治意識形態或抽象的審美價值追求，獲得的學術論斷難免失之偏狹和武斷。自然，這並非孤立的現象。學術界研究五四文學的熱衷可謂孜孜不倦，長盛不衰，近些年晚清文學的研究嶄露頭角，眾多學術名宿和學界新秀蜂擁而至，同樣顯示了旺盛的學術熱情和長足的學術生產力。相對而言，抗戰時期的文藝研究則一直處於比較低落的狀態。〔註2〕

　　對於抗戰文藝的認識，曾經有兩種影響很大的觀點，一是抗戰文藝「右傾」論，一是「開倒車」論和「凋零」論。〔註3〕前者以政治態度衡量文藝作

────────────

〔註1〕 司馬長風：《新文學史話》，南山書屋1980年版，第55頁。

〔註2〕 這個現象到2000年前後逐漸有所改觀，主要體現在抗戰文化研究機構成立和系列學術活動的開展，如1996年「廣西抗戰文化研究會」在桂林成立，2005年貴州舉行了「抗戰時期西南大後方文學活動與文化建設」學術討論會，2007年「抗戰大後方研究中心」在重慶成立，2008年「抗戰文學與文獻」學術研討會在重慶舉行等。

〔註3〕 夏志清在《中國現代小說史》中認為「中國文學到了抗戰時期開了倒車」，司馬長風《中國新文學史》則將1938年～1949年視為中國新文學的「凋零期」。

品，過於強烈的政黨意識形態使其缺乏必要的學術理性和寬和大度的襟懷，這種判斷始於抗戰結束前後國統區部分文化人士的反躬自省，〔註4〕建國以後，極左路線卻以之爲依據否定抗戰時期國統區文藝創作成果。20世紀80年代以後，這種認識上的偏差逐漸得以糾正。1983年在重慶召開的抗戰文藝座談會上，陳白塵在講話中首先認定：「有人說抗戰文藝有右的傾向，這是不正確的。」〔註5〕但是糾正往往是結論的糾正，並非判斷標準和思維局限的糾正。儘管陳白塵也認爲「研究抗戰文藝要顧及到文藝的特點，不能簡單地用政治含義來劃分左和右」，但他仍然以「抗戰文藝應該肯定是中國共產黨領導的」爲論據，證明抗戰文藝是「中國反帝反封建文藝傳統的一個繼續」，〔註6〕非左即右的政治立場劃分似乎成爲研究抗戰文藝難以避免的宿命。新時期以後，學術思想的解放本來可以期待這種模式得以突破，可惜學術熱點的轉移使之成爲門可羅雀的研究領域。〔註7〕「開倒車」論和「凋零」論來自大陸以外中國現代文學研究者的判斷，他們從審美性和藝術性的角度否定抗戰文藝

〔註4〕 1945年12月10日茅盾在對抗戰時期大後方文藝工作的總結中認爲，抗戰時期大後方文藝工作雖然歌頌了人民的英勇，暴露了政治上社會上的黑暗，但是都未能充分反映人民大眾的民主要求，因此婉轉地批評「過去八年來的文藝工作主要毛病是右傾」，茅盾《八年來文藝工作的成果及傾向》，《中國抗日戰爭時期大後方文學書系》，第1編，重慶出版社1989年版，第523頁。1946年6月在重慶中蘇文協舉行的文藝座談會上，陽翰笙認爲抗戰後期戲劇作品戰鬥性不強，缺少積極的批判精神，「也可以說是有點右傾」，參見梅林記錄《關於「抗戰八年文藝檢討」》，《中國抗日戰爭時期大後方文學書系》，第1編，重慶出版社1989年版，第529頁。1948年3月邵荃麟在回顧和總結國統區文學的經驗教訓時也提到「這十年來我們的文藝是處在一種右傾的狀態中」，邵荃麟《對於當前文藝運動的意見》，《中國新文藝大系‧理論史料》（1937～1945），中國文聯出版社1998年版，第410頁。1949年7月郭沫若也提到抗戰時期國統區文藝界有一部分人在某些階段產生了右傾的傾向，郭沫若《爲建設新中國的人民文藝而奮鬥》，中華全國文學藝術工作者代表大會宣傳處編《中華全國文學藝術工作者紀念文集》，新華書店1950年版，第38頁。

〔註5〕 陳白塵：《抗戰文藝與抗戰戲劇》，董健《陳白塵論劇》，中國戲劇出版社1987年版，第365頁。

〔註6〕 陳白塵：《抗戰文藝與抗戰戲劇》，董健《陳白塵論劇》，中國戲劇出版社1987年版，第365～376頁。

〔註7〕 這主要表現在全國性抗戰文學研討活動日漸減少，學術雜誌《抗戰文學研究》停刊，中國現當代文學研究生培養抗戰文學方向因招生困難而叫停，大學本科選修課《抗戰文學研究》無人問津，參見李怡《抗戰文化、抗戰文學與郭沫若研究》，載《涪陵師院學報》2005年第6期。

強烈的宣傳意味，認爲抗戰文藝著重宣傳的功利指向不可避免地帶來文藝作品藝術水準的下降，並以此否定抗戰文藝的藝術成就。由於「倒車」論和「凋零」論契合與引導了中國現當代文學研究領域自「重寫文學史」以來的重寫標準與研究前沿，加之國內研究者對海外漢學界研究成果的積極吸收和迅速反應，因此，儘管早在上個世紀 80 年代就有學者對抗戰文學的「開倒車」論和「凋零」論進行反駁，〔註8〕但是，或許由於長久以來政治標準的過分拔高最終引發了人們的逆反心理，或許是夏志清和司馬長風巨大的學術知名度，其影響至今猶存。

近些年民國文學研究領域學術焦點幾經輾轉，「現代性」的提出一則使教育、出版、期刊、文學組織等領域紛紛進入民國文學研究範疇，文學研究不再僅僅盯住作家的政治身份或文本的審美特性，而是將作家的生存與文本的生產置於一個整體性的文藝生態環境之中，在中國社會現代化進程與現代性追求的大背景和大平臺中尋求中國文學的演變與發展軌跡；二則通過對審美現代性的肯定使政治色彩不鮮明的作家重新浮出歷史地表，沈從文、張愛玲、徐訏、無名氏以及京派作家群體重新獲得關注和肯定，民國時期文學史的書寫標準與解讀文學的眼光開始趨於多元化。在這個過程中，或者文學現代性的五四起點被質疑，晚清成爲研究熱點；或者左翼敘事被壓抑，即使個別左翼作家被關注也是源於其對左翼敘事立場的不自覺偏離；或者審美性在克服政治意識形態的偏見乃至錯誤之後，其矯枉過正背後的意識形態背景又引發了學者對文學評判標準的反思。壓抑必有偏見，質疑必有闡釋，最尷尬的就是被冷落，抗戰戲劇恰恰就處於這樣的尷尬處境。現代性話語內含全面複雜的社會系統工程：以現代工業爲基礎的經濟發展、以民主公平爲目的的政治體系、以獨立自主爲主導的現代人格成爲支撐著現代化大廈的三個支柱。抗戰時期，日本的侵華戰爭阻礙了中國經濟發展的現代化進程，文化的焦點也由五四時的個性張揚轉向民族救亡的多聲合奏，在崇尚個人特色的文學領域，缺乏個性風格的時代現象難以引起研究者的關注，也似乎難以體現文學由傳統步入現代的現代化進程。這或許是西方現代性話語的缺陷，它與中國

〔註8〕 蘇光文：《「調零」，「開倒車」，還是大發展？》，載《抗戰文藝研究》1985 年第 4 期；華忱之：《建議與希望：在抗戰文藝學術討論會上的發言》，載《抗戰文藝研究》1987 年第 1 期。兩篇文章均以抗戰時期文學發展的具體事實對「凋零論」和「開倒車說」進行反駁。

國家歷史形態之間存在著體驗的隔膜，從這個意義上來說，抗戰時期的戲劇研究之被冷落也就理所當然。

此言並非空穴來風，目前抗戰戲劇的研究成果大致可以分為：（一）史料式。如石曼《重慶抗戰劇壇紀事》、孫曉芬《抗日戰爭時期的四川話劇運動》、胡潤森《大後方戲劇現象概觀》、四川大學高志華的碩士論文《抗戰時期的四川話劇運動》以及何雲貴關於抗戰時期重慶戲劇運動的系列論文等，〔註9〕這些研究主要是史料的鉤沈整理。其中，石曼先生的史料鉤沈既有歷史當事者的親身經驗，又與大後方眾多明星有親密的友誼，加之數十年堅持不懈的收集和整理，其戲劇資料翔實豐厚，且有歷史感。不過，雖然史料的鉤沈整理是學術研究的基礎，但是如果僅僅停留於此，則難免因為缺乏學術判斷和學術創見而流於工匠化。（二）審美批評。如廖全京《大後方戲劇論稿》，該書以靜態的文本研究為主，分上下兩篇從審美角度對大後方戲劇創作進行分析和評價，上篇對大後方戲劇的審美特質、形象剖析、藝術手法等進行整體研究，下篇則分別以單個劇作家為個案分析其情感表現原則，豐富了人們對於大後方戲劇的美學認識。這類研究形諸專著的雖是少數，但是以單篇論文發表於學術期刊和散見於劇作家研究專著中的評析並不少見。誠然，戲劇文本比戲劇演出更穩定，易於保存流傳，然而戲劇演出才是戲劇之為戲劇的根本，也是戲劇文學存在的意義，單純的文本研究因為脫離了演出實況，不免有些缺乏生氣和動感。（三）文化批評。從文學制度的角度考察文藝政策對於戲劇發展的作用，以及從戲劇制度化的歷程考察戲劇的生成與發展。前者以馬俊山的論文《論國民黨話劇政策的兩歧性及其危害》為代表，〔註10〕該文主要關注抗戰時期國民黨話劇政策對於話劇發展的影響，後者以馬俊山的博士論文《演劇職業化運動：構建成熟的中國現代市民戲劇》以及上海戲劇學院李濤的博士論文《大眾文化語境下的上海職業話劇（1937～1945）》為代表，這種研究著眼於戲劇發展的文藝生態環境，拓展了審美批評和政治批評之外的批評空間。（四）翻案式。即對以往戲劇史上的某些定論提出質疑和糾正，這

〔註9〕 何雲貴的論文包括《抗戰時期大後方戲劇運動概觀》，載《重慶師專學報》2001年第 2 期；《抗戰時期大後方的戲劇理論與戲劇批評》，載《戲劇文學》2005年第 7 期；《抗戰時期大後方的戲劇演出》，載《戲劇文學》2005 年第 8 期；《抗戰時期大後方的戲劇組織》，載《戲劇文學》2005 年第 10 期。

〔註10〕 馬俊山：《論國民黨話劇政策的兩歧性及其危害》，載《近代史研究》2002 年第 4 期。

集中體現在對《野玫瑰》一劇的重新審視，〔註11〕翻案文章以史料的翔實和論證的周密給這個歷史上屢受非議的劇本以新的評斷。尊重歷史，尊重劇本，不受歷史定論左右，翻案者在翻案中展現的評判思維比翻案本身更有意義。

此外，一些關於民國文學的階段史、地區史以及重要劇團的歷史追蹤中也多少涉及到抗戰時期的戲劇運動，前者如藍海《中國抗戰文藝史》、蘇光文《抗戰文學概觀》、吳爲民《雲南現代話劇運動史論稿》等，後者如復旦大學楊新宇的博士論文《復旦劇社與中國現代話劇運動》、洪忠煌《中國旅行劇團史話》、上海戲劇學院徐琚的碩士論文《中國旅行劇團：現代職業話劇的拓荒者（1933～1947）》等，前者一般以常識性介紹總結爲主，難免粗疏。後者以戲劇團體作爲考察中國現代戲劇發展狀態的切入點，切口小而涉及面大，其研究前景值得期待。這些研究都或多或少地涉及抗戰時期的戲劇，但是由於不是對抗戰時期戲劇發展狀況的專題研究，因此其研究思路和研究成果對抗戰戲劇主要具有啓發性和階段性的意義，還不能全面深入地反映抗戰時期戲劇發展的整體面貌。抗戰時期戲劇運動具有的特點與規律既與整個話劇發展的歷史進程相關聯，也與抗日戰爭的進展息息相關，國內喚起民族意識和爭取民主的政治環境，戲劇自身從未間斷的民族化與現代化的藝術追求，市民社會通過市場對戲劇發展傾向的自動調節……這些都有待研究者對抗戰時期的戲劇發展進程作整體性的專題研究，才能建立起學理性與史料性充分結合的抗戰戲劇研究體系。

總的來說，抗戰時期的戲劇研究和這個時期戲劇的地位及曾經起到的歷史作用比較，還顯得太單薄。〔註12〕這種單薄就量而言，沒有形成階梯狀的訓練有素的學術隊伍，這主要指致力於抗戰時期戲劇研究的青年學者還不夠普遍。當然這裡也有明顯的地域差異，抗戰時期中國版圖在政治上被劃分爲淪陷區、國統區、解放區，比較之下近年上海淪陷區戲劇研究的成果豐富且有突破性進展，這大概與上海、南京一帶戲劇學院集中、專業人才集中、資

〔註11〕此類文章有季進、曾一果《陳銓：異邦的借鏡》，北京文津出版社 2005 年版；江沛《戰國策思潮研究》，天津人民出版社 2001 年版；何蜀《〈野玫瑰〉與大批判》，載《黃河》1999 年第 3 期；中國社會科學院柴怡贇的碩士論文《〈野玫瑰〉及其風波》等。

〔註12〕李怡先生亦認爲抗戰文學「政治意義上的熱烈與學術態度的冷漠形成了明顯的對比」，見李怡《抗戰文化、抗戰文學與郭沫若研究》，《涪陵師院學報》2005年第 6 期。

料保存完善有關，也與大眾文化興起之後關於文化生產與文化消費的研究使得上海戲劇職業化現象重新獲得新的價值判斷有關。而西南地區近些年在大後方戲劇史料發掘上儘管做了大量工作，學理性的提升卻稍嫌不足，如何以新的學術思維去切入和啓動那些史料中隱含的文化歷史信息，這是大後方戲劇研究的當務之急。就質來說，目前抗戰戲劇的總體研究水準仍然沒有超越陳白塵、董健主編的《中國現代戲劇史稿》、葛一虹《中國話劇通史》所達到的研究水準，陳白塵、葛一虹均是抗戰時期活躍的劇作家和戲劇理論家，他們撰寫的戲劇史記錄比較全面，評述穩健沉著，即使是對《野玫瑰》的評判，論述者雖然由於歷史的原因從政治意識形態的角度對其思想意識和影響進行否定，卻仍然對它引人入勝的劇情和劇作家的才華學識有著不動聲色的肯定。〔註13〕《中國話劇通史》強烈反對國民黨的文藝政策，但對國民黨官辦劇團的戲劇活動仍然做了比較客觀翔實的記錄。兩相比較，《中國現代戲劇史稿》側重於文本研究，《中國話劇通史》側重於戲劇運動的研究，二者各有千秋。不過，《中國現代戲劇史稿》出版時間爲1989年，《中國話劇通史》出版時間爲1990年，一來因爲年代久遠，無法含納和體現近些年許多新的學術增長點；二則由於「史」的編撰體系重在穩健的學科建構和全面的學術總結，其基本結論與研究框架對抗戰時期的戲劇研究很有影響，但學術銳氣和創新感則稍顯不足。抗戰時期的戲劇運動在中國戲劇發展進程中有著舉足輕重的地位，這個階段的戲劇研究如果沒有得到切實的持續深入和提高，中國現代戲劇的整體研究水準也會受到牽制和影響，這是一個亟待研究者在前輩研究基礎上持續耕耘的領地。

總體來說，抗戰時期的戲劇研究顯得比較低落，戰時戲劇的發展還沒有得到客觀的評價，對此，司馬長風將之歸結爲：戰時戲劇的發展並不符合國共兩黨的文藝路線。〔註14〕這話在今天看來言之過甚。不過，1980年臺灣成文出版社有限公司發行了由尹雪曼、周錦、陳紀瀅、夏志清、趙友培等12人共同編輯出版的《中國現代文學研究叢刊》，「叢刊」共分三輯，每輯10冊，

〔註13〕《中國現代戲劇史稿》談到《野玫瑰》時，肯定其表現了抗日反奸的鬥爭，劇情發展引人入勝，人物關係的描繪富有傳奇色彩和浪漫情調，語言也比較清新流暢。陳白塵、董健主編《中國現代戲劇史稿》，中國戲劇出版社1989年版，第610頁。

〔註14〕司馬長風：《中國新文學史》（下卷），中國香港昭明出版社1978年版，第261頁。

其中關於抗戰時期的有三冊，分別是劉心皇《抗戰時期淪陷區文學史》、舒蘭《抗戰時期新詩作家和作品》、尹雪曼《抗戰時期的現代小說》，偏偏缺少了抗戰時期十分活躍的戲劇運動，其原因倒也頗費思量。

除了研究的冷落外，在戲劇舞臺上，曾經轟動一時激動人心的戰時戲劇也逐漸從舞臺隱退，新中國成立以後，除了《北京人》還繼續活躍在戲劇舞臺上以外，抗戰時期的大多數戲劇已經被舞臺塵封，而《北京人》的題材恰恰並不直接與抗戰有關。

被學術研究和戲劇舞臺冷落之後，戰時戲劇不可磨滅的就是戲劇文本和歷史記憶了，1989 年重慶出版社出版的《中國抗日戰爭時期大後方文學書系》分 10 編 20 卷，其中第七編三卷選收戲劇，共收入戲劇 28 部，存目 57 部，而據編選者積纍的資料，在大後方出了單行本的劇作就達 378 種，連同發表在各種刊物上的劇本，據不完全統計有 989 部，〔註15〕儘管這個時期大多數劇作還不能達到「政治內涵和美的形式的高度結合的境界」，〔註16〕但在民族解放的任務高於一切的歷史情景之下，評論者不忍責難藝術家的不足，這種同情的姿態讓人聯想起老舍在 1938 年《這一年的筆》中的一段話：「在這時代，才力的偉大與否，藝術的成就如何，倒似乎都在其次，最要緊的還是以個人的才力──不管多麼小──與藝術──不管成就怎樣──配合著抗戰的一切，作成今天管今天的，敵人來到便拿槍的事實。」〔註17〕抗戰時期戲劇的戰鬥力和宣傳效果有目共睹，然而，這也成爲其今天受冷落的原因。已經有很多學者對曹禺、夏衍、郭沫若等人抗戰時期的戲劇藝術給予高度的審美評價，不過，在他們的研究中似乎總有一個潛在的對話背景，那就是──抗戰文藝的宣傳性大於藝術性，這是文學功利主義發展到極致的表現，它最終極大地戕害了戲劇的藝術生命。在這種背景之下的審美研究成爲一種提升抗戰戲劇藝術水準的辯解，這種辯解的蒼白不在於劇作家的眞實水準如何，而在於其研究思維中對抗戰戲劇宣傳性的自卑情結。「一切文藝固是宣傳，而一切宣傳卻並非全是文藝」，〔註18〕魯迅這句經典名言被反覆引用的目的通常是

〔註15〕　石曼：《中國抗日戰爭時期大後方文學書系・戲劇・後記》，第 7 編第 3 集，
　　　　　重慶出版社 1989 年版，第 2244 頁。
〔註16〕　夏衍：《中國抗日戰爭大後方文學書系・總序》，重慶出版社 1989 年版，第 5 頁。
〔註17〕　老舍：《這一年的筆》，載《大公報》1938 年 7 月 7 日。
〔註18〕　魯迅：《文藝與革命》，《魯迅全集》，第 4 卷，人民文學出版社 1981 年版，第
　　　　　84 頁。

爲了批判文學充當傳聲筒的惡劣傾向，然而前半句中對文學天然的主觀色彩與宣傳作用的肯定卻被忽視了。對現實事件的積極參與常常是戲劇發展過程中最具啓動性的力量，抗戰時期的戲劇以抗戰題材喚起民眾的救亡熱情，以藝術的磨礪建立和完善了一個新的藝術品種，它理應受到更多的敬重和關注。但是長期以來，抗戰文藝尤其是抗戰時期的戲劇研究一直缺乏積極的正面的建構，這不失爲一種遺憾。

二

　　法國著名社會科學家布迪厄認爲，作品科學不僅以作品的物質生產而且以對作品價值信仰的生產爲目標，因此「作品科學不僅應考慮作品在物質方面的直接生產者（藝術家、作家等等），還要考慮一整套因素和制度，後者通過生產對一般意義上的藝術品價值和藝術品彼此之間差別價值的信仰，參加藝術品的生產。」〔註19〕長期以來，抗戰戲劇研究主要局限於作家作品的政治立場或審美特色，對促成政治立場與審美特色的一整套因素和制度卻不夠重視，文學藝術不是獨立封閉自足發展的空間，體制性的力量、文學自身的內在動力、社會心理的呼喚、文化群體的自我調整……這些內外部因素的結合才能獲得更加完整的歷史景觀，也才能理性地清理影響文藝發展的整體文化格局，找到其生長與作用的關節點，從而爲瞭解現代中國的文學、文化提供良好的視角。

　　在布迪厄看來，政治場、經濟場與藝術場的層層疊加構成藝術生產的特殊法則與繁複的內在結構，這種理論對於研究抗戰時期的戲劇具有啓發性。抗戰時期，戲劇獲益於並促成了民族意識的高漲，「充滿愛國主義激情與宣傳鼓動的功利目的的現代戲劇煽動了觀眾的政治熱情，培養了中國觀眾對於話劇形式的鑒賞力；反過來高度政治化了的、具有民族主義情緒的中國觀眾也促成了現代戲劇（首先是話劇）的進一步政治化與民族化，並隨著觀眾藝術鑒賞力的提高，又向著政治性與藝術性的結合發展」〔註20〕歷史的記錄總是以犧牲細節來遷就線索和目的，眾多的藝術工作者投入到抗戰洪流之中，他們爲喚起同胞的民族

〔註19〕〔法〕布迪厄：《藝術的法則——文學場的生成和結構》，劉暉譯，中央編譯出版社 2001 年版，第 276 頁。

〔註20〕錢理群、吳福輝等：《中國現代文學三十年》，上海文藝出版社 1987 年版，第 534 頁。

意識做出的點滴之功不當被歷史遺忘，當然，僅僅如此並不能構成研究價值。戲劇在抗戰時期進入它的黃金時代，這固然與現代戲劇經過 30 多年的慘澹經營之後觀眾群體的成熟有關，更與「抗戰建國」的歷史語境唇齒相依。而隨著政治局面的穩定和戰爭進入相持階段，戲劇的市場化運作也逐步進入穩定發展的軌道，戲劇市場化具有雙重意義，一方面意味著戲劇成為一種獨立成熟的藝術形態，另一方面又在經濟利益的驅動下對戲劇藝術的發展予以制約。同時，中國現代社會之權力場與經濟場有著千絲萬縷的聯繫，戲劇又在它們共同構成的文化格局中努力提高藝術水準和實現曲折的藝術追求。馬俊山、李濤等人的博士論文從市場化和市民性的角度研究現代戲劇的職業化發展，在某種意義上就是對影響戲劇生產的經濟場的研究，本書則著重政治場對於戲劇發展的影響，這似乎是一個老生常談的話題，沒有戲劇職業化所帶來的大眾文化課題富有意味和當下性，但這是一個不可避免的話題，它必須超越論證作家的政治立場和評判抗戰戲劇對政治任務的積極反應的研究套路，而將政治因素對戲劇生產的干預納入研究框架之中，戲劇不是被動的接受體，它對於擴大政治意識形態具有同樣深刻的作用，戲劇與意識形態的互動關係不僅被凝結成具體的文本，並通過劇場作用形成了具體的社會氛圍。

當藝術形式成為意識形態的傳播途徑和載體，這裡包含著藝術規律、時代需求、社會心理、政治制度等等因素的複雜作用，而政治與政策因素尤其不可忽視。而任何藝術，無論藝術家的意圖如何，看重意識形態的政府部門只注意它的宣傳效用，並必然會利用政策法規對其進行統制和規範，以及有意圖地引導和提倡。戲劇的發展原本不是自然而然的生長過程，它活潑生動，充滿變數，與其他文學形式比較，它由創作到舞臺演出經歷了更多的中間環節，其社會接觸面越廣闊，其受制於現實和社會的因素就越多。因此，本書雖然著力於意識形態與戲劇發展的關係，同時也不可避免地涉及市場化對於戲劇的影響，受政策宏觀調控的市場因素是本書關注的要點。

「抗戰建國」是國民黨抗戰時期的基本國策，「抗戰必勝，建國必成」是其奮鬥目標。客觀地說，將「抗戰」與「建國」相聯繫，以抗戰中激發的民族意識為動力進行現代化的國家建設，這個口號本身無疑具有政治遠見，也契合了多數中國人的強國之夢和知識份子的文化理想，因此，抗戰時期國民黨的這一政策獲得全國上下的一致擁護。然而，「抗戰」與「建國」畢竟有著不同的政治側重點，這之間往往摻雜著民族利益和政黨利益的微妙衝突，這些衝突都會或

多或少地對戰時戲劇運動產生具體的影響，並借戲劇發揮社會影響，而戲劇運動的各種政治與社會回饋也會使戲劇及時地積極地調節自身環境，在發揮社會作用的同時追求戲劇藝術本體的提高。需要說明的是：第一、這個時期與政府部門合作的文藝工作者區別於歷史上的御用文人，他們供職或服務於官方名義下的文化部門或文化組織，是緣於抗戰到底的戰略方針與戲劇藝術家救亡意識相契合而發生的政治行爲。第二、國民黨過多強調自身的統治地位和指揮權利，必然會排斥其他政治力量，尤其是掌握著武裝隊伍的中國共產黨的力量，爲了獲得輿論的支持，它也會利用戲劇做宣傳，至少不使之作對自己不利的宣傳。與此同時，中國共產黨駐重慶辦事機構在周恩來領導下，以國民黨政府軍事委員會政治部第三廳以及其後的文化工作委員會爲依託，積極團結和爭取國統區文化人士。雖然國共兩黨在民族解放的共同目標下一直攜手合作，但國統區的政黨鬥爭也在無間歇地潛滋暗長。戲劇運動在對抗戰救亡進行大力宣傳的同時，劇作家對建國的多元性想像勢必受到現實鬥爭的影響或現實環境的壓抑。第三、戲劇界內部，技術修養、藝術追求、思想傾向、政治立場等素質並非整齊劃一，面對民族需要、政治抉擇和市場壓力時，也會做出不同的個體反應，但是，「運動」所具有的天然的群體性、指令性、目的性往往遮蔽個體的差異性，不過遮蔽並非意味著消失，它總會作爲戲劇運動的異常因素而潛存於整體性、規律性敘述的例外與另類背景中。

總之，不同意識形態的衝突與共處對戲劇發展的整體格局發生著直接和長遠的影響。但是，在更多時候，人們祇是籠統地推斷戲劇對民眾抗戰情緒的激發，以及對國統區愛國民主運動的推動。在這個過程中，戲劇對社會群眾心理之呼喚與組織的力量，政府部門規範與引導的措施，人力支持和資金援助以何種方式進入戲劇運動，觀眾和市場對於戲劇發展傾向的要求與調整，戲劇界批評話語的產生和評判標準，在抗戰宣傳的需求下延續著反封建反迷信的任務對舊劇進行的改革措施……這方方面面如果沒有得到深入和細化的研究，戲劇與政治與意識形態與社會心理的關係就難免會被簡單化地理解，而戲劇運動與各種政治期待、意識形態的實際作用以及社會心理之間總是不存在必然的同步性。藝術規律構成戲劇發展的內在要求，它對戰時戲劇的宣傳性進行有效遏制與糾正，但是藝術並非象牙塔，它同樣受到時代精神的高度制約與規定。時代需求構成戲劇發展的外部環境，階級鬥爭和政黨鬥爭在民族戰爭中不復具有30年代的酷烈，民族話語與國家想像取代了對社會不公的抨擊，即使是對社會腐

敗糜爛現象的揭示也往往暗含鼎新革故的美好願望；同時，「抗戰高於一切」的時代主題使戲劇從卡爾登劇院走向工廠與農村，在戲劇大眾化運動中，戲劇藝術工作者的啓蒙熱情、戲劇表演體系經歷了一場眞正來自民間的檢驗；戲劇服務於抗戰宣傳獲得官方的積極肯定，政治權利對戲劇的職能定位與價值評判左右著戲劇人的從業心態，而具體的政策措施甚至關係到藝人現實的生活處境。正如陳獨秀在五四時期說的：「你們談政治也罷，不談政治也罷，除非逃在深山人跡絕對不到的地方，政治總會尋著你的。」〔註21〕在現代中國，從來沒有高蹈於空中的藝術，無論在五四還是抗戰，抽象的政治理想和具體的政黨意識都極大地參與和左右了文學運動的進程，可貴的是，即使在抗戰時期，中國知識份子也沒有被國家意識形態體制所馴化，還能在自然狀態下謀生、發展和實現自我。〔註22〕除了政治以外，與劇場相聯繫的市場性是戲劇區別於其他文體的生存特點。沒有市場的戲劇不是成熟的戲劇，戲劇可以沒有政策的支持，卻不能沒有市場的支撐，戲劇市場的主要看客是普通市民，這種文化爬行動物具有的感性而平庸的娛樂取向，不可能持久滿足於粗豪的民族口號，他們不怕俗套，只怕不能感動，甚至不怕高價，只怕不夠時尚，在追逐利潤爲目的的市場上，誰也不能漠視這些觀眾的興趣與喜好，即使不是爲了逢迎……以上一切，在戰時戲劇中均有意味深長的體現。

在本書中，筆者試圖通過第一手資料的發掘考察抗戰時期戲劇運動與意識形態的互動關係，思考藝術規律、政府調控、市場需求對戰時戲劇運動的共同作用，並從以下五個方面進行詳細的論述：（一）戲劇大眾化運動。抗戰初期，戲劇演出在街頭、在劇院、在部隊受到底層民眾、中產階級以及部隊官兵的支持，劇場既是抗戰宣傳，也是大眾宣洩政治激情的理想場所。（二）政府的宏觀調控。國民黨政府對戲劇運動的宏觀調控主要是通過劇團組織、劇本審查、戲劇評獎來進行，總體來看，消極的限制多於積極的宣導，在消極限制中又過於囿於政黨利益而缺乏執政黨的寬容氣度。（三）戲劇在藝術、市場和時代要求中的困境，這涉及戲劇在不同層面的價值定位對戲劇發展的影響。（四）戲劇批評中的熱點問題與評判傾向，其間既反映了不同意識形態的微妙區別，也體現了民間意識與精英意識的差異。（五）舊劇改革中新舊關

〔註21〕陳獨秀：《談政治》，載《新青年》1920 年第 8 卷第 1 號。
〔註22〕李怡：《「民國文學史」框架與「大後方文學」》，載《重慶師範大學學報（哲學社會科學版）》2009 年第 1 期。

係。抗戰期間舊劇改革實際是戲劇大眾化運動的一部分，如何在舊劇中注入現代意識和民族精神成為衡量舊劇改革的關鍵。

在本書中，「抗戰建國」將成為一個中心詞語貫穿整個論述，不過，在這裡，「抗戰建國」將不僅僅在政策層面上使用，它更多在意識形態層面上成為整合民族心理、進行社會動員的觀念體系。抗戰初期，「抗戰建國」的推行促成了戲劇大眾化運動的蓬勃開展；而戲劇組織群眾心理的巨大作用促使權力部門以「抗戰建國」為名義加強了對戲劇運動的利用、指導與控制；時代需求與傳統觀念、藝術規律與市場運作對戲劇均有不同的定位與要求，這些定位與要求有的通過政策層面、有的通過經濟收益、有的通過社會觀念、有的通過工作精神得以呈現。如果說以上三方面主要圍繞戲劇運動外部因素展開論述，那麼以下兩方面則側重展示「抗戰建國」對於戲劇運動內部因素的影響：由於民族戰爭的酷烈及對民族存亡的影響，戲劇批評要求戲劇創作務必反映現實、指導現實，而對「現實」的不同表現和理解常常是不同政黨態度的體現，民族戰爭與政黨鬥爭的複雜糾纏是整個抗戰時期不可迴避的事實，這在一系列戲劇問題的論爭中也得到曲折的表現；舊劇改良雖然從晚清即已倡行，但戰前舊劇改良主要以清除毒素為主，而戰時舊劇改革則重在如何在舊劇中注入國家意識和民族精神。以上五個方面均以戲劇運動中政治意識形態的作用與反作用為視角，發掘它們在實際運作中環環相扣、互為因果的關聯，從不同角度展示戰時戲劇運動的生動性和多面性。換言之，意識形態視角與民族主義是本文研究戰時戲劇的重心，但這並不意味著影響戲劇發展的其它因素便不再發生作用，祇是其作用均經過了「抗戰建國」的時代語境，作為戰時戲劇的特殊形態的一部分而存在。

需要說明的是，由於抗戰時期國統區的藝術家最為集中，戲劇運動最為活躍，政府部門對其引導和干擾最為有效，因此，本書將以國統區戲劇運動作為主要考察對象，而將解放區、淪陷區的戲劇運動作為參照與比較的對象，這並不包含著對以上不同政治區域戲劇運動水準的優劣選擇和價值判斷。

三

本書涉及煩瑣的資料收集和整理。自然，抗戰與當前並沒有隔著遙遠的歷史時空，大多數珍貴的資料還沒有毀於時光與戰火，即使在戰爭時期，桂林還進行了戲劇運動史上空前的盛舉——西南戲劇展覽會，可見戲劇人對自

我成長的歷程何等珍視。資料收集並非異常艱難，然而必須對資料的歷史感和可靠性進行甄別。戲劇運動不同於靜態的文本研究，它涉及社會思潮和戲劇思潮的互動，戲劇團體的活躍度，編導體制的運轉，藝人的社會地位和社會影響，舞臺演出的現場回饋，而舞臺反應與藝術效果不可複製，戲劇表演所面臨的時代要求難以再現，當事人的記錄又往往攪雜著個人喜好與特定時代的利害考慮。當然，即使最主觀的記錄，也會保存難能可貴的歷史的眞實氣息。但是本書仍將儘量避免使用回憶錄式的資料，而以當時的報刊爲主要依據。這雖然也無法保證史料記載的就是最眞實的歷史狀態，但這是一切史料研究都可能具有的困惑，並非本書的特例了。此外，對戲劇運動的研究必然涉及國民黨的文藝政策和法規製定，任何法規都具有強制性，但是在具體實施中又可周旋與折中，因此，實際的歷史狀況和根據法規進行的邏輯推理又有區別。政策的合理性和有效性不是抽象空洞的，它必須與政府機構的設置、政府辦事人員的素質相關聯。政府部門、工作程序、工作人員，共同構成了戲劇運動史上不能忽視的存在，作家劇本完成後，他們往往是第一個評判者，官方評價對戲劇家的創作影響非同小可，這必須排除歷史定論的干擾，根據現有的資料進行實事求是的考察和推斷。最後是資料的佔有量的問題，國統區在抗戰時期出版的劇本、戲劇刊物、戲劇論文以及各地報刊上的戲劇專欄和相關報導不可勝數，即使拋開資金和時間問題，就個人而言，要完全收集和佔有資料幾乎是不可能的，筆者在儘量佔有更多資料的前提下，特別注重資料的典型性和代表性。以報紙而論，抗戰時期國統區最有代表性的報紙分別是《中央日報》、《新華日報》、《大公報》，它們各自是國民黨、共產黨、自由知識份子的喉舌。而抗戰時期較有水準的戲劇刊物主要集中在重慶、成都和桂林等地，刊物地點雖然集中，但是刊物內容卻涵蓋了整個國統區的戲劇動態，而且，由於戲劇組織和戲劇領袖的集中，這些地區的戲劇活動在國統區實際上也起到了龍頭作用，因此，對於抗戰時期戲劇活動活躍的區域以及其中的高水準戲劇刊物，筆者予以了集中的關注。

最後，有必要對本書涉及的關鍵字進行簡單說明：

抗戰建國：1938 年 3 月 29 日到 4 月 1 日，國民黨在武漢召開了臨時全國代表大會，會議製定和通過《抗戰建國綱領》，《綱領》包括總則、外交、軍事、經濟、民眾運動、教育等 7 個方面共 32 條，規定了抗戰期間對內對外的基本國策，《綱領》系統地提出了國民黨抗戰主張，提出「抗戰必勝，建國必

成」的口號，確立以三民主義和孫中山遺教爲一般抗戰行動及建國之最高準繩。《抗戰建國綱領》的基本指導思想是要抗戰的，許多規定是有利於抗戰的，因此獲得全國人民的支持。此後，國民黨政治工作、文化工作的重心開始由戰前的清除赤化轉移到戰後的同仇敵愾，「抗戰建國」由枯燥的綱領、檔演變爲一種生動的社會氣氛、具體的政治要求以及自覺的民族意識，它不僅成爲國民黨政府衡量一切工作成績的基本標準，並作爲一種主流意識形態無論在深度和廣度上對社會公衆發生著強烈的影響。不過，國民黨過多強調自身在抗戰中的統治地位和指揮權利，必然會排斥其他政治力量，尤其是掌握著武裝隊伍的中國共產黨的力量。爲了鞏固執政黨的地位，它必須獲得輿論的支持，也會利用戲劇做宣傳，至少不使之做對自己不利的宣傳。這是抗戰時期國統區戲劇生存的大語境，抗戰方面的同仇敵愾與建國方面的不同政治力量的衝突使得思想的統一難以有效。

　　國統區：由於政治、軍事上的原因，抗戰時期中國版圖被劃爲爲三個政權板塊：國統區、解放區、淪陷區，抗戰結束以後，國統區和解放區的政權劃分依然存在，雖然其涵蓋地域和抗戰時期有了不同。國統區即國民黨統治的區域，此概念在某些時候也被「大後方」所替代，其實，二者應有差異，因爲「大後方」是指國民政府從武漢退守到抗戰勝利之前國民黨的統治地域，國統區則是由抗戰開始到 1949 年國民黨退到臺灣之前的政權統治範圍。不過，在《中國抗日戰爭大後方文學書系》的編撰中，夏衍對「大後方」的意義進行了靈活的處理，本書將沿用其思路對論述範疇與論述對象進行有彈性的處理。〔註23〕需要說明的是，本書使用「國統區」術語的理由在於：第一，本書研究中涉及到抗戰初期上海、武漢的戲劇運動，這是歷史學中「大後方」概念不能涵蓋的地域；第二，本書意在考察抗戰期間意識形態與戲劇運動的關係，與「大後方」這樣的軍事術語比較，「國統區」的政治涵義更能彰顯本文的論述意圖。同時，因爲國統區的時段不僅限於抗戰時期，爲了不引起歧義，本書特以 1937～1945 的時間段對之加以限定。

　　戲劇運動：區別於靜態的戲劇文本，它內含戲劇發展的方方面面：戲劇

〔註23〕夏衍認爲，淪陷區、大後方、解放區的地域劃分是不穩定的，隨著軍事力量的進退和政治力量的消長，淪陷區一部分有時候會變成解放區，大後方的一部分有時候會變成淪陷區，參見《中國抗日戰爭時期大後方文學書系·總序》，重慶出版社 1989 年版，第 1～2 頁。

思潮的緣起緣落，戲劇組織的沉浮，舞臺效果的社會回饋，等等，它與一般戲劇活動的區別在於具有明確的目的性、規模性和組織性，除了藝術的自我表達和完善以外，非常注重對群眾心理的有目的引導。「中國的戲劇運動，從它的開始，就與中國的民族解放運動有著血肉相聯、不可分離的關係。」〔註24〕「戲劇運動，在本質上，是新文化運動，新社會運動的一部門，它擔任著和文化運動、社會運動同樣的任務。」〔註25〕新文化運動的目的，從思想方面說，在於促進國民現代思想素質的生成；從政治方面說，在於爭取民族獨立與強盛，啓蒙與救亡原本息息相關，抗戰戲劇運動是在提升國民現代民族意識與國家意識的基礎上進行民族救亡運動的，但這並不意味著它是一種目的單一的運動，戲劇組織的建設、戲劇體制的完善、表演藝術的精湛以及文化市場的認可同樣是它努力的目標。此外，本書雖以「戲劇運動」的研究爲題，但主要以話劇運動爲主要研究對象，這並非筆者有意在話劇和戲曲之間進行高下之分，而是因爲「話劇運動在整個戲劇運動中一直起著領導的作用。這因她是比較更能尖銳地接觸現實問題」。〔註26〕不過，具有廣泛群眾基礎的傳統戲曲在晚清以後尤其是抗戰之中的改革舉措同樣是戲劇運動的有機組成部分，如果漏失這一新舊意識混雜的戲劇現象，也不能全面反映抗戰時期的戲劇運動的全貌。

意識形態：這是20世紀西方思想史上內容最龐雜、意義最含混、性質最詭異、使用最頻繁的概念之一。總體而言，人們主要在兩種態度上使用它：第一，批判性的使用。在這種情況下，意識形態與權力和統治相聯繫，具有幻想、虛幻、欺騙、錯誤和不切實際的負面價值。第二，在中性意義上使用。意識形態被視爲信仰體系或象徵體系或實踐體系，並不加以價值判斷。本文的目的不在於研究和評述意識形態本身，而是著眼於抗戰時期戲劇運動對它的建立與支撐的努力及其這種努力對戲劇發展自身的影響，因此，本書主要在中性意義上將它作爲一種描述性概念，或者說，是站在知識社會學的立場上把意識形態看成是一套在某個特定社會中發揮決定性作用的觀念體系，這

〔註24〕田漢：《談戲劇運動》，《田漢文集》，第15卷，中國戲劇出版社1986年版，第353頁。

〔註25〕張光年：《什麼是戲劇運動》，《張光年文集》，第2卷，人民文學出版社2002年版，第14頁。

〔註26〕田漢：《抗戰與戲劇》，《田漢文集》，第15卷，中國戲劇出版社1986年版，第16頁。

種體系「在社會和諧、社會控制、社會動員方面都能發揮巨大作用。除此之外，意識形態還可以為一個特定的目標、一套特定的價值進行辨護（或進行批判），還可能使一定的政治權利合法化」。〔註27〕由於中國社會的特殊形態，在特定社會中發揮決定性作用的觀念體系往往又與權力統治相關，本書的目的並不在於評述意識形態及權力統治的得失，而是關注意識形態引導下「意義被調動起來服務於統治集團和人們的方式」，〔註28〕具體地說，主流意識形態是如何在戲劇運動中獲得創建與支撐，使人們克服分歧而獲得集體認同感，其表面與深層的意義，施行的手段和實際的效果，等等，才是本書關注的重心。

需要補充的是，在抗戰時期，主流意識形態並非意義單純透明的價值體系，民族意識、國家意識與政黨意識常常參雜在一起，而意識形態與抗戰戲劇的關係其實也是意識形態與現代文化關係的一部分，要全面深刻地認識這種關係需要跨越文學、政治、歷史、哲學、經濟、軍事等多種學科和佔有大量史料，這是筆者難以達到的學識水準，在本書中我所期望的是，通過考察抗戰時期戲劇對意識形態意義的建立與支撐的過程，使戲劇與政治的關係獲得更加具體的表現，也藉此機會清理我個人對戲劇與時代關係的某種理解。

〔註27〕季廣茂：《意識形態》，廣西師範大學出版社 2005 年版，第 19 頁。

〔註28〕〔英〕約翰・湯姆森：《意識形態與現代文化》，高銛等譯，譯林出版社 2005 年版，第 65 頁。

第一章　戲劇大衆化：大衆政治行爲的催化劑

　　20世紀30年代，中國戲劇大衆化運動曾分兩翼進行，一是主要著眼於工廠和學校的左翼民衆戲劇，一是熊佛西在河北定縣主要面向農村的戲劇實驗。就實際效果而言，前者「不但說不上深入工農大衆，連都市的小市民層都沒有起什麼大的影響」。〔註1〕後者畢竟還處在實驗階段，成功的經驗和模式還沒有來得及推廣與複製。因此，眞正的戲劇大衆化運動是隨著抗戰硝煙的彌漫而蔚然成風的。其中緣由，人們習慣將之籠統地歸結爲全民抗戰的氛圍，但是，這難以解釋爲什麼是戲劇而不是別的藝術形式獲得如此青睞。於是，中國民衆的低文化層次被強調，以說明戲劇這種婦孺皆知的藝術形式更能適應中國國情。此外，電影對於設備和技術的過度依賴使其在戰爭環境中發展受阻，戲劇表演的機動靈活和熱烈的現場氣氛更能適應戰時環境和宣傳需要……這些說法都言之成理。不過，過度強調戲劇大衆化運動與低文化層次看衆之間的關係似乎既低估了戲劇的感召力，又忽視了觀衆的現場回饋作用和群衆心理對戲劇運動的影響。

　　從文化人類學的角度說，戲劇是一種集體體驗的儀式，一個集體的各個成員必然在風俗、信仰、觀念以及神話、語言、法律和行爲規則等方面達成一致性，而且必須能夠體驗到它自己的一致性，儀式就是一個原始部落以及一個高度發達的社會用以體驗這種一致性的手段之一。〔註2〕抗戰初期，戲劇運動進行得轟轟烈烈，如火如荼，觀衆樂於從中獲得政治時事的消息和愛國救亡的教育，這是毫無疑問的。與此同時，群衆內心點燃的民族情緒也需

〔註1〕　田漢：《戲劇大衆化與大衆化戲劇》，《田漢文集》，第14卷，中國戲劇出版社1987年版，第374頁。
〔註2〕　〔英〕馬丁・艾思林：《戲劇剖析》，羅婉華譯，中國戲劇出版社1981年版，第20頁。

要一個方便、安全與合法的發洩地，戲劇演出不僅爲人們提供了一個符合內心期待的政治談話題材，而且充滿政治激情與熱度的劇場更成爲人們交流和表達政治情緒的理想空間。換句話說，重要的不是看戲，而是通過看戲感受時代氣息，參與現實政治，促成集體體驗的一致性，這種需要使得看戲本身即成爲一種政治行爲。因此，戲劇大眾化推動了民眾參與國家政事，而民眾的政治激情又促進了戲劇的大眾化運動，二者互爲因果。戲劇藝術在高漲的民族主義情緒中被賦予最強的政治意義，群眾的政治熱情在劇場獲得藝術化的表現和宣洩，底層民眾、中產階級、軍事部門的參與全方位體現了戲劇大眾化運動的開展。在這個過程中，政府的支持和促進也是不容忽視的因素。

第一節　街頭劇場與大眾政治行爲

抗戰以前，中國現代戲劇如同溫室的花朵，主要開放在大都市的玻璃棚中孤芳自賞。「自從抗戰以後，戲劇變成了大眾的精神食糧，街頭劇也成爲了戲劇大眾化的一個主要的形式。」〔註3〕據不完全統計，在抗戰期間出版發表的 1200 多部劇作中，街頭劇就有近百部，且多在抗戰初期，各演劇隊隨時隨地隨編隨演的街頭劇，更是不計其數。〔註4〕就演出來說，抗戰初期的街頭劇表演實在是此起彼伏，舉不勝舉。其中以第一屆戲劇節時重慶戲劇界組織的街頭劇表演最具規模，當時出動演員上千名，組成 25 個演劇隊，爲前線將士徵募寒衣，表演爲期三天，轟動山城。觀看者之踴躍，演出者之熱忱，不僅從歷史老照片和當事者的回憶錄中撲面而來，更能從翻閱當時報刊中獲得鮮活的歷史記憶。街頭劇全力宣傳抗戰，引起社會廣泛關注。1938年 9 月到 1939 年 1 月，《中央日報》的《戲劇周刊》密集地對街頭劇進行關注和提倡，說明街頭劇已經作爲政治事件引起了執政黨的重視。〔註5〕1989

〔註3〕　黎光：《談街頭劇》，載《戲劇與文學》1940 年第 1 卷第 1 期。

〔註4〕　田本相主編《中國現代比較戲劇史》，文化藝術出版社 1993 年版，第 495 頁。

〔註5〕　在此期間，《中央日報》的「戲劇周刊」專欄發表的有關街頭劇的文章有：陳永倞《寫作街頭劇之管見》(1938 年 9 月 23 日)、陳永倞《演出街頭劇二三事》(1938 年 10 月 7 日)、何捲舒《街頭劇演出之新形式》(1938 年 10 月 7 日)、哲吾《怎樣調整移動演劇節目》(1938 年 12 月 3 日)，唐華《街頭劇的編製和演出》(1938 年 12 月 3 日，1938 年 12 月 9 日)、耿萍《街頭劇演出之我見》(1938 年 12 月 16 日)、陳志堅《什麼是「茶館劇」和牠的影響》(1939 年 1月 20 日)、陳志堅《怎樣編製「茶館劇」》(1939 年 1 月 27 日)等。

年曹禺主編的《中國抗日戰爭時期大後方文學書系‧戲劇卷》出版，著名的街頭劇《放下你的鞭子》被編放於首位，這不僅是從時間上考慮該劇出現較早，更是從文學史的角度承認了街頭劇在抗戰時期的宣傳效果和歷史意義。

　　有意思的是，戲劇工作者關於抗戰街頭劇的歷史記憶異常豐富，充滿情感，學術界對此領域的研究卻十分匱乏。從藝術的角度看，街頭劇強烈的宣傳意識使其難以潛入藝術的靈性世界，而政治宣傳往往會隨著政治任務的完成時過境遷。歷史作爲過去的事件只有在紀念的時候方被喚起，舞臺表演和歷史氛圍尤其會隨著時代隱退而煙消雲散。「好一計鞭子」等街頭劇在中國現代戲劇史上祇是蜻蜓點水般被提起，因爲我們的文學史是名家名著的編排史，大家大作構成我們文學寶庫絢爛的中心，那些構成文學整體格局的文學現象在文學譜系中處於次等地位，最多祇是一種背景式的存在。街頭劇大多故事簡單，人物平板，直奔主題，審美性和藝術價值不高，但它使戲劇由劇院走向街頭，讓戲劇眞正爲大眾瞭解和接受，同時，它鮮明的政治意圖也獲得街頭觀眾的支撐和建構，基於民族意識之上的政治激情使觀演融爲一體，共同在街頭劇場上演民族的大史劇，它的氣勢和規模正如田漢在詩中所言：

　　　　演員四億人，

　　　　戰線一萬里，

　　　　全球作觀眾，

　　　　看我大史劇。

一、街頭劇場與街頭觀衆

　　何謂街頭劇？有人將之定義爲「能以最便捷的方式，用最簡單的設備，傳達最通俗的劇情，而能在街頭或曠野上實地演出」的戲劇，〔註6〕也有人認爲只有「凡在舞臺外演出的戲而觀眾並不知那是在演戲的戲劇」才是街頭劇。〔註7〕其實，演出的機動性和觀眾的接受心理固然重要，但是街頭劇之爲街頭劇，以街頭爲劇場才是其存在的根本。當然，這裡的「街頭」也包括與街頭有直接關聯的茶館、廣場等其他公共場所。

〔註6〕　張光年：《論街頭劇》，《張光年文集》，第 2 卷，人民文學出版社 2002 年版，第 72 頁。

〔註7〕　胡紹軒：《街頭劇論》，《中國抗日戰爭時期大後方文學書系》，第 2 編第 2 集，重慶出版社 1989 年版，第 1254 頁。

　　從物質層面講，戲劇表演必然具有時間和空間的規定性，任何一個因素
的變化都將改變其存在方式。戲劇由劇院來到街頭，它首先面對的不是舞臺
環境的差異，而是一個全然陌生的文化空間——一種以底層民眾爲主體的文
化消費空間。在這裡，走街串戶、打架鬥毆、尋親訪友、流言蜚語等日常生
活的瑣碎構成街頭生活的常態；坐商走販、流氓乞丐、車夫妓女等各種傳統
行業的從事者擔當著平衡民間社會的不同功能。換句話說，街頭不僅是一種
物質生活空間，同時也意味著一種社會關係。

　　在民國文學與文化研究中，將街頭作爲文化公共領域加以關注的還不多
見。〔註 8〕西方的公共領域概念揭示了西方社會民主化進程中資源分享的特
色，大多數西方學者對物質公共空間的關注主要集中在咖啡館、旅店、酒吧、
戲院等地，這種思路對於研究現代化程度發達、西化色彩明顯的的上海文化
具有直接的啓發性。抗戰爆發以前，中國現代化進程中的絢爛生活和貧富差
異導致的階級激憤在都市生活中均有所顯示。李歐梵在《上海摩登》中清理
了中國 30 年代文學的現代性與上海都市現代化進程的複雜況味，咖啡店、舞
廳、亭子間成爲上海文人在現代都市消費氛圍下的主要流盼之地。出於對現
代性的不同理解，曠新年將與晦暗的中國異質並且構成鮮明對照的「通商口
岸」稱作「一片絢爛的潰瘍」，而把勞動、反抗、關心大眾利益稱爲「另一種
摩登」。〔註 9〕其實，對於絕大多數的社會下層人民而言，無論是都市消費空
間還是充滿意識形態的革命宣傳，都難以與他們的日常生活息息相關。對他
們來說，街頭巷尾才是日常生活的中心，他們依靠街頭謀生、娛樂和舉行各
種慶祝活動，不同社會階層和集團在此相互交往，形成民間傳統和人際交往
的社會網路，這種日常生活狀態集中體現了下層人民的趣味與聲音。它游離
於政府意志和知識精英意識之外，常常被忽視或鄙視、排斥，卻有官方與精
英意識形態難以左右的韌性與執著。〔註 10〕

〔註 8〕　美國得克薩斯 A&M 大學歷史系副教授王笛 2003 年在斯坦福大學出版社出版
　　　　《街頭文化：成都公共空間、下層民眾與地方政治，1870～1930》，該書以學
　　　　術上的重要性、原創性、深入的研究、方法的精湛、論證的力度，以及對城
　　　　市史研究領域的重大貢獻，於 2005 年榮獲兩年一度的「美國城市史研究學會
　　　　最佳著作獎」，2006 年初其中文版本在國內出版，爲近年來研究中國近代城市
　　　　底層民眾公共空間的重要學術著作。
〔註 9〕　曠新年：《另一種「上海摩登」》，載《中國現代文學研究叢刊》2004 年第 1 期。
〔註 10〕〔美〕王笛：《街頭文化》，李德英、謝繼華、鄧麗譯，中國人民大學出版社
　　　　2006 年版，第 3 頁。

　　街頭劇場帶來觀眾群體的巨大變化。抗戰以前，戲院的觀眾多爲追求時尚的中產階級和受過新式教育洗禮的學生，底層民眾不敢說絕對沒有，但一定爲數極少。至少有兩個因素阻礙他們走入戲院：第一，經濟的限制。花錢看戲意味著戲劇進入了消費管道，成爲文化市場的一部分。1937 年 1 月上海中等米價爲每市石 11.6 元，〔註11〕而普通工人的月收入爲 5～14 元，〔註12〕青年學徒更低，更不用說市井街頭的傳統手工業者，抗戰以前戲票均價大致爲 0.5 元，5角的票價對城市低收入人群也算一個不小的奢侈。〔註13〕第二，文化的限制。抗戰前的戲劇內容或關注現代人的思想解放與人格獨立，或關注階級鬥爭貧富不均，呼籲平等自由，或充滿浪漫的情思與藝術的玄想，或在對話中閃爍著青年男女的智慧……這大多脫離了普通市民的日常生活，也超越了他們的理解範疇。以田漢《湖上的悲劇》爲例，詩人楊夢梅偶住湖邊，邂逅從前的戀人白薇，三年前，他們的愛情因爲受到家庭的阻礙，白薇自殺殉情被人救活，楊夢梅留學回國之後娶妻生子，卻一直懷念以爲已經死去的白薇，並把內心的懷念寫成作品，白薇閱讀作品之後，爲了不讓人把「嚴肅的人生看成鬧劇」，爲成就詩人的藝術再次自殺而亡。劇中，詩人對著不久於人世的戀人說：

　　　　白薇，白薇，你錯了。你這種犧牲完全是沒有必要的。我也知道我是錯了。我以爲我的心在這一個世界，而身子不妨在那一個世界。身子和心互相推諉，互相欺騙，我以爲這是調和，誰知道這卻是分裂，結果便把我弄成個不死不活的人了。現在我覺悟了，我們正應該勇敢地統一地生活下去，你決不可死。〔註14〕

〔註11〕《歷年上海中等梗米市價表》，朱斯煌主編《民國經濟史》，銀行學會、銀行周報社 1948 年版，第 543 頁。

〔註12〕根據 1933 年實業部全國各業之調查，各業工資大抵以 5 元以上 14 元以下最普遍，參見應成一《民元年來我國之勞工問題》，朱斯煌主編《民國經濟史》，銀行學會、銀行周報社 1948 年版，第 370～371 頁。

〔註13〕據 1937 年 1 月天津《大公報》統計，戲劇票價爲 0.2～0.5，據 1937 年 1 月上海《申報》統計，票價爲 0.4～1 元，此數據來源於馬俊山《國民黨話劇政策的兩歧性及其危害》，載《近代史研究》2002 年第 1 期；此外，1929 年觀眾胡大山、張百周爲南國社演出票價增爲一元致信給田漢，提出「南國社不應售高價以拒絕我們」，田漢在回覆信中簡單列出南國演出開銷以證明南國並沒有以戲劇爲發財工具外，將採用預約制票價五角定爲解決問題的辦法之一，可見，五角的票價是市場比較接受的通行的票價。此資料來源爲《田漢全集》，第 15 卷，花山文藝出版社 2000 年版，第 38 頁。

〔註14〕田漢：《湖上的悲劇》，《田漢文集》，第 2 卷，中國戲劇出版社 1983 年版，第 40 頁。

　　姑且不論底層民眾對於此類戲劇的關注興趣有多大，單以其文化程度和文化追求而論，要理解這樣的臺詞確實過於勉爲其難。

　　街頭劇場的出現使底層民眾能夠直接感受戲劇。這些底層民眾的社會特徵、年齡結構、職業特點、居住區域、文化層次等各方面均不同於戲院的觀眾。戲院觀眾多是青年學生、公司小職員以及中產階級，他們大多年青，具有新式教育背景，對新鮮事物懷有求知的熱情，這些平時分散的文化群體同時進入一個狹小的文化空間，就會對戲劇的主題指向、藝術風格、舞臺情調形成特別的要求，抗戰前話劇的戲院演出一直顯得曲高和寡，這與觀眾構成不無關係。而街頭常住人口除了普通的市民，就是拉洋車的、擦皮鞋的、擺地攤的、算命的、流動的小商販、妓女、民間藝人等等，他們人數眾多，屬於金字塔社會結構中的基礎部位，文化程度極低，大多數人不會識文斷字，更別說經歷新式教育的洗禮，他們生活壓力大，整天忙於生計但掙的錢僅夠基本的生活開銷，幾乎沒有閒錢進行文化消費。抗戰初期，話劇由劇院來到街頭，向民眾發出抗戰救亡的呼喚。這些送上門的街頭戲至少在兩方面讓他們感到滿意：第一，這是完全不同於傳統戲曲的話劇，無論接受與否，他們並不排斥長見識的機會；第二，故事就是當前發生的事件，國家大事就在他們身邊，甚至就是他們的生活。他們同樣也有瞭解時事的熱情。在眾多街頭戲劇表演中，底層民眾成爲觀眾中的中堅人群。沒有街頭，戲劇便無法滲透到底層生活空間，沒有底層民眾的參與，戲劇大眾化運動便無從談起，更無法規模化。

　　如果說抗戰時期的街頭劇意味著對底層社會民族情緒的呼喚，那麼，發出這種呼喚的首先是知識份子。街頭劇演出的主力成員多是熱血沸騰的在校學生或愛國青年，他們大多數沒有經過專業訓練，甚至沒有演出經驗，他們中的許多人是戲劇藝術的愛好者，但也有些人並不是因爲對藝術的熱愛而是出於對國家民族命運的關心而投入戲劇演出之中的。對社會現實的隔膜，對下層民眾一廂情願的啓發思路使他們很多時候顯得生硬和幼稚，但是澎湃的青春激情和眞誠的政治熱情彌補了表演的不足。因爲街頭劇的最終目的不是藝術追求而是政治宣傳，因此熱情比演技更爲重要。沈西苓在街頭劇《在烽火中》的「演出說明」中特別注明：「演員的情感應提得很高，可並不一定需要熟練的演員，只有熱情，都可以演。」〔註15〕可見，街頭劇的演出不一定

〔註15〕沈西苓主編：《街頭劇》，新生圖書局 1938 年版，第 16 頁。

是劇團，任何一個宣傳隊或學生工農群眾團體，在需要的時候都可以隨時演出。因爲重要的不是事件，而是喚起人們對事件的一致認識。

　　戲劇由劇院走向街頭，意味著下層民眾的公共領域被知識精英納入宣傳範疇，在此過程中，街頭劇結合戰爭形勢對權力部門提倡的民族主義加以闡釋和支撐，抗戰主題獲得國家權力的支持和認可，底層民眾在國難當頭的時刻必須明確自我的民族身份和民族危機。街頭成爲劇場，每個人的日常生活都將被拖入民族存亡的現實劇情之中：誰是我的同胞？誰是我們的敵人？問題的答案將在劇情上演後揭曉並使他們達成共識。

二、民族意識與街頭劇之關鍵字

　　1983 年，安德森在他那本研究民族主義的經典著作中說，民族屬性是我們這個時代的政治生活中最具普遍合法性的價值，它驅使數以百萬計的人們爲之去屠殺或從容赴死。〔註 16〕西方民族主義的興起與資本主義的興起有關，而中國民族主義的覺醒是與西方資本主義的擴張相連：

　　　　我十年以前，在家裏讀書的時候，天天祇知道吃飯睡覺。就是
　　發奮有爲，也不過是念念文章，想騙幾層功名，光耀門楣罷了。那
　　知道國家是什麼東西，和我有什麼關係呢。到了甲午年，才聽見人
　　說有個什麼日本國，把我們中國打敗了。到了庚子年，又有什麼英
　　國、俄國、法國、德國、意國、美國、奧國、日本八國的聯合軍，
　　把中國打敗了。此時我才曉得，世界上的人，原來是分做一國一國
　　的。〔註17〕

　　陳獨秀的表白足以說明中國人的國家觀念、民族意識萌發於中國近代戰爭失敗史、外交屈辱史。整個 20 世紀，中國知識份子中激進派和保守派的思想分歧一直存在，但是建立一個高度獨立自主的國家卻是他們的共同目標。不過，這種理想主要存在於知識份子的文化構想中，普通老百姓的國家意識是十分淡薄的。尤其對底層百姓而言，八國聯軍雖然被當政者畏懼，但其燒殺掠奪還限於北京及沿海一帶，廣大的內陸地區信息閉塞，交通不便，這些

〔註16〕〔美〕本尼迪克特‧安德森：《想像的共同體》，吳叡人譯，上海人民出版社
　　　　2005 年版，第 2〜7 頁。
〔註17〕陳獨秀：《說國家》，《陳獨秀文章選編》（上冊），三聯書店 1984 年版，第 39
　　　　頁。

震撼中國近代史的大事件僅僅如同一枚小石子不經意地扔進死水中，最多使
這一溝死水微微地泛起漣漪。悠久的中國歷史有數次朝代更替，在「興，百
姓苦，亡，百姓苦」的生存困境中，很難培植起「國家興亡，匹夫有責」的
民族國家意識。中國普通民眾的全部認同局限於家庭、家族和鄉土的狹小範
圍，其國家意識和民族意識非常淡薄，所以在30年代黃震遐的小說《隴海線
上》，還可以看見作家這樣的抱怨：

> 打仗，他們已是司空見慣的事，絲毫不以為奇。國家，他們連
> 自己是河南人都不曉得，更何況國家！……他們對於國家沒有絲毫
> 瞭解，尤其是見了我們中央軍也發生厭惡之心，遂於不知不覺中，
> 將一個完好的民族運動，改寫為迷信擾亂的土匪行為。〔註18〕

可見，對普通中國人來說，「民族」、「國家」無疑是陌生的字眼，如此缺乏
民族意識的民眾基礎怎麼可能進行一場艱苦卓絕曠日持久的民族戰爭？知識份
子關於建立獨立自主國家的文化構想如何獲得民眾的認同，並進而使人們為之
去屠殺或從容就死？這是擺在抗戰爆發之後知識份子面前的最大問題。

「戲劇可以看作是一種思維形式，一種認識過程，一種方法；通過這種
方法，我們可以把抽象的概念轉變為具體的人與人的關係，可以設置一個情
境並表現出結果。」〔註19〕民族國家意識是抽象空洞的名詞，但戲劇卻可以
通過具體的情境設置使之形象化與通俗化，使分散而陌生的社會群體產生社
群歸屬感或歷史歸屬感，並進而理解這場民族戰爭的偉大意義。抗戰時期的
街頭劇無一不與抗戰有關：《放下你的鞭子》（集體創作）通過街頭賣藝流亡
父女訴說身世，控訴日本鬼子使其有家不能歸的慘境，引發觀眾的同情和憤
恨。《勝利之路》（凌鶴著）寫一群中國人在日本兵的追擊下逃命，漢奸助紂
為虐，最後中國軍隊及時到來，日本兵被打死，漢奸受到審判。《掃射》（陳
白塵著）寫中國老百姓被日本鬼子無端掃射，即使漢奸也難以自保，「怕死不
能生，拼死才能活」，說明中國人除了反抗別無活路。《當兵去》（胡紹軒著）
則是通過小孩、老人、壯漢三個人對待兵役的不同態度和具體原因，宣傳兵
役制度。《省一粒子彈》（尤兢著）寫虹口逃出的難民缺衣少食，孩子餓死，
漢奸又在水裏下毒，難民恨極而抱著漢奸的大腿咬，「咬死漢奸！省一粒子彈

〔註18〕黃震遐：《隴海線上》，載《前鋒月刊》1931年第5期。

〔註19〕〔英〕馬丁・艾思林：《戲劇剖析》，羅婉華譯，中國戲劇出版社1981年版，
第16頁。

去打日本帝國主義」。《盲啞恨》（李增援著）中，流落街頭的盲人和女兒邊講邊唱平津淪亡之國仇家恨。據不完全統計，在抗戰期間出版發表的 1200 多部劇作中，街頭劇就有近百部，且多在抗戰初期，各演劇隊隨時隨地隨編隨演的街頭劇，更是不計其數。不過，劇本數量的多並不意味著劇本內容的豐富，所有的街頭劇都以不同的情節和人物重複大致相同的主題——戰必勝，不戰必亡。這個主題在每次表演中因反覆而強化，而以下幾個關鍵字也因此脫穎而出：

中華民族：代表人物大致有兩種：難民、中國軍人。日本侵略戰爭打破了原有的平靜生活，背井離鄉、家破人亡、流離失所是無辜平民面臨的具體生存狀態。中國軍隊作戰勇敢，戰無不勝，總是在最危難的時刻從天出現，給人信心和鬥志，他們是保家衛國的重要力量，受到民眾的一致愛戴和擁護。這兩種人從情感歸宿上是劃入「我們」的範疇，這個複數名詞意味著一個堅實的社會空間，在此空間相互分離而又同時存在的個體充滿了相似性。

漢奸：漢奸是出賣國家民族利益而為日本人賣命的可恥的中國人，他們人格卑劣，在中國人面前是狼，在日本人面前是狗，但同樣也受到日本人的欺辱。漢奸雖然是中國人，但是不屬於「我們」，他們遭到來自政府和民間的一致唾棄和審判，常常以被打死或被審判而收場。《省一粒子彈》中，漢奸在水裏下毒以擾亂民心，最後被髮現而受到應有的制裁。《在烽火中》漢奸幫助日本兵欺壓中國老百姓，自己也被日本兵打死。發揮民眾和政府的共同力量剷除漢奸，是取得抗戰勝利的必要步驟。

日本帝國主義：常以軍人的形象耀武揚威地出現，與此相聯繫的行為是燒殺姦淫，無惡不作，他們不僅在行為上充滿暴力和侵略性，而且在道德上喪盡天良，毫無廉恥。他們缺乏人性，類似妖魔，「日本鬼子」是他們的另一個稱呼，這個稱呼既是一種道德評判，也是情感態度的表明。他們草菅人命，趾高氣揚，但最後的結局常常是被憤怒的民眾或軍隊打死，大快民心。

侵略與打倒：前一個動詞的施動者是日本帝國主義，受動者是中華民族，後一個動詞反之。這對動詞表明了中華民族與日本帝國主義的關係。日本軍隊侵佔中國土地，掠奪中國物產，欺壓中國民眾，中國人必須以暴制暴，以牙還牙，打倒日本帝國主義，把日本帝國主義從中國土地上趕出去。同樣是暴力行為，由於得道與失道的差別，自衛和侵略的不同，就有了正義與非正義之分。表現在戲劇中，敵人的侵略是因，敵人被打倒是果，中間的必經環

節就是中國人的反抗，「不戰則亡」是一切抗戰街頭劇的主題。

　　抗戰時期街頭劇故事雷同，情節簡單，直奔主題，稱得上典型的「抗戰八股」，在抗戰初期它密集地在街頭出現，高頻率地演出、講演、宣傳，收到的效果十分顯著。演劇隊員來到秦嶺山區，一個鄉鎮老太太看了戲以後，拉著演員的手問：「日本鬼子就是渥個哈哈樣子呀？（即那麼個壞樣子？）」〔註 20〕戲劇使一個農村婦女對從未謀面的日本兵進行道德譴責時，意味著這場民族戰爭的性質、敵我陣營的劃分已被民眾瞭解接受。

　　當民眾的民族意識被喚醒，街頭就同時成爲大眾政治行爲的表達場所：

> 　　在掌聲和讚美聲中，擠出一個十六七歲的小姑娘。看罷，一隻兩隻……手撐到募捐箱前，五分，兩毛，一元，喂著募捐箱的肚子。「慢慢的莫擠呀，你家莫擠呀！」的喊聲代替了熱烈的鼓掌。

> 　　在忙亂中，忽然的，大家被一隻勞苦過度的手，一雙害羞的眼，一套舊藍布的衣著怔著了：「我是一個工人，我情願把今天得來的工錢捐給前方將士！」那一天辛苦的工資，便投進了箱肚。

> 　　謝謝這位工人同志，他的義舉引起了無數同樣勞苦的手擠到募捐箱前：「麼事你家？」拉洋車的也忘記了他們的車子，衝進箱前來。當人們還沒有把募捐寒衣的意義完全敘明，他們已摸著破爛的荷包，抖索的掏出他們的所有：三毛，四毛，五毛。他們被同志們介紹著，羞答答的笑了。

> 　　……

> 　　我們忘不了那幾千隻抬搖的手，有力的拳頭，幾千隻喉嚨的大合唱。是的，我們演了一場，這場戲的演出者不止是我們這一群，它包括了看的做的全部分。它不止激動了我們自己應有的情緒，它還表現了成千成萬的同心合力打東洋的火血的心。〔註 21〕

　　這是一篇記錄抗戰初期街頭劇演出盛況的文章，很明顯，它出自知識份子之手，裏面充滿了知識份子責任感與優越感相交雜的心態以及一個戲劇表演者的情感因素，不過我們仍能從中感受到熱烈的現場氣氛。重要的是這種熱烈的演出氣氛並不是演出者單獨營造出來的，更大程度來源於觀眾的積極

〔註 20〕李東絲：《戲劇在秦嶺山裏》，載《戲劇戰線》1939 年第 1 卷第 1 期。
〔註 21〕洪露：《戲劇列車在漢口街頭》，載《抗戰文藝》1938 年第 2 卷第 9 期。

參與。這些觀眾衣著破舊，荷包破爛，或是工人，或是拉洋車的，顯然是城市下層勞動者，他們捐錢不多，三毛五毛，卻是一天的收入。當千萬隻手臂共同舉起，幾千隻喉嚨共同發出對日本帝國主義的怒吼，這種同心合力的場面表達了人群之中強烈的民族認同感，這是個體對自己所在的民族國家的認同感或整合感，所有素不相識的人被這種強烈的情感聯結起來。此時，街頭成爲劇場，捐錢成爲戲劇行爲，通過這種行爲，民眾得以參與國事，表達自己的政治態度。街頭劇的熱潮不是表演者可以一廂情願維持的，底層民眾在意識到國家困境之後表達出來的政治熱情，使劇場直接成爲他們表達政治願望的場所，在民主政治制度還非常不完備的現代中國，這種場所對於底層老百姓而言，是那樣的新鮮和可貴。

民眾對街頭劇演出的熱烈反響使戲劇工作者快慰於「民眾竟是那樣熱烈的要求新的演劇，理解新的演劇」。〔註22〕事實上，一旦民眾的愛國熱情被喚醒，民眾需要的就不完全是戲劇，而是街頭劇場提供的一個政治激情宣洩場所，劇情已經不再重要，哪怕僅僅是高呼「打倒日本帝國主義」的口號就閉幕也會獲得一片彩聲，民眾不再滿足於做戲劇的旁觀者，喝彩、鼓掌、捐金、高呼口號成爲他們參與戲劇演出的重要行動，同時也是政治行爲的表達，對他們來說，街頭劇場不僅是一個觀劇場所，也是一個爲他們提供高度精神境界的集體體驗之地，在這裡，他們直接體驗到自己與群體的一致性並再次肯定它，戲劇作爲一種極端政治性的藝術形式喚醒、容納並能展示他們內心新鮮而激動的政治關懷。

三、政府支持和政策宣傳

任何政府對大規模的群眾場面都會心有餘悸，因爲它隨時可能因爲失控而威脅統治秩序。抗戰時期的街頭劇演出引發成百成千的群眾圍觀、捐金、唱歌、呼喊口號，形成大規模的群眾場面，不過，這在多數情況下並沒有受到政府的壓制，反而獲得一定程度的支持，因爲它在激發大眾民族情緒的同時，從儀式到內容方面均符合官方將民族、國家、政黨一體化的宣傳要求。

在儀式方面，國統區每次大型街頭劇演出活動均突出了國民黨政府在戰爭中的領導地位。1938 年第一屆戲劇節期間，重慶組織 25 個演劇隊在街頭表

〔註22〕田漢：《抗戰與戲劇》，《田漢文集》，第 15 卷，中國戲劇出版社 1986 年版，第 17 頁。

演，青年職業互助隊（第七隊）以國民黨領袖人物的頭像在前面開路進行表演宣傳；1939 年爲了慶祝元旦和劇協成立週年，中華全國戲劇界抗敵協會舉行新型火炬遊行劇，遊行劇爲「抗建進行曲」，這場大規模的街頭遊行劇幾乎動員了重慶所有的演劇團體，而在遊行隊伍最前列的首先是國民黨的青天白日旗，其次方是戲劇協會的會旗。政黨旗幟、政黨領袖人頭像在這裡被賦予公開的、儀式性的敬意，官方構建的國家統一象徵符號在公眾遊行中被強化爲集體認同感、歸屬感，國民黨作爲執政黨的合法地位及其領導人在民族戰爭中的權力通過這種方式得到宣傳和文化上的認可。

在內容上，街頭劇的演出積極配合和貫徹了政府抗日措施。「抗戰建國」是國民黨抗戰時期總的國策方針，圍繞著它還有許多具體的政策和措施，如兵役政策、改善軍民關係、人口疏散政策、慰問前線將士、戰時生產自救、難民的安置救濟等等，幾乎每個街頭劇都有一個甚至幾個宣傳主題：《當兵去》宣傳兵役制度，《往哪裏逃》（侯楓著）涉及難民的生產自救，即使劇情中無法涉及的宣傳內容，也常常會用張貼標語、高呼口號、口頭演說的方式進行補充。《勝利之路》演出之時要求張貼大量的標語——歡送志願軍上前線！消滅漢奸！軍民合作才能打勝仗！疏散人口是加強後方工作！打倒日本！中華民族解放萬歲！——這些標語既宣傳了抗戰，又突出了戲劇與政府政策之間的關聯，還形成特定的演劇氛圍。《難民曲》（光末然著）中，當逃難的女工找到失散的當兵去的親人時，作者特別安排了宣傳隊的演說和時事報告，並由宣傳隊員回答觀眾的疑問。至於高呼口號，幾乎是抗戰初期許多街頭劇的臺上臺下打成一片的群情激憤的體現。

在劇情中，對「政府」的服從成爲取得民族戰爭勝利的關鍵。在街頭劇《當兵去》中，壯漢被母親和妻子送去從軍，宣傳隊長稱讚送夫當兵的婦人爲「好中華民國的國民」，送子當兵的母親爲「好中華民國的母親」，並對周圍的群眾說：「現在日本鬼子壓迫我們是壓迫得太厲害了，殘殺我們是殘殺得太厲害了。我們要想辦法，看怎樣才能活著，我覺得：我們唯一的辦法，是聽政府的話，聽政府的指揮。政府叫我們做工，我們就做工；政府叫我們當兵，服兵役，我們就當兵，服兵役。」〔註23〕在這裡，「政府」在戰爭中的指揮作用和與人民生死與共的利害關係被加以強調。而至關重要的是，當劇中

〔註23〕胡紹軒：《當兵去》，沈西苓主編《街頭劇》，新生圖書局 1938 年版，第 76～77 頁。

民眾處於生死存亡的關鍵時刻，總是中國軍隊的出現解救黎民於水火，令人振奮和信賴。這樣的演出確立了國民黨政府在戰爭中的中心地位，有利於國民政府確立軍隊和官方的正面形象。

民族戰爭總會流血犧牲，當國家利益與個人利益有衝突時，政府當然希望個人能放棄個人利益而以國家利益爲重。1939 年 3 月 12 日，國民政府在重慶頒發《國民精神總動員綱領》，認爲「非提高吾全國國民堅強不屈之精神，不足以克服艱危而打破敵人精神致勝之毒計」，並列舉了三個共同目標：國家至上，民族至上；軍事第一，勝利第一；意志集中，力量集中。〔註 24〕《綱領》把國家民族利益居於至高無上的地位，也有鉗制思想、排除異己的意圖。在國家民族的名義下，無論在民間還是在官方，獨異的個體不再獲得五四時期的推崇。表現在戲劇中，街頭劇在處理個人與民族利益衝突的題材時候，常常對個人犧牲和大義滅親加以弘揚和讚歎。《往哪裏逃》中，訓導員教育難民：「無論什麼，只要是有利於我們抗戰，有益於我們國家，就是出生入死的事，我都願意幹。因爲現在中國是到了生死存亡的最後關頭了，我們應該抱有犧牲的決心，一切之工作、行動，都要以國家的利害爲依歸。」〔註 25〕劇中，一個知識女性放下自己未滿周歲的孩子去搶救傷兵，傷兵被救了，孩子卻死了，大家安慰她，她卻很鎮定地說：「小孩子要他幹嗎？這次我們要是打敗，亡了國，那就什麼都完了……」〔註 26〕如此鐵石心腸，不近人情，應該不是現實中的真實女性形象的反映，而是按照民族國家的需要進行的塑造。她不是現實的反映，而是期待的表達，並通過文化宣傳形式對當時的女性提出要求。其實抗戰時期此類戲劇不在少數，妻子剷除賣國的丈夫，兒子告發囤積居奇的父親，母親爲了兒子安心抗敵而自盡等等，不一而足，以至於有戲劇批評家呼籲：不要過多表現戰爭中的大義滅親，以免引起民眾對民族戰爭的反感。〔註 27〕

需要強調的是，戲劇對政府宣傳的配合并非藝術對政治的曲意逢迎，而

〔註 24〕 《國民精神總動員綱領》，章伯鋒、莊建平主編《抗日戰爭》，第 3 卷，四川大學出版社 1997 年版，第 145 頁

〔註 25〕 侯楓：《往哪裏逃》，沈西苓主編《街頭劇》，新生圖書局 1938 年版，第 65 頁。

〔註 26〕 侯楓：《往哪裏逃》，沈西苓主編《街頭劇》，新生圖書局 1938 年版，第 57 頁。

〔註 27〕 顧一樵：《戲劇中的意識問題》，載《戲劇崗位》1940 年第 1 卷第 5、6 期合刊；石叔明：《向目前戲劇界三大建議》，載《抗敵戲劇》1938 年第 7、8 期合刊。兩篇文章均談到在戲劇中大義滅親的內容過多不利於鼓勵民眾的抗戰情緒。

是當時國民政府的基本國策符合整個民族的利益，也符合知識份子在民族存亡時候的自覺選擇，從民族利益出發才是戲劇工作者從事街頭劇演出的最終目的。

　　街頭劇體現的抗日要求大體符合國民政府的政策方針，國民政府也積極利用這一藝術形式加強政策宣傳和自身形象的塑造。抗戰時期，政府對街頭劇給與了足夠的關注與支持。1938 年 9 月到 1939 年 1 月，《中央日報》的《戲劇周刊》密集地對街頭劇進行關注和提倡，說明街頭劇已經作爲政治事件引起了執政黨的重視。此外，在每一次大型街頭劇演出的背後，都離不開政府與文化人的合作與共同組織。1938 年，國民黨軍委會政治部第三廳在武漢成立以後，戲劇界的重要人士如郭沫若、田漢、洪深等皆在該廳擔任重要職務，他們的官方身份以及文化影響使得三廳在武漢的一系列戲劇宣傳活動進行得有聲有色。1939 年 1 月至 7 月重慶工作期間，在第三廳的工作報告中，關於戲劇工作就包含了編輯抗戰劇本、編撰戲劇新聞、擔任各項紀念節日之戲劇宣傳工作、進行戲劇廣播等七項工作內容。

　　國民黨政府與戲劇界的互助關係在戲劇節的舉辦中表現最充分，抗戰時期戲劇節的舉辦主要由中華全國戲劇界抗敵協會主辦，而在這個民間組織的各部職員名單中，張道藩、陳立夫、王平陵等國民黨黨政要員也赫然在列，張道藩還歷任中華全國戲劇界抗敵協會主任常務理事。這就不難理解，國統區歷次戲劇節的舉辦爲何均得到各地政府部門的支持。以第二屆戲劇節爲例，劇協規定該屆戲劇節公演各劇本的主要內容爲：勸募寒衣、討逆除奸、服行兵役、加強生產建設運動、表揚抗戰英勇事蹟。同時要求各地舉行戲劇節時，應設法與當地黨政機關取得密切聯繫，「必要時由本會分電該地黨政機關請予協助」。〔註28〕中華全國戲劇界抗敵協會不過是民間自發的文藝團體，能致電各地黨政機關請予協助工作，正是借助了政府宣傳部門的重視和協會成員中的官方身份。

　　權力部門對戲劇運動的參與不僅體現在街頭劇的組織上，也同樣體現在大型戲劇活動的舉辦上。1944 年桂林舉辦西南第一屆戲劇展覽會，擔任「劇展會」會長的是廣西省政府主席黃旭初，擔任名譽會長及指導長的都是黨政

〔註28〕《中華全國戲劇界抗敵協會關於舉辦第二屆戲劇節辦法呈及國民黨中央社會部批》，中國第二歷史檔案館編《中華民國史檔案資料彙編》，第五輯第二編「文化」（一），江蘇古籍出版社 1998 年版，第 246～247 頁。

要員和各戰區司令，包括李濟深、張治中、李宗仁等，張治中與李濟深分別向大會捐了二十萬及一萬元，大會前夕張道藩還在桂林樂群社西餐廳宴請了籌備委員及各團隊代表。國民黨官方對戲劇活動的參與範圍、力度、態度雖然在不同的歷史時期由於政治形勢的變化而有差異，但干預的基本趨勢是明顯的，即要求戲劇傳達權力部門的政治意識，突出政府部門的領導作用。在這個過程中，戲劇界對權力部門的藉重無論是鬥爭策略也好，還是例行公事也好，都使戲劇本身獲得極廣泛的社會活動空間。而政府也以各種儀式象徵、官員形象以及政策主張在戲劇活動中的頻繁亮相以獲得公眾支持，在這個過程中，喚起民眾沉睡的民族國家意識正是眾多知識份子與權力部門合作的前提。

四、與日常生活的雜糅

「就一個獨特的現代意義而言，民族主義的到來與下層階級受到政治的洗禮有密切關係。」〔註29〕抗戰初期，街頭劇場成爲下層民眾接受政治洗禮的重要課堂，但是，下層民眾作爲街頭文化的主體，並不會因爲社會地位低下和文化素質不高便自動以受教育者自居，它自有根深蒂固的趣味和關注點，並不輕易動搖，對於戲劇的宣傳內容也並非照單全收，來者不拒。因此，街頭劇的宣傳效果固然不可忽視，但也不可拔得太高，陳白塵評價戲劇的宣傳作用時，有一段話發人深省：

> 《放下你的鞭子》這一獨幕劇在全中國上演次數的統計，不可否認的要數首席的了。而它的演出「效果」，據一般估計，也是最高的。但據幾個頭腦冷靜的工作者在事後説，這個「效果」是可懷疑的。在陝、豫一帶農村及城市演出時，觀眾也是鼓掌的，但戲後你問他們：「爲什麼鼓掌？」他們的答覆是：「唱得很好，刀槍耍得也不錯。」「戲裏是什麼意思呢？」「那可不知道。」這或許是根本不懂，也還難怪。但在幾個較大的都市裏，《放下你的鞭子》成爲大家所熟知的戲了，當你演出時，大家也都來看的，不過演到香姐被鞭打以後，觀眾可就慢慢地散了，問他；「爲什麼？」「下面就沒意思了。」——我們可以找到許多與此類似的報告，其結論都是：《放下

〔註29〕參見〔美〕本尼迪克特・安德森《想像的共同體》，吳叡人譯，上海人民出版社2005年版，第48頁。

你的鞭子》被接受的是前半段。〔註30〕

《放下你的鞭子》前半段主要是雜耍的手藝和賣唱的曲調，這是下層民眾日常生活的一部分，它雖然沒有思想，卻比思想本身具有吸引力。戲劇的教育作用很多時候被善意地高估，倒是民眾趣味對它的要求和改造卻被低估了。

街頭是開放的、流動的日常生活場所，以街頭為劇場意味著將戲劇與日常生活相結合。街頭劇場和劇院的區別首先在於空間的封閉與開放之別，封閉的劇院隔絕了人們與日常生活的聯繫，促使觀眾全身心投入舞臺上的虛幻時空，高高在上的戲臺從功能上自然劃分了觀看和演出的區域，戲臺的高度還對臺下的觀眾心理施以無形的壓力，使之被動地接受臺上的信息。而在一個開放的流動的街頭劇場，觀眾和表演者的空間位置可以進行比較自然的轉換，觀眾更容易在不自覺中參與戲劇表演過程，對戲劇發展形成一種特殊的氛圍，甚至干涉和指引劇情的發展趨勢。最關鍵的是，街頭劇使戲劇在人們的日常生活場所展開，戲劇事件融入日常生活的場景，人們更容易把戲劇當作生活本身，而不是遠離自身的特殊事件。

愛熱鬧、看賣藝以及對偶發事件的濃厚興趣是街頭市民的普遍心態，街頭劇表演首先要引發街頭人群的關注，然後用事件本身實現教誨意圖。因此，街頭劇演出與劇院不同，它往往使用當地方言以縮小觀眾的心理距離。讓觀眾確信這是發生在他們身邊的事情，這就要求演員對於某地語言、風俗、生活習慣及勞動方式進行研究；此外，還必須隨時由於演出環境和觀眾對象的變化而調整演出，「即以《放下你的鞭子》而論，每一次每一地的演出，幾乎是都不相同，演出者大抵都為了時與地的需要，把它的內容加以改換，某次，假使是因為時與地的需要，強調了這一部分；另一次，則也許為了時與地的需要強調了其他一部分」。〔註31〕當然，也有直接以演劇方式出現的街頭劇，事件不是通過敘述而是通過行動展示出來的，比較而言，這種方式更加接近戲劇本色，但是它的開場也會極力做到日常化。

街頭上百事雜陳，在人來人往中戲劇如何引起人們的關注，這就必須抓住日常生活中的戲劇性因素，使事件本身既融入普通生活，又不為生活的平

〔註30〕陳白塵：《戲劇創作講話》，董健《陳白塵論劇》，中國戲劇出版社 1987 年版，第 70 頁。

〔註31〕宋之的：《論街頭劇的劇本》，載《新蜀報》1939 年 2 月 16 日。

淡所遮蔽。一般來說，街頭劇招徠觀眾大多利用以下的方式：1. 雜耍賣藝。《放下你的鞭子》主要人物爲父女及青年工人三人，其餘人物可有可無，通過耍把戲的街頭賣藝方式招徠觀眾，以鞭打弱女子的方式引起旁觀者的打抱不平，最後訴說身世，控訴日本鬼子使其有家不能歸的慘狀，引發觀眾的憤恨。《聾啞恨》中，用小女子唱評劇的方式招徠觀眾，老頭在對歌詞進行講解的同時激發民眾的抗日情緒。2. 街頭爭執等突發事件。用街頭爭吵、捉小偷、問路等事件吸引觀眾，引發對整個事件的敘述。《捐募寒衣》（吳瓊著）中，一難民偷衣禦寒被視爲小偷，於是他趁機講述國破家亡的經過，號召圍觀者捐募寒衣。3. 圖畫展示。《上前線去》（宋之的著）便以男女學生展示東三省被占、盧溝橋被占等圖畫並講解國內戰爭形勢開場。4. 歌唱抗日歌曲。在街頭劇中，歌聲成爲一種很重要的成分。《難民曲》中兩個逃難的女工在戲的開頭和結尾唱的兩次《難民曲》，展現了日軍佔領浦東後屠殺百姓的事實以及「打倒日本好安身」的願望，《當兵去》中的插曲就是戲劇的主題：「當兵去，當兵去，拿我們的熱血去和鬼子拼，大家一條心，大家一條心，國家亡了活不了命，當兵去，當兵去。」歌聲在街頭劇中成爲一種調動現場氣氛，傳達主題意義的重要手段，戲劇結束的時候，唱歌能把觀眾激發出來的熱情加以引導發揮，演劇之中，歌曲的內容則涉及主題，也往往成爲戲劇衝突的又一個起點或緩和之處，從而讓戲劇表演具有變化性，始終抓住觀眾的注意力而不至於走散。街頭劇對歌聲的藉重首先緣於一種思想、心理、情感的凝聚與認同，也是對重視聽「唱」的民間傳統看戲心理的迎合，雖然其歌唱內容有了本質的改變。

　　大多數街頭劇所使用的招徠觀眾的方式並不止一樣，而是雜取多種。這些事件「本身帶著一種在街頭偶發的時間和有偶發事件的可能的性質」，〔註 32〕從而使戲劇日常生活化，其目的也是將戲劇事件與生活事件相聯繫，使戲劇宣傳能達到潤物細無聲的效果。不過，準確地說，很多招徠觀眾的方式都與抗戰主題無關，而是爲了迎合底層民眾愛熱鬧、愛把式的心態，街頭戲劇主題大同小異，倒是這些各不相同的開場方式爲街頭劇帶來了民間趣味，對熱鬧而有戲劇性的偶發事件的看重，可以視爲街頭文化對戲劇教誨氣味過於濃重的調整。

　　對街頭劇評價歷來不高，與其歷史影響恰成反比，這與評價角度有關，

────────────

〔註32〕 胡軒紹：《街頭劇論》，《中國抗日戰爭時期大後方文學書系》，第 2 編第 2 集，重慶出版社 1989 年版，第 1255 頁。

從藝術上看，它是抗戰八股的典型體現，「一個消沉的人聽了幾句激昂的演講或口號就一定要立刻變成非常激昂而馬上從軍殺敵，一個抗日將士就一定是身體魁梧儀表不凡十足有英雄氣概，漢奸則總是酒肉嫖賭無惡不作的橫眉豎眼的惡漢，戲的結尾不是把日本鬼子殺得落花流水，就是把漢奸撕衣上綁身首異處……」〔註33〕它的情節過於簡單，人物缺乏性格的豐富性，主題明朗單一而過於直露。不過，「抗戰所必需的是大眾的動員，在動員大眾上用不著有好高深的理論，用不著有好卓越的藝術——否，理論愈高深，藝術愈卓越，反而愈和大眾絕緣，而減弱抗戰的動力。對於在全面抗戰期中的社會而要求它作高深的理論的瞭解，卓越的藝術的欣賞，那等於是對於重症患者要求他作過度的思索並攝取甘美的飲食，那並不是在愛他，其實是在害他」。〔註34〕藝術性並不一定煥發出力量感，對街頭劇的表演來說，主要不是傳遞真相而是要產生效果，關鍵是要感動而不是告知。它的存在有其合理性，而且，它滲透了底層民眾的生活空間，使政治生活成為人們日常生活的一部分，也使底層民眾獲得了參與國家事務和表達政治熱情的機會，他們不再是游離於國家事務之外的人群，而是以國家公民的身份自覺不自覺地表達政治見解。從這個角度看，在抗戰初期，街頭劇有力地完成了抗戰宣傳作用，也是底層民眾政治意識覺醒的催化劑。

第二節　大型演出與社會影響

此處所言的大規模演出均指需要購票觀看的劇院演出，它不是指投資的巨大，而是指龐大的演出陣容和參與戲劇演出各個工作流程和工作部門的人數眾多。抗戰時期，戲劇大眾化運動的目的在於全民抗戰的總動員，階級意識和政黨矛盾在民族危機之前均退居其次。宏大的場面和複雜的情節是街頭劇難以容納和表現的，戲劇在走向農村的同時，都市仍然是最重要的陣地，在走向街頭的同時，劇院仍是不可放棄的表演場所，而不同的觀劇場所面對的將是不同的觀劇群體。如果說，街頭演劇的主要觀眾是底層市民，劇院演出的主要觀眾則是社會有產階級或學識階層。儘管底層民眾人數眾多，社會

〔註33〕果棠：《抗戰戲劇的公式主義》，載《中央日報》1938年9月25日。
〔註34〕郭沫若：《抗戰與文化問題》，張靜廬編《中國現代出版史料》（丙編），中華書局1956年版，第27～28頁。

面廣，其社會影響力卻遠遠不如劇院觀眾，因爲後者在政治、經濟、文化上處於明顯的優勢。

在現代中國，「大眾」話語總是伴隨著濃厚的政治意味與革命氣息，「大眾化」是權力話語通過與市民社會的結合而提供集體共有的價值觀與行爲方式。通常意義上，戲劇的大眾化似乎從來與戲劇本身無關，它衹是將戲劇作爲一種傳播載體，利用感情的暗示達到移風易俗或政治教化的目的。抗戰初期，劇院的大規模演出均爲抗戰戲劇，同時帶有爲抗戰募捐的目的，既符合民族利益，也不違政府態度，還能將看戲與支持抗戰的行動融爲一體，獲得廣泛的社會關注，而戲劇也在前所未有的社會關注中獲得生氣與發展的動力，成爲現代社會能夠普遍接受和關注的教育和娛樂方式。

一、全民抗戰與群衆場面

抗戰初期，爲了支持和宣傳中國軍隊抗擊日軍入侵的民族戰爭，國統區的文化重鎮與中心城市舉辦了幾次大規模（參演人數上百人）的劇院演出，把戲劇大眾化運動推向高潮：

1937 年 7 月，「七・七」事變發生後，上海劇作家協會迅速作出反應，夏衍、張庚、阿英、馬彥祥、於伶、宋之的、崔嵬等 21 位劇作家（一說是 16 位）集體創作國防劇本《保衛盧溝橋》；該劇由洪深、唐槐秋、袁牧之、凌鶴、金山、宋之的等人聯合導演，發動了南滬戲劇工作者百餘人，用十幾天時間突擊排演，並演出於南京蓬萊大戲院；

1937 年 8 月 9 日到 12 日，南京新聞界聯合四大劇院（大華、國民、首都、新都）爲慰勞前線將士，發起了大規模募捐公演，田漢特爲此趕寫了四幕劇《盧溝橋》，參演者達二百餘人；

1938 年 6 月 16 日到 19 日，《大公報》在武漢爲救護傷兵主持募捐公演，大公劇團上演三幕劇《中國萬歲》，該劇由唐納編劇，應雲衛、凌鶴導演，參演者達百餘人；

1938 年 10 月 4 日到 7 日，重慶新聞界、中國電影製片廠爲前線將士募集寒衣聯合主辦話劇公演《爲自由和平而戰》，編劇王爲一，由怒潮劇社全體演員百餘人共同演出；

1938 年 10 月 28 日到 10 月 31 日，由中華全國戲劇界抗戰協會主辦，重慶戲劇界在第一屆戲劇節期間聯合演出曹禺、宋之的劇本《全民總動員》，參

演者達百餘人；

　　1939 年 4 月，爲了給《救亡日報》募捐，重慶、桂林先後上演了夏衍的劇本《一年間》，桂林的演出由田漢、夏衍等十五人發起，組成了以歐陽予倩等七人參加的導演團，演出分國語（紅蘭兩組）、桂林話、廣東話四組同時排練，參加者近三百人，10 月 6 日到 12 日在新華戲院共演出 9 場，觀眾達萬人；
　　……

　　頻繁的大規模演出爲戲劇運動營造出強大的聲勢。它一來展示了戲劇界對時事的關注和參與，希望通過大規模活動擴大民族戰爭的社會影響，引起社會廣泛關注；二來也是從全民抗戰的角度呼喚和激發全民抗戰的集體力量。緊急的民族危機和愛國熱情成爲團結藝術界的粘合劑，各自爲營的愛美劇團和零星作戰的職業劇團打破藝術成見，在抗日救亡的同一目標下通力合作，成就了抗戰初期的大規模演出，也擴大了民族戰爭這一政治事件以及戲劇這一藝術形式的社會影響。而廣泛深入的社會影響與宏大的演出規模有必然聯繫，宏大的演出規模又與群眾性的戲劇場面有關。抗戰時期，群眾場面成爲戲劇的主要表現手法一來有人員安排方面的考慮，更重要的是全民抗戰主題的需要。

　　宏大的演出規模往往與重大的戲劇題材連袂而行。《保衛盧溝橋》、《盧溝橋》、《中國萬歲》、《爲自由和平而戰》、《全民總動員》……僅從劇目看，不是涉及抗日戰爭的重大軍事事件，就是與戰時政治口號和戰爭價值意義息息相關，這些戲劇的目的不在於講述一個或哀婉或悲壯的故事，而在於激發民族鬥志，提升民族凝聚力。因此，它們並不太著重故事的編撰，甚至會直接記錄突發的政治軍事事件，具有活報劇的性質。盧溝橋事件剛剛爆發，上海劇作家立刻動筆集體創作了《保衛盧溝橋》，從動筆到完成不過用了 5 天；《爲自由和平而戰》將「九‧一八」、「八‧一三」、「上海八百戰士保衛四行倉庫」等中華兒女英勇抗戰的行爲及時展現於舞臺；《中國萬歲》通過再現淒切悲壯的戰場、赴湯蹈火的青年，傳達出「四萬萬五千萬同胞永久生息在自己的國土上」的信心……這些戲劇的目的不在於歷史再現或講述悲情故事，而是讓一切不願做亡國奴的中國人保衛家園，其目的正如中國劇作家協會所言：「《保衛盧溝橋》是我們在戰時工作的開始，我們熱烈地希望這個劇本能夠廣泛的上演於前後方，我們更希望看過這個戲的觀眾，能和我們——和劇中所有的民眾士兵們相共鳴，高呼：保衛盧溝橋！保衛華北！保衛祖

國！一切不願做奴隸的人們，起來呀！」〔註35〕對民族意識的強調使抗日戰爭作為正在發生的重大歷史事件在戲劇中獲得正面的迅速的表現，在民族戰爭獲得全社會關注的同時，戲劇也成為時代亮點，人們把對國事的關注和觀看戲劇結合起來。

宏大的演出規模有利於渲染全民抗戰氛圍，而強調全民抗戰使這些戲劇多群眾性場面而少突出的英雄個體。《保衛盧溝橋》為三幕劇，第一幕是「暴風雨的前夕」，第二幕「盧溝橋是我們的墳墓」，第三幕「全民的抗戰」。從每一幕的小標題可以斷定，這是典型的群眾戲，戲劇沒有貫穿始終的英雄人物的成長與業績，「我們」、「全民」這樣的集體形象才是戲劇的表現重點。田漢在創作《盧溝橋》之始就對新聞界斷言：該劇為群眾劇，無所謂主角。在《為自由和平而戰》中，群眾場面組成戲劇的中心，並配合以解說將「九・一八」事變、「八・一三」戰役、「八百壯士保衛四行倉庫」等重大歷史事件全部搬上舞臺。抗日戰爭需要全民的參與，沒有主角、群眾場面突出的表演使英雄不再以個體形象出現，每一個投入這場民族戰爭的中國人都將成為民族的驕傲，令人熱血沸騰群眾場面以浩大的聲勢營造出全民抗戰的社會氛圍，激勵國人愛國不分大小、先後、貧富，有錢出錢，有力出力，任何人任何時候都可以投入到火熱的衛國戰爭之中。

隨著抗日戰爭的持久和深入，群眾場面與英雄人物的比重也有了微妙變化。1938 年 6 月，《大公報》在武漢組織公演《中國萬歲》，雖然也是一個以群眾場面為主的國防劇，不過已有個別較為突出的角色出現。1938 年 10 月，《全民總動員》在重慶演出，作為第一屆戲劇節的壓軸戲，前線負傷歸來的抗日將領孫將軍與化裝為鄧瘋子的我方秘密工作人員成為全劇的中心，群眾場面已退到次要地位，英雄主角得以突出。為此，有人批評該劇過分「重視個人英雄，而忘掉了群眾在救國工作上的力量」，與《全民總動員》的題目不相符合。〔註36〕其實，隨著政治情形的變化和觀眾藝術要求的提高，群眾性場面逐漸減少是不爭的事實，因為它固然有利於渲染氣氛和鼓動熱情，但也使得戲劇整體上顯得粗獷有力有餘而深度不足。

〔註35〕參見鄭伯奇《略談三年來的抗戰文藝》，《中國抗日戰爭時期大後方文學書系》，第 1 編，重慶出版社 1989 年版，第 541 頁。

〔註36〕葉耐冬：《關於〈全民總動員〉劇本的意見》，持相同意見的還有陳作《對〈全民總動員〉劇本的幾點商榷》，北蘆《〈全民總動員〉的劇本檢討》等，以上文章載《中央日報》1938 年 11 月 11 日。

　　宏大的群眾場面自然要求龐大的演出陣容。這些演出動輒上百人,演員人數多,涉及社會面相對比較廣,可以使抗戰戲劇獲得更大的社會影響。以1937年《盧溝橋》的演出爲例,這是田漢爲南京新聞界量身定做的劇本,共有二百多個新聞人士參加了演出。由於基本是非專業人員出任演出,因此在排戲前進行了審查演員的工作,報名的演員作兩分鐘自我介紹,劇務部記載其口音、身材、及有無特殊技能等,並交導演參考,審查通過後方參與排練。1938年6月,大公劇社公演《中國萬歲》時,「敦請全國戲劇界電影界音樂界傑出人才百餘人」,該劇從籌備到演出《大公報》均進行了連續報導,在武漢引起強烈的社會反響。1938年10月4日至7日,重慶新聞界與中國製片廠聯合主辦募集寒衣話劇公演,演出劇目爲《爲自由和平而戰》,僅導演團就達10人之多,怒潮劇社全體演員百餘人全部參加演出,參加演出的機構團體還有有國立劇校、華北宣傳隊、國民政府侍衛隊、重慶市警備司令部、自強讀書會、歌詠研究會、青年劇社、民眾歌詠會等八個單位。1938年10月,《全民總動員》的演出動用演員百餘人,集中了當時重慶戲劇界的藝術精英。《一年間》的演出從演員的人數而言已經不多,因爲該劇爲家庭題材,較爲生活化,也可以說是抗戰時期戲劇創作由單純的情緒鼓動到人性探索、社會思考的轉捩點。這個戲劇的演出的大規模主要體現在它的演出是整個戲劇界爲了同一個目的——救濟《救亡日報》——而在重慶、桂林、香港(香港演出因故流產)發動的演出,其涉及的地域廣闊,同樣值得關注。

　　大規模演出所到之處,劇院爆滿,群情振奮,鼓動人心的效果十分明顯。1937年9月1日,成都話劇宣傳團在成都大光明電影院演出《保衛盧溝橋》,僅9月1日就有三四千人到場看戲,劇場無法容納;南京上演《盧溝橋》的四個夜晚,四大劇院均掛「客滿」;在武漢,《中國萬歲》的票券銷售十分火熱,現場演出氣氛更是讓人熱血沸騰;在重慶,《全民總動員》更是借著戲劇節的春風人滿爲患,以至於國泰大戲院的大門也被擠破。被視爲一團散沙的中國人在舞臺氣氛的感召下,因爲共同的家國意識凝聚在一起,這種集體認同感使得個體生命具有了力量與皈依,也有了責任與擔當,爲了捍衛民族獨立與國家權力,甘願赴湯蹈火。正如一位觀眾所言:「保衛盧溝橋一劇,其感動人心之深,無以復加,民心一經激發,一旦需要其出力,即願拋棄妻室,荷上槍彈,到前線去殺敵,不惜犧牲。」〔註37〕

〔註37〕參見高楚《國統區抗戰文藝記事》,載《抗戰文藝研究》1985年第1期。

　　總的來說，抗戰初期所有大規模演出都與抗戰有關，而且往往以規模宏大的群眾場面來渲染抗戰氣氛和必勝信心，它不強調英雄個體，而是通過群眾場面來強調民族整體的凝聚力和戰鬥力，令孤立無依的個體在共同的民族利益下獲得集體歸屬感而不覺孤單，在積極參與抗戰的時代洪流中發現自我生存與民族存亡的密切關係。當然，為了強調群體形象而對英雄典型的有意忽視也導致了這個時期大規模演劇中沒有出現有代表性的民族英雄人物，這不失為一種遺憾。茅盾在抗戰初期談到，文藝大眾化應當注意中國人的接受心理，中國人喜歡故事逐步展開，秩序井然，主配角分明，無人物的故事不是一般民眾歡迎的。〔註 38〕或許這正是大規模演出在創作中先天不足，依靠演出的彌補往往也難以消解，這種沒有主角的群眾戲在國民黨遷都重慶以後愈來愈少，一則因為戰爭的持續，抗戰初期的熱情逐漸理性化了；二則全民抗戰的宣傳動員也需要發展、深入與具體化，不能始終停留於表面的吶喊；三是劇作家開始寫自己熟悉的生活，恢復了向生活回歸的創作傾向。其實，《一年間》的演出嚴格說來已經沒有群眾場面了，但是它牽動了大後方兩個文化中心，也是戲劇界由興奮到潛沉的承上啟下的重要轉捩點。

二、榮譽券與社會名流

　　抗日戰爭是一場全民範圍內的民族運動。「典型的民族運動的形態，是一個活躍的中產階級和知識份子領導群，試圖動員群眾階級並將其能力誘導向對新國家的支持上。」〔註 39〕和底層民眾比較起來，中產階級數量不多，社會面狹小，但是由於他們文化層次、經濟收入、社會地位較高，作為社會群體有左右社會輿論的能量，作為消費群體有左右市場的能力，作為時代精英還有社會楷模的號召力。他們對社會公眾事務有極強的責任心，社會的關鍵位置上也總是活躍著他們的身影。社會分工和社會結構具有相對的穩定性，但絕對不是鐵板一塊，各個階層成員之間存在垂直的縱向的沉浮遷移，也會在趣味、時尚、政治取向上互有影響。但毫無疑問，中產階級的社會態度和價值取向對社會熱點問題的解決和時代風尚的形成具有絕對影響力。

〔註38〕茅盾：《關於大眾文藝》，《中國抗日戰爭時期大後方文學書系》，第 2 編第 1 集，重慶出版社 1989 年版，第 3～5 頁。

〔註39〕參見〔美〕本尼迪克特・安德森《想像的共同體》，吳叡人譯，上海人民出版社 2005 年版，第 48 頁。

　　抗戰初期的大規模戲劇演出直接獲益於中產階級的支持，因爲出售高額戲票才能達成募集資金的目的，中產階級絕對是購買高額戲票的主流。抗戰開始，戲票分普通票和榮譽票兩種，普通票價格不算高，而且爲了普及還有意比抗戰前降低，第一屆戲劇節期間重慶舉行的五分錢公演便是一例。從這幾次大規模演出來看，南京演出《盧溝橋》時，票價初爲 1 元、2 元，在首都劇場演出時票價降低爲 6 角、1 元；大公劇團在武漢演出《中國萬歲》時，普通票爲 5 角、1 元、5 元；怒潮劇社在重慶演出《爲自由和平而戰》時，普通票爲 1 元、2 元、5 元、10 元；1938 年 10 月，重慶戲劇界聯合演出的《全民總動員》普通票爲 3 角、5 角、1 元、1 元 5 角。一般來說，普通票的價位適中，一般的政府公務員、公司職員、由政府資助的公立學校的大學生基本能承受，否則也不會有劇院戲劇演出的火爆、客滿，甚至有人因爲沒有買到票而埋怨票價太低。但是從募捐的意義來說，普通票僅能維持戲劇演出的基本費用，即使有所盈餘，所能籌募的資金也十分有限，更難以將看戲作爲一種政治行爲加以推廣。

　　榮譽券是劇團籌集資金、擴大社會影響、激勵中產階級關注抗戰局勢的主要方式。從報刊記錄看，大公劇團的《中國萬歲》是最早出售榮譽券的演出，售價爲每票 100 元，《全民總動員》的榮譽券爲每票 50 元，榮譽券定價最高的是 1938 年 10 月怒潮劇社的《爲自由和平而戰》，分別爲 50 元、100 元、500 元。〔註40〕比較而言，榮譽券的價位是普通票價的 50～500 倍之間，如此高昂的票價自然不是普通市民可以消費的，一定的價位總與一定的消費群體相聯。高於普通票價數百倍的榮譽券針對的消費群體應當是中產階級，他們有足夠的經濟實力購買戲票，也有足夠的文化意識理解救亡的意義，更有高度的責任感推動愛國主義。事實上，中產階級的錢包才是募捐收入的主要來源。以《全民總動員》的演出而論，其票款收入爲一萬零九百六十四元，其中普通券六千百一十四元，榮譽券四千五百五十元，〔註41〕榮譽券僅占戲票總數的 5% 左右，收入卻占總收入的 40% 多，可見榮譽券的收入對於募捐數額是何等重要。在這可觀的數據之後，是關心時政的中產階級慷慨解囊。

〔註40〕　本節中所涉及的各劇的票價均來源於《中央日報》、《大公報》的戲劇廣告，且此處涉及的榮譽票價僅以抗戰初期的大規模演出爲限，不包括抗戰後期以各種募捐名義售出的榮譽券。

〔註41〕　載《戲劇新聞》1938 年 10 月第 8、9 期合刊。

　　社會名流是中產階級中的佼佼者，他們親臨劇院觀看抗戰戲劇，這種行為本身就是對抗戰的支持。在抗戰初期，幾乎每次大型演出都活躍著社會名流的身影。1937 年 8 月，為了歡迎郭沫若從日本回國和沈鈞儒、鄒韜奮等出獄，《保衛盧溝橋》在南京特地加演一場，郭沫若和沈鈞儒等都來戲院看戲。在南京演出《盧溝橋》的時候，第一天的觀眾中就有救國會六君子等人，中蘇協會的張西曼教授還寫了一首律詩送給演劇人員。大公劇社演出《中國萬歲》時，來到現場觀看的國際友人有史沫特萊、蘇聯大使及其夫人、美駐漢領事約翰達維氏、英代理領事步德畢氏、財政部兩淮鹽務管理局副局長英人寶溥思氏。這些社會名流是社會中產階級政治態度的風向標，他們在劇場出現是對戲劇宣傳的民族國家意識的強有力支撐，國際友人的到場則為民族戰爭的正義性加上了得道多助失道寡助的現實注解。

　　在榮譽券的購買行列中，更是活動著社會名流的身影。大公劇社演出《中國萬歲》時，購買榮譽券的有行政院院長孔祥熙、副總裁汪精衛、交通銀行董事長胡筆江、蘇州巨紳蘇汰餘，其他知名人士還有武漢市吳市長夫婦、李宗仁夫人，商啟予夫人，賀耀祖先生等。重慶公演《全民總動員》時，國民黨文化要人張道藩除了親自登臺演戲以外，還要負責榮譽券的推銷，和他一起負責第一屆戲劇節榮譽券推銷的還有重慶市市長蔣志澄、康彰女士、鄭眠松女士，以及中電、中製的兩個負責人羅學謙、鄭用之。中國製片廠與重慶新聞界聯合組織的《為自由和平而戰》的公演，獲得國民黨黨政要人的大力支持，購買該劇榮譽券的黨政要人有：汪精衛、孔祥熙、孫科、魏道明、陳立夫、周佛海、焦易堂、翁文憬、賀國光、何廉、彭學沛、梁寒操、葉楚傖、秦汾、陳公博、張道藩等幾十人，基本集中了國民黨當時在陪都的各大部門的要員。其間既有商界精英，也有政界要人，其中，以「夫人」面貌出現的女性身影開始活躍，她們的行為不僅是丈夫政治態度的延伸，也對女界積極投身於救亡圖存運動有積極影響。

　　購買榮譽券的人士以政商兩界居多。就政界人士而言，榮譽券的購買本身即是一種政治態度和政治行為，政界領袖當仁不讓。就商界而言，他們有足夠的經濟能力表達對政治的關心，而且政治形勢與其商業利益也大有關聯。這些政商要人來到劇場，佩戴榮譽鮮花或花球，這不僅是個人的榮耀，也對整個社會有號召作用，即使他們自身並不到劇院看戲，但經過新聞界以連續報導的方式加以突出，或者在第一版廣告欄目中對榮譽券購買人員進行

披露，這輿論本身就是無形的獎勵和鼓動。〔註 42〕社會名流知名度高，信任度高，影響力廣泛，是社會行爲標準規範的楷模，市民社會在蓬勃發展中始終樹立著自己的精神偶像以使子弟傚仿，社會名流的楷模作用是難以用榮譽券的價位多少衡量的。在這種情況下，《全民總動員》演出時觀眾擠破國泰大戲院的大門就可以理解了。

榮譽券的價位之高足以引人側目，這使得購買榮譽券的意義已經超過了看戲本身。榮譽券之所以「榮譽」，是因爲支持抗戰原本是份內之事，不能計算個人利害得失，也因爲支持者的經濟付出獲得社會的推崇和好評，能獲得良好的社會聲譽。榮譽券是測量中產階級抗戰態度的溫度計。推銷榮譽券不僅是要獲得票房收入或費用支持，而是要在社會上掀起一股爲抗戰有錢出錢有力出力的熱潮，使對抗戰的關心成爲人們現實生活的眞正焦點，而這種熱潮獲益於社會中堅階層的強力支持。

三、主辦機構與讚助行業

戲劇演出不是戲劇團體獨立的藝術活動，而是涉及面廣的社會活動，在這裡，涉及面廣泛不是指演出涉及的地域廣闊，也不是指看戲的人數眾多，而是指演出牽動的行業十分廣泛。總的來說，各個機構和行業往往會以兩種方式介入大規模戲劇演出，一是作爲戲劇公演的主辦者，一是作爲戲劇公演的讚助者。無論以哪種方式介入戲劇公演，也無論其最初的目的爲何，他們作爲一個行業或機構的代表都直接呼應了戲劇對於民族國家意識的建構，在支撐主流意識形態和擴大戲劇的社會影響方面功不可沒。

先來盤點抗戰初期每次大型演出的演出名義和主辦單位：

1937 年 8 月，《盧溝橋》是由南京新聞界發起並參與演出，其發起名義是慰勞前線將士；

1938 年 6 月，《中國萬歲》在武漢的演出由《大公報》報社組織，其募捐名義是救護傷兵；

1938 年 10 月，怒潮劇社在重慶公演《爲自由和平而戰》，此次演出由重慶新聞界、中國製片廠聯合主辦，其目的是爲前線將士募集寒衣；

〔註42〕怒潮劇社公演《爲自由和平而戰》後，其收入捐款及榮譽券售出數目與購買名單便在《中央日報》（1938 年 11 月 15 日）刊登，《全民總動員》演出之後，榮譽券的購買名單也在《戲劇新聞》第 8、9 期合刊上悉數披露。

1938 年 10 月，《全民總動員》的演出由中華全國戲劇界抗敵協會主辦，其全部收入用於爲前線將士募集寒衣；

1938 年 11 月 26 日，國立劇校及南開中學在沙坪壩合辦募集寒衣大公演，劇目爲《阿 Q 正傳》；

1939 年 10 月 17 日，中國警官學校警聲劇社聯合各界名票舉辦徵募寒衣遊藝大會；

1939 年 11 月 9 日到 13 日，新生活婦女工作隊政治部徵募寒衣聯合公演，劇種既有話劇，也有平劇；

1939 年 11 月 28 日到 12 月 3 日，重慶衛戍司令部政治部徵募寒衣戲劇聯合公演，話劇平劇俱全；

1939 年 12 月 14 日至 15 日，交通部同人國劇社爲前方將士徵募寒衣公演；

……

以上僅僅是報紙上有所記載的演出，而且僅以重慶爲例，報紙沒有記載或重慶以外的地域的戲劇公演還沒有統計在內。可見，主辦戲劇公演的機構與行業比較廣泛。承辦各次戲劇募捐的行業主要以新聞業、藝術界、教育部門、銀行業等高文化層次行業爲主，還有重慶新生活婦女工作隊、交通部、以及中央黨校、重慶衛戍司令部等重要政府機構出面主辦。新聞、藝術、教育、銀行都是整體文化素質較高、對社會信息最爲敏感的行業，他們對於戲劇公演的積極主辦在一定程度上推動了戲劇發展，大大提高了戲劇的品味和要求。而中央黨校、衛戍司令部、交通部、新生活婦女工作隊是政府的重要工作部門，由它們直接出面主辦戲劇公演，戲劇演出的政治意義不言而喻。戲劇組織募捐活動大致以以下名義進行：慰勞前線將士、救護傷兵、爲前線將士徵募寒衣、救護難童等等，演出的直接目的就是支持抗戰，演出劇目也大多直接與抗戰有關，話劇自不必說，即使是傳統戲曲不能直接與抗戰有關，也儘量選取激勵民族自信心的戲劇內容，如《臥薪嚐膽》、《岳母刺字》、《平倭傳》、《文天祥》等。在一個政治氣息濃厚的時代，戲劇對現實政治的直接關懷不但克服了早期戲劇發展中南國式的唯美與玄虛，而且再次從現實中獲得了生命力。

需要說明的是，戲劇募捐的風氣從此興起，但是這個時期的戲劇募捐大多出於眞誠的愛國熱忱，爲了證實財政上的清白，也有一些劇團將所有募捐收入及開支狀況公佈於重要報刊，並請律師公證，保證了募捐性質並受觀眾

信任。〔註43〕這與 1941 年以後各個劇團的募捐演出不同，那時因爲高額捐稅、票價限制以及劇本審查等各種因素的影響，劇團也爲了減少經濟壓力和外事糾紛而借助主辦機構或團體打理演出的周邊事件，主辦機構或團體的目的在於坐收漁利，至於募捐名義往往祇是名義而已，減少稅收才是關鍵，這時，募捐演出已經演化成戲劇掮客生財有道的手段了。

除了承辦戲劇演出以外，還有眾多行業積極參與和支持戲劇演出。大公劇社公演《中國萬歲》時，在演出廣告中對支持演出藝術團體以及各個行業予以答謝，其中包括各大劇院、中國電影製片廠、書報社、布店、印刷廠、實業公司等，其中申新紗廠、銀行商會和復星實業公司均以捐款方式表達對抗戰演劇的支持。在《爲自由和平而戰》演出中，購買榮譽券的行業機構有華西公司、電力公司、自來水公司、民生公司、永安堂、怡和公司、四川旅行社、中國旅行社、禁煙督察四川分局、營業稅局、航務管理處等，和傳統的手工行業相比，這些伴隨著現代都市的發展和國家建設過程中興起的公共設施與公共事務管理部門，更能與現代社會發生廣泛的聯繫，在現代化進程中感受民族獨立、國家建設的必要性。

在以上提到的行業機構中，顯然沒有活躍著傳統手工行業的身影，因爲民族主義是社會現代化的產物，工業化的集體勞作、城市化進程中公共設施建設以及廣泛的行業合作才能給民族主義的生長提供良好的土壤和氣候，「當中國與現代國際社會有了更多聯繫時，它的城市生活也增添了不少精英治下的、可與其國外同類相媲美的機構設施。如蒸汽或電力驅動的製造業、運輸業與通訊業；有利於資金、勞動力和觀念流動的更加開放的市場；社會上層建築（教育、公共衛生、警察、災害控制和司法機構）；甚至還有政治活動場所。」〔註44〕這些行業的興起與發展增強了國內各社會群體的聯繫與國際政治經濟形勢的相關性。現代思想觀念從來不會憑空而生，總是與一定的社會結構或現代設施連接在一起，參加民族主義戲劇宣傳的行業幾乎涵蓋了現代

〔註43〕《爲自由而戰》演出之後，怒潮劇社在 1938 年 11 月 15 日《中央日報》以丁哲明律師爲證明刊登了「中國製片廠、重慶新聞界聯合主辦募集寒衣話劇公演委員會賬目查核無誤通告」，將此次公演的售票收入及募捐收入公諸於報，並將之捐與相關團體。《全民總動員》演出之後，其收入所得也全部在 1938 年第 8、9 期合刊的《戲劇新聞》上公佈並捐獻給相關團體。

〔註44〕〔美〕費正清主編：《劍橋中華民國史》，章建剛等譯，第 2 冊，上海人民出版社 1991 年版，第 42 頁。

城市公益設施和工業機構的大多數，越與現代化程度聯繫緊密的行業，其參與的活躍度越大。這些行業之間本身存在經濟往來，它們在戲劇募捐表演中相互帶動、影響、競爭，對行業中較小的工廠、機構起著領袖與引導作用。

　　儘管如此，行業之間的政治敏感度和參與熱情仍然有別。首先，總體看來，新聞業的反應最快，從南京到武漢到重慶，總是新聞業首先掀起戲劇募捐的大規模演出，表現了這個行業整體的政治敏感和正確的民族意識。新聞與時局密不可分，新聞工作者整體文化水準很高，加之社會聯繫面比較廣闊，具有比較好的客戶資源。因此，在民族意識的呼喚上，新聞行業當仁不讓地充當了搖旗吶喊者。《大公報》組織《中國萬歲》的演出時，在報上刊登了說服觀衆看戲的 8 條理由，其中一項是「因爲此次公演是由本報捐資主辦，希望愛好本報的讀者熱烈協助」！〔註45〕可見，作爲行業老大，《大公報》對於自身名譽和號召力是何等地深有把握。其次，銀行商會也表現出較大的熱情。現代銀行不同於傳統錢莊，其捲入政治的程度較深，中國近代銀行最早雖是由民間興辦，但構成銀行董事會的核心是「幾個與不同政治派別有密切聯繫的職業銀行家」，〔註46〕南京政府成立之後，逐步建立國家金融機構，1928 年中央銀行成立以前，包括中國銀行、交通銀行在內的民間銀行主要是商股，實權控制在民間資本集團手中，後南京政府經過增股改組的方式，官股佔據了優勢，銀行逐漸被政府兼併掌控。〔註47〕銀行對政治時局的反映是政府態度的民間形式，或者是中產階級用經濟手段表達的時局態度。銀行職工屬於高文化與高收入人群，最有經濟能力表達對抗戰的支持。重慶新聞界與中國製片廠聯合公演《爲自由和平而戰》，預計募集資金五萬元，重慶市銀行公會主席康心如暨 17 家會員銀行，一次性捐洋 2 萬元，完成募捐總數的 2/5，其經濟實力可見一斑，其支持抗日的態度也可見一斑。再次，教育界尤其是大學校園一直是反日浪潮的策源地，這也是爲什麼日軍侵入中國橫掃毫無軍事設施的大學校園的原因，〔註48〕「中產階級民族主義的先鋒，是沿著教育進

<hr>

〔註45〕《本報捐資主辦之公演其理由如下》，載《大公報》1938 年 6 月 13 日。

〔註46〕〔美〕費正清主編：《劍橋中華民國史》，章建剛等譯，第 1 冊，上海人民出版社 1991 年版，第 284 頁。

〔註47〕石柏林：《淒風苦雨中的民國經濟》，河南人民出版社 1993 年版，第 76～83頁。

〔註48〕孫任以認爲，中國高校固定資產在戰爭時期的損毀並非戰爭的偶然結果，而多出自日本軍隊的蓄意破壞。參見〔美〕費正清主編《劍橋中華民國史》，章建剛等譯，第 2 冊，上海人民出版社 1991 年版，第 448 頁。

步的路線進行戰鬥……學校和大學的成長顯示出民族主義的進展，因爲學校尤其是大學，正是其自覺的鬥士」。〔註49〕大學雖然沒有豐厚的資金和廣泛的社會關係，但是千萬年輕人的熱血爲民族主義的宣傳提供了生生不息的能源動力。

四、明星效應

在虛幻的舞臺生活和明星身上尋求時尚，這是都市中產階級青年男女的普遍心態，也是常說的「明星效應」。

人們常常會因爲戲劇以外的原因來到戲院，人們在戲院中獲得的娛樂很可能與戲劇毫不相干：標緻的面孔、插科打諢的寒暄、性感的暗示、傷感的蜜糖、不無偏激的雄辯等等，甚至爲了獲得時尚信息或者一睹偶像風采。很多觀眾看戲的目的在於看演員的時裝或髮型，而且觀眾中爲了模倣明星風采，帶著裁縫去看戲的也不乏其人。就像黃宗英所說的，「上海的富家小姐太太們是買票帶著裁縫來看戲的，看完我演的戲，一下子上海就時興起毛線套裝和斗篷來了」。〔註50〕在全民抗戰的熱潮之下，即使演員都有爲出風頭演戲的情況，誰又能保證看戲的人都是出於對抗日戰爭的關心，只要他們客觀上有益於抗戰，主觀的動機反倒不是很重要了。

明星意味著演員作爲公眾人物得到相當數量觀眾的認可、支持與追捧，其言行舉止無疑成爲時尚的風標，是都市男女刻意模倣的榜樣。無論人們的道德評價如何，他們受到更多的社會關注，成爲市民飯後茶餘的談資，具有新聞價值和時尚信息價值。明星話語的出現意味著人們對演員的喜愛由藝術舞臺延伸到私人生活空間，對明星的熱愛反映著一個時代的社會價值取向和社會心理。和社會名流比較，明星依靠天賦、長相、機遇的成功更加具有世俗性。他們多是俊男靚女，他們在舞臺上愛情浪漫、事業有成，滿足著觀眾對理想人生的嚮往，引發觀眾愛屋及烏，刻意模倣，明星也因此成爲時尚的象徵。

明星是票房的保證。有時候觀眾去戲院的目的並不在戲劇，而在看明星。1937 年 10 月，上海影人劇團來到四川，很多人看戲的主要目的是現場目睹白

〔註49〕〔英〕艾瑞克·霍布斯鮑姆：《革命的年代》，王章輝譯，江蘇人民出版社 1999
　　　年版，第 177 頁。
〔註50〕黃宗英：《黃宗英自述》，大象出版社 2004 年版，第 18 頁。

楊、路曦等人的明星風采，由於索取明星簽名的觀眾很多，以至於劇團規定明星簽一次名收法幣一元，用以捐助抗戰。因此，明星的號召力絕對是上座率的保證，媒體持續的關注宣傳會加大其影響。抗戰初期的大規模演出多是群眾劇，沒有主角，演藝明星展示自我風采的機會不是很多。不過，即使在群眾戲中，也會有幾個略微突出的角色，使用明星可以彌補整個演出缺乏亮點和典型人物的缺陷。《盧溝橋》一劇，南京報人參加演出者眾，仍不敷支配，託人向上海方面聘請若干人來京客串，除了音樂家張曙、作曲家洗星海外，影星王瑩、金山、胡萍、戴涯等最為引人注目，其實引入影星的具體原因不應當是人數不夠，而是要藉重明星的力量引起社會關注。明星的加入確實也能給演出增色不少。《盧溝橋》演出以後，《中央日報》對客串明星的表演作出評價：「參加客串之諸君，均甚賣力，為本劇增色不少。」〔註51〕《為自由和平而戰》原本就是盛產明星的中國電影製片廠的人員演出，其號召力可想而知。至於《全民總動員》中，更有眾多明星加入，趙丹扮演特工隊長「鄧瘋子」，顧而已演日本間諜黑字二十八，施超扮漢奸張希成，白楊飾闊小姐莉莉，舒繡文演劇團負責人彭朗，魏鶴齡演馮震，王為一演芳姑的父親，張瑞芳演與父親失散的小難民方姑，曹禺扮演富商侯鳳元，宋之的扮演新聞記者，張道藩演孫將軍，國立劇校校長余上沅演看門老頭。能在一場演出中看到自己心愛的明星如此集中的出現，這對觀眾的吸引力是何等巨大，演出期間，國泰大劇院的大門被擠破也就不足為怪了。

大規模演出除了需要明星捧場之外，它也能創造和發現新的明星。張瑞芳就是在《全民總動員》中因扮演芳姑而嶄露頭角，1938年11月11日《中央日報》「戲劇周刊」專欄刊發《全民總動員》專刊，對張瑞芳的演技大加肯定，「至於芳姑，一個天真無邪，活潑聰明的小姑娘，在張瑞芳女士演來已被雕成一座活的雕像，每個動作都含有天真的氣息，自然而深刻，誰不覺得她可愛呢？……張瑞芳，這是一個並不熟悉的名字，在這次演出裏被我們發現了她的優秀的演技，也許可以說是第一屆戲劇節許多寶貴收穫中之一個吧」。〔註52〕演出成功後，張瑞芳被接受為國立劇校的旁聽生，此後成長為陪都話劇「四大名旦」之一。

〔註51〕 《報人公演「盧溝橋」》，載《中央日報》1937年8月10日。

〔註52〕 韓秋江：《兩個值得提出的演員——〈全民總動員〉觀後》，載《中央日報》1938年11月11日。

　　明星們的臺上表演受人關注，臺下行爲也是人們關注的焦點。1938 年 7 月白楊前往《國民公報》，把自己一天的收入法幣 5 元獻給國家，並委託《國民公報》代收。1938 年 7 月 18 日《國民公報》刊出了白楊的委託信，其目的也在於塑造一種健康的關懷現實的時尚風向。〔註 53〕明星演出抗戰戲劇，對熱愛他們的觀眾是一種無形的帶動，在抗戰非常時期，他們所代表的時尚氣息和消費文化同樣具有一種嚴肅的政治氣息，同樣也能獲得消費群體的認可和追隨。依靠明星的魅力滲透人們的日常生活，使人們在不知不覺中受到抗戰教育。這樣的宣傳效果更爲顯著，且深入人心。

　　需要補充的是：（一）抗戰初期的大規模演出區別於抗戰後期，抗戰後期的大規模演出主要指龐大的資金投入，具有商業性質和廣告效果，初期的大規模演出主要是群眾場面的突出，這是全民總動員的基本宣傳方針的體現，從而促成了眾多行業與機構的參與，眾多政界要人、社會名流出現在劇院。（二）表面看來，中產階級不屬於大眾的範疇，因此，在眾多的戲劇大眾化的表述中都沒有涉及它，然而，其一，大眾化運動離不開中產階級的領導；其二，運動開展的前提是價值判斷，在某種程度上，中產階級的認可和參與是對大眾化運動肯定，這種肯定直接影響了戲劇運動開展的熱度。（三）大規模演出的目的在於戲劇之外的抗戰情緒的鼓動，但戲劇畢竟也在與政治的緊密關聯中，抓住了發展的契機，正因爲龐大的群眾場面的需要，各個藝術團體緊密團結，共同合作，更多的演員在舞臺上得到了鍛煉。因此，即使是群眾劇，它的演出也爲戲劇發展培養了基本演員，其中優秀者也成長爲劇壇明星。同時，戲劇界對抗戰宣傳的全力以赴不僅是戲劇界人士自我風采的展示，也是對持久抗戰的理解和支持，提升了社會對戲劇的敬重。

第三節　戰地演劇：文藝和政治的聯姻

　　顧名思義，戰地演劇是戲劇工作者在戰區開展的藝術活動，是戲劇大眾化運動推廣到軍隊的重要標誌。軍隊作爲抗日戰爭的主要武裝力量，自然會在這場志在保家衛國的戲劇大眾化運動中受到格外關注。

〔註53〕白楊致《國民公報》全函爲：「抗日時期獻金運動中，我盡一點微薄之力，將一日所得獻給國家，並請國民公報代收。白楊七月十七日」，載《國民公報》1938 年 7 月 28 日。

　　不過，劇團並不是最早進入軍隊的文化團體。抗戰的槍聲剛剛響起，由中華全國文藝界抗敵協會組織的「作家戰地訪問團」，就開始對中條山、太行山兩個軍事防禦陣地進行訪問考察。參加作家戰地訪問團的十三個作家 1938 年 6 月從重慶出發，途經四川、陝西、河南、山西、湖北等省，團長王禮錫在此過程中因病身亡，是捐軀於抗戰文化活動中的較早一人。歷時半載的訪問工作有助於作家瞭解前線的文化需求以及收集抗戰素材，是「文章入伍」的初步嘗試，不過畢竟是帶有訪問性質的短期拜訪，並沒有在部隊開展具體的文化工作，因此，它對戰區文化工作並沒有形成真正影響。

　　真正帶動了戰區文化工作、受到戰區軍民喜愛的文藝形式還是戲劇表演。戲劇工作者把戲劇帶到戰區，在戰區開展藝術活動，目的是動員民眾、提高部隊戰鬥力、促進軍民合作，前線浴血奮戰的將士和居住在戰區的民眾是其主要服務對象。抗戰以前，國民黨軍隊對文化工作的重視程度不夠，文藝活動相當少，戲劇演出更是微乎其微。抗戰開始後，戰地演劇打開了部隊文藝工作的新局面。

　　不過，戲劇藝術工作者要把戲劇帶到戰區，必須面臨兩個問題：

　　第一，部隊是否需要抗戰宣傳？部隊是否需要抗戰宣傳主要取決於宣傳能否鼓舞士氣，增強戰鬥力。實際上，這個問題在上海救亡演劇隊的實踐中已經獲得肯定的回答。張季純作為上海救亡演劇隊第二隊隊員曾在書信中生動地提到抗戰戲劇演出對提高部隊抗敵情緒的威力：「許多武裝同志竟為看了戲，而要求官長把他們調赴前線。」〔註 54〕一位對戲劇無甚關心的上海浦東某集團軍參謀長，發現救亡戲劇的演出使軍民在熱烈的抗敵情緒中打成一片，不禁點頭說：「戲劇真不能說沒有益處！」〔註 55〕正由於戲劇在鼓舞士氣方面善莫大焉，1938 年 3 月，國民黨全國政工會議議決各師旅政訓處都應組建隨軍抗敵劇團，「以增強宣傳工作效能」。〔註 56〕這個決議為戲劇進入部隊敞開了方便之門，在此之前，戲劇團體想長期服務部隊是不可能的，因為部隊畢竟是一個高度紀律化和

〔註 54〕 田漢：《抗戰與戲劇》，《田漢文集》，第 15 卷，中國戲劇出版社 1986 年版，第 19 頁。

〔註 55〕 田漢：《抗戰與戲劇》，《田漢文集》，第 15 卷，中國戲劇出版社 1986 年版，第 19 頁。

〔註 56〕 《軍委會政治部關於組建隨軍抗敵劇團訓令》，中國第二歷史檔案館編《中華民國史檔案資料彙編》，第五輯第二編「文化」（一），江蘇古籍出版社 1998 年版，第 87 頁。

政治化的作戰單位，「戲劇入伍」遠不如「戲劇下鄉」那樣單純。

第二，部隊演劇工作由誰來做？抗戰時期，中國軍隊「所徵之兵，多是目不識丁的貧苦壯丁，知識份子寥寥無幾，導致部隊整體文化素質極差」，〔註57〕文盲率過高勢必會影響軍隊對戰爭本質的正確認識，軍隊政治宣傳工作極有必要，而部隊參謀、文書等人員雖然有一定的知識，但公務繁重，難以承擔宣傳任務。因此，部隊宣傳工作實際上需要以知識份子為主的專業機構來擔任，這似乎不是難題，因為抗戰初期許多演劇隊就自發地去部隊和傷兵醫院進行演出，但那種演出大多是臨時的、即興的，帶有慰問性質，部隊需要的是長期、穩定的宣傳隊伍，因此，進行部隊宣傳工作的必須是一個高度紀律化和政治化的藝術團體，能夠長期駐紮在戰區，在政府部門和作戰單位的宣導、許可、配合下進行宣傳工作。

1938 年 12 月，國民黨軍委會政治部在武漢編練了十個抗敵演劇隊分派到各戰區，政治部部長陳誠在演劇隊出行前的訓示中將這十個演劇隊稱作十個師，這不僅是對戰地演劇宣傳效果的充分肯定，也是對這支藝術隊伍的戰鬥力寄予厚望。抗敵演劇隊的組建體現了文化界、軍界和政府在抗戰宣傳方面的合作，它擔當的是部隊政治訓練的重要工作，「中國自有戲劇以來，從沒有這樣和現實政治緊密聯繫過。像目前中國各戰區演劇隊這樣真正以『戲劇兵』的資格受著一般的軍事訓練，過著一般的士兵生活，奔走全國數萬里，輾轉前後方達五六年之久的戲劇團體，就在最前進的國家也不多見」。〔註58〕田漢此語大體正確，卻不夠精確，因為與現實政治的緊密聯繫正是中國話劇的特點，在抗戰時期之所以覺得此種聯繫更為緊密，是因為文化界在民族利益的驅使下與政府部門開始密切的合作關係，戰地演劇作為部隊政治訓練工作的一部分體現了軍隊對政治訓練的重視。

一、戰區需要什麼戲劇

為了穩定軍心和加強戰鬥力，部隊對戲劇的政治要求必然比後方更為嚴格，一般來說，部隊將領和駐地行政長官不會首先在意戰地演劇的藝術水準，

〔註57〕江沛、張丹：《戰時知識青年從軍運動述評》，載《抗日戰爭研究》2004 年第 1 期。

〔註58〕田漢：《關於當前劇運的考察》，《田漢文集》，第 15 卷，中國戲劇出版社 1986 年版，第 295 頁。

而是首先考慮什麼可以演，什麼不該演。由於前後方的宣傳對象和宣傳重點各不一樣，往往一些在後方可以上演的戲劇在前方或者不能上演，或者演了也沒有什麼效果。

以夏衍的《一年間》為例，這是夏衍完成於 1938 年 9 月的三幕劇，空軍戰士劉瑞春在洞房花燭夜接到戰鬥任務，立刻返回部隊保衛祖國領空，他的家人在戰爭中逃難到上海，「八・一三」的週年日，他的妻子給他生下一個男孩，而中國的飛機此時正好飛臨上海慰問同胞。這部劇清新雋永，絕沒有抗戰八股味兒，在後方上演後受到歡迎。1940 年，抗敵演劇九隊將之易名為《花燭之夜》，在長官部上演後被認為有傷士氣，將戲名改為《精忠報國》後，方被批准在第九戰區上演。因為「花燭之夜」隱含的溫軟氣息和私密事件可能使士兵產生情緒波動，而「精忠報國」不僅基本契合劇本內容，而且暗含民族英雄岳飛的歷史典故，還是戰區司令長官薛岳提出的口號。〔註 59〕劇名修改之後，戲劇的陽剛之氣和愛國意識更加彰顯。因此，同樣是為了抗戰建國，那些容易引發思鄉情緒和個人恩怨的劇作容易受到限制，因為這無益於加強部隊戰鬥力，還可能起到適得其反的效果。

此外，揭露與批判社會黑暗的作品也不宜在部隊演出，儘管它們可能在後方受到歡迎。參加過救亡演劇隊的洪深後來在第三廳負責戲劇工作，他曾經鄭重轉達了前線將官對戰地演劇的要求：過於暴露後方的糜爛在前方演劇時容易頹喪士氣，描寫前方困苦的作品在後方演時又頗易影響兵源。〔註 60〕暴露與諷刺的問題在部隊幾乎不用討論，因為只有在針對日寇、漢奸、順民時，暴露和諷刺才有正面作用，而抗戰陣營內部和大後方的各種弊病即使千真萬確，也不宜在這些出生入死的將士們眼前展示。那種「戰士軍前半生死，美人帳前猶歌舞」的聯想對於部隊戰鬥力只有減弱而不能增強。

該演什麼和不該演什麼是戰地演劇的關鍵，其重要性遠遠超過演得好與不好。《戲劇春秋》記錄過兩次戰地演出討論會：一次是第四戰區特務連話劇班的討論，該話劇班在總理誕辰日演出的《榮譽隊長》受到官兵好評，之後他們開會對劇本進行反思，認為該劇對鼓勵士氣教育士兵的意義很大，結論是還可再演。〔註 61〕另一次是 1943 年 3 月廣東戰區某藝宣大隊的討論會，這個討論會「槍

〔註 59〕趙明：《劇影浮沉錄》，文津出版社 1991 年版，第 58 頁。
〔註 60〕《戲劇的民族形式問題座談會（中會）》，載《戲劇春秋》1941 年第 1 卷第 3 期。
〔註 61〕張客：《一個演出檢討會》，載《戲劇春秋》1941 年第 1 卷第 3 期。

斃了一個逃兵」。《一個逃兵》是該隊排演的反映逃兵問題的一出戲，大家在討論中認爲劇本對逃兵問題的暴露還不夠，對逃兵的社會根源未有認識，也沒有彰明當兵與反侵略的關係，最後，不同意該劇本上演。〔註62〕兩次討論的結果雖不相同，但是能否適合部隊上演的考慮是一致的，尤爲値得一提的是，參與討論的人員中有部分是參加演出的普通士兵，他們也能從經驗角度對可否上演發表個人意見，可見穩定軍心、保證部隊戰鬥力才是部隊演劇的關鍵。

爲了配合部隊的戰鬥任務，戰地演出必須靈活機動，自編自導戲劇。帶領演劇隊到過戰區的姚蓬子談到戰區將領對戰地演劇的四個要求：1. 描寫古代英雄；2. 關於國防知識；3. 處理抗戰建國各種現實問題；4. 本軍及抗戰以來英勇的抗戰史劇。〔註63〕實質上，能滿足這些要求的現成劇本很少，多數要靠演劇隊臨時自編。抗敵演劇隊第八隊在湖南的時候，因爲所在部隊中有參加過保衛浦東的將士，他們及時根據戰鬥經過創作了四幕劇《八百壯士》，並同該部的士兵一起演出，收到了良好的效果。抗敵演劇二隊爲了動員民眾挖公路，臨時編演《挖公路》，以現實爲題材，推動軍民協作，收效甚大。1940年3月神鷹劇團至某空軍單位工作，聽說飛機廠工人因每日工資少而欲逃工，編寫了活報劇《該爲誰做工》，以事實教育民眾爲抗戰有力出力。戰時狀況瞬息萬變，這就要求演劇隊必須根據實際情況及時調整節目，即使使用後方作家創作的劇本，也往往會根據戰區特點加以修改後演出。

一般來說，戰地演劇有如下主題：一是樹立部隊正面形象，密切軍民關係。這方面現成劇本較多，如《我們的家鄉》、《八百壯士》、《寶山血戰》、《淪陷區》、《打鬼子去》、《榮譽大隊》等，以弘揚抗戰英勇戰績、激發英雄主義情懷爲主。二是揭發漢奸危害，提醒戰區民眾充滿警惕。在安徽縣城裏，一個漢奸在井裏下毒藥毒死了人，演劇隊及時演出了這樣一出街頭劇：一隊人抬了棺材在前面走，後面跟著裝扮的死者家屬悲慟而哭，路人詢問原因，於是死者家屬哭訴中毒事件，群眾之一人解說漢奸之卑鄙無恥罪惡。〔註64〕及時以事實教育民眾提高警惕。三是解決戰區民眾的實際生活問題。演劇隊在山西鐵山演劇時，瞭解到老百姓患瘧疾的極多，他們要求消滅瘧疾的願望比什麼都要迫切，於是趕寫了劇本《瘧》，告訴人們怎樣除瘧，又將所帶奎寧丸

〔註62〕文殊：《槍斃「一個逃兵」》，載《戲劇春秋》1942年第2卷第2期。
〔註63〕《戲劇的民族形式問題座談會》，載《戲劇春秋》1941年第1卷第3期。
〔註64〕《戰區演劇的劇目和形式》，載《中央日報》1940年7月28日。

分送患者，獲得民眾信仰。這些主題都緊扣戰區的政治需要，在鼓舞士氣、協調軍民關係方面做文章。

戰地演劇的工作難度很大，不僅因為戰區條件艱苦，充滿危險，更因為演出與觀眾之間有諸多不協調處。部隊從戰鬥力的角度對戲劇提出要求是一方面，而士兵的接受和喜好又是一方面。《放下你的鞭子》在傷兵醫院和前線不如在後方受歡迎，這還是演出對象的問題。《八百壯士》這樣的軍事題材在失去了新聞實效以後，也未必受到士兵們的喜愛。戲劇工作者必須隨時根據演出的現場反應對演出劇目進行篩選。然而，士兵們喜歡的又未必能得到戲劇工作者的認可。長期在戰場士兵不僅需要心靈的放鬆和情感的發洩，而且也特別希望能在舞臺上裏瞭解後方人民的生活狀況。然而，反映後方生活狀況的劇本由於舞臺要求等原因，難以在簡陋的戰地舞臺條件中上演。而像《孤軍》（王光乃著）之類戰地劇，因為缺乏前線體驗，不僅軍人言語之間充滿知識份子的咬文嚼字，而且把戰士負傷打仗情形都作了不合實際的誇張，士兵們得到死守山頭的命令時歡欣鼓舞，充滿了一味鼓舞士氣的空洞的豪言壯語，似乎任何戀生畏死情緒都成為不足掛齒的東西。對於真正隨時面臨死亡的將士們來說，這種無關痛癢的態度如果不是因為戰地缺乏娛樂的話，是難以獲得他們的認可的，而此類劇作在戰區不在少數，這自然難以獲得戰區將士的信服。

戰地戲劇包含的政治訓練和精神教育能夠在一定程度上鼓舞士氣，也能豐富將士們的精神生活，加強士兵對民族戰爭的正確認識，但是其作用也不可過分誇大，因為戲劇畢竟不能解決許多實際的生活問題，例如很多士兵因為地方紳官徇私舞弊而被迫入伍，入伍之後，饑餓、給養不足、疾病、原始的衛生和醫療條件都是軍心不穩和逃兵現象的根源，這種情況僅僅靠戲劇的力量是難以解決的。「戲劇在軍隊裏去，主要的在激勵，同時給以認識抗戰的一般教養，可是我們能否順利地把不平均抽來的壯丁，使他忍心一家人受餓，激勵之到前線去？固然每個壯丁的激勵是應當的，但被激勵的壯丁自身迫切問題未得解決之前，這一種激勵會不會感到勉強？」〔註65〕因此，對於戰地演劇，擔任過演劇隊隊長的侯楓認為：「戰地演劇，是具有宣傳、組織、訓練的強力、生動有致的娛樂品……每當前線炮火稍停，戰壕裏的士兵需要休息的時候，一次有趣味的演劇，不但可以蘇解戰爭給與他們心理與生理上的緊張和疲勞，而且能夠使他們的精神，再度振作、奮發起來，就是對於居住在

〔註65〕紀零：《深入軍隊演劇的討論》，載《抗敵戲劇》1938 年第 1 卷第 3、4 期合刊。

戰地的民眾，也可以給予有利於抗戰的文化教養呢。」〔註66〕這樣的概括也許更接近事實。

二、戰地演劇隊的輔助工作

軍隊演劇的政治作用往往不是單純的戲劇演出所能完成的，它必須與其它救亡工作結合起來，才能發揮更大的宣傳效用。單純演劇的藝術團體在戰區幾乎沒有，每個藝術團體都同時兼任著其他政治訓練工作，尤其是戰區民眾的訓練工作。

在戰地戲劇團體中，最為人稱道的就是抗敵演劇隊，它以上海救亡演劇隊各隊為基礎選拔而成 10 個隊，起初是直屬政治部，後來調配到各戰區政治部。和其他部隊戲劇團體比較，它的特色是完全由較為專業的藝術工作者組成。〔註67〕抗戰期間，他們深入抗戰第一線，為將士們帶去良好的精神食糧，而他們自身也在這抗戰中飽受戰爭的洗禮，發揮了藝術的戰鬥力量。抗敵演劇隊儘管是藝術團體，卻是一支組織嚴密的軍旅藝術團體，其嚴密的組織性首先表現在演劇隊的工作一直在國民黨中央軍委會政治部的監督考核之中進行。從其考核內容可知，演劇隊的工作遠遠不限於演戲。

抗敵演劇隊填寫的周度工作報告和月度工作報告是國民黨中央軍委會政治部檢測和考核各隊工作情況的主要依據。

抗敵演劇隊的「周度工作報告表」中大致包括如下內容：民眾最迫切的需要是什麼？抗戰將士最迫切的需要是什麼？組織了多少民眾，以什麼名義組織？動員了多少民眾？民眾參加工作之部門？民眾對宣傳之反應如何？抗戰將士對宣傳之反應如何？與當地黨政軍機關之關係如何？與當地民眾團體之關係如何……〔註68〕「周度工作報告表」的內容設計實際反映了上級機關對於演劇隊的具體要求：第一，希望演劇隊通過藝術的方式瞭解民心、軍心，使演劇隊成為探測民間氣候的晴雨錶；第二，希望演劇隊與當地黨政機關、民眾團體協調關係，成為密切中央與地方聯繫的紐帶；第三，重視民眾的動員的力度、廣度，這涉及一系列數字統計，當然，這種數字統計既難以證明，也未見得有效。

〔註66〕 侯楓：《戰地演劇論》，載《戲劇戰線》1939 年第 1 卷第 1 期。
〔註67〕 只有第九隊、第十隊多為武漢、長沙、開封等地的大中學生，但第九隊成立前也曾在第三廳接受過專門的歌詠訓練。
〔註68〕 國民黨中央軍委會政治部檔案，中國第二歷史檔案館，卷宗號 772～794。

數表統計看重的是結果，並沒有對演劇過程和演劇藝術進行關注。

　　演劇隊的「月度工作報告」主要包括四個方面的內容：隊員狀況、移動情形、工作概況、隊員進修狀況。其中「工作概況」含三個方面：1. 上級指示工作：因爲什麼原因在哪些地方或部隊演出什麼劇演出多少次，多少人觀看；以及工作分配；實施經過；2. 本身工作，包括各項宣傳工作之計畫分配及實施情形，歌詠練習，文字宣傳工作，口頭宣傳，對敵僞宣傳，藝術宣傳；3. 社會工作：與當地機關團體之聯繫情形，參加各種宣傳運動之情形，參加各種集會情形，民眾組訓工作情形，內含調查工作與其他工作。從月度工作報告看，戲劇演出僅僅是演劇隊工作內容的一部分，其他宣傳形式和社會輔助工作在演劇隊工作中佔有相當比例。

　　「月度工作報告」把演劇隊的工作分爲三類：上級指示工作、本職宣傳工作以及與當地機關團體的聯繫，政治部對其工作考核也主要依據這幾方面進行，這種考核是每月進行還是每季進行不甚清楚，不過，考核成績如果以百分計算，以上三種工作佔了其考核總分的 70%，其餘爲調查工作和隊員進修情況，各占 15%。其中，本職宣傳工作以百分計，影劇歌詠宣傳雖然佔有最大份額 40%，但是文字宣傳、口頭宣傳、對敵僞宣傳、藝術宣傳也各自有10%的份額。〔註69〕考核項目中雖然對宣傳工作的分類標準有些混亂，但是也可以看出其他宣傳形式在日常工作中的分量。

　　從抗戰演劇隊周度報告表、月度報告表以及軍委政治部對其考核標準看來，演劇以外的輔助宣傳工作成爲演劇隊日常工作內容，他們擔任著與當地政府和駐軍的聯誼活動，組織當地民眾的集會工作，他們必須及時掌握第一手的戰區民情和軍情，甚至還要對敵僞及異黨的活動進行監視……這些輔助工作極大地使其宣傳工作具體化、日常化，眞正獲得軍隊上層人士的認可以及地方政府的支持。許多戲劇團體一時的熱情過去以後，戲劇之花迅速凋謝，政治部製定的監督程式和考察任務使抗敵演劇隊避免了這種曇花一現的可能，還對演劇隊工作範圍與工作重點作了具體的指導和規定。

　　這些輔助工作並非停留於圖表之中，而是貫徹在抗敵演劇隊的日常工作中。田漢在《關於抗戰戲劇改進的報告》中對抗敵演劇隊的工作進行了詳細的記錄，雖然沒有涵蓋所有演劇隊的情況，也可從中瞭解他們大致的工作狀況：

　　1、解決軍民糾紛等實際問題。抗敵演劇一隊在大冶的時候，瞭解到當地

〔註69〕國民黨中央軍委政治部檔案，中國第二歷史檔案館，卷宗號 772～794。

民工不願意爲軍隊做工，於是他們組織那些未病的農民爲運輸隊，規定服務期限、待遇，軍民兩便。〔註70〕

2、發動群眾。抗敵演劇一隊、九隊在南寧時，爲了發動青年下鄉運動，兩隊隊員兵分兩路，一路人馬邀集廣西學生軍、廣州兒童劇團、各縣戰地訪問團及青年團體共三百餘人，組織青年聯誼會。在南寧鄉下，他們組織了婦女識字班、兒童歌詠隊，協助縣政府辦政治培訓班，爭取順民。感於地方文化的低落，他們創辦圖書館，代人寫信，設立集中談話所，爲婦孺解除實際困難。一路人馬留守南寧，留守者組織青年音樂訓練班，組織難民婦女兒童爲洗衣隊，教難民識字讀書及一般公民常識。

3、活躍部隊文化生活。演劇三隊主要活動於太嶽山抗日根據地，在敵人的四面包圍中，他們化整爲零，分成訓練、文藝等小組，訓練小組舉辦劇訓班，文藝小組、編印傳單、畫報、對敵僞的宣傳品及採訪材料。還與當地劇團聯合組織「前線工作隊」，在戰區與戰地醫院巡迴演出。三隊是光未然帶隊，長處在歌詠方面，其所到之處往往掀起了部隊歌詠運動的高潮。在一六六師，三隊還舉辦過兩星期的訓練班培養歌詠幹部，並以士兵爲主，爲連單位組織過幾次歌詠比賽活動。

4、普及抗戰宣傳。演劇隊在豫南前線除了演劇以外，還舉行了漫畫、木刻、照片展覽，在宜昌民眾教育館舉行的抗戰漫畫展覽會，三日之間參觀人數達四萬多人。演劇隊爲促進軍民關係、提高士氣起見，或發起軍民聯歡，或歡送部隊由後方趕赴戰場，或慰勞部隊從前線換防下來，共在該地公演八次之多。還替士兵寫家書、教唱歌，協助部隊的劇團排戲，辦刊物，爲部隊做了很多有意義的工作。

輔助工作與演劇工作互補，是演劇隊開展工作、擴大影響的主要方面。當然，演劇仍然是他們的特色、長處和最主要的方式。藝術的浪漫性和軍隊的紀律性很難做到相互融洽，但政治宣傳目的大於藝術追求的情況下，抗敵演劇隊在抗戰救亡方面做了很多實際的工作，其工作效果獲得各戰區將士的稱讚。在贛北戰地，一位師長這樣表達了對於戲劇的認識：「我們必須藉著戲劇的力量和功能來輔助軍隊教育，幫助軍隊中的教育和訓練，使軍隊能夠建立起眞精神。同時，我們也必須用著軍隊的機構來推動戲劇，使戲劇能夠在

〔註70〕田漢：《關於抗戰戲劇改進的報告》，《田漢文集》，第 15 卷，中國戲劇出版社 1986 年版，第 138 頁。

嚴密的組織和嚴肅的行動中進行。」〔註71〕部隊文化工作在演劇隊的努力之下有聲有色，其宣傳也極為有效。一些戰區首腦紛紛邀請演劇隊到所屬戰區工作。抗敵演劇一隊和九隊主要在四戰區從事宣傳，1940 年，七戰區政治部主任李煦寰對四戰區司令張向華說：「你們有兩個隊，請留一隊。」張回答：「這是我們的隊，恕不奉讓。」戰區對演劇隊的需求使軍委會政治部黃少谷發出擴充演劇隊的呼籲：「軍中宣傳工作的第二個利器是戲劇，……戲劇教育感人極深，收效極大，各級部隊需要迫切，縱不能擴充到一百隊，至少亦應擴充到五十隊，使每團及與團相同的單位每兩月有受一次話劇教育的機會。」時為國民政府軍委會政治部部長的張治中也認為每個戰區配屬一個演劇隊是不夠的，應該擴充。〔註72〕這些都足以證明抗敵演劇隊的工作成效。

三、軍旅戲劇團體

　　戰地演劇團體實際應該包括兩部分：一為其他戲劇團體來到前方進行的戲劇活動，一為部隊中的戲劇團體所從事的戲劇活動。前者是來到部隊通過戲劇形式鼓勵將士們英勇殺敵，但在編制和行政方面不受部隊的制約，後者雖然也可能走向民間進行軍民團結的宣傳，但是直屬或隸屬部隊，是部隊調劑文化生活、進行抗戰宣傳的生力軍。軍旅戲劇團體是指後者。

　　作為加強軍事力量的政治訓練工具，10 個抗敵演劇隊遠遠不能滿足戰區將士們的精神需求，因此各戰區各師團實際上都有自己組建的劇團。部隊自行組建的劇團中又有兩種性質，一種是職業的，由部隊直屬，一種業餘的，是軍中文藝愛好者自發成立，前者往往持續時間長，而後者常常即起即落。部隊自行創辦的劇團往往有宣傳自身業績和密切軍民關係的需要。這些戲劇團體一般沒有創作劇本的能力，他們的演出更多是為了調劑軍隊精神生活的需要。戰區甚至還有隨軍家屬的戲劇表演，她們的鄉音受到本籍士兵的歡迎。〔註73〕

　　總體而言，由於軍隊文化經費和文藝人才的缺乏，軍旅劇團往往缺乏專業的藝術指導，這些劇團的負責人多由政治部主任、政治部課長、師長、衛生院長、作戰參謀長等兼任，而劇團隊員則多由參謀處、秘書處、副官處的

〔註71〕 藍鷹：《贛北戰地演劇巡禮》，載《戲劇春秋》1942 年第 2 卷第 1 期。
〔註72〕 田漢：《響應黃少谷先生的號召——擴充演劇隊到一百隊》，載《戲劇春秋》1942 年第 2 卷第 4 期。
〔註73〕 梁國璋：《「演劇輕騎隊」穿過了陣地》，載《戲劇春秋》1942 年第 2 卷第 1 期。

中下級軍官，班長、連長等下級戰鬥指揮員以及電務人員、醫務人員、士兵等組成。以前面的兩次戲劇討論會而論，《槍斃一個逃兵》的參與者有排長、軍械主任、政工同志、導演、演員、隊長等，很多是部隊的基層戰鬥人員；而在《一次演出討論會》中，參加演出的就是特務連的士兵，他們是——張克臣：排長，保衛過浦東；張振元：七年軍齡，抗戰以後負過一次傷，作戰經驗豐富；劉廷芳：軍齡不長，但負傷兩次，初小程度；高桔生，經歷過徐州戰役；韓馮章：班長，五年軍齡，不識字；萬少成：愛槍如命，管理道具。還有連上的沈指導員，負責排戲的劉指導員。可見，部隊的文化工作者、政治工作者以及中下級軍官、士兵是軍旅戲劇演出的中堅力量，他們沒有經過專業訓練，本色質樸的表演風格也能獲得士兵的認可。

軍旅劇團成員構成的特點：（一）士兵多過知識青年。因出身教育的關係，他們能勝任底層社會人物如小販、苦力、流氓、難民等角色，而表演銀行家、教授、官吏、紳士等人物則相對困難。（二）士兵劇團中，沒有女演員，女性角色一般由男子扮演。1942 年靖西舉辦戲劇演出比賽，靖西護健劇團得到極好的評價，該劇團是傷兵收容所的看護兵組成的，為了扮演好角色，這些粗野慣了的士兵很小心地接近附近的鄉村婦女，觀察、模倣、瞭解她們，一天到晚地練習，他們比賽時候男扮女裝居然沒有被觀眾發覺。〔註 74〕（三）士兵劇團由於缺乏專業的藝術指導，就整體而言，藝術水準不高是事實，但也不可否認，表演天賦也是上天賜予的能力，即使沒有經過專業的培訓，在基層士兵中同樣可以發現一些出色的表演人才，他們的表演不僅獲得士兵甚至也獲得抗敵演劇隊的稱讚。姚蓬子在戰區看了部隊劇團演出的《劫後餘生》，讚歎劇裡老頭子那個角色實在演得好，「不僅演出了一個老年人情感的起伏，也演出了老年人的頑固和慈愛。我當時幾乎感動得掉下淚來。」事後打聽到，演員是特務連一個拳術教師。〔註 75〕

軍旅戲劇團體以政治部的 10 個抗敵演劇隊為主體，主要活動於戰區，但也有一些軍旅演劇團體主要在大後方活動。在這些劇團中，最引人注目的就是神鷹劇團。

神鷹劇團是由國民黨航空政治部成立的，它的成立緣於空軍在抗戰中的

〔註74〕 田漢：《關於抗戰戲劇改進的報告》，《田漢文集》，第 15 卷，中國戲劇出版社 1986 年版，第 151～154 頁。
〔註75〕 姚蓬子：《江南戰場的演劇活動》，載《新演劇》1940 年復刊號。

重大作用和英勇事蹟。戰鬥機是當時最爲先進的軍事設備之一，空軍象徵強大的國防力量，中國空軍在抗戰初期出現許多可歌可泣的英勇事蹟和人物：擊落十二架敵機的劉粹剛、與敵機同歸於盡的沈崇海、以一敵二十七的湯卜生、擊斃奧田大佐的段文郁，還有高志航、樂以琴、陳懷民等，他們使中國空軍極大地獲得了國民的信賴支持。隨著中國空軍的出色表現，文藝界連接寫出幾個有關空軍的劇本，如尤兢的《血灑晴空》、洪深的《飛將軍》、夏衍的《一年間》等，從而引起了航空政治部的注意，在漢口時代，《中國的空軍》月刊上提出了創建「空軍文學」的口號，跟著就提出創建「空軍戲劇」的口號，1938 年 10 月，在軍委會政治部宣傳廳服務的董每戡被航委會政治部的徐健吾邀請共建神鷹劇團，12 月到重慶招考演員，1939 年 1 月上旬錄取了 10 個演員，之後進行了爲期三周的訓練，訓練期間，熊佛西、陳治策、章泯、賀孟赴、楊村彬、王瑞麟、劉念渠、周彥等人都來講課。

　　神鷹劇團並不活動於前線，而是在成都劇運中屢試鋒芒。它主要是宣傳空軍，歌頌空軍英雄，加強一般市民對於空軍的認識，激發他們對空軍的好感，所以演出劇本一般是空軍題材的劇本，也鼓勵空軍題材的創作。比如董每戡就以空軍題材的創作著稱，《天羅地網》就是其服務於神鷹劇團期間所寫的「空軍戲劇」，該劇講述抗戰開始以後，富紳錢庸卿一家從漢口一路逃難到成都，長子錢少明迷戀已是黃家三姨太的歌女，在管家幫助下捐款逃走，卻被敵機炸死於途中。次子錢幼明報名參加防空工作，女兒露華積極爲國家獻機運動捐金，在現實的教訓下，錢庸卿終於肯拿出錢參加獻機運動了。敵機又來瘋狂地轟炸後方領土，即將參加空軍部隊的幼明豪情滿懷地說：「咱們國家正在積極地建設大空軍，建設防空設備，最近的將來，空中滿佈著英勇的神鷹，地上擺滿了精銳的防空部隊，這樣的天羅地網，你想，鬼子還能逃得脫嗎？不來便罷，來一架打一架，逃一架追一架，管叫它落花流水，片機不回。」在結尾的時候，更是用舞臺裝置呼應了該劇的主題：「立刻，天空出現了天羅地網的剪影，左上角出現一黨徽，有三架驅逐機在其下向右飛著，右下角現高射炮，照明燈及防空部隊。高射炮口向左上方欲射狀，照明燈也向上方射出光芒。」〔註 76〕該劇從思想意識上符合主流意識，三幕一景，也很容易上演，以內遷的大家庭爲背景，姨太太、公子哥、唱戲、新派青年、流落人家等等，融合了許多流行因素，又有時代背景，倒也具有相當的可看性。

―――――――――――
〔註 76〕董每戡：《天羅地網》，載《戲劇戰線》1941 年第 2 卷第 3～4 期。

除了演劇之外，神鷹劇社另一貢獻是出版空軍劇本，當時重點推出空軍題材劇本的有中國空軍出版社的「空軍戲劇叢書」，此外就是董每戡主編的「神鷹戲劇叢書」，神鷹劇業出版的劇本有《未死的人》（獨幕劇集，董每戡著）、《雲中孤島》（獨幕劇集，李束絲著）、《敵》（三幕劇，董每戡著）、《飛行傳家》（獨幕劇集）等，其間既有神鷹劇團隊員的創作，也有神鷹劇團以外的劇本。為了推進這個不具有學理的嚴密性、概念本身還值得推敲的「空軍戲劇」，它還許以重金，向全國徵求空軍題材的劇本。這些舉措雖以宣傳空軍為本意，也為大後方戲劇發展注入了一些生氣，重要的是作為部隊政治訓練和文化建設的工作機構，它本身就是民族主義宣傳與政黨形象統一的組織。

還需要補充幾點方能結束本節內容：（一）在戰地演劇中，抗敵演劇隊由於是軍委會政治部選派分發到各戰區的，因此在地方看來，他們是中央的形象代表。政治部也將密切中央與地方的關係作為其工作任務之一。不過，演劇隊能在多大程度上代表國民政府高層意識，地方行政官員能在多大程度上重視和配合其工作，是難以一言道盡的。因為戰爭的長期性和中國地域的廣闊性，以及國內政治平衡的微妙變化都會改變既定的思路和理想化的設想，需要根據時間、空間、具體情況進行分析。（二）政治在這裡不是一個單純的概念。抗敵演劇隊成員多是進步的青年知識份子，他們愛國，有熱情、肯奉獻，其中相當部分人思想受到左翼思潮的影響，難免會把這種思想帶入宣傳之中，部分戰區對他們的工作也有監控，至於監控的效果則另當別論。（三）國民黨部隊派系複雜，各自為政，不能完全在思想上和軍事指揮方面統一起來，地方派系的部隊希望劇團宣傳本部的戰鬥業績，獲得政治影響和民眾擁戴，這也是演劇面臨的十分具體的情態。

抗戰初期，抗日救亡成為壓倒一切的主題，戲劇大眾化是應民族主義運動而興起的重要的政治動員的手段，民族意識作為意識形態的重要內容在戲劇演出中獲得表現和支撐，在民族危亡的關鍵時刻，它超越了偏狹的政黨意識形態傳播了現代國家組織所需要現代思想觀念。更為重要的是，它促進和推動了包括底層社會階級與集團在內的廣泛的政治參與，在通訊、報刊、交通等現代化工具尚未把巨大的、支離破碎的中國領土整合一體的時候，戲劇大眾化運動使各自恪守傳統生活方式與思想習俗的中國人民最大程度地邁向了思想的一體化。當然，戲劇的宣傳作用也不可一味的誇大和拔高，因為它畢竟還祇是輿論武器，而不是也未必能夠全部轉換為真正的戰鬥力。

　　「大眾」的急劇增長是 20 世紀開始東西方社會出現的普遍現象，大眾在政治生活中越來越擔當起顯著的作用，不過，在西班牙哲學家奧爾特加看來，大眾意識保證和強化了現代管理型社會所需要的「社會共識」，卻對精英文化中自我與個性的精神形成威脅。〔註 77〕這種認識同樣也在中國學者對文藝大眾化運動的屢次反思中獲得認可，大眾化「常常成爲反文化啓蒙、反知識份子、反現代意識的新蒙昧主義的代名詞」。〔註 78〕在民國時期數次大眾化運動中，往往摻雜著意識形態的背景與目的，它極大程度地左右了文化精英參與這一宏大工程的初衷，而實質上，要實現眞正的大眾化，除了文化精英的努力之外，「若是大規模的設施，就必須政府之力的幫助。」一條腿是走不了路的，許多動聽的話，不過文人的聊以自慰罷了。〔註 79〕戲劇大眾化運動需要的藝術人才、戲劇文本、表演場地、相關設施、組織管理部門的協助等等，這一切均需要大規模的資金投入。國民政府儘管在抗戰初期給與戲劇發展以一定的支持和鼓勵，但是，從根本來說，國民政府的精英治國模式對民眾運動的開展以限制爲主。1939 年，國民政府通過《國民精神總動員》，其規定項目主要以消極的限制爲主。在長達 8 年的抗戰時期，政府雖然一直沒有對戲劇大眾化運動予以禁止，但缺乏資金投入的自發組織的民間劇團很快無力維持，政府接管的劇團逐漸喪失了與民間互動的機動性和能動性。加之抗戰進入相持階段以後，人們對戲劇的期待不再停留在臺上哪怕祇是高呼「打倒日本帝國主義」臺下立刻掌聲雷動的初始階段。藝術欣賞與審美渴求逐漸在相對穩定的大後方復蘇，它呼喚著高水準的戲劇藝術和探索人性思考人生的具有時代氣息的戲劇文本，高水準的戲劇藝術所要求的人才與相應的劇場設置在簡陋的鄉鎮難以實現，思考人生具有時代氣息的戲劇文本不再依靠大規模的群眾場面來支持，它要潛沉到生活的海中靜靜思考。戲劇大眾化經過了抗戰初期的熱鬧以後，逐漸退到戲劇運動的邊緣，但在各種場合之中，它仍然是相當一部分戲劇從業人員努力的目標。

〔註 77〕〔西班牙〕奧爾特加・加塞特：《大眾的反叛》，劉訓練、佟德志譯，吉林人民出版社 2004 年版，第 5～9 頁。
〔註 78〕董健：《20 世紀中國戲劇：臉譜的消解與重構》，載《戲劇藝術》1999 年第 6 期。
〔註 79〕魯迅：《文藝的大眾化》，《魯迅全集》，第 7 卷，人民文學出版社 1981 年版，第 350 頁。

第二章 限制和獎勵：政府規範與國家意志的體現

　　抗戰初期，政府的支持、民眾的歡迎、宣傳的需要使戲劇團體如雨後春筍般紛紛成立，據統計，抗戰期間，全國戲劇團體有 1013 個，戲劇從業人員達到三四十萬，[註1] 他們構成一支浩大的文化宣傳大軍，直接影響著政策措施的解釋、施行以及社會輿論導向、民心向背。不過，對執政者而言，當戲劇的現實功用發揮到最大極限之時，它的反作用也將以同樣的倍數增長。因為任何宣傳形式都是一柄雙刃劍，既可以為自己所用，也可能被他人反戈一擊。因此，如何規範戲劇宣傳、使之發揮意識形態的社會職能便成為權力部門的頭等大事。此外，戲劇畢竟是一種藝術形式，藝術表現和藝術規律對它的內在規範和約束具有政治權利不可駕馭的成分，它的激情和感性往往溢出政治要求的邊緣，甚至走到相反的方向，給權利統治帶來障礙。如何管理文藝，使之既能良性發展，又能夠發揮意識形態的凝聚作用，對任何執政黨來說都是一個難題。

　　國民政府成立以後，努力把文化建設納入到現代化國家建設的整體規劃之中，用民族意識消泯階級差異，用國家意識以排斥異己之爭，30 年代民族主義文藝運動的發生和左翼文藝作品受到查禁都是其確立「文藝中心意識」

〔註1〕 國立編譯館《抗戰期間的中國戲劇概況》，中國第二歷史檔案館編《中華民國史檔案資料彙編》，第五輯第二編「文化」（二），江蘇古籍出版社 1998 年版，第 153～154 頁。該文有關戲劇團體的統計數據來自教育部劇本整理組在 1941 年底的統計，1941 年以後成立的劇團還沒有統計入內，實際應當超過這個數據。

的具體表現。不過，抗戰以前，國民黨的民族主義文藝運動並不成功，其原因還不在民族主義文藝「宣言」完全是「支離破碎，東抄西襲，捉襟見肘」的「雜拌兒」，〔註2〕而是在一個民族意識還沒有充分覺醒的時期，民族主義文藝的口號和運動本身與國內貧富懸殊造成的階級對立情緒之間難以相容，而且，左翼文學呼應了紅色30年的國際革命浪潮，它對貧困人群的關注既有人道主義的情懷，對未來藍圖的勾畫又有高度理想化色彩，左翼文學的意識形態背景是馬克思主義，儘管西方理論界批評馬克思主義對於物的強調導致革命的意義僅僅停留於物的重新分配，富裕而非自由成了革命的目標，使革命成為生物性的過程，〔註3〕但是注重實際的中國人卻很能被重新分配財富的藍圖所吸引，加之蘇聯作為一個成功運作的政治範式對中國知識份子具有難以抵抗的號召力，因此，左翼文學在30年代伴隨著左翼革命運動蓬勃開展，民族主義文學運動卻顯得雷聲大，雨點小，難以得到官方以外文藝人士的支持和回應。

抗日戰爭的爆發喚醒了中國人的民族意識，國共兩黨開始第二次合作，抗日民主統一戰線最終形成。儘管從抗日民主統一戰線的形成到最後抗戰勝利，兩黨之間大小摩擦不斷，但是統一戰線一直沒有破裂。日本帝國主義成為中華民族共同的敵人，國內階級矛盾和階級鬥爭在政治需要和民族國家建設的共同目標之下被淡化，國民黨以民族國家為本位的文藝建設措施因此獲得贊同。

「文化建設之於建國工作，與國防建設、經濟建設同其重要。抗戰為建國必經之過程，建國為抗戰最終之目的，故建國之文化政策，即所以策進抗戰之力量。我國文化工作之總目標，為三民主義文化之建設，而現階段之中心設施，則尤應以民族國家為本位。」〔註4〕1938年3月31日國民黨臨時全國代表大會不僅對文化建設的作用給以了高度肯定，而且明確提出文化工作當以民族國家為本位，並對各個文化部門提出了要求。其中第19條便是「推廣新聞、廣播、電影、戲劇等事業，以發揮民族意識為主旨。」和1936年相

〔註2〕 茅盾：《「民族主義文藝」的現形》，《中國新文學大系‧文學理論集（2）》，上海文藝出版社1987年版，第468頁。

〔註3〕 參見魏朝勇《民國時期文學的政治想像》，華夏出版社2006年版，第106頁。

〔註4〕 《國民黨臨時全國代表會議通過陳果夫等關於確定文化建設原則綱領的提案》，中國第二歷史檔案館編《中華民國史檔案資料彙編》，第五輯第二編「文化」（一），江蘇古籍出版社1998年版，第1頁。

比，政府對戲劇電影的思想統制已經有一定程度的放鬆。〔註5〕這固然因為統一戰線剛剛建立，國民政府還不便過於為政黨文化統制張目，同時也由於抗戰初期戲劇界人士表現出來的愛國熱情足以令社會各界滿意，最重要的是在國人受教育程度普遍較低的戰爭時期，政府也需要借助戲劇手段以整合社會意識、化解社會矛盾、協調社會衝突。當戲劇成為國民政府建設文化事業、發揚民族意識的關鍵部門，政治權力的要求和具體管理就會接踵而至。在武漢時期，由於忙於戰爭準備和內遷工作浩大，對於這種重要的意識形態部門，國民政府還來不及對之進行規範管理，到了重慶以後，戰爭進入相持階段，對於戲劇的各種管理條例也開始逐步製定和施行。當然，對戲劇管制祇是整個文化管制的一部分，但是由於很多文化部門在戰爭中被破壞殆盡，失去了活動能力，而戲劇又處於前所未有的活躍階段，對戲劇的管制就成為了文化統制的關鍵。

第一節　劇團組織建設與劇團管理

由於戲劇演出的特殊性，戲劇運動必須以劇團為單位參與或組織，因此，劇團管理是規範戲劇活動的重要環節，劇團的申報、登記與備案則是劇團管理的首要步驟，在不同的歷史時期，劇團管理的行政部門更迭變換，劇團組織由民間自籌到官方組建，乃至對劇團的經濟扶植與日常管理中的著重點，都體現了抗戰時期國民黨政府對於戲劇活動的強烈干預。戲劇作為文化事業的一部分被納入國家建設的總體規劃之中，在文化建設中加強意識形態管理是現代國家建設的基本特色，不過，國民黨政府在劇團管理過程中，多消極限制少積極建設，對健康的文化市場的保護意識和保護力度不足。戲劇團體的生長方向受到嚴格控制，戲劇家潛沉於人性的思索又常常受到宣傳任務的左右，這對戲劇藝術的健康發展弊大於利。

〔註5〕1936 年 4 月 2 日國民黨第五屆中央常務委員會第九次會議通過《國民黨中央文化事業計劃綱要》，該《綱要》的 19、20 條是關於戲劇的內容，19 條規定「電影戲劇與音樂美術之取材，應以喚起民族意識、保存民族美德、提倡積極人生為主要目標。」20 條規定「改進吾國舊有之音樂、繪畫、戲劇及現有之電影，並取締一切頹廢淫靡冷酷殘暴之作品。」然何為「頹廢淫靡冷酷殘暴」之作品呢？1937 年 1 月國民黨中央文化事業計劃委員會擬定的《民眾讀物改進方案》中提出，描寫社會黑幕的作品為腐敗萎靡，而左翼作家尖銳作品則屬殘暴冷酷。

一、從風化到宣傳：劇團管理標準的悄然變更

抗戰時期，對戲劇從業人員的管理主要分爲三個方面：一是劇團管理，二是藝人的管理登記，三是劇作家基本情況的掌握。這三個方面涵蓋了創作、演出和組織幾個關鍵環節。在這三個方面中，戲劇團體的管理是重點，因爲戲劇演出是演劇團體集體智慧的體現，單個藝人離開劇團就如離水之魚，無所作爲。而劇作家的創作只要沒有被搬上舞臺就只能作爲普通的文本存在，其影響力自然十分有限。戲劇演出以戲劇團體爲單位，即使是臨時組合的演出活動，也往往會以一個劇團組織爲基礎，或臨時設立劇團作爲演劇活動的組織依據，一般來說，純粹由於一時興趣而湊合的團體也可能即興而起，興盡而散，它們的活動具有臨時性、短暫性的特點，因此也就缺乏穩定的觀眾群體、恒定的藝術取向以及持久的政治熱情，因此，它們的活動雖然不在少數，對整個劇壇的影響力卻十分有限。眞正具有穩固的觀眾群體、持久的藝術熱情、關懷現實的胸懷、較大的社會影響的劇團往往是專業劇團，而非愛美劇團。

不過，戲劇團體的管理並不從抗戰起，早在北洋政府時期就有了先例。在北洋政府時期，劇團登記和管理主要由內務部警察廳負責。當時由於社會上坤角增加，男女同臺演出成爲風尙，北洋政府內務部曾出令禁止男女同臺演出，於是女伶戲班增加，爲了防止「流弊滋生」，1912 年 11 月 13 日北洋政府擬定了《管理女班規則十八條》，《規則》主要包含了兩方面的內容：一是對女伶予以一定程度的權利保障，例如禁止收買幼女及誆騙強迫其加入女戲班，要求不得虐待伶人，以及藝徒婚姻由父母主持，班主不得插手包辦等；一是嚴防有傷風化，強調男女有別，如教演戲曲均須用婦女爲教師，必須用男教師時，須擇年長老成者，女戲班內所有男性執事以年在五十以上爲限。〔註 6〕這個管理條例中雖然體現了對女伶人的人身安全乃至某些合法權利的關注，但總體而言，戲劇並沒有作爲審美藝術受到社會尊重。1913 年 10 月 21 日，有鑒於戲班「仍以無益之戲演習求工，且教師對於各徒急求速效……隨意鞭撻」，〔註 7〕北洋政府京師警察廳進而製定了《京師警察廳管理戲班規則》，1922 年 4 月，隨著以

〔註 6〕 《內外城巡警總廳擬訂管理排演女戲規則致內務部呈》，中國第二歷史檔案館編《中華民國史檔案資料彙編》，第三輯「文化」，江蘇古籍出版社 1991 年版，第 161～163 頁。

〔註 7〕 《京師警察廳擬訂管理戲班規則致內務部呈》，中國第二歷史檔案館編《中華民國史檔案資料彙編》，第三輯「文化」，江蘇古籍出版社 1991 年版，第 165 頁。

白話演劇的新劇組織的增加，京師警察廳又製定了《京師員警廳取締新劇規則》，這兩個規則前後相差近十年，不過內容大致相同：要求班主的基本情況登記、戲班的基本情況登記，排演前以劇情臺詞等呈報警廳以獲批准，演出地點需報告，內容要求無傷風化。所不同的是對於戲曲戲班，特別要求其不得虐待幼童，而對於新劇團體，則要求其不得在劇場外有「不正當之行為」，然何為「不正當行為」，則含糊不清，語焉不詳。

可見，北洋政府對於戲班管理的主要目的是維護風化，戲劇藝術還沒有作為強有力的宣傳工具獲得當局的看重，戲劇團體主要在治安方面和人身安全方面交給警廳管理和維持。

和北洋政府比較，國民政府更注意運用戲劇進行意識形態宣傳，劇團管理的重心由社會風化向黨義宣傳悄然轉向。早在 1931 年 2 月，國民黨中央宣傳部在《關於省市黨部宣傳工作實施方案》中就將「劇社」納入宣傳機關，要求省及特別市黨部應設立劇社，並招致有戲劇經驗之人員為社員，以宣傳黨義、喚起民眾、激發革命精神、改良社會習俗為主旨；對於戲院這樣的娛樂場所，也勸導設備宣傳標語，防止表演違反黨義與有傷風化的戲，並於必要時候指導劇碼及編發劇本，勸令戲園及遊藝場照演，並派員前往檢查。〔註 8〕可見，戲劇所具有的潛移默化的教育功能已經被國民政府自覺地意識並運用，雖然在娛樂場所中通過戲劇滲透其黨義宣傳，效果未必成功，因為觀眾即使不能明確反對枯燥的黨義宣傳，但也可以通過拒絕觀看消極抵制，而且，即使看了這類戲劇，觀眾認可的到底是戲劇內容還是戲院的休閒環境也是一個值得考究的課題，不過，戲劇在中國民眾的娛樂生活中具有舉足輕重的地位，通過戲劇將黨政意識形態滲透到人們的日常生活，權力部門用意在此。

抗戰初期，國民黨政府曾經禁止戲劇演出，這種禁止主要是針對營業性的和娛樂性的戲曲演出，宣傳和支持政府抗戰建國的戲劇不在此列。一時之間，戲劇團體紛紛成立，這些團體主要圍繞抗戰建國展開活動。它們的政治熱情和活動能量令當局喜憂參半，高興的是在民眾動員方面，戲劇確實發揮了極大的作用，擔憂的是，宣傳作用越大的藝術形式，其潛在的危機也大，必須對之進行強有力的管制和引導。抗戰初期備戰的忙亂過去之後，退守重

〔註 8〕　《國民黨中央宣傳部關於省市黨部宣傳工作實施方案》，中國第二歷史檔案館編《中華民國史檔案資料彙編》，第五輯第一編「文化」（一），江蘇古籍出版社 1994 年版，第 13～22 頁。

慶的國民政府好整以暇，開始對遍地開花的戲劇團體進行整理。1939 年 11 月，國民政府開始統一全國劇院、劇團以及職業劇人登記辦法，經由社會部、內務部、宣傳部共同商討後，由社會部將該部《劇團組織要點》抄送宣傳部，《要點》規定：劇團組織依照人民團體組織方案的規定，呈當地黨部備案，並由各地黨部逐級轉呈中央社會部備案；劇團活動未超越一省之範圍者呈省黨部備案，超越一省之範圍的呈社會部備案；要求具備完整的劇團章程，包括劇團名稱、組織章程、團員資格與權利義務，以及入團出團職規定、職員許可權及任免手續，經費之籌集和核銷辦法等，並有向主管黨政機關報告工作的義務。〔註9〕從此，戲劇團體正式進入國民黨政府的管理體制之中。

需要說明的是，這次出臺的規定祇是對劇團登記的程序以及備案內容進行規範，並不意味著這之前就不需要劇團登記。在此之前，劇團成立也須進行登記方能獲得演出許可。陝西鐵血劇團 1937 年 12 月的申報程序和備案內容就比較正規、標準，不過它所申報備案的部門是中央訓練部。其實，劇團組織作為人民團體，其開展活動均需獲得政府部門的許可，只不過以前政府部門對劇團管理還沒有明確分工，導致劇團對主管部門的理解不一樣，因此，有些直接向中央社會部備案，有的由省黨部向社會部申報，有的在教育部備案，有的在政治部申報，管理部門的紊亂意味著抗戰之前國民黨政府還沒有把戲劇團體作為管理重點，或者還未對戲劇團體的社會影響形成統一認識，同時也與抗戰前戲劇發展的遲緩有關，戰前戲劇發展幾經挫折，遠非抗戰時的欣欣向榮可比。1939 年，國民黨政府規定由各地黨部及中央社會部統一負責全國戲劇團體的登記，從而通過劃分劇團管理的行政部門、規範劇團的登記程序、規定劇團的活動範疇等方式，避免重複管理或管理紕漏。值得一提的是，北洋政府時期負責登記戲劇團體的主管部門是警廳，國民黨政府時期主管部門則變更為各省黨部以及社會部，黨部和社會部的行政職能是意識形態的宣傳、灌輸和管理社會組織，可見戲劇團體引發國民黨政府關注的不再是治安與風化，而是其宣傳動向和思想傾向。

統一登記的規定便於國民政府瞭解全國戲劇團體的基本情況，把握各劇團的活動範疇，有效地把戲劇團體置於政府掌控之中。從抗戰時期劇團登記

〔註9〕 《國民黨中央社會部擬訂劇團組織要點致中央宣傳部函》，中國第二歷史檔案館編《中華民國史檔案資料彙編》，第五輯第二編「文化」（二），江蘇古籍出版社 1998 年版，第 1～2 頁。

中「成立宗旨」一項看來，成立通過的劇團都無一例外地以提高民眾救國情緒、擴大抗敵力量為目的，將抗戰宣傳與演劇活動結合起來。這固然是民族危亡喚醒了文藝界的救亡意識，但政府的提倡與要求也不容忽視。除了抗戰宣傳之外，對三民主義的灌輸也成為宣傳目的之一，某些劇團（如大地劇團）將實行三民主義寫入劇團的宗旨之中，有些劇團（如民族劇團、沙駝業餘話劇社等）則明文規定違反三民主義行為言論者不得為劇社成員，三民主義是國民黨的意識形態基礎，遵循三民主義就是對國民黨建黨建國原則的支持，劇團登記雖然祇是一紙空文，劇團活動的具體情形往往千變萬化，難以一一體現其宗旨，但是它畢竟反映了一種基本情況，即戲劇宣傳成為抗戰宣傳的重中之重，國民黨政府對著重抗戰宣傳的劇團組織特別網開一面，有效地促進藝術與民族意識的緊密結合，而那些強調發揚和宣傳三民主義的劇團不是投當局所好，就是一種自覺的意識形態定位，無論其對於戲劇的實際發展影響如何，都體現了國民黨政府將劇團管理納入思想統制的企圖。

二、由民間到官方：劇團組織建設中國家意志的加強

在阿爾都塞看來，國際機器分為兩種：壓迫性的和意識形態式的。壓迫性國家機器是統一的、公開的，由政府、行政機關、軍隊、員警、法院、監獄等組成，通過暴力和鎮壓發揮作用；意識形態國家機器是多元的、隱秘的，通過由資產階級主導的意識形態整合其他意識形態發揮作用。〔註 10〕在某種意義上，官辦劇團也是一種非強制性的國家機器，雖然官辦本身不能保證劇團對政府主導的意識形態傾向的絕對忠實，但官方對劇團的經費投入、人事管理以及行政指示都顯示了政府對劇團的整體掌控程度。當然，這並不是說民間戲劇組織就不會受到政府主導意識形態的影響，因為民間社會與政府之間並不完全對立，即使對立，也是影響下的對立。但比較而言，官辦劇團在整合社會意識方面往往會更加自覺地發揮作用。

抗戰初期，進行抗戰宣傳的戲劇團體主要有三種情況：一是學生團體，二是舊劇團體，三是當地愛國青年。這些戲劇團體多為民間自發組織，它們的活動計劃與工作安排無不圍繞抗戰建國進行，一來因為戲劇成為許多青年人表達愛國熱情、鼓動抗日救亡的重要方式，「為抗戰而藝術」為戲劇藝術輸送了新鮮

〔註10〕　〔法〕阿爾都塞：《意識形態和意識形態國家機器》，李恒基、楊遠櫻主編《外國電影理論論文選》，上海文藝出版社 1995 年版，第 624〜650 頁。

的活力；二來以抗戰宣傳爲目的的劇團更能獲得政府的許可。它們的工作計劃主要以戰時動員、推行兵役、禁絕煙毒、鼓勵生產等政府工作重點爲內容，只有爲數極少的劇團將戲劇藝術的研究納入其工作內容之中。可見，作爲國家的基本國策，「抗戰建國」在藝術活動中得到體現和推動，追求民族獨立、趕走侵犯者的重要性被置於藝術探索之前，這是抗戰語境對於戲劇藝術的宏觀影響。

　　這些民間劇團多爲非營業性質的演出，爲抗戰初期的劇壇帶來活躍的空氣，它們的經濟「有的由政府維持或補助，有的由軍隊，有的由學校由地方公團，有的由私人捐助，有的由工作者自行籌措」。〔註 11〕隨著抗戰的持久進行，這些流亡劇團的可持續性面臨極大的困難。因爲完善的戲劇運作應當是付出與回報處於良性循環的體制，任何只圖付出不求回報的非營業性演出，如果沒有其他渠道獲得足夠的資金支持，很難維繫長久。抗戰初期很多活躍的劇團到了 1939 年以後就沉寂下去，不僅僅是因爲缺乏專門的戲劇人才，也並非戲劇的宣傳作用已經達到飽和狀態，而是非營業性的宣傳演出無法得到持續的資金投入不得不偃旗息鼓。以量才劇團爲例，它於 1938 年 2 月在武漢組建，所需經費沒有固定來源，一切開支主要由團長程達設法維持，雖然有部分表演收入可以周轉，但是生活費、工作費、紙張費、舟車費、化妝費、道具服裝費以及租賃等雜費均是劇團的必要開支，四個月下來，該團負債144.42 元。它向政治部申請按月補助國幣八百元，最後僅獲得一次性疏散費二百元和證明書一張。〔註 12〕沒有起碼的物質保障，何來戲劇表演？除去資金投入以外，專業的經營人才也必不可少，憑藉一時的公道熱心創辦的劇團，最後因爲經營乏術也會淡出歷史。大公劇社是附屬《大公報》的戲劇組織，1937 年它在武漢成功舉辦過一次公演後就偃旗息鼓，即使與經濟因素關係不大，也與《大公報》自身業務繁忙、分身乏術有關。

　　戲劇演出需要劇本、經費、人才、文化市場，這是牽動整個文化藝術的大工程，任何個人或者組織都難以獨立支撐，政府的扶持是必不可少的。要繼續運用戲劇這一藝術工具，要使其持續地穩定發展，官辦劇團應運而生。

　　一般來說，官辦劇團主要有三種方式：一是整編改造條件優越的民間劇

〔註 11〕 洪深：《抗戰十年來中國的戲劇運動與教育》，《洪深文集》，第 4 卷，中國戲劇出
　　　　版社 1959 年版，第 131 頁。
〔註 12〕 《量才劇團報送工作報告、計劃等並申請補助經費致軍委會政治部呈及有關
　　　　文件》，中國第二歷史檔案館編《中華民國史檔案資料彙編》，第五輯第二編
　　　　「文化」（二），江蘇古籍出版社 1998 年版，第 40 頁。

團；1938 年國民黨軍委會政治部組建的抗敵演劇隊便是在民間自發組織的戲劇團體、尤其在上海救亡演劇隊的基礎上整編而成，這種收編在相當程度上維護了戲劇發展的有生力量。此外，被茅盾稱爲「抗戰的血泊中產生的一朵奇花」的孩子劇團同樣如此，這個劇團 1937 年 9 月 3 日在上海成立，當時最大的孩子 19 歲，最小的孩子才 9 歲，這些未成年人自身的生存溫飽尚難以自保，如果不是得到政治部的資助，很難想像他們能夠長途跋涉，由上海－武漢－長沙－重慶堅持抗戰戲劇的演出。二是在社會招募賢才組織戲劇團體；以教育部實驗戲劇教育隊爲例，該劇團 1941 年由教育部撥款培植，主要負責重慶周邊的戲劇教育工作。成立之初，團長閻葆明便在重慶張貼招生廣告，招收「思想純正品行優良志在戲劇堪以造就之青年」，通過一定程序考錄進來以後，便對隊員進行必要的培訓，形成劇團的基本成員。〔註 13〕三是利用政府機構中現成的藝術資源創辦劇團。以中國萬歲劇團和中電劇團爲例，中國萬歲劇團的前身是怒潮劇社，是中國電影製片廠（簡稱「中製」）所屬的劇團，中電劇團是中央電影攝影場（簡稱「中電」）所屬劇團，中央電影攝影場是國民黨「中央宣傳委員會」的官方電影機構，這兩個機構集中了當時國內最優秀的演劇人才，原本主要從事電影製作，由於戰爭期間膠片昂貴難覓，電影和戲劇是姐妹藝術，一群電影從業人員爲增長自己的演技能力，也因爲輔導社會教育的需要，便向戲劇舞臺轉移。這是藝術水準最高的官辦劇團。

　　國民政府投入資金組建的戲劇團體大多附屬政治部、教育部、三民主義青年團、各地方黨部。暫且不論地方黨部的官辦劇團，以國民黨中央直屬劇團看，其中政治部下有抗敵演劇宣傳隊共 10 隊、中電劇團、中國萬歲劇團、孩子劇團、教導劇團（成立於 1939 年上半年，1940 年 9 月因第三廳撤銷而停辦），教育部下有巡迴戲劇教育隊共 4 隊、實驗戲劇教育隊，三民主義青年團直屬的有中國青年劇團社，和「中萬」與「中電」相比，「中青」是最年輕的官辦劇團，但它在全國各地的發展卻十分迅速，從 1939 年「中青」成立到 1940 年，一年之內全國各地的青年劇社達到 100 多個，〔註14〕地方青年劇社大致以當地三民主義

〔註13〕國民黨中央教育部檔案，中國第二歷史檔案館，卷宗號5～11921。

〔註14〕魯覺吾《一年來青年戲劇運動的總檢討》中寫道，一年來「全國青年劇社的成立，不但已經達到了一百個的數目，並且已超過這個數目。三年計劃，在一年之中完成，至少表現了全國青年團團員工作的熱忱和工作競賽的成績。」可見，對青年劇社的組建早已納入三民主義青年團的工作計劃之中，載《青年戲劇通訊》1941 年第 8 期。

青年團爲依託，固定人數多在 12 人到 40 人之間。不同部門的劇團工作各有其側重點：政治部下的抗宣隊主要在戰區工作；教育部下的戲劇巡迴教育隊並不專側重演出，而在培養戲劇幹部，該隊先後辦了各種戲劇訓練班十四期，畢業生九百三十七人；〔註15〕青年劇社則看重對青年的滲透。

　　無論地方還是中央的官辦劇團，它們不僅宣傳抗戰，也要以三民主義爲宗旨，劇團的重要負責人均爲政府指定委派。隨著抗戰的持續，許多自發組織的劇團紛紛因爲資金籌集困難而倒閉，倒是官辦劇團因爲有政府資金資助和政策優惠而能保持一定限度的活動。一些職業劇團紛紛興起，也是借助了官辦劇團中的設備或人才。張駿祥就說過，在重慶演戲器材都是你借我我借你的，燈泡、幕布等都是互通有無。〔註16〕其實，官辦劇團因爲資金運作較爲寬綽，硬體設施較爲齊備，專業人員業務水準較高，爲民間劇團借用的時候居多。

　　官辦劇團與民間劇團主要是相互協作的關係，他們常常在人員器械方面互通有無。以中華劇藝社爲例，其成立之初只有十幾個基本成員，它的演出大量借用了「中萬」、「中電」、「中青」中的優秀藝術人才，而只要有好戲可演，演員也樂意在不同的劇團中穿梭，對於職業劇團來說，它節省了一大筆日常費用的開支，對於官辦劇團而言，演員能得到舞臺歷練，又何樂而不爲。

　　總的來說，官辦劇團在整個抗戰時期是比較活躍的，以重慶霧季演出爲例，1941 年霧季共演出大型話劇 29 出，官辦劇團的演出占 40%，1942 年霧季共演出大型話劇 22 個，官辦劇團的演出占 41%，1943 年霧季共演出大型話劇 22 出，其中官辦劇團的演出占 54%，1944 年霧季共演出大型話劇 25 出，官辦劇團的演出占 32%；〔註17〕雖然以單個劇團論，1941 年霧季中華劇藝社共演出 8 出大戲，1942 年演出 6 個，1944 年中國勝利劇社演出 6 個，活動非常頻繁，但總體而言，接受了政府資助的官辦劇團仍然佔據了全部演出劇碼的多數，這是無可否認的。在重慶以外的國統區，除了成都、桂林、昆明以外，話劇人才本來有限，民間話劇團體數量自然不多，比較活躍的還是官辦劇團，湖南青年劇社自 1939 年成立以來，不到兩年的時間先後於長沙、衡陽、

〔註15〕《參觀戲劇資料展覽》，《中國抗日戰爭時期大後方文學書系》，第 1 編，重慶出版社 1989 年版，第 650 頁。

〔註16〕張駿祥：《回憶解放前我與黨的接觸》，《張駿祥文集》（上冊），學林出版社 1997 年版，第 1071 頁。

〔註17〕該數據主要依據石曼《抗戰時期重慶霧季公演劇目一覽》統計，該文載《抗戰文藝研究》1983 年第 5 期。

瀏陽、湘潭等地演出不下 40 餘次，並且歷次演出「成績甚佳」，「獲社會人士之好評」。〔註 18〕廣東青年劇社 1940 年成立後，不到一年時間公演次數就達 13 次之多，〔註 19〕對活躍地方文化功不可沒。可見，官辦劇團的組建在很大程度上推動了戲劇運動的發展。

相對而言，官辦劇團的演出劇目比較注重意識形態的宣傳，其演出重點在於：鼓動民眾愛國熱情，樹立政府機構和辦事人員的正面形象，鞭撻漢奸和宣傳民族團結。一般來說，像《國家至上》、《不做順民》、《民族公敵》、《包得行》、《光榮從戎》、《蛻變》等是各地劇團上演率比較高的劇目。《國家至上》通過抗日戰爭時期回、漢兩族人們團結抗日的故事宣傳民族團結、國家至上，該劇主題明確，意識正確，劇中指揮民眾抗日的縣長雖然戲份不重，但體現了國民黨基層官員在處理民族問題時候的良苦用心。《包得行》雖然有對兵役問題的揭露，也涉及軍民合作問題、下層機構問題、傷兵問題，但是政府辦事人員的秉公執法和軍民關係的融洽使得該劇欲揚先抑。《蛻變》、《刑》等都有對現實弊端的揭露，但是曲終奏雅，前者因「意義正確」1943 年獲得教育部頒發的優良劇本獎，後者則在演出之日於《中央日報》刊發特刊，由潘公展、葉楚傖等人操筆重點推出。

由於專業劇團資金相對寬裕，人才濟濟，許多演出還算轟動和成功，中電劇團第一次在陪都上演的《戰鬥》就激動了整個山城，五天中連演十場。1942 年，政府獎勵優良劇本，上演獲獎作品的劇團也同時獲得表彰，獲得表彰的三個劇團中有兩個是官辦劇團。這說明，官辦劇團具有相對良好的演劇條件，而官方的政策傾斜可能也是必不可少的原因。

實事求是地說，這些官辦劇團在抗戰時期演出了大量進步話劇，陳白塵將原因歸結為國民黨文人拿不出像樣的劇本以及有進步思想的演藝界人士居多。〔註 20〕但是，如果我們超越政黨立場理解「進步」二字，就應當看到國民黨政府抗戰建國的主導意識形態大體上符合民族利益。民族主義的提倡無外乎兩個目的，一是一致對外，一是淡化階級矛盾，儘管國民黨在此中仍然夾雜了政黨利益的打算，但在中國飄搖不穩的政治格局中，民族利益與政黨

〔註 18〕《介紹各地青年劇社》，載《青年戲劇通訊》1941 年 3 月第 10 期。

〔註 19〕《各地青年劇社調查表（十二）》，載《青年戲劇通訊》1941 年 5 月第 12 期。

〔註 20〕陳白塵：《抗戰文藝與抗戰戲劇》，董健《陳白塵論劇》，中國戲劇出版社 1987 年版，第 371 頁。

利益也並非涇渭分明，在這個意義上，國民黨對國家意識的強調具有歷史的合理性。它的問題不在於在戲劇舞臺上宣傳自我形象，而是在現實政治中的腐敗叢生，不在於它對三民主義的提倡強調，而在於它用暴力手段對文化力量的摧殘。

三、由統制到黨治：劇團管理的意識形態動向

抗戰時期，戲劇組織作爲文化團體和宣傳機構被納入政府使用、資助、監控的範圍內。劇團登記的目的在於方便政府部門的管理，這種管理除了資金投入、人才培養之外，重點還是在意識形態的控制方面，甚至資金投入也與宣傳動向緊密聯繫。雖然許多劇團都以抗戰宣傳爲己任，但有黨部背景的劇團獲得的援助的機率更大，資金也更多，這是毫無疑問的。

國民黨對劇團意識形態的管理標準來自 1938 年 3 月 31 日國民黨臨時全國代表會議通過的《確定文化建設原則綱領的提案》，該提案規定，戲劇需以「喚起民族意識」爲主旨。從字面上理解，就是要求各劇團的活動務必適宜於抗戰建國的大背景，而實質上，何爲民族意識？它與政黨意識之間有何交叉和區別？民族救亡需要強有力的政治力量，但是政府意志是否等同民族利益？在野黨派武裝參與抗戰，對於建國藍圖是否是一種威脅？這些複雜的政治利益的考慮秘而不宣地參與了劇團管理的程序中，國民黨政府既主張抗日民主統一戰線，進行全民總動員，又要以「一個主義、一個政黨，一個領袖」的專制打壓有其他政治背景的戲劇活動，而且越到抗戰後期，黨治文化色彩越濃厚。

抗戰時期國民黨對於戲劇團體的管理分爲兩個階段：第一階段是協助進步劇團深入內地繼續抗戰宣傳，這個階段主要立足民族利益發揮了國家統制的作用；第二階段是關注劇團意識形態背景，扶持親和者，排斥異己者，這種方式主要立足黨派利益進行政黨統制。前者的關注點較爲單純，只要是努力於抗戰宣傳的戲團團體均可獲得政府支持，後者則比較隱秘複雜，密切監視和走訪調查均成爲判斷劇團思想動向的依據。一把利刃能爲自己用而不能爲他人手操，這原本不是利刃的問題，而是在民族利益之下的敵我陣營劃分之後，又在政黨利益下再度劃分敵我，黨同伐異的政治手段在藝術領域內使用，或許藝術原本也不單純，尤其在血與火的時代。

第一階段爲抗戰初期，主要任務是協助進步劇團深入內地繼續抗戰宣

傳。抗戰初期，國民黨政府由南京退守武漢再到重慶，文藝界人士也多由武漢到重慶或成都、桂林。各劇團組織莫不如此。在武漢時期，大多數劇團要求到後方繼續抗戰宣傳，請求政治部發送遣散費或軍用通行證。漢口市各界抗敵後援會宣傳隊隊員近百人，「擬即深入內地，赴湘黔公路沿線工作俾喚起後方民眾參加抗戰」，軍委會政治部第三廳發放疏散費三百元；漢口向藝楚劇團流動宣傳隊「憤敵寇之猖狂，感宣傳之重要」，擬離開漢口前往湘西、鄂西一帶宣傳抗戰，第三廳不僅照其請求發放了軍用證明書，而且對其予以嘉獎。〔註 21〕此時，無論新劇團體還是傳統戲班，只要對抗戰有宣傳之功，具有比較詳實的工作計畫和隊員履歷，都會程度不同地獲得軍委會政治部第三廳的有限資金支持，使其能順利到達大後方繼續工作。一般來說，政治部發放的疏散費數額不大，對整個劇團運作可謂杯水車薪，與其說是經濟支持，毋寧說是政府表彰或愛國榮譽象徵，軍用證明書意味著戲劇團體以戲劇為武器參加民族戰爭，這是對劇團宣傳成效的認可。疏散費和軍用證明書是一種政府態度，體現了政府當局對抗敵宣傳團體的扶植。把扶植劇團和抗戰大業聯繫起來，這是國民黨劇團管理的起碼標準。在這個階段，國民黨政府主要是考察各個劇團致力於宣傳抗戰的努力程度，並根據其成效進行獎掖、收編、資助，立足於民族利益發揮了國家統制的作用。

第二階段是抗戰進入相持階段以後，國民黨對劇團意識形態的控制明顯加強。因為戲劇宣傳不是空洞的政治口號，它必須落實在藝術舞臺上，用具體的人物形象、社會時事評價、可歌可泣的事蹟激發愛國熱情。因此，一個群眾擁戴的劇團往往會成為群眾意識的優秀組織者。對當局而言，這正是需要加強思想控制的理由，因為國民黨不僅看重群眾對抗戰的支持，更看重在不同的政治主張與政黨較量中的民心向背。親和政府、宣傳三民主義、擁護最高領袖的劇團受到官方的特別關照，而不同政見背景的劇團則被限制活動範圍甚至被取締。

一個關心時事的劇團總會有起碼的政治意識傾向和資金來源，國民黨政府對戲劇團體的意識形態傾向十分敏感。對劇團活動的監視、調查成為一種日常工作。劇團一旦被認為反對當局或思想左傾，則一律予以改編、取締。

〔註21〕《漢口市各抗戰文藝宣傳團體向軍委會政治部三廳報告工作概況並請支助經費呈》，中國第二歷史檔案館編《中華民國史檔案資料彙編》，第五輯第二編「文化」（一），江蘇古籍出版社 1998 年版，第 54～56 頁。

以七七少年劇團為例，該團隊員被田漢視為「英俊活潑的一群」，其活動被國民黨社會部、教育部聯手緊密追蹤，對其組織構成、劇團活動及生活來源瞭解得一清二楚，對其教育方法也十分明瞭，「該團訓練團員方法，除授以各種宣傳技能外，並灌輸 CP 主義，以養成對本黨政府之惡劣印象，所到之處，採取各種有趣的集會方法，聯絡當地兒童、小學生、難童等，鼓吹共產主義，使兒童腦海中發生反對政府當局之思潮。」從而以該團團員尚在學齡為由，解散劇團，並將團員強制遣送入學，此舉不得人心，團員僅有 3 人入學，政治部惱羞成怒，在文件中宣稱其他成員「如在各地有越軌非法行動，自應由地方軍警當局以嚴厲之制裁。」而其越軌非法行動無疑是指未獲得政府許可的演出活動，或是在集會中宣傳 CP 主義。在劇團解散之後，原劇團負責人羅修鏞在江津九中任音樂教員，其思想言論受到校長的嚴加注意，後藉口其在畢業生茶話會時「講演措詞失當」而未予續聘。〔註 22〕實質上，這還是一個主要以未成年人為主的劇團，最長者未滿二十歲，最小的孩子僅十一、二歲，國民黨如此防微杜漸倒顯得自己底氣不足。七七少年劇團並非孤立事件，1940年，新安旅行團因為「領導人員思想左傾」，被認定無存在之必要，交由第四戰區改編。〔註 23〕孩子劇團被認為「組織不健全，人員思想欠純正」，為了加強對該團的指導與掌握，政治部重訂編制，派遣主任委員李清燦、指導員方守謙前往指導。〔註 24〕1942 年，時任孩子劇團主任指導員的李清燦在致政治部的密函中認為孩子劇團認識不清，趨向歧途，建議將 16 歲以上隊員保送至各訓練機關或學校，使與文化委員會杜絕往來。〔註 25〕

　　取締劇團還僅僅限於控制戲劇運動，更有甚者便是對藝人的人身傷害。1940 年，忠誠劇團在重慶上演歷史劇《李秀成之死》，返回綦江後，主演李秀

〔註 22〕 《七七少年劇團請撥發疏散費函及國民黨中央社會部等密查取締該團的文件》，中國第二歷史檔案館編《中華民國史檔案資料彙編》，第五輯第二編「文化」（二），江蘇古籍出版社 1998 年版，第 46～51 頁。

〔註 23〕 《新安旅行團為請求緩辦改編與經費問題致張治中函及有關文電》，中國第二歷史檔案館編《中華民國史檔案資料彙編》，第五輯第二編「文化」（一），江蘇古籍出版社 1998 年版，第 169 頁。

〔註 24〕 《黃少谷為孩子劇團人員思想「欠純正」建議加強指導並重訂編制的簽呈》，中國第二歷史檔案館編《中華民國史檔案資料彙編》，第五輯第二編「文化」（一），江蘇古籍出版社 1998 年版，第 178 頁。

〔註 25〕 《孩子劇團主任指導員李清燦關於該團內部情形及改進團務意見呈》，中國第二歷史檔案館編《中華民國史檔案資料彙編》，第五輯第二編「文化」（一），江蘇古籍出版社 1998 年版，第 187 頁。

成的演員李英與忠誠劇團的男女演員二十多人被活埋，罪名是宣傳共產主義，真相披露後，輿論界震驚。臥榻之側，豈容他人酣睡，國民黨政府在思想意識上過於苛嚴和敏感，反顯得氣量狹小，更挫傷了進步戲劇團體抗戰宣傳的積極性。

與七七少年劇團等形成鮮明對比是有執政黨背景的劇團，由於政治觀點的契合，他們受到當局的禮遇和優待。建國戲劇教育巡迴劇團成立於 1937 年「七‧七」事變以後，1940 年向政治部請求補助經費時，教育部致社會部的公函中談到，該團工作人員大半為國民黨員，其「思想均尚純正」，並要將其行蹤、日程列表「分函川陝豫三省黨部，隨時隨地加以指導」。〔註26〕如此黨同伐異對文化事業的發展有百害無一益，對抗戰宣傳的推動也未能儘其力。其直接的結果之一就是挫傷了相當一部分青年的熱情，他們出於純真的愛國心參加戲劇活動，未必有明確的政黨傾向，國民黨對抗戰陣營內部親疏關係的劃分極有可能促成其對文化專制的不滿，收到的效果有時適得其反。

在劇團管理方面，國民黨從立足民族利益的國家統制到立足政黨利益的政黨專制，走上一條與民主政治背道而馳的道路。過於苛嚴的政治要求原本不利於藝術的健康生長，排斥異己的政治手段也引發了藝術界的不滿。我們既不能假定所有的戲劇工作者都同情共產主義，也不能假定所有的戲劇工作者都同情三民主義，但有一點是可以肯定的，過於苛刻的政治環境必定鉗制藝術的發展，也會給主導意識形態的建設帶來負面影響。

從國民黨黨政府對抗戰戲劇團體的組建和管理的重視程度看，文化建設確實在國民黨的國家建設中佔據了重要地位，不過，這種文化建設的終極目的不是提高國民精神狀態，而是借文化建設加強政治建設。權力部門希望通過對藝術團體的控制達到整合國民思想的目的。面對抗戰時期戲劇強大的宣傳功用，這種企圖得以滋長。戲劇團體的登記管理、官方劇團的組建、對異己者的控制排斥都顯示了國民黨在重視抗戰宣傳的同時，也把政黨宣傳與抗戰宣傳加以捆綁，最終要通過文化符號樹立自己的政治合法性甚至唯一性。儘管在民國文學史中，戲劇與政治的一直難捨難分，現實關懷和政治熱情並不必然成為戲劇藝術的樊籠，但是不容置疑的是，文化統制只能造就眾口一

〔註26〕《張仲友為組織建國戲劇教育巡迴團報送章程等備案並請政治部收編呈》，中
　　　　國第二歷史檔案館編《中華民國史檔案資料彙編》，第五輯第二編「文化」
　　　　（二），江蘇古籍出版社 1998 年版，第 109 頁。

詞的虛假熱鬧，這與藝術生長所要求的自由空氣是相背離的。因爲藝術團體畢竟不等同於純粹的宣傳機構，它還受到市場規律、藝術規律的多重控制，簡單地以政治思想傾向管理劇團，而不是從積極維護劇團生存的角度出發，實際上會對戲劇團體的藝術活動造成不良影響。

此外，國民黨對於意識形態的過於看重反而忽視了其他可能影響藝術市場的因素。政府只重視戲劇團體的政黨性質，沒有將保護戲劇生存視爲職責。石壓筍斜出，1941 年後劇壇開始盛行游擊戰，新生的劇團此起彼伏，它們不談政治，只談商業利潤，有的僅僅演出一場便無影蹤。這種現象說明：第一，劇團登記容易。只要沒有明顯不同的政治背景，哪怕純粹追求商業利益，也不會受到主管部門的特別限制；第二，對於商業競爭下湧現的眾多游擊性質的劇團，國民黨政府還沒有從保護藝術健康發展的角度，通過嚴格劇團申報的角度進行有效干預，而是放任自流，傷害了嚴肅戲劇團體的藝術進取心。第三，劇團登記和營業性演出之間還沒有眞正形成有效聯繫，以至於商業運作有機可乘，影響了戲劇發展的良性環境。從這個意義上說，國民黨政府劇團登記規定在某種程度上流於形式，有黨同伐異的政治自私，卻無建設與保護文化事業的開國之氣。

第二節　劇本審查

書報檢查是指「國家機器或其他社會機構（如教會）對文本及其他精神產品、藝術產品實行的檢查。它與統治、國家權力之間存在著因果聯繫，能夠阻礙或改變創作」。〔註27〕由於文化審查與政治統治、國家權力之間必然的因果聯繫，因此，檢查制度一定會以維護和鞏固國家政權爲出發點，它的最低限度是防止有害政治權威的言論流入社會，最高目標是促進文化建設的健康發展，並以書報爲載體發揮意識形態凝聚社會群體的功能。在各個歷史時期，危害社會倫理道德的的色情書籍、散佈迷信邪說的八卦書籍、宣揚恐怖血腥的暴力書籍均在政府的禁止之列，雖然不同的歷史時期由於道德觀念和政治環境的變化，人們對色情、迷信、恐怖的界定可能有極大的不同。不過，政府機關的最終職能是維護和鞏固政權統治，清除一切妨礙現實統治的思想

〔註27〕〔德〕菲舍爾·科勒克：《文學社會學》，張英進、于沛編《現當代西方文藝社會學探索》，海峽文藝出版社 1987 年版，第 37 頁。

言論才是書報檢查的重中之重，它是一切執政黨控制社會輿論最爲行之有效的方式。

抗戰時期，劇本作爲一劇之本自然受到政府文化審查部門的格外關注。因爲戲劇演出是社會接受面最廣的文藝形式，它密切關注現實社會與時代風尚，幾乎每一次成功的演出都會引發和推動社會群體對某個社會問題的集體關注：《放下你的鞭子》演遍黃河兩岸大江南北，在賣藝父女的哭訴中，保衛家鄉、還我河山成爲中華民族共同的吶喊；《屈原》沸騰了整個山城，那種激蕩的詩情回蕩在壓抑的現實之中，成爲人們宣洩內心複雜情緒的窗口；《蛻變》的轟動吸引蔣介石親自觀看，政府部門在民族戰爭中的革故鼎新是取得戰爭勝利的重要保證……沒有脫離現實獨自高蹈的藝術，感時憂世的中國文人總是把關切的目光投向民族現實生活：對社會現實的評價期待、對未來藍圖的勾勒遐想、對民眾疾苦的感同身受、要求現實政治的革故鼎新……種種政治圖景在戲劇舞臺上一一呈現，引發中國民眾對建國之路的合理想像。戲劇是抗戰時期民眾最有效的娛樂方式和教育途徑，它的影響力巨大，往往一戲出而九州知，這也是權力部門之所以加強戲劇檢查的原因。

對權力部門來說，劇本審查的目的是將戲劇演出置於政府意識形態控制之下，亦即既要求戲劇符合抗戰建國的基本原則，還要針對敵僞宣傳中淡化民族意識、篡改歷史的險惡用意進行揭露，更要在民主建國呼聲日益高漲的情形之下保障國民黨的執政地位，其中，政黨地位的鞏固尤其是貫穿檢查制度的基本原則。在這種情況下，戲劇作家的藝術水準以及創作熱情、戲劇發展與民眾需求的關係自然不在其考慮範疇了。

一、劇本審查程式及審查標準

「無一社會制度允許充分的藝術自由。每個社會制度都要求作家嚴守一定的界限。」〔註28〕作家嚴守的界限在哪兒？對執政黨而言，那就是作家的寫作不得危及和妨礙當政者的政治統治，因爲一個具體政治黨派推行的社會制度，其主要目的永遠不是爲了保障藝術的充分自由，而是保障政治體制的平穩運行和具體政策的推行。書報檢查是從消極意義上限制文學創作的題材和意義指向，它涵蓋了包括劇本在內的書刊以及新聞等意識形態生產及傳播

〔註28〕〔德〕菲舍爾·科勒克：《文學社會學》，張英進、于沛編《現當代西方文藝社會學探索》，海峽文藝出版社 1987 年版，第 38 頁。

領域。

　　在中國現代社會，書報檢查並非自國民政府始，劇本檢查也可以往上追
溯到北洋政府時期。

　　北洋政府時期，戲劇審查工作主要由教育部所屬之通俗教育研究會執
行，該會於 1915 年成立，其研究事項分小說、戲曲、講演等三股，戲曲股負
責新舊戲曲之調查及排演之改變事項、市售詞曲唱本之調查及搜集、戲曲及
評書之審核、研究戲曲書籍之撰譯，以及活動影片、幻燈影片、留聲機片之
審核，委員含魯迅等 29 人。北洋政府成立通俗教育研究會的緣由是想在學校
教育之外，通過社會教育幫助國家演進、民智健全，以使中國早日走上現代
化進程，因此活躍於茶樓市肆的戲曲說書成為通俗教育的必要載體。在這個
時期，戲劇在內容上受到更多的關注，很多在茶樓市肆流行的傳統戲曲也要
求根據時代需要刪改。1916 年 12 月北洋政府通俗教育研究會製定《通俗教育
委員會審查戲劇章程》，1920 年 9 月，北洋政府教育部又以通俗教育研究會製
定的《改良戲劇議案》以及《修正戲劇獎勵章程》通報各省「審度情勢，切
實辦理」，根據這些法令，被審查的劇本有三種處理方式，一是全部禁止，
一是部分刪改，一是褒獎。「情詞淫邪，有傷風化，不能施以匡正」的作品在
全部禁止之列，易卜生的《傀儡家庭》被禁演就是因為該劇宗旨被理解為主
張婦女從家庭出走，擾亂家庭和有傷風化。其他如舊戲中《嫖院》、《剖腹驗
花》、《逆倫報》等，僅從劇目就可以知道其內容不符合現代社會倫理道德的
建設。北洋政府劇本獎勵標準則是「事實深合勸懲本旨，而唱白復不涉於鄙
俗艱深者」。〔註29〕1926 年 11 月，洪深的《第二夢》就因為「含哲學意味甚
深」被江蘇省教育會劇本審查委員會予以獎勵。〔註 30〕北洋政府主要從社會
風化和杜絕封建迷信思想出發審查劇本，尤其注重改造市面流行舊戲中的陳
腐內容，不過這個龐大的文化工程涉及社會的方方面面，北洋政府執政期間
兵禍橫行，權力部門哪能全心投入劇本審查與改良，而且政府的保守態度也
往往不能容忍現代戲劇中進步的文化思想，易卜生的《傀儡家庭》被視為婦
女解放運動的宣言書，1924 年 12 月北平上演該劇時，才演到一半，就被警察

〔註29〕　《教育部為推行改良與獎勵戲劇致各省長、都統咨》，中國第二歷史檔案館編
　　　　　《中華民國史檔案資料彙編》，第三輯「文化」，江蘇古籍出版社 1991 年版，
　　　　　第 171 頁。
〔註30〕　洪深：《現代戲劇導論》，《洪深文集》，第 4 卷，中國戲劇出版社 1959 年版，
　　　　　第 93 頁。

廳以傷風敗俗爲由禁止了。

國民政府成立以後，國民教育的任務依然繁重，舊劇改良的工作依然持續。1928 年 12 月廣東教育廳在《改良戲劇規程》中將審查劇本分「改良」及「取締或全部禁止開演」。需要改良的劇本除了取材不妥或技術原因外，「背景」、「暗示」中有悖於國民黨黨義的劇本也被納入刪改範疇；而劇本取締及禁演的標準則是：有違黨義，有辱國體，有背人道，有傷風化，有礙進化，妨害公共秩序或其他重大事情者。〔註31〕在以上具體規定中，可以發現，黨政意識形態的要求已經放到了人倫風俗之上，黨治文化統制漸露崢嶸。這與 30 年代國民黨壓制左翼文藝的文化大背景是一致的。

抗戰開始以後，與劇本審查相關的法例頻頻出臺。1938 年 7 月 21 日國民黨第五屆中央常務委員會第 86 次會議通過了《抗戰期間圖書雜誌審查標準》，對具有謬誤言論和反動言論的圖書嚴加審查和控制，在對「謬誤言論」和「反動言論」的具體界定中，審查標準把重點放在兩方面：第一，強調國家利益，抗戰高於一切。除了對於敵僞宣傳和妖言惑眾進行管制外，也要求各民族各黨派在民族利益之前的團結一致，不得以派系私利爲立場破壞團結；第二，對國民黨政治權威和意識形態基礎的高度維護。不容許違反或詆毀三民主義或政府政綱政策，不得抨擊國民黨領袖與中央一切現行設施，特別強調不得「鼓吹偏激思想，強調階級對立」。〔註32〕以上規定雖然也有弘揚民族意識的考慮，但處處維護國民黨的政黨權益，爭奪話語權。這個時候，劇本審查是作爲圖書雜誌審查的一部分，國民政府還未來得及將之特別對待。

抗戰進入相持階段以後，國共關係日趨緊張，國民黨在文化方面的控制日趨加強。1939 年 1 月 21 日，國民黨在重慶召開第五屆第五次中央全會，通過了《限制異黨活動辦法》，1939 年 2 月 10 日在重慶成立了戲劇審查委員會，該會由重慶市黨部、市政府、警備部、憲兵三團等機構組成，主要負責重慶市戲劇審查及電影檢查取締、演員登記考核、劇場管理及指導。或許是經過了重慶的試點，一年以後，國民黨正式開始對戲劇劇本實行審查。審查的要求分兩個

〔註31〕《廣東省教育廳戲劇改良委員會組織章程與改良戲劇規程》，中國第二歷史檔案館編《中華民國檔案資料彙編》，第五輯第一編「文化」（一），江蘇古籍出版社 1994 年版，第 320 頁。

〔註32〕《國民黨修正抗戰期間圖書雜誌審查標準》，中國第二歷史檔案館編《中華民國史檔案資料彙編》，第五輯第二編「文化」（一），江蘇古籍出版社 1998 年版，第 553 頁。

方面，一是對劇本送審程序的要求，一是對送審劇本內容的要求。規定送審程式的目的在於禁止演劇團體私自排演劇本、篡改臺詞，以防患於未然。對送審劇本內容要求則直接體現了國民黨對於劇本思想意識的引導、控制。

先從劇本送審程式來看，1940 年頒佈的《戲劇劇本審查登記辦法》規定：劇本未經審核，不得排演，審核劇本若有違規，須按審查意見刪改修正，否則扣留沒收或查禁；上演時出範圍，即予禁止；排演劇本再版時，須將准演證登封面後正文前，未經審查而擅自排演者，處罰排演人。這個法規將劇本從排演到演出到出版的各個環節都做了嚴格的規定。1942 年 4 月，中央圖書雜誌審查委員會在重慶市劇本審查檢查聯繫辦法會議上決定：劇本試演時由審查機關會同檢查機關核正演出與審定劇本原稿無訛，由雙方簽字始准演出；劇本演出時，由檢查機關每日臨場檢查，檢查證由社會局製備後發中央圖書雜誌審查委員會 2 張，市黨部 1 張，中央宣傳部 1 張，由社會局通知各戲院，指定固定座位接待。1943 年 5 月，中央圖書雜誌審查委員會進一步擬定《重慶市上演劇本補充辦法》，該辦法從劇本、送審、試演時間、地點和上演期間每日臨場審查送交辦法和座次，皆有強制性規定，對戲劇上演期間的隨機抽查更是給戲劇演出帶上了緊箍咒。1944 年，當局又相繼製定了《修正圖書雜誌劇本送審須知》、《出版品審查法規和禁載標準》，要求劇本出版須以原稿向中央圖書雜誌審查委員會戲劇電影審查所申請辦理。

再從劇本審查內容看，1940 年 3 月頒佈的《戰時戲劇審查標準》對劇本審查內容有詳細的規定，該標準總共有五大點 28 個小點，其中很多條款有極強的意識形態色彩和濃厚的現實針對性，如：鼓吹派系私利，足以妨礙民族利益；詆毀現政府措施，足以消減政府之威望的；描摹戰時社會畸形動態，鼓吹階級鬥爭，違反勞資協調的；宣傳三民主義以外一切主義而有害黨國之言論等等，均在禁止之列。總的來說，如果不是歌頌國民黨則可能在鼓吹派系私利，如果抨擊現實政治則有詆毀政府措施的嫌疑，可見權力部門第一是喜好歌功頌德的作品，第二是排斥諷刺揭露的戲劇。1941 年 5 月，國民黨中央宣傳部又明確指示戲劇中描寫頹廢以及暴露社會罪惡的作風亟應革除，今後戲劇家應著重表現理想生活及揚善方面。〔註33〕可見，抗戰時期光明尾巴

〔註33〕 《國民黨中央宣傳部關於審查戲劇及電影劇本應注意取材與作風方面的意見》，中國第二歷史檔案館《國民黨檔案史料彙編》，第五輯第二編「文化」（二），江蘇古籍出版社 1998 年版，第 13 頁。

的盛行不光是作家生活體驗之不足，也不完全出於盲目的樂觀主義精神，政府當局對暴露黑暗作品的敏感也是不可忽視的政治背景。1942 年 9 月張道藩創辦《文化先鋒》，並在創刊號上推出長文《我們所需要的文藝政策》，該文以個人身份詳細闡述國民黨政府對於文藝的要求時，首當其衝的就是「不專寫社會黑暗」，雖然在文藝政策論爭中，有人對此進行咬文嚼字，認爲不是不讓寫，而是不提倡專寫，〔註 34〕但是國民黨對諷刺暴露作品的忌諱敵視是明顯的。對此，沈從文曾一針見血地指出國民黨文藝政策的實質，那就是要求作家「請莫搗亂」。〔註 35〕

　　劇本審查標準無形之中也對戲劇批評有所影響。那些以暴露諷刺爲主的戲劇作品往往不能獲得官方和評論界的認可，同時，暴露黑暗通常被當作劇本的弊病加以指責，歐陽予倩就批評《亂世男女》和《殘霧》僅僅暴露黑暗，沒有光明的一面。〔註 36〕洪深的《飛將軍》中因有對不適當的英雄崇拜心理以及飛行員墮落生活的批判和揭露，便有人表示不滿，認爲「消極的揭發有時會成爲罪惡的，只有積極的予以發揮空軍的革命精神才能收到正面的效果」。〔註 37〕內容上的種種限制使盲目樂觀主義的作品批量生產，這之中當然有抗戰初期樂觀情緒的反應，更有通過政治檢查的現實考慮。

　　作爲文學生產的重要環節，劇本審查站在文本、演出和市場的必經要道，繁複的送審程式給劇作家的精神帶來極大的壓力，「編書作稿的人去送一回審，蓋個『審訖』的圖記，精神上就受著極嚴重的迫害」。〔註 38〕1942 年 4 月到 1943 年 8 月，「圖審會」公佈的審查劇碼中被取締不准上演的就有 116 個劇本，還有大量劇本經過刪改、一拖再拖後才通過審查大關。劇本不能及時搬上舞臺和進入讀書市場，必然挫傷作家的創作積極性，劇團沒有戲排，等米下鍋，老百姓看不到新戲，生活枯燥。有些劇作雖然能夠通過審查，也被審查機關刪改得大傷筋骨。過於苛刻的審查標準反而滋生了作家的消極對抗情緒，「出版檢查之嚴密，禁忌之多，使得作家們的寫作自由完全被剝奪，只許

〔註 34〕《開天窗的手法》，載《文藝先鋒》1943 年第 2 卷第 2 期。
〔註 35〕沈從文：《「文藝政策」探討》，載《文藝先鋒》1943 年第 2 卷第 1 期。
〔註 36〕《〈國家至上〉〈包得行〉演出座談記錄》，載《戲劇春秋》1941 年第 1 卷第 1 期。
〔註 37〕杜秉正：《現階段的空軍劇本》，載《戲劇戰線》1940 年第 10、11 期合刊。
〔註 38〕葉聖陶：《我們不要圖書雜誌審查制度》，張靜廬編《中國現代出版史料》（丙編），中華書局 1956 年版，第 75 頁。

歌頌、不許暴露的官方文藝政策，給作家們在下列二途選擇其一：如果不願閉目扯謊，那就只有迴避現實。當然還有第三條路，那就是擱筆」。〔註 39〕茅盾所言的三條路雖然不能涵括作家創作的全部心態，但苛嚴的檢查制度對作家創作題材與心態的影響卻是真實的。

二、審查機構及審查人員

具體的政策措施總需要具體的政府部門和辦事人員去貫徹和施行。一般來說，政策措施總是對現實進行干預和指導，而干預和指導的效果如何又往往與具體部門的設置以及辦事人員的素質有關。

「國民黨戲劇審查制度的建立經歷了一個由分散到集中的過程」，〔註 40〕此處所謂「由分散到集中」主要指戲劇審查機構由分散到集中。抗戰時期話劇活動十分活躍，國民黨針對話劇的各種政策措施也層出不窮，國民黨中執委、中宣部、民眾訓練部、社會部、中央文化事業計劃委員會、中央圖書雜誌審查委員會以及國民黨政府內務部、教育部、軍事委員會等部門都先後制訂過相關的話劇政策，有時候是一個政策由幾個部門共同協商，再由一個部門或最高黨政機構宣佈施行，例如關於劇院劇團的組織管理就是由宣傳部邀請社會部、內政部共同協商擬訂。涉足劇本審查的機構最初顯得比較零亂，在中央圖書雜誌審查委員會全面接管劇本審查之前，劇本審查機關在各地並不統一，以重慶而言，當時進行劇本審查的機構就有重慶市「戲劇審查委員會」、中宣部「劇本審查委員會」以及「教育部教科用書編輯委員會戲劇組」、「國立編譯館社會組」。1942 年 2 月 16 日國民黨第五屆中央常務委員會第 195 次會議通過了《劇本出版以及演出審查監督辦法》，辦法規定：「所有戲劇劇本之出版或演出審查在重慶市統歸中央圖書雜誌委員會辦理，各地方由地方圖書雜誌審查處辦理。原有黨部政府或憲警機關附設或合辦之戲劇審查機構一律取消。」〔註 41〕至此，中央圖書雜誌審查委員會全面接管劇本審查工作，正式登上參與戲劇運動的歷史舞臺。對這種文藝管轄權的轉移，儘管也有相關部門提出異議，但並未能改變政府決議。審查機構的變更自然有部門之間

〔註 39〕茅盾：《八年來文藝工作的成績及傾向》，《中國抗日戰爭時期大後方文學書系》，第 1 編，重慶出版社 1989 年版，第 520 頁。

〔註 40〕馬俊山：《論國民黨話劇政策的兩歧性及其危害》，載《近代史研究》2004 年第 4 期。

〔註 41〕國民黨中央教育部檔案，中國第二歷史檔案館，卷宗號 5—11987。

的權益之爭，但也有政府的通盤考慮，即戲劇演出影響甚大，已不是單純的民眾教育手段，同時也是一個重要的政治課題。

中央圖書雜誌審查委員會 1938 年 10 月 1 日成立於重慶，由國民黨中央執行委員會宣傳部、軍事委員會政治部、行政院、內政部、社會部、教育部共同組織，1939 年 7 月，三青團中央團部也加入其中。該機構負責全國圖書、雜誌、演劇、電影的審查管制，並對各地方圖書雜誌委員會進行指導與考核。1942 年中審會全面接管劇本審查之後，起先並沒有附設專門科室負責該項工作，1944 年起特別增設了戲劇電影檢查所，由杜桐蓀任主任。劇本審查權集中在「圖審會」之後，對劇本審查和彩排演出各個環節的規定越來越嚴格，可以說，它掌管著劇作家辛勤耕耘成果的生殺大權。許多劇作家談「審」色變不是沒有道理。抗戰勝利後不久，在文化界人士的一再抗議下，該會被撤銷。

在審查機構對劇本創作產生直接影響的過程中，機構人員的專業水準和職業素質不可忽視。在審查過程中，雖然一個獨自的個體也可以行使權利，但在多數情況下，權力是以群體的名義來行使的，一個官員擁有的權利是屬於這個職業或機關而不是他個人的。在政策措施的施行中，工作人員的業務素質和工作態度是政府執政水準的整體反映。劇本審查官員掌握著劇本的生殺大權，這種權力是政府權力的代表。在許多劇作家的回憶錄中，對審查的反感溢於言表，但實事求是地說，儘管劇本審查機構幾經變遷，但在劇本審查的部門內，總有戲劇行家的參與（此處所說的審查人員不限於「圖審會」這單一機構，凡在各行政部門有過劇本審查工作經歷皆包含在內），像田漢、田禽、徐霞村、胡紹軒、舒薇青、趙太侔、王勉之、羅學謙、甘雨耕、陳禮江、劉瑞、唐紹華等都曾參與過不同部門的劇本審查工作。由於戲劇專業人士的缺少，各組織部門還不惜向其他部門借調人員或請戲劇專家推薦人才，徐霞村、胡紹軒就是由教育部推薦給政治部劇本審查委員會的戲劇專家人選，熊佛西則向教育次長顧毓琇力薦田禽。他們中有些人已經是知名的戲劇家，田漢在抗戰以前就創辦了南國劇社，而且創作出《獲虎之夜》、《咖啡店之一夜》、《名優之死》等優秀劇作。有些人在戲劇領域耕耘有年，小有成就，田禽被熊佛西推薦的理由就是「從事戲劇編寫工作有年」，曾任貴陽中央日報特約戲劇編輯。徐霞村的劇作《轟轟烈烈》在教育部戲劇徵文中獲獎。胡紹軒是著名劇作家、刊物主編及報人，抗戰期間寫作過《當兵去》、《病院槍聲》、《否極泰來》等近 20 個劇作，還撰寫了《街頭劇論》等大量戲劇論文。趙太

伻曾在美國學習戲劇，1925 年回國後在北京高校講授戲劇課程，還先後參與創辦和管理北平藝專和山東省立劇校。這些戲劇行家的參與在一定程度上確保了劇本審查的藝術眼光和價值取向。

由於戲劇專家的參與，某些時候劇本審查機構體現出來的藝術取向和思想認識還是可圈可點。在教育部檔案中，《雷雨》的審查意見給人印象深刻，對於劇中涉及的亂倫與罷工情節，審查意見為「至於劇情中亂倫一點，作者亦認為罪惡，不惜加以沉痛的暴露，對門第觀念之結婚所能引起的不良後果，加以打擊，其作用在於襯托出社會上罪惡之現象與惡人惡勢力之必遭譴責。」「至於寫工人罷工一節，非本劇主題，其結果仍屬勞資協調之解決，亦似尚無煽動之意……」實事求是地說，審查意見對《雷雨》的「亂倫」雖然未能從命運悲劇的角度加以闡釋，但也並非淺薄地將之與社會風化聯繫；對於罷工的認識不僅周到體貼而且超越了很多左翼作家囿於階級層面分析的局限性。此外，鑒於中國演員當時的藝術修養，審查意見以為：該劇本就出版方面而言，雖無大礙，而上演時如演員對劇的認識不足，難免予觀眾不良影響。〔註42〕聯繫《雷雨》被改編為電影之後，這種擔憂不無可能。1938 年 9 月 23日影片《雷雨》在重慶上演之時，在《新華日報》刊出的廣告是「後母熱情——大兒子愧對父親；少女熱情——親兄妹幹下醜事，手足熱情——打出手原來無心；父母熱情——擋不住兒女慾火」。廣告內容或有招徠觀眾迎合觀眾心理的誇大其辭，也多少可以看出影片的賣點設計確實不適合抗戰時期的時代氛圍。田漢曾負責過《獨幕劇》的復審工作，該書由董每戡編選，田漢在復審意見中對書中選編的作品在思想及藝術上作了十分精當的評點。〔註 43〕在這些專家審查意見中，審美價值得到相當的看重，藝術水準的高低也在審查意見中獲得初步評價。如果這種意見能客觀回饋給作家，它對作家的精神鼓勵是可想而知的。

當然，政治傾向的把握是劇本審查的重中之重。任何可能引發政治不安的情節、話語都會遭到質疑或刪改。在劇本《原野》中，當仇虎中傷，明知

〔註42〕 中央圖書審查委員會：「審查《雷雨》劇本意見」，中國第二歷史檔案館編《中華民國史檔案資料彙編》，第五輯第二編「文化」（二），江蘇古籍出版社 1998年版，第 27 頁。

〔註43〕 《田漢關於董每戡編選的〈獨幕劇〉甲乙集的復審意見稿》，中國第二歷史檔案館編《中華民國史檔案資料彙編》，第五輯第二編「文化」（二），江蘇古籍出版社 1998 年版，第 23 頁。

不可逃出以後，他對金子說：「現在仇虎不相信天，不相信地，就相信弟兄們要一塊兒跟他們拚，準能活，一個人拚就會死。叫他們別怕勢力，別怕難，告訴他們我們現在要拼得出去，有一天我們的子孫會起來的。」審查者非常敏感地問道：「所謂弟兄們究何所指？在牢獄之犯人不盡是委屈含冤者，何以要他們一塊兒跟他們拚？」要求作家對此進行刪改。〔註 44〕不可否認的是，審查人員對於政治傾嚮明顯有杯弓蛇影心態，防範意識十分突出。1942 年郭沫若的《虎符》中的「魏國人民」、「趙國人民」一律被劇本審查委員會將「人民」改爲「國民」，「舞臺左翼」、「舞臺右翼」一律改爲「舞臺左邊」、「舞臺右邊」。夏衍《第七號風球》（又名《法西斯細菌》）在中央圖書雜誌審查委員會審查時，被要求將第二幕「在根深蒂固的官場裏」去掉，認爲劇中汽車夫阿發盜竊公物經商、秦正誼擬與之合夥經營的情節結構，「似有鼓勵人們營私舞弊、投機取巧之嫌。」這種草木皆兵的心態是當局過於敏感而喪失了文化控制力的表現。在西南劇展的時候，《家》的演出起初不被通過，審查部門要求將瑞珏枕邊的書由《安徒生童話》改爲《中國之命運》，〔註45〕《中國之命運》是 1943 年發行的蔣介石的論著，而《家》的時代背景是 1925 年之前，要求文藝去和具體的、臨時的、直接的政治人物相結合，這是對劇本人物性格和戲劇旨趣缺乏起碼的瞭解和尊重。在作家創作完成之後，審查部門欲以矯正的方式露骨地體現意識形態內容，這種做法不僅會遭到作家的反感，也會使觀眾生厭。

　　儘管有戲劇專家的參與，但從整體看，政府機構審查人員的素質並不理想，而且戲劇專家所起的作用也十分有限，這是因爲：第一，戲劇專家在審查機構中比例不大。戲劇在中國是一個全新的藝術樣式，加之傳統觀念對舞臺藝術的偏見，因此，受到系統戲劇教育的專業人員數量不多；第二，在各劇本審查委員會的人員構成中，不僅專家數量少，而且其他人員多是兼職，劇本多而人手緊，加之審查機構不統一，難免各執一詞；第三，戲劇專家只能在藝術水準上進行把關，眞正涉及到思想意識形態的地方，藝術的考慮就退居二線。

　　權力部門在劇本審查過程中的粗暴常常令演員和劇團怨聲載道，對於劇作家的創作心理也產生不良影響。1942 年陳白塵的《結婚進行曲》上演到十

〔註44〕國民黨中央教育部檔案，中國第二歷史檔案館，卷宗號5～11979。
〔註45〕田念萱：《盛會中的一次小麻煩》，載《抗戰文藝研究》1984 年第 1 期。

三場時，得到「圖審會」的停演令，若要演就得按「圖審會」刪節和代寫的本子演出，陳白塵不接受刪改條件，於是該劇被迫停演。1942 年，田漢創作、洪深導演《再會吧，香港》在桂林上演，雖然獲得許可證，卻被禁演。陽翰笙《草莽英雄》雖被洪深力贊「沒有一個多的人物，沒有一個多的場面，也沒有一件多的事件，是一部很完整的藝術品」，卻被「圖審會」判爲「抑黨人而揚幫會」而不准出版上演。〔註 46〕1943 年在重慶演出陳白塵的《翼王石達開》（《大渡河》），開演當晚才拿到准演證，要求演出時須刪去第一幕第一場，還須刪去楊秀清和韋昌輝的對罵。這種「去頭挖肚」的方式令作者和劇團苦不堪言。作家辛苦勞動無法在舞臺上展現，劇團的投資和演員的付出也被付之東流。劇本創作的目的就是爲了演出，審查機構的翻雲覆雨使很多作家還未下筆就考慮到審查，甚至爲了順利通過審查，還憑空添加一些有損劇情而又討好當局的細節或對話，張駿祥就說自己在《山城故事》中引用《中國之命運》的兩句話就是爲了避免圖書雜誌審查委員會的麻煩，〔註 47〕雖然這種引用未必損害作品的藝術性，但是如果作家在創作起初就受到檢查標準的影響，其創作心態難免受到限制，自然不利於藝術水準的正常發揮。

自然，制度和事實之間並非毫無間隙，審查制度固然十分森嚴，然而在具體實行過程中也有周旋餘地。陽翰笙的《天國春秋》在送審時被改得面目全非，當他對此表達不滿時，辦事人員回答說：「我刪歸我刪，你演歸你演，橫豎沒有人拿著審查本子去看戲！」〔註 48〕1941 年 11 月《天國春秋》在重慶國泰大戲院上演的時候，每當洪宣嬌覺醒後發出懺悔的呼喊：「大敵當前，我們不該自相殘殺！」觀眾都會報以熱烈的掌聲，但在 1944 年群益版的《天國春秋》中並無這段膾炙人口的臺詞。〔註 49〕可見，劇本審查的苛嚴和戲劇演出之間並非一一對應，這自然歸因於戲劇團體的鬥爭策略，也與相關機構辦事人員的監查尺度有關，戲劇演出的不可重複性、現場性以及靈活性爲劇本審查的實際效果打了折扣。

〔註 46〕陽翰笙：《陽翰笙日記選》，四川文藝出版社 1985 年版，第 147～149 頁。

〔註 47〕張駿祥：《回憶解放前我與黨的接觸》，《張駿祥文集》（上冊），學林出版社 1997 年版，第 1068 頁。

〔註 48〕陳白塵：《陽翰老與中華劇藝社》，董健《陳白塵論劇》，中國戲劇出版社 1987 年版，第 338 頁。

〔註 49〕石曼：《中國抗日戰爭時期大後方文學書系・戲劇・後記》，第 7 編第 3 集，重慶出版社 1989 年版，第 2245 頁。

使劇本審查再打折扣的第二個因素是執法人員的素質。戲劇專家在審查機構中比例有限，眞正掌握劇本生殺大權的是大量的執法人員。一些徇私枉法、素質低劣的執法人員既可以戕害劇作家的好本子，但是也可利用他們的弱點進行突破。西南劇展《家》的演出中，最後放在瑞珏枕邊的還是《安徒生童話》，這是因爲經辦人員最後收取了劇團的大疊戲票。陳白塵的《陞官圖》最後得以上演，也是戲劇檢查機關收了演出劇團的金條。〔註50〕此外，多數捐客神通廣大，能將被宣判死刑的劇本復活，使其上演。陽翰笙的《草莽英雄》先後由劇審會、黨史會審核，最後被認爲「抑黨人而揚幫會」，技術上亦欠斟酌，不准出版上演，最後還是捐客疏通關係，使這個劇得以搬上舞臺。當然，捐客的運作可將一個劇本起死回生說明審查機構內部至少意見不夠統一。但是，徇私舞弊和文化專制相比，前者更能說明執法機構內部的腐敗墮落。

國家權力的擴張需要有相應的比較健全的制度以及大批訓練有素的公務人員，這樣才能使國家權力在有效的行使過程中樹立起權威和合法性。沈從文在《「文藝政策」探討》中將「出版物改良監察制度，檢查人員要提高素質」作爲推進文學發展的一個要點，確係文人的中肯之言。〔註51〕在理論建設和人才儲備不足的情況下，國家黨以國家權力強行推行的審查制度引發了劇作家的普遍不滿。當陳治策的《視察專員》被禁演後，有批評家直接對審查標準提出質疑：「三民主義的文化運動，我想是以排除舊的和新的毒素而以向上建設爲目的的，所謂舊的毒素，無疑的是舊社會中極端虛僞、荒淫與無恥的東西。《視察專員》這嘲笑、鞭撻舊的腐敗的東西的宣說，不正合乎三民主義文化運動的需要嗎？」〔註52〕檢查標準與檢查措施分離，這當中到底是國民政府的檢查標準具有掩飾政黨利益的欺騙性呢，還是審查官員的理論素養不高，或者二者兼而有之？

三、從《蛻變》的刪改看國家主義的滲透

劇本在送審過程中被刪改是家常便飯，審查機關刪改劇本的目的在於消除戲劇對現實政治的消極表現，加強政府機構以及政府官員的正面形象，突

〔註50〕陳白塵：《〈歲寒集〉後記》，董健《陳白塵論劇》，中國戲劇出版社1987年版，第158頁。
〔註51〕沈從文：《「文藝政策」探討》，載《文藝先鋒》1943年第2卷第1期。
〔註52〕楊平達：《「嘲笑」和「憤怒」》，載《戲劇春秋》1942年第1卷第6期。

出三民主義理論和國民黨黨徽等儀式性符號。對國民黨而言，抗戰和建國都必須保證其作爲執政黨的絕對權威。因此，劇本審查固然以有益抗戰爲原則，但通過審查滲透國家意識、規範劇本思想傾向才是根本目的。作家在構建社會藍圖時總帶有知識份子的純眞願望和理想化色彩，文化的展望難免帶有超越現實政治的不切現實和烏托邦色彩，更難免乖離於政府所期待的政治立場，在這種情況下，審查機構的刪改就帶有強烈的國家意識的痕跡。

筆者將以「圖審會」1943 年對《蛻變》的刪改說明國民黨在劇本審查過程中對國家意識的強調。之所以選擇《蛻變》爲個案說明國民政府審查劇本的特點主要基於以下理由：第一，1943 年 1 月，《蛻變》以「內容優良，意識正確，爲有益抗戰之文藝作品」而獲得國民政府頒發的優秀劇本獎勵。這是在意識形態上獲得官方認可的劇作。「圖審會」在推薦《蛻變》的評語中說該劇「意義原極正確，修正本更覺明朗化」，〔註 53〕那麼，劇本突出的是什麼意義？是做了哪些修正才使意義更爲明朗？評語本身爲我們進入問題提供了一個角度。第二，劇作家曹禺無黨無派，儘管國民黨政府認爲其「與本黨較近」，〔註 54〕在各個官方主辦的戲劇組織中也屢屢出現他的名字，不過曹禺不是一個在政治上敏於行動的人，他在建國前的言行基本屬於政治漩渦以外的知識份子。對於這樣的藝壇大師，國民政府對他作品的審查理當不具備個人的針對性。

《蛻變》寫於 1939 年，劇本借一家地方傷兵醫院在抗戰期間的革故鼎新，表達了「中國，中國，你是應該強的」的主題，對稱性的布局和對比式的結構使劇本主題十分明朗。在大刀闊斧進行整頓之前，這家醫院衰憊、散漫、雜亂而荒唐，它集中了「歷來行政機構的弱點」，迫切等待政府毫不姑息地予以嚴厲的鞭撻、糾正和改進，劇中有兩種政府工作人員，一種以秦仲宣、馬登科、孔秋萍、況西堂爲代表，他們敷衍應付，虛僞苟且，任人唯親，自私貪婪，一種以梁公仰、丁大夫、丁昌、謝宗奮爲代表，他們克己奉公，勤奮努力，最後前者被革職或監禁，後者受到尊重和重用，醫院風氣煥然一新。而促使風氣轉變的關鍵是一個由上級派來的「視察專員」梁公仰，他的深入基層、切實工作，任用賢能，剷除歪風邪氣、樹立積極的工作作風，戲劇從

<hr />

〔註 53〕 國民黨中央教育部檔案，中國第二歷史檔案館，卷宗號 5～11976。

〔註 54〕 《國民黨中央宣傳部關於暫行禁止〈雷雨〉上演事復軍委會政治部函》，中國第二歷史檔案館編《中華民國史檔案資料彙編》，第五輯第二編文化（二），江蘇古籍出版社 1998 年版，第 28 頁。

陰雨連綿的冬季寫到草長鶯飛的春天，傷兵醫院的嶄新面貌與前線的勝利消息使舞臺上溢滿希望與樂觀的情緒。

有研究者認爲，梁公仰的身份歸屬是這個劇本受到歧義的原因，他身爲黨國官員卻有平民作風，是「國家化和市民化的兩種互相矛盾的思想傾向」在劇中的突出體現。〔註55〕這種認識將《蛻變》的刪改與國家認同聯繫起來，可謂獨具慧眼。不過，此處有兩點值得商榷，第一，國家化與市民化一定是互相矛盾的思想傾向嗎？第二，類似梁公仰那樣平民作風的官員在戲劇中並非別無二家，袁俊《邊城故事》中的楊專員同樣親切可愛，爲什麼《邊城故事》卻沒有引起歧義呢？筆者以爲，問題不在於梁公仰的身份歸屬，而在於戲劇對政府機構體制的現實不滿，以及對醫院體制「蛻變」動力的政治歸屬含糊不清。

確切地說，曹禺的矛盾猶豫在這部戲裏是明顯的，一方面，他把「合理的制度，權責劃清，系統分清，勤有獎，惰有罰」視爲扭轉政府機構人浮於事的關鍵，另一方面，他又有清官情結，仍然把解決現實弊端的關鍵寄託給梁公仰這樣的「新中國的官吏」。究竟是體制的因素還是人的因素導致了渙散、沉悶的社會現實？積重難返的中國究竟需要注入什麼樣的血清以清潔體內的污毒呢？體制與人不可分，一定的體制總與特定的人相聯繫，革新體制就必須拋棄這些敷衍應付、因循守舊的人，而政治體制的革新並不僅僅是工作方法的革新，它內含著深刻的政治思想，它必然引起一個政府乃至一個時代內部的陣痛，而這卻是處於政治漩渦以外的作家很難體會的課題，或者說即使能夠體會，在幾小時的戲中也難以深刻表現，曹禺最終按照中國文人的傳統邏輯方式把這個重大的政治課題轉化爲道德問題，克己奉公的工作態度和愛國主義的眞實行動成爲「蛻變」的動力。

對作家來說，這種處理方式雖然簡單卻也無可厚非，因爲過於現實的題材與思想文化的探索之間橫亙著一條潛沉思考的河流，診斷病根和治療沉屙之間的迅捷聯繫使作家的思想缺少了從容和深度，不過這仍然不愧是抗戰期間非常有代表性的作品，它反映的現實問題、塑造的人物形象以及整個劇作昂揚興奮的基調，都具有那個時代獨有的特點。雖然整個故事並無新意可言，但戲劇大師曹禺出手不凡，劇中人物塑造得極具個性化，生動而不呆板，因

〔註55〕馬俊山：《從〈蛻變〉的審改看抗戰時期國家認同的歧義性》，載《中國現代研究叢刊》2004年第4期。

此該劇 1942 年 12 月由中國萬歲劇團搬上重慶舞臺以後，受到觀眾的喜愛，1944 年獲得教育部頒發 1943 年度優良劇本獎以後，這個戲更是在包括戰區在內的國統區廣泛演出。

不過，有個需要注意的細節：《蛻變》轟動山城之前，早於 1940 年由國立劇專搬上重慶舞臺，那次演出是由剛從美國學成歸國的張駿祥所導演，演出之前突生變故，當局因爲該劇暴露政府體制弱點不予准演，時爲國立劇專校長的余上沅活動能力非凡，彩排時候將中宣部潘公展等人請來觀看，第二天被批准上演，當然，演出必須做如下修改：（一）不准提「僞組織」；（二）不准寫成「省立醫院」的事；（三）丁大夫的兒子不准唱《游擊隊之歌》；（四）劇中不許用紅色肚兜。該次演出或許是由於編排匆忙，並未引起較大反響，倒是導演大塊布景的手法引起褒貶不一的關注。這個小小插曲說明《蛻變》的現實批評力度和深度是足令當局憂慮的，但戲劇先抑後揚的總趨勢化解了政治風險。實際上，在《蛻變》引起轟動前後，直接暴露政府工作人員和政府機構弊端的作品還很少，一來因爲抗戰初期樂觀情緒盛行，二來爲了配合政府宣傳，三來也是政府不提倡。老舍的《面子問題》算是一個，不過老舍的作品因爲誇張而變形，即使正面人物也不招人喜歡，佟小姐固然虛榮矯情，秦醫生對這個女子的感情無動於衷原也無可厚非，但是將這個弱女子當做精神病症的研究對象，卻過於冷血。而且，老舍的諷刺針對的是長期當秘書而不得提升的佟秘書，在觀眾看來，此類人物不得提升對政府而言不是錯反是功。比較而言，曹禺的《蛻變》則直指國民政府的內在體制，拖沓渙散的工作作風危害抗戰建國的進行，成爲奪取傷兵生命的魔手，不滿之情溢於言表。

社會改革要求政治立場，道德呼喚良知，這是兩個不同的課題。作家可把沉重的現實問題放到道德領域思考，政府機構卻不能。對政府來說，道德具有的社會感召力不可忽視，明確政治立場則更爲關鍵。如果將人物道德評價與其政治思想背景或政治素質加以聯繫，表現出支撐人物行爲的思想力量或精神支柱，則更爲理想。《蛻變》的刪改據說是因爲國民黨的最高領袖蔣介石觀看了該劇表演後，龍顏不悅，於是審查機關火速對相關內容進行了刪改。這種說法目前難以找到確鑿的證據，但是有兩點是肯定的：第一，《蛻變》的刪改確乎在演出獲得成功以後；第二，《〈蛻變〉審查刪改表》1943 年 9 月由「圖審會」發行，要求各劇團排演時執行。

　　《〈蛻變〉審查刪改表》共有 33 處刪改內容。〔註 56〕除了個別刪改有措辭乾淨精當的考慮外，其餘的幾乎都是國家意識形態的強調。

　　第一是對故事發生地點的改動。《刪改表》將原著中梁公仰所說的「政府派我徹底整理這個醫院改屬部立」，刪改爲「中央派我徹底整理這個醫院改屬軍政部」。這個刪改將這個以前有著不良工作作風的醫院推出政府機構以外，又通過整理之而展現政府機構的行事作風，將「蛻變」的積極因素歸因於國民政府所屬之軍政部的努力工作，可謂一石二鳥。

　　第二是強調人物的政治歸屬。丁大夫的兒子丁昌在原著中參加了游擊隊，並非中央正規軍，因爲這個丁昌原是戰地服務團成員，並沒有經過正規的軍事訓練，進入中央軍原本不合情理，但是游擊隊只能說明其軍事武裝，政治歸屬卻太模糊，《刪改表》將之改爲「在中央部隊升了隊長」，這個改動將人物歸屬由模糊化而精確化，其目的無非也是爲了在丁昌這個正面人物身上附著上國民黨的政黨特徵，在這個人物深入人心的同時，也使國民黨的黨政教育深入民心。

　　第三是對國民黨政黨意識形態的強調。在原著中，對梁公仰的的讚揚原本是「這才是中國的新官吏」，刪改爲「這才是三民主義的新官吏」；梁公仰對醫生員工的教育原本是「存心時時可死，行事步步求生」，刪改爲「在國民政府三民主義精神領導之下，我們應當永遠地奉公守法」，修改之後，語句冗長而缺乏生活氣息，教化色彩過於濃厚，已經極大的損傷了原著風格，從藝術上講有百害而無一利，修改者希望通過對三民主義的強調而將梁公仰的精神動力明確無誤地加以展示，同時也使這個不修邊幅的「老青年」政治身份明朗。

　　第四是對國民政府標誌性符號的強調。青天白日旗在修改中出現三次，第一次是在醫院辦公室右牆正中掛上了原著中並未出現的「色彩鮮明的黨國旗」，第二次是小傷兵的奶奶爲丁大夫的兒子縫製的小肚兜，審查機關將之改爲「國旗」，小肚兜爲紅色，引發政府機構的敏感，將肚兜渲染的親情轉化爲以國旗來號召民意，審查機構的這一改動倒也不失靈機一動的後知後覺，這才順理成章有了青天白日旗的第三次亮相，丁大夫「不住揮揚那面小小的青天白日布製的黨徽。洋臺外面行列進行中，國旗招展，兵士們一排一排的刺刀尖迎著陽光閃耀著向前邁進。」全劇就此落幕，既昂揚情緒，又充滿對政府的信任和服膺。

〔註 56〕　《〈蛻變〉審查刪改表》，1943 年 9 月，教育部檔案，第二歷史檔案館，以下提到的刪改內容均出自該表。

　　通過以上幾方面的刪改，《蛻變》中的國家意志獲得最大限度的展示，但是，這是以剝奪知識份子對新中國的自由想像爲代價的。對曹禺這個無黨無派的作家來說，國家只要是朝著好的方向發展，誰來領導和誰來推動都無關緊要，這管血清究竟是三民主義還是別的理論學說都無所謂，關鍵是要有療效。過於現實的政治題材本不是曹禺的強項，人物的政治身份弱化一是因爲劇本現實針對性已經夠強，二是劇本人物個性化、性格化色彩更爲鮮明，三是可能作家也無意因此掉入非此即彼的政治陣營。因此，丁醫生、丁昌等正面人物身上更多知識份子氣息，梁公仰雖然是由上級機關指派，但是他身上的很多平民化色彩似乎難以使人將之與國民黨官吏聯繫起來。《刪改表》處處強化政府的正面形象，用國家意志貫穿《蛻變》的精神命脈，但是，第一，過於生硬的刪改往往會有適得其反的效果，濃重的教化色彩反而讓人物成爲政治傳聲筒，不僅不可親，也失去鮮活的藝術生命力；第二，過多的刪改中，作家的個人創作未受到充分尊重，成爲了政治宣傳的附庸品。

　　國民黨政府劇本審查的著力點不言而明。從現實政治的角度，這種要求似乎無可厚非，從文學藝術的角度，對文藝的傷害卻非常顯著。當作家的題材空間被限制，文學想像力被規範，這就如同鳥兒折了翅膀，再也飛不上藝術的藍天。1842 年馬克思在《評普魯士最近的書報檢查令》中，曾無比感慨地說：「你們讚美大自然悅人心目的千變萬化和無窮無盡的豐富寶藏，你們並不要求玫瑰花和紫羅蘭散發出同樣的芳香，但你們爲什麼卻要求世界上最豐富的東西——精神只能有一種存在形式呢？我是一個幽默家，可是法律卻命令我用嚴肅的筆調。我是一個激情的人，可是法律卻指定我用謙遜的風格。沒有色彩就是這種自由唯一許可的色彩。」〔註57〕當所有的鳥兒唱出的都是同樣的曲子，聲音的世界會是多麼單調，當所有的花兒只有一種顏色，色彩的世界該是如何枯燥。文藝是直達心靈的藝術，即使最拙劣的文學家，都希望表達自己的世界，國家意志過於強大的干涉成爲一種辣手摧花的粗暴，其不得人心是可想而知的。

第三節　戲劇評獎

　　「文學獎勵是一項文化政策，也是文學生長、發展的制度性力量，也會

〔註57〕馬克思：《評普魯士最近的書報檢查令》，《馬克思恩格斯全集》，第 1 卷，人民文學出版社 1956 年版，第 7 頁。

對文學產生激勵機制。」〔註58〕如果說劇本審查制度主要是消極意義上文化防守策略，劇本獎勵制度則是積極意義的文學建構手段。抗戰時期的戲劇評獎主要是政府行為，政府獎勵制度是鼓勵文學藝術發展的重要機制之一，更是主流意識形態用政治權威對文學藝術發出的召喚和引導。權力話語通過獎勵制度諭示自己的主張和原則，既表達了社會和權力部門對知識份子精神產品的尊重，也將知識份子對社會的關注重心、評析標準進行有效調整，在一定程度上也可能推動或維護特定文體創作的發展和繁榮。

政府文化機構對抗戰戲劇的鼓勵呼喚是戲劇繁榮不可忽視的現實催化劑。政府獎勵優良劇本，對戲劇創作自然有提倡和鼓勵之功，不過最主要還是要通過評獎制度樹立一種「優良」標準和發揮優良劇本的典範作用，使戲劇創作成為主流意識形態的生產過程，使劇本成為國家意識形態的載體，「意識正確」成為劇本獲獎的首要條件。從客觀上講，評獎制度在一定程度上促進了戲劇創作的繁榮，從主觀上講，雖然作家並不一定是為了評獎而創作，但評獎制度的存在和巨大的社會影響不可能不對其有所影響。政府部門通過推行獲獎作品，巧妙地將獎勵標準轉化為社會價值標準，「獎勵」所具有的世俗性、社會性會成為一種人格的控制力量，使作家屈服甚至放棄對意義世界的守護和表達。因此，任何社會性評獎體制，都可能與知識份子守護的人文意義不同程度地形成矛盾。

一、劇本荒與戲劇八股

劇本荒的問題幾乎一直貫穿了整個抗戰時期。抗日戰爭將戲劇推向文藝的顯要地位，它所具有的戰鬥性和號召力使戲劇運動很快進入如火如荼的階段。大量戲劇團體如雨後春筍般湧現，如此眾多的戲劇團體必然需要大量的戲劇作品作為演出藍本。據 1941 年教育部教科用書編輯委員會劇本整理組統計，從 1931 年「九・一八」事變到 1937 年「七・七」事變之前，中國話劇圖書年均出版冊數為 74.33，「七・七」事變開始到 1941 年，年均出版冊數為 165.75，是抗戰前的兩倍以上。〔註59〕話劇創作數量儘管有所增長，但仍然供

〔註58〕王本朝：《中國現代文學制度研究》，西南師範大學出版社 2002 年版，第 124 頁。

〔註59〕國立編譯館《抗戰期間的中國戲劇概況》，中國第二歷史檔案館編《中華民國史檔案資料彙編》，第五輯第二編「文化」（二），江蘇古籍出版社 1998 年版，第 151 頁。

不應求，多數劇團仍在排演「好一計鞭子」等街頭劇進行抗戰宣傳，還有些則是通過即興創作、集體創作聊解饑荒，然而，戰爭到了相持階段後，「好一計鞭子」失去了它最初的感人效應，即興創作的話劇由於製作粗糙和急功近利，已經不能滿足觀眾的藝術需求。戲劇藝術的發展、文化市場的呼喚、政府當局的宣傳都需要新的優秀的劇本出臺。

「劇壇年年鬧『災荒』，不但抗戰以來如此，戰前也是一樣。演員荒，導演荒（我們不是常看見徵求演劇藝術人才與男女演員的啓事嗎？）而『荒』中之『大荒』者，是劇本！」〔註60〕劇本荒一直存在，爲什麼到了抗戰時期它才被關注呢？「七・七」事變以前，傳統戲曲和文明戲還擁有著相當的城鄉觀眾，而在大都市裏，電影涵蓋著更多的現代時尚元素，聲光色電的刺激更直接，它後來居上，搶佔了城市消閒文化娛樂的重要灘頭。「七・七」事變以後，電影由於膠片價格上漲、器材昂貴、拍攝－放映的周期太長，已經不能滿足戰時需要，而傳統戲曲嚴重脫離現實與當下情景，更無法適應水深火熱的時代需求。民族戰爭需要獲得更多人的理解和支持，抗戰宣傳成爲喚醒國人民族意識必不可少的手段。《保衛盧溝橋》、《放下你的鞭子》、《三江好》、《最後一計》引發的民族情緒在獻金運動中發揮得淋漓盡致，戲劇的直觀性、當下性非常適合我們這個國民文化整體水準不高、交通及通訊報刊都十分落後的國家，它成爲非常時期最好的宣傳工具，也正是在這個時候，人們才空前意識到作爲特殊宣傳材料的劇本是那樣的稀少，難以承擔一個民族在危難奮鬥時期的殷切期待。

戲劇荒的嚴重可以《青年戲劇通訊》的一則「劇訊」說明：「重慶已開始發生劇本荒，各劇團不得不從事於世界名著的改編工作。」〔註61〕作爲國民政府的陪都，重慶當時聚集了大量的文化知名人士和文化機構，是擁有最大文化生產力的大後方文化重鎮，當時，老舍、趙清閣、陽翰笙、郭沫若、陳白塵、宋之的、張駿祥、沉浮、洪深、楊村彬、張道藩、王平陵等戲劇界知名作家都聚集在重慶，曹禺、吳祖光、熊佛西、夏衍、於伶等雖然不在重慶，但是他們的著作都以最快捷的速度在重慶舞臺上演，然而，就是這樣的文化重鎮還在發生劇本荒，可見劇本匱乏到達何等嚴重的地步。劇本爲一劇之本，缺乏劇本，戲劇運動就成爲無本之木，再好的劇團也難爲無米之炊。

〔註60〕 許之喬：《劇本「荒」在哪裏》，載《戲劇春秋》1942 年第 1 卷第 6 期。
〔註61〕 《劇訊》，載《青年戲劇通訊》1942 年 2 月第 18、19 期合刊。

　　爲什麼會有戲劇荒的發生？首先，話劇是辛亥革命前才進入中國的「舶來品」，在抗戰以前，多數中國人對這個藝術形式並不熟悉，專業從事戲劇創作的作家也不多見。抗戰以後，雖然有很多文學愛好者也拿起筆試圖進行戲劇創作，但是對劇場的隔膜卻使案頭劇盛行。教育部在戲劇徵文的評選要求中，特別說明只有敘述而無對話的來稿不予審定，而事實上，在來稿中也確實存在這種對戲劇本體特徵一竅不通的作品。〔註62〕可見，一些初學者對話劇以對話展現人物性格、推動事件發展的基本文體特點都不明了。其次，演劇工作蓬勃開展與演劇團體數量激增。抗戰期間的劇本數量實際上是抗戰前的數倍，但是由於演劇團體急劇增加，而且演劇團體劇碼更新比較快，以至於仍然不能滿足劇團的需要。當然，最重要的一點就是劇本品質不高，劇本創作品質不高表現在多方面：劇本寫作缺乏舞臺經驗，無法上演；劇本內容脫離現實，沒有上演價值；其中，最主要的是公式化的「抗戰八股」劇太多。

　　「抗戰八股」一詞語出梁實秋。1938 年 12 月梁實秋在《中央日報》的《平明》副刊中首次呼籲「於抗戰有關的材料，我們最爲歡迎，但是與抗戰無關的材料，只要眞實流暢也是好的，不必勉強把抗戰截搭上去。至於空洞的『抗戰八股』，那是對誰都沒有益處的。」〔註63〕此語一出，引發了眾所周知的「與抗戰無關論」的批判。對於這一批判，一般的教科書都是強調梁實秋的不識時務，或曰其觀點受到來自時代激烈情緒的壓抑。確實，梁實秋本人很少在公開場合申辯，但是在他辭去《平明》副刊的主編一職之前，還是撰文對受到的批判予以了回應，這個回應主要是闡明自身並非一個反對抗戰文藝的人，但是對於抗戰八股的說法卻避重就輕，沒有提起。

　　「與抗戰無關論」之受批判並不意味著「抗戰八股」不存在。「抗戰八股」是就整個文藝創作而言，但在戲劇中顯得尤爲突出，因爲戲劇這種以表演爲目的的劇本缺乏充分的時間去展開人物的思想和性格，再加上宣傳的需要，所以簡單解決矛盾的劇本比比皆是。很多作家都對抗戰戲劇八股做過描述：

　　　　把抗戰看得極其狹隘，以爲「抗戰戲劇」是應該描寫直接的抗
　　戰。於是在抗戰戲劇裏，士兵、壯丁、抗戰青年成爲一流主角，漢
　　奸成了二流主角，而日本鬼子便是「藥中甘草」──必不可少的三

─────────────

〔註62〕國民黨中央教育部檔案，中國第二歷史檔案館，卷宗號 5～11977。
〔註63〕梁實秋：《編者的話》，載《中央日報》1938 年 12 月 1 日。

等配角了。每戲必有炮聲，每幕必見刀槍，而且戲戲壯烈，幕幕武行。——把抗戰天地限制在一個狹小的鏡框裏。

——陳白塵《戲劇創作講話》（上海雜誌公司 1940 年版）

作品的共同性太多，千篇一律的運用著「反、正、合」的形式邏輯，沒有藝術的獨到的地方……他們寫出的英雄都是一些慷慨激昂的人物；他們所寫的民族鬥爭，都是一些由一種不平所起來的義憤。這些英雄、民眾、甚至日寇、漢奸，都幾乎是由一一個類型所鑄造出來的形象。

——杜宣《論公式化》（載《戲劇春秋》1941 年 1 卷 3 期）

劇作者憑於具體現實的體驗尚未達到細密的境地，而他卻有了強烈的創作的衝動，或者根本忽視著複雜的現實，以為只須把握社會的動向便可以從事於劇作活動了，如果，他的創作將意識地用思想去處理形象，把具體的現實生活生硬地歪曲了按進他的思想和認識。這樣寫下的劇作，故事的發展是公式的，譬如描寫反抗敵人的暴行的劇作便是這樣一列圖案：農家，掠奪，姦淫，奮起，勝利，口號。這樣寫下來的劇作往往沒有人物個性的創造，理論的無原則的堆砌充滿不相稱的對話中間……

——葛一虹《論目前的劇本創作》（載《新演劇》1 卷 1 期）

敵人既然個個都是那麼糊塗，無行，那我們為什麼到現在都還不能把它們打出去，取得最後勝利呢！……

我們的女同胞既然個個都是視死如歸的女英雄，則淪陷區域的女同胞們應當是只有被殺，絕無被奸的了，為什麼事實上卻決不如此呢？……

據說，許多上過前線回來的人，幾乎都是異口同聲的說：今天，在舞臺上出現的日本人，都不像在前線所見的日本人。

——任鈞《臺下散談》（載《戲劇崗位》1939 年 1 卷 1 期）

文藝理論家和劇作家幾乎眾口一詞，把抗戰八股的產生歸因於作家生活儲備和思想認識的不足，很少有人將之與時代共名之下作家創作個性遭受的極大壓抑相聯繫，很少有人將之歸結為政治對文學過於緊迫的壓力和過高的要求。在民族國家危亡的時刻，幾乎每個作家都將服從時代需要視為天職，

雖然從理論上說，藝術與宣傳並不對立衝突，但是抗戰時期藝術追求的合理性往往是在擴大宣傳效果中獲得認可。政治意識形態並不會對宣傳抗戰和統一意志的八股劇本表示反感，因爲它畢竟符合政策需要。因此，「新興的話劇藉抗戰宣傳而發展是事實，因爲被狹義的『抗戰』的範圍所限制了藝術上的發展也是事實，這個相爲因果的矛盾，就是癥結所在之處。加上一般的粗製濫造更是成了阻礙進步的一重暗礁。」〔註 64〕這就是抗戰八股盛行的原因，其實，很多劇作家也明白戲劇是藝術，藝術當是美的，有它宣傳的功用，而不是宣傳，但理論認識和實際創作總有一段距離，正如作家願望與作家能力之間總有一段距離，戲劇雖然不是宣傳，但爲了擴大宣傳功用而有意進行宣傳的劇作比比皆是。

戲劇在抗戰時期同時擔負著抗戰宣傳和提高藝術的任務，劇本荒的存在使兩個任務都容易落空。沒有新的劇本，祇是翻演已經演過的戲，雖然對磨練演技和進行戲劇實驗不無幫助，但畢竟不是根本辦法。

於是，解決劇本荒成爲文藝界的大事。呼喚劇作家迅速拿出劇本來以呼應民族的需要，成爲宋之的於 1939 年開端對於戲劇界的重要期待：「在今日這情形之下，我們的作品要講『實用』的。實用在這抗戰的洪流裏，我們不怕寫得雜，卻怕一個字也不寫。就是打雜也好，如果那打雜確有一點可以感動觀眾。自然，這類作品也不免因爲其雜，隨了時日的轉移而失卻它永存的意義，但我們所要求的，卻是今日的價值。那價值便是服務於抗戰。把作品刪得只剩下一兩句，刻在泰山頂上，與浮雲冷月爲侶這時代，是已經過去了。」〔註 65〕在這裡，「今日的價值」與「永存的意義」之間形成一種奇妙的對立關係，宋之的對追求作品藝術性而忽視當前時代迫切需要的作家創作心態進行了批評。藝術雖然能超越時代，卻無法遠離時代。要求文學創作更多著眼於策略性、臨時性、功利性的目標，這是知識份子呼應時代精神和民族危機的自覺反應。

除了對盲目追求藝術價值的創作心態進行糾正之外，更有人對解決戲劇荒的具體方法提出了建議，萬籟天認爲，演劇工作的蓬勃開展和沒有大規模培植新作家、獎勵新劇本是劇本荒發生的原因，他對解決戲劇荒提出了四點建議：1.發動劇本創作，責成劇作家協會專門進行；2.設立劇本競賽獎金；3.

〔註 64〕吳祖光：《編劇的「含蓄」》，載《新蜀報》1941 年 2 月 23 日。
〔註 65〕宋之的：《我對於戲劇界的幾點希望》，載《新蜀報》1939 年 1 月 1 日。

資助並鼓勵優秀的戲劇作家；4.開辦戲劇出版社。〔註66〕他的建議切實涉及到戲劇生產的因素，但是將組織機構寄託於劇作家協會卻很不現實，因為劇作家協會本身是一個民間組織，它的資金和號召力畢竟有限，即使它能夠有所努力，最多也是在極小的專業圈子之內的鼓動和倡議，很難形成一種創作風氣和熱點。

劇本荒問題似乎一直沒有得到真正解決。劇本創作總有許多的原因受到譴責，或者是藝術性的喪失，或者是與時代課題的遠離，或者是上演性不強，或者是作家的創作數量難以稱意，或者過於迎合觀眾，或者又遠離了觀眾。在觀眾問題上，越到後期越存在觀眾是誰的認識差異，劇作家的設想的理想觀眾，理論家期待的專門觀眾，和演劇團體面對的市民觀眾有著極大的區別，往往也導致了理論要求、劇本創作、劇團取捨上的不一致。總之，即使在戲劇運動進行得最火熱的時刻，劇本荒的呼聲也不絕於耳。其實，如果仔細清算這個時期的劇本，我們會得出一個結論，劇本在這個時期的創作非但不少，而且也有好些藝術品質極佳的劇本，這不僅遠遠超過了以往，也高於以後許多劇本的創作水準。那麼，劇本荒的說法實質上透露出一個什麼問題呢？是作家最大程度地回應了時代共名以後，也難以滿足社會與政治對文藝現實功利性的要求呢？或是在市場規律之下，無法滿足市民休閒娛樂的要求？無論結論是什麼，至少可以說明，時代在呼喚戲劇，這是戲劇發展的千載良機。

二、劇本徵文和戲劇評獎

為了解決劇本荒，一時之間，徵稿啓事成為一個文化亮點。徵稿是傳媒報刊興起之後出現的事件，它提示了文化公共空間對於某種文體及主題的期待、要求、引導，並以經濟刺激的方式希望獲得文化界的回應。抗戰期間發佈劇本徵求信息的，既有民間文藝團體，也有戲劇組織，其中最引人注目的，則是政府機構的劇本徵文。當然，徵求劇本的出發點並不一定是為了解決劇本匱乏的問題，而是出於各自的需要對劇本創作提出要求，以促成某種題材受到關注，或者為某種思想意識的傳播以及某種藝術形式的興起推波助瀾。儘管在抗戰以前，劇本徵文和劇本評獎都已經出現，但是抗戰前的劇本徵文

〔註66〕萬籟天：《劇本荒》，載《新蜀報》1939 年 2 月 9 日

基本沒對劇本創作形成強有力的推動，這或許是因爲一則徵文頻率和涵蓋的範圍十分有限；二則戰前話劇畢竟不具備群眾性，未能形成創作熱潮；三則應徵作品藝術水準有限，不能形成社會影響。

　　抗戰時期戲劇徵文此起彼伏，從抗戰開始一直延續到抗戰勝利前夕。在公開的文獻中，抗戰時期最早的戲劇徵文是安徽省民眾總動員委員會 1938 年 5 月 18 日在《新華日報》第一版刊登的「徵求劇本啓事」，最晚的是 1944 年 8 月 26 日國民黨中央文化運動委員會爲設置優良劇本年獎金在《中央日報》刊登的「徵選劇本啓事」。這些戲劇徵文主要由政府機構發起，如安徽省民眾總動員委員會、福建省教育廳、國民黨中央教育部等，從地方到中央，顯示了對政府對戲劇運動的關注和推動。劇本徵求並不限於話劇，改編的傳統戲曲也屬應徵範疇。前提是能夠擴大抗戰宣傳，加強民族意識。在各種徵文中，明顯感受到政府通過戲劇進行抗戰宣傳的急迫心情。以安徽省民眾總動員委員會的戲劇徵文爲例，它要求應徵劇本的內容是：（一）鼓勵民眾服兵役；（二）推動民眾實行堅壁清野工作；（三）號召民眾參加自衛隊及游擊戰爭；（四）號召民眾做戰地擔架運輸偵探及一切有助軍事之活動；（五）提高士兵抗戰情緒；（六）提高士兵政治認識；（七）教育士兵愛護民眾、民眾愛護軍隊，宣傳士兵不可殘殺失去戰鬥能力之敵人及保護俘虜。〔註67〕徵文內容幾乎包括了抗戰初期全民總動員的方方面面，粗粗一看，還以爲是戰時政策律令的頒佈，那種急於將政府意圖通過戲劇深入民心的意圖異常急切，雖然如此具體現實的徵文要求能否催生出有藝術水準的劇本值得懷疑，但是，藝術水準的高低並非各種徵文的重點，能否在劇本中貫徹抗戰意識、彰顯政府的正確領導才是徵文的關鍵。

　　在歷次戲劇徵文中，影響最大的當屬國民黨中央教育部在 1938 年底面向全國進行的抗戰劇本徵求：「本部爲獎勵創作並使一般民眾對於抗戰建國有深切認識起見，特公開徵求有利於抗戰建國之話劇歌劇優良劇本，以備戲劇界公演之用。」〔註 68〕徵文的目的一是獎勵劇本和宣傳抗戰建國，二是用於戲劇界公演。此次徵文由教育部出面，直接給徵稿帶來教育宣傳意味。這是主辦單位級別最高、應徵者十分踴躍的一次全國性徵文。爲了擴大社會影響，教育部徵文啓事在各報刊發三天，《中央日報》特意爲此徵文配發了一則新

〔註67〕《安徽省民眾總動員委員會徵抗戰劇本啓事》，載《新華日報》1938 年 5 月 18 日。

〔註68〕《教育部徵求抗戰劇本啓事》，載《中央日報》1938 年 12 月 19 日。

聞。〔註 69〕媒體追蹤提高了社會對徵文結果的關注。作為國民政府主管文化教育的重點部門，教育部對應徵劇本範圍做了如下規定：

1、闡明國家民族利益高於一切，提高人民為國家民族效忠之信念者。

2、鼓勵各界同胞化除一切成見，徹底精神團結，統一意志，擁護領袖，擁護政府，實現抗戰建國之國策者。

3、暴露日寇之暴行及其野心者。

4、說明全面長期的抗日戰略，以堅定人民最後勝利之信心者。

5、提倡生產建設節約獻金國民兵役，義務勞動，出錢出力以增強抗戰力量者。

6、表揚忠烈劇除漢奸，消滅苟安與頹靡思想，以鞏固後方者。

7、其他有激勵民心裨益於抗戰建國之壯烈史績或有益於世道人心之現代故事者。〔註 70〕

從以上要求看，強調民族意識、增強民族自信心被提到相當重要的位置，配合國家現行具體政策的進行宣傳也屬徵文重要內容，表面看，這個徵文沒有明顯的政黨意識的規範，有一定自由度，但是配合宣傳的具體政策均由國民黨中央政府頒發，權利話語在含而不露中制約了劇本寫作的意識形態空間。教育部徵文一錘定音，其標準對其他部門均有影響。比較當時各個團體的劇本徵文要求，除了應徵期限，評獎程式、獎金分配、篇幅長短的要求以外，在內容和主題上幾乎都沒有超越和偏離教育部徵稿的基本標準。

因為時間急促，徵文時間多為一個月或三個月，這樣的戲劇徵文未必能產生好的作品，但是這已不是官方甚至也不是知識份子關心的重要內容，「在今日這情形之下，我們的作品要講『實用』的……自然，這類作品也不免因為其雜，隨了時日的轉移而失卻它永存的意義，但我們所要求的，卻是今日的價值。那價值便是服務於抗戰。把作品刪得只剩下一兩句，刻在泰山頂上，與浮雲冷月為侶這時代，是已經過去了。」〔註 71〕在這個時期，知識份子和

〔註 69〕 《中央日報》（1939 年 3 月 16 日）配發的新聞全文如下：「教育部為獎勵劇本創作，並使一般民眾對抗戰建國有深切認識起見，特公開徵求有利抗戰建國之話劇及歌劇優良劇本，備戲劇界公演之用，茲悉各方應徵者十分踴躍，有遠自上海香港及南洋投稿者，足見戲劇界對於抗戰劇運之注意，聞此項徵稿，期限三月底截止，一待期滿，即行交付審查云。」

〔註 70〕 國民黨中央教育部檔案，中國第二歷史檔案館，卷宗號 5～11977。

〔註 71〕 宋之的：《編劇的「含蓄」》，載《新蜀報》1942 年 2 月 23 日。

官方在意識形態上達成高度的協調一致，共同致力於喚醒大眾的民族意識。因此，徵集稿件本身一來推動了創作戲劇的熱潮，部分地緩解了劇本荒，配合了抗戰文藝的需要，二來有效地將抗戰建國意識滲透到人們看戲的熱情中，使其在激奮的情緒中完成一次政治意識的脫胎換骨。

抗戰時期的另一個文化亮點就是劇本評獎，獲獎作品多少都有物質獎勵，一般來說，設獎機構級別越高，獎金越豐厚，影響力就越大。戰前國家文藝獎勵機制基本沒有建立，針對戲劇進行獎勵的民間獎勵機制也不多見。1936 年《大公報》為紀念復刊 10 週年舉辦了「大公報文藝獎金」，對曹禺的《日出》頒發了戲劇獎。不過這次評獎並非專門為劇本創作而設置，而是自由主義文人以《大公報》名義舉辦的文藝獎項，除了《日出》以外，何其芳的《畫夢錄》、蘆焚的《果園記》分別獲得散文獎和小說獎。京派文人通過這次評獎弘揚了自由主義文藝觀。「大公報文藝獎金」原打算三年一次延續下去，後由於戰爭爆發，未能如願。

抗戰期間劇本評獎大大小小有數次，每次評獎不見得都能推出社會公認的好作品，也未必能產生較大的社會反響，但是當評獎蔚然成風，它必然對作家創作取向形成一定的驅動力。獲得獎項的劇本儼然成為文學楷模，劇團紛紛要求上演，作家也因此洛陽紙貴，即使是已經成名的作家，這種榮譽也能使之愉悅。1943 年優良劇本評選結果揭曉以後，曹禺、沉浮等人都喜不自禁，這不僅因為可以獲得一筆豐厚的獎金，更是一份難得的榮譽。趙清閣就因為在教育部舉辦的戲劇徵文中未獲獎而在書信中頗有微詞。〔註72〕而 1942 年 4 月下旬，《野玫瑰》因為獲得教育部學術審議會的獎勵受到重慶文藝界人士聯名致函的抗議，這固然表示「官價和市價的兩歧」，但是也可以看出戲劇界對獎項花落誰家也不是漠不關心。文人並不反感政府的文藝獎勵機制，沈從文對國民黨的文藝獎勵機制不滿，主要源於政府把文藝當作點綴，對文藝投資太少，不痛不癢，但他並不要求取消文藝獎勵，反而認為政府應當從民族文化的長遠考慮，加強獎勵力度。〔註73〕其實，這才是根本分歧，那就是政府將戲劇作為載道的工具，要求作品不僅要緊貼現實，還要謳歌現實，如此方能傳播其政治清明；而知識份子想的是如何建設民族文化，使之成為民

〔註72〕趙清閣在給陳立夫的信中談到自己參加教育部評獎而意外落選，甚覺掃興。
　　　　國民黨中央教育部檔案，中國第二歷史檔案館，卷宗號5～11982。
〔註73〕沈從文：《「文藝政策」探討》，載《文藝先鋒》1943 年第 2 卷第 1 期。

族精神的歷史。根本點既然不同，分歧就難以避免。不過評獎又並非與知識份子無關，因為獲獎的往往是文人，而且參與審評的也往往是文人。

三、評獎程序及結果分析

評價程序和評獎結果反映了主辦部門的思想傾向和價值取向。國民黨政府的文藝評獎帶有鮮明的政治意識形態色彩，本書將以教育部的戲劇評獎為個案進行具體分析。

抗戰時期，教育部的戲劇評獎可分兩個層次：一是扶植新人，推出新作；一是針對成名作品，樹立典範。前者主要體現在 1939 年教育部「徵求抗戰劇本」的評選中，後者主要體現在教育部主持的 1943 年度、1944 年度優良劇本評選活動中。

1939 年教育部「徵求抗戰劇本」在徵求工作結束後，立刻組織專家進行評獎，劇本評選分初選、復選、終選三個階段，參加初選和復選的委員有 11 人：余上沅、曹禺、趙太侔、洪深、黃作霖、陽翰笙、王平陵、王冶、朱雙雲、舒舍予、盧冀野，這 11 個人中，前 7 人為話劇評委，後 4 人為歌劇評委，這些戲劇專家主要從專業角度保證獲獎作品的藝術水準。初選從 162 份應徵稿件中選出 37 份參加復選，在復選中有 21 份稿件進入終選。終選則由前教育部部長張道藩負責，最後獲獎的作品是沈蔚德《新烈女傳》（獲獎後更名為《民族女傑》）、潘傳烈《自由的兄弟》、謝不凡《通緝書》、彭斯基《國家至上》、陳啓肅《生死線》、邱楠《聖戰曲》、蕭斧《大風》、向培良與陳啓和的《夜》、徐春霖《轟轟烈烈》、李樸園《三將軍》，僅僅從標題看，這些獲獎劇本就透露著明顯的戰爭意識和民族情緒。應徵劇本均要求新創作的尚未發表的劇本，很明顯，這次評獎實際上是為了提攜和獎勵新人，鼓勵更多新劇本的創作。為了保證這些劇本的可看性，教育部還責令國立戲劇學院加緊排演以檢驗其舞臺效果，最後將之出版成書，並發放給各劇團上演之用。其實，在劇本評選結束之後，就有多個演劇團體向教育部索取劇本以先演為快，其中沈蔚德的作品尤其受到歡迎，她的《新烈女傳》原被國立劇專定為首演，後因教育部實驗戲劇教育隊成立之後急需優秀作品作為首次公演亮相，經教育部協調，該劇被指派給實驗戲劇教育隊首次公演。這次戲劇評獎由評獎到彩排測試、到獲獎作品的發行出版，再到劇團公開演出，整個運作可謂環環相扣。

另一次重要的劇本評選是教育部主持的 1943 年度優良劇本評選。這次評

選由兩個環節構成，第一個環節由中央圖書雜誌審查委員會推薦，第二個環節由國民黨文化宣傳機構負責人評選。「圖審會」的推薦應當是根據 1943 年 2 月 16 日頒佈的「獎勵優良書刊劇本辦法」，該辦法規定，獲獎作品至少要符合以下原則：（一）對三民主義、國父遺教或總裁言行，確有闡揚理論之特殊貢獻者；（二）對中國國民黨政綱政策或史實，確有精當之解釋或特殊之貢獻者；（三）對本國歷史文化學術思想爲精密純正之闡揚而有益抗戰建國者；（四）表彰抗戰事蹟、宣揚革命精神，足以激發國人忠黨愛國之熱忱者；（五）依據國策，駁斥謬誤言論，直到青年思想，有助於抗戰建國者；（六）其他有利抗戰建國之社會科學、哲學、文藝或劇本。〔註74〕「圖審會」共推薦了 13 部當年（1943 年 1 月～10 月）出版的劇本，由於必須是舞臺演出過的劇本才有評獎資格，因此僅有 8 部劇本入圍，教育部從中選定 5 部作品進入候選範疇：《蛻變》、《大地黃金》、《南冠草》、《桃李春風》、《金玉滿堂》，又因 8 部作品就錄選 5 部，「似乎稍多」，於是取消了《南冠草》和《大地黃金》的獲獎資格，增加了《杏花春雨江南》。《南冠草》爲何最後被淘汰，是因爲與歷史精神或歷史細節的不合？還是與現實相隔甚遠？或者因爲《屈原》的餘波未平？不得而知。從推薦理由看，《蛻變》的推薦理由爲「述明抗戰時期各方面之進步」，《桃李春風》的推薦理由爲「教育意義正確，鼓勵教師專業精神」，《金玉滿堂》的是「表徵家庭教育之重要」，《大地黃金》是「以事實解除軍民合作之誤會」，〔註75〕完全都立足於劇本的現實意義，明顯有別於「大公報文藝獎金」的評選標準。1936 年「大公報文藝獎金」評委對《日出》的評獎理由是「他由我們腐爛的社會層裏雕塑出那麼些有血有肉的人物，貶責繼之以撫愛，直像我們這個時代突然來了一位攝魂者。在題材的選擇，劇情的支配以及背景的運用上，都顯示他浩大的氣魄。這一切都因爲他是一位自覺的藝術者：不尚熱鬧，卻精於調遣，能透視舞臺的效果。」〔註76〕評委們偏重作品藝術性的審美分析，也合乎《大公報》自由主義思想立場。而此次教育部評獎則直接將劇本與社會意義聯繫，尤其注重劇本的思想主題能否彰顯積極的政治意義，其政治標準明顯高於藝術標準。

〔註74〕《國民黨中央圖書雜誌審查委員會獎勵優良書刊劇本辦法》，中國第二歷史檔案館編《中華民國史檔案資料彙編》，第五輯第二編「文化」（一），江蘇古籍出版社 1998 年版，第 565 頁。

〔註75〕國民黨中央教育部檔案，中國第二歷史檔案館，卷宗號 5～11976

〔註76〕參見馮並《中國文藝副刊史》，華文出版社 2001 年版，第 337 頁。

　　由於此次參選的作品都是知名作家的演出劇作，因此，終審評委不再另設戲劇專家，而是以政府文化宣傳部門的負責人擔任，潘公展、魯覺吾、劉季洪、趙太侔、徐伯璞等人參加了評選，從評分構成看，主題思想占 60%，技巧和演出效果各占 20%，〔註 77〕可見，思想意識的正確優良在評選中佔有絕對優勢，技巧的比重雖然不大，可是大家的評選意見卻非常一致，《蛻變》在此項得分中獨居榜首，戲劇效果的得分很可能是參照當年各劇的演出場次，還有就是評選者根據現場演出的劇場氛圍以及自身感受而主觀推算。從終審評選看，「思想意識」一欄，《桃李春風》得分最高，儘管《蛻變》的演出當時還引起最高領袖的親自觀看，很可能是它對醫院體制的批評影響了得分等級。相比之下，《桃李春風》不僅涉及戰時備受關注的教育問題以及戰時大批學校內遷等歷史事實，更重要的是主人公對教育事業的忠誠熱愛中結合著對國家的忠誠熱愛，照顧辛老師的翠珊要死了，可是她不讓學校因爲她的病而停止內遷的進程，她要跟著學校撤離：「就是死，我也要死在伯伯的面前，死在有青天白日旗的地方！」〔註 78〕這比《蛻變》中梁公仰模糊的政治身份更受當局的青睞。在「效果」一欄中，四個劇的得分基本一致，《蛻變》和《桃李春風》略有優勢，而《蛻變》又稍勝一籌。

　　此次獎勵和教育部劇本徵求抗戰劇本不同，它主要針對的是成名作家的有社會影響的作品，獎金優厚，並在 1944 年的戲劇節開幕式上加以公開獎勵。這次評獎還有一個特點就是對演出劇團的獎勵，中電劇團、中國萬歲劇團以及中國藝術劇社由於成功演出優良劇本也獲得相應的獎金和獎旗，這對於活躍的劇團演出無疑是一種遠山的呼喚——演出「意識正確」的劇本是獲得政府認可的關鍵。

　　這樣的評獎在 1944 年又進行了一次，不過這次草率得多，基本以圖審會提供的候選名單爲準未加篩選，當年戲劇界的熱點集中在桂林舉辦的西南劇展上，這次評獎未能引起社會關注。

　　從兩次評獎程序看，政府文化宣傳部門都在終選的時候進行把關，官方意識形態在評獎過程中成爲一種價值尺度和標準，對劇作家的創作進行優劣評判，並進而用舞臺演出和新聞媒介渲染社會氣氛，對知識份子的創作思維進行約束和規範。雖然這種約束和規範不一定有效，但戲劇評獎制度使得政

〔註 77〕國民黨中央教育部檔案，中國第二歷史檔案館，卷宗號 5～11976。
〔註 78〕老舍、趙清閣：《桃李春風》，載《文藝先鋒》1943 年第 3 卷第 4 期。

治力量直接介入了戲劇藝術的生產環節，也直接參與了戲劇藝術價值信仰的生產。在這個過程中，文人和政府似乎密切合作，同聲相應，實質上，二者存在著具體的分歧。就「抗戰建國」這個總目標而言，抗戰是民族意識，建國則是國家意識，對一般民眾和知識份子而言，他們更關心的是建立一個什麼體制的國家，這個國家將在世界處於何等地位，作為一個國民應該從中獲得哪些保障。在設想中，無疑摻雜著許多理論化和理想化的成分。而對政黨集團而言，建立一個什麼樣的國家固然是一種政治遠景，更是具體的政治手段和政治格局，他們最關心的是自己能在中國政治格局中發揮多大的作用，能否作為執政黨昂首進入中國歷史的舞臺。分歧總會存在，如何將分歧減少到最小，如何使分歧不走向對抗，這就是政府評獎機制能起的積極作用了。

　　不過，市場有它自己的運行規律，民間社會當然擁護抗戰，但是他們對於掏錢看戲是接受枯燥的教誨還是獲得精神愉悅有著自己的選擇，1943 年和1944 年一些受到市民追捧的戲劇並沒有獲得任何獎項，但是卻擁有相當高的上座率，讓劇團和組織者獲得實利，這些戲中包括《家》、《清宮外史》、《風雪夜歸人》、《戲劇春秋》、《北京人》等，家族的分崩瓦解、普通人的悲哀幸福、愛情的滋生與困阻、藝術人生的付出與艱辛……這裡面雖然沒有抗戰宣傳，但它們對平凡人生的體貼和同情打動了普通市民的情懷。

第三章　戲劇之價值定位：教育乎？
娛樂乎？

　　抗戰時期，知識份子的積極推動和參與為戲劇運動提供了人才資源和基本藝術尺度，政府部門的支持與管理則為戲劇發展提供了政治保障和意識形態要求，民間社會所需要的政治啓蒙與精神生活構成戲劇運動的奮鬥目標和藝術市場，知識份子、官方、民間社會從不同層面和角度為戲劇運動提供了不可或缺的動力。然而，相同的物質表面往往隱藏著不同的內在結構，事物運行的共同趨向中可能源自全然不同的動機。戲劇運動畢竟不是一場萬眾一心的政治運動，它內含政治任務，又致力思想文化革命，它以藝術為載體，又以宣傳為己任，既希望藝術脫離名利的糾紛，又常常為各種名利所羈絆。戲劇究竟是什麼？是文化事業？宣傳工具？是推行社會教育？還是突出娛樂功能？在不同的歷史時期，在不同運作層面和觀眾層次，人們對戲劇的期待和定位並不完全一致，這種不一致不僅反映了知識群體、官方主流社會、民間社會對於戲劇認識的分歧，而且也使戲劇運動在宣傳與營利、教育與娛樂、藝術與政治的糾葛中進退維谷，無所適從。

第一節　戲劇工作者的自我定位

　　戲劇的價值定位是牽涉到觀演關係的一個基本問題，這雖然是一個非藝術的問題，卻能夠在很大程度上影響人們對它的藝術欣賞。觀演關係由觀眾和演員之間的相互需要構成，戲劇工作者擔任著什麼社會角色，這不僅由社

會對他們的價值定位構成，也由他們的自我意識構成。

中國現代戲劇是在西方文化的刺激下，以現代思想和時代精神爲依託產生的。所謂「現代思想」與「時代精神」，除了民主、科學、自由等風氣的宣導，除了婚姻、勞工、婦女等問題的舞臺表現，最根本的就是戲劇對自我價值的重新定位。1921 年民眾戲劇社於成立之時便高聲宣稱：「『當戲劇是消遣』的時代現在已經過去了，戲院在現代社會中確是占著重要的地位，是推動社會使前進的一個輪子，又是搜尋社會病根的 X 光鏡；他又是一塊正直無私的反射鏡；一國人民程度的高低，也赤裸裸地在這面大鏡子裡反照出來不得一毫遁形。」〔註1〕在新文化時期，戲劇擔當起推動社會進步的嚴肅責任，當抗戰的烽煙燃起，戲劇又擔負起民族救亡的歷史重託，和舊劇藝人相比，現代劇人絕不妄自菲薄，他們把戲劇看作陶冶人生的藝術，把藝術視爲高於現實人生的精神世界，更重要是他們把舞臺作爲教育民眾的講臺，每個人以啓蒙教育者自居，這種從業心態給戲劇藝術帶來前所未有的嚴肅性和使命感。

一、戲劇演員社會地位的提升

在中國古代社會，優伶的社會地位極爲低下，伶工樂人和娼妓一樣被視爲社會整體結構中的另類，受到社會各階層的歧視。元代明確規定：「店戶倡優，宮私奴婢，謂之賤。」〔註2〕明代則明確規定伶工樂人必須身穿與娼妓一樣的服裝以和其他行業區別。儘管戲曲擁有從民間到宮廷的廣闊的表演場域，從達官貴人到鄉野村夫的廣泛的觀眾群體，然而「戲子王八吹鼓手」，一句民間俗語道盡了藝人在中國社會結構層次中的卑賤性。這就不難理解，《紅樓夢》中林黛玉聽說唱戲的小姑娘長得與她相像，便感覺受辱於人。戲曲之用途在於娛樂消遣，一般子弟沉迷其中便被視爲玩物喪志，這基本是社會共識。藝人受社會歧視是一方面，就連藝人自己也自覺認可這種低賤地位，舊時戲班唱堂會時必須手持戲單請主人點戲的演出制度就是藝人自覺維持不平等的觀演關係的證明。〔註3〕戲曲表演之被輕視與經世致用的文化傳統有關係，也與傳統教育的重心相聯，傳統教育強調道德教育忽視情感教育，凡是

〔註1〕 《民眾戲劇社宣言》，周靖波主編：《中國現代戲劇論》（上卷），北京廣播學院出版社 2003 年版，第 95 頁。

〔註2〕 徐元瑞：《史學指南》，參見史衛民《元代社會生活史》，中國社會科學出版社1996 年版，第 32 頁。

〔註3〕 傅謹：《中國戲劇藝術論》，山西教育出版社 2000 年版，第 300 頁。

情感表達和情感溝通的公共表演活動和精神創造活動自然受到貶抑。

　　近代以後，在西方文化的衝擊之下，藝人的社會地位在理論上獲得提高。那些走出國門的晚清官員首先意識到的中西藝人社會地位的巨大差異。李鴻章在英國觀劇時，戲院主人邀請他與戲子平起平坐，令隨從大感驚愕，從而瞭解到「英俗，演劇者爲藝士，非如中國優伶之賤，故觀園主人亦可與於冠裳之列」。〔註4〕中國官員更不可理解的是西方人竟讓學堂裏的學生演戲，「習優是中國浪子事，乃西國以學童爲之，群加讚賞，莫有議其非者，是眞不可解也」。〔註5〕不過，晚清大使衹是對中西文化差異的客觀記錄，並沒有對中國優伶的社會定位進行文化反思。但是他們的見聞使有志之士聯想到中西強弱差別與戲劇定位的關係，「夫西人之重視戲劇也如此，而吾國則如彼。如此一端，可以睹強弱之由也」。〔註6〕於是，提高藝人的社會地位與國家振興發生了有效的聯繫，「我中國以演戲爲賤業，不許與常人平等，泰西各國則反是，以優伶與文人學士同等，蓋以爲演戲事，與一國之風俗教化極有關係，決非可以等閒而輕視優伶也」。〔註7〕正由於演戲事「與一國之風俗教化極有關係」，因此「戲園者，實普天下人之大學堂也；優伶者，實普天下人之大教師也」。〔註8〕戲劇的教育功能一旦凸顯，戲劇便成爲事關民族興亡的重大事件：「論世者謂學術有左右世界之力，若演戲者，豈非左右一國之力者哉？中國不欲振興則已，欲振興可不於演戲加之意乎？」〔註9〕

　　戲劇因爲承載教育功能而提升地位，藝人也隨著戲劇地位的提升而獲得民眾導師的稱號。不過，這衹是理論家對戲劇教化功能的理論強調，要施行這樣的理論設想還需要劇人自身的清醒認識和高度的社會責任感。傳統藝人大多從小學藝，缺乏必要的文化學習，其見解學識多來自古老的戲文，浸潤著傳統的忠孝節義、禮義廉恥甚至淫褻惡俗，這樣的素質修養難以成爲現代文化思想的傳播者。現代文人進入戲劇領域的雖然也有，但畢竟數量有限，

〔註4〕　蔡爾康等：《李鴻章歷聘歐美紀》，嶽麓書社1986年版，第151頁。

〔註5〕　王韜：《漫遊隨錄》，嶽麓書社1985年版，第141頁。

〔註6〕　天繆生：《劇場之教育》，載《月月小說》1908年第2卷第1期。

〔註7〕　三愛：《論戲曲》，阿英主編《晚清文學叢鈔，小說戲曲研究卷》，中華書局1960年版，第53頁。

〔註8〕　三愛：《論戲曲》，阿英主編《晚清文學叢鈔，小說戲曲研究卷》，中華書局1960年版，第52頁。

〔註9〕　軼名：《觀戲記》，阿英主編《晚晴文學叢鈔·小說戲曲研究卷》，中華書局1960年版，第72頁。

未能蔚然成風。因此，經過晚清文學改良運動之後，舊劇一如既往地徘徊於傳統的劇碼，新興話劇經過了短期的興盛後，一部分隨著辛亥革命的失敗而墮入文明戲的泥沼，一部分又以非營利的愛美劇運動隔絕了與大眾的聯繫。

直到抗戰時期，戲劇才真正發揮社會教化功用，這得益於政治與文化兩方面的力量。

在抗戰時期，政治、教育、戲劇在同一個目標下形成三位一體的關係，這使熊佛西在戲劇職業化、戲劇學術化的之外，提出戲劇政治化的道路。〔註10〕其實，戲劇表現政治，政府倚重戲劇，正是戲劇發揮社會作用的重要契機。「戲劇是推行社會教育以及從事宣傳工作的一個最優良的工具，戲劇是文化事業中一個很重要的部門，它的功用普通固然是在開通民智改良風俗，然而如果應用得宜，在宣傳主義，教導民眾，輔助社會教育上，都有極大的效力。」〔註11〕抗戰時期戲劇擔當起社會意識的組織與宣傳作用，它在意識形態方面的巨大力量被政治力量所倚重，國家權力更是通過創辦戲劇教育機構、組建戲劇表演組織以及取締或獎勵劇本的審查程式對戲劇進行控制和管理，戲劇作為文化事業的一部分被納入國家建設之中。1938 年，在抗戰演劇隊分赴各戰區之前，軍委會政治部第三廳特意發佈了「藝術工作者信條五項」，演劇隊員每月一律領受25 元津貼，這意味著「藝術」作為一種「工作」獲得政府部門的認可，戲劇演員成為政府工作人員，可以領受政府津貼。

大量現代文人的加入提升了戲劇團體的整體文化素質。抗戰時期參加戲劇表演演員大多是受過新式教育的愛國青年學生，以政治部組建的抗敵演劇隊而論，第九隊多為武漢及長沙兩地各中學學生，第十隊多為國立河南大學及開封洛陽各中學學生。和傳統藝人相比，這些學生無論是藝術水準還是社會閱歷都沒有優勢可言，但是他們接受過現代教育的洗禮，不僅視戲劇為卓越的藝術，而且更能將戲劇與民族教育、現實政治的任務結合起來。救亡宣傳工作需要大量的話劇表演人才，1938 年 4 月到 5 月僅僅《新華日報》上「招請演員」的告示就達 5 條之多，平均一個星期就有一個劇團在招請演員，這裡既包括中國電影製片廠那樣的專業團體，也有戰地演劇隊，或者部隊宣傳部門，從招生條件看，一般要求初中或高中學歷，會說流利的國語以及熱心

〔註10〕 熊佛西：《政治，教育，戲劇，三位一體》，載《戲劇崗位》1939 年第 1 卷第 1 期。

〔註11〕 張道藩：《戲劇藝術及其應用》，載《中央日報》1938 年 9 月 23 日。

於抗日救亡工作。可見，對救亡運動的熱心參與和具有初中文化程度以上是構成抗戰時期演劇人員的基本特點。這些年輕的演劇成員接受過現代文化思想的薰陶，具有起碼的民族意識，視戲劇爲崇高的藝術，並能積極回應國家的呼喚，用藝術爲武器進行抗日救亡的宣傳，他們既不是爲了謀生而演劇，也就希望自己的工作能超越生存層面而受到社會的重視。他們將藝術作爲鬥爭的武器、宣傳的形式、教育的途徑，當然不會妄自菲薄，自甘末流。這種積極的態度改變了戲劇供人消遣的歷史形象。

「民族戰士」──這是抗戰時期戲劇工作者的自我定位。戰爭伊始，早期看重戲劇趣味的熊佛西立刻宣稱「我們今日應該是一隊戰士」，這是因爲戲劇的功能發生了根本的改變，「平時戲劇也許是消遣品，也許是象牙塔裏的珍寶，但在全面抗戰的今日，戲劇應該是武器，應該是槍炮，是宣傳殺敵最有效的武器，是組織民眾訓練民眾最有力的工具」。〔註12〕熊佛西斬釘截鐵地強調了戲劇的戰鬥功能，說明戲劇界已經意識到歷史賦予戲劇的新使命。戲劇既然是武器，戲劇工作者便是戰士，實質上，很多戲劇工作者正是以「戲劇兵」和「民族戰士」自居的。1938 年，在田漢爲「舊劇演員訓練班」所寫的班歌中，對戲劇的戰鬥性寄予殷切的希望：「戲劇的盛衰，關係國家的興亡。我們要把舞臺當作炮臺，要把劇場當作戰場；讓每一句話成爲殺敵的子彈，讓每一位觀眾舉起救亡的刀槍。」1943 年成都發行的戲劇刊物被命名爲《戲劇戰線》，即是將戲劇作爲抵制日本軍事侵略和奴化教育的戰鬥堡壘，堅守在這個堡壘中的戲劇人自然是百折不撓的戲劇戰士。事實上，抗敵演劇隊正是「戲劇兵」的傑出代表，即使是那些未能奔赴戰區的戲劇人也未曾忘記將戲臺作爲講臺，發出喚起民眾意識的吶喊之聲。因此，1940 年夏衍在回顧抗戰三年來戲劇發展的歷程時十分肯定地說，中國的新生戲劇「以初生之犢的勇氣，站在一切戰鬥的前列，在戰線，在後方，在游擊隊，在淪陷區，從高歌引亢自由天地到愁傷陰黯的囚房，從冰雪風沙的塞北到驕陽灼膚的南國，我們的戲劇部隊都在那兒起了輝煌的作用。到今天，大家已經公認，在參加了民族解放戰爭的整個文化兵團中，戲劇工作者們已經是一個站在戰鬥最前列，作戰最勇敢，戰績最顯赫的部隊了。」〔註13〕戲劇團體以「戰鬥部隊」的姿態獲得「大家公認」，是因爲戲劇在民族戰爭中發揮了強大的戰鬥力。夏

〔註12〕熊佛西：《敬告觀眾》，載《大公報》1937 年 12 月 4 日。
〔註13〕夏衍：《戲劇抗戰三年間》，載《戲劇春秋》1940 年第 1 卷第 1 期。

衍的話語方式彌漫著民族戰爭濃厚的硝煙氣息，卻可以從中感受到他作爲戲劇工作者內心的自豪感。

戰士與教育家的角色定位使戲劇成爲推動社會前進的重要一環，成爲知識份子表達人格精神和社會理想的重要方式，即使在商業氣息日益彌漫的大後方，當戲劇已經成爲某些人牟利的工具時，還有人針對戲劇運動被當作賺錢手段和藝人在生活壓力之下冒失地選擇劇本而誠懇地說：「一個藝術家不比一個普通做買賣爲生的人，他的事業或工作給予社會的影響是很大的。一個藝術家的不愼重的行動或觀念，甚至會把千萬人送入歧途，以致延遲民族國家走向文明昌盛的進程。」〔註14〕面對物價飛漲、生活日益艱難的物質條件，像這樣堅守著現代戲劇優良傳統的戲劇人仍是多數。戲劇人大處著眼小處著手的自重自律自強在一定程度扭轉了社會對於戲劇從業人員的陳腐認識。

二、社會工作和演技水準

戰士和教育家的自我價值定位使戲劇工作者對工作內容有了超越藝術範疇的要求。

劇人的任務不單限於演劇，而是要把民眾被激發的抗戰情緒使用起來，這幾乎成爲抗戰時期演劇團體的共識。一場激動人心的戲劇表演之後，高呼口號的人群漸漸散去，這不是戲劇工作者希望的場面，因此，陳白塵在《掃射》的「附記」中對演員提出要求：戲演完之後演員應當抓住群眾情緒，隨即召開討論大會，組織一個民眾組織，至少也應該通過演講表達這個意願。〔註15〕換句話說，演員的工作必須延伸到表演結束之後，延伸到舞臺之外，否則就是一種失職和不可原諒的錯誤，「劇人的任務，目前不是單單限於演劇一事。假如演劇以後，又是從甲地移動到乙地去，忽略了一般民眾被激發起後的抗敵情緒沒有正式活用過來，這錯誤，是無限的大，無上的深。」〔註16〕

以戲劇爲載體進行社會工作幾乎成爲演劇隊員的共識。由此，有人建議演劇後的工作可分爲9個方面：（一）深入軍、警、工、農、商各界，激發他們抗敵的情緒，加強他們之間的團結；（二）指導民眾參加抗戰；（三）聽取民眾抗敵意見；（四）與各地抗敵團體取得聯繫；（五）慰勞傷兵；（六）慰問

〔註14〕史東山：《重慶戲劇運動的二三事》，載《新華日報》1942年4月29日。
〔註15〕沈西苓：《街頭劇》，新生圖書局1938年版，第32頁。
〔註16〕仁恫：《現階段劇人的任務》，載《抗敵戲劇》1938年第1卷第1期。

出征家屬及難民，調查各地保甲長；（七）推動各地抗敵戲劇運動；（八）與
國內各戲劇團體取得聯繫；（九）以漫畫歌詠演講及文字等形式，輔助宣傳。
如此眾多的宣傳內容要在短短的演劇時間完成幾乎是不可能的，只能依靠演
劇者在演劇以後進行，這個時候，準確地說，演劇祇是手段，而演劇之後的
社會工作才是目的。其中很多工作內容已經遠遠超出了藝術工作的範疇，以
「聽取民眾抗敵意見」爲例，其下共有 5 個小點：（一）加強其對政府的信念；
（二）幫助民眾舉發貪污土劣；（三）解釋正當細稅的意義；（四）設法使當
地武力參加抗戰；（五）代民眾向政府貸款。〔註17〕這些工作任務遠遠超過了
藝術團體的客觀能力，戲劇工作者的主觀熱情使之對下以政府代言人出現，
對上則以民眾保護人自居。無論其實際工作效果如何，可以肯定，這種工作
態度遠遠不是「隔江猶唱後庭花」的傳統藝人所能具有的。

　　戲劇工作者的價值定位不僅表現在口頭上和書面的計劃中，也落實在他
們的實際工作中。1939 年，政治部第三廳組織最優秀的劇人成立了 10 個抗敵
演劇隊，這些演劇隊和前線戰士一樣出生入死，使前線將士不得不感慨「他
們比我們的兵都勇敢」。〔註18〕在宋之的《戰地演劇觀感》中，生動地記錄下
這些戲劇人在戰地的英勇事蹟：「在淩川縣，一位最優秀的女演員，因爲未趕
上宿頭深夜爬山墮下懸崖而跌斷了腿；在榆社武鄉，四位演劇的男女同志，
因爲敵騎追來未及退走而被敵人所俘虜；在平陸，一位劇團的領導者因爲被
敵人壓迫至河岸，爲免被俘之羞逐毅然的投入了黃河，凡這種種，尚不足以
言他們那無畏的精神於萬一。」〔註19〕在西南第一屆戲劇展覽會上，田漢統
計出來的在抗戰中犧牲戲劇人就有 44 個之多，可見，「戲劇兵最勇敢」絕非
溢美之辭，而是眾多劇人血水、汗水、淚水的證明。

　　戰區的劇人勇敢無畏，大後方的戲劇工作者也沒有遠離抗戰給予的任
務。除了大量的民眾宣傳與民眾動員工作以外，他們用各種方式表達對抗戰
的支持，勞軍演出活動著他們的身影，募捐活動離不開他們的推動，他們以
各種名義爲前線將士募捐公演：救扶傷兵、爲前線戰士募集寒衣、捐獻「藝
人號」飛機、募集滑翔機等等，雖然不通過看戲劇表演民眾也可能募捐，但
是戲劇表演起到了多重作用：募捐公演的目的不僅在募集資金，還在於通過

〔註17〕仁恫：《現階段劇人的任務》，載《抗敵戲劇》1938 年第 1 卷第 1 期。
〔註18〕宋之的：《戰地演劇觀感》，載《新演劇》1940 年復刊號。
〔註19〕宋之的：《戰地演劇觀感》，載《新演劇》1940 年復刊號。

適當的戲劇內容增強觀眾的抗戰必勝的信心，增強民族凝聚力，形成良好的社會氛圍，而觀眾也在藝術享受中加深了民族認同感，形成集體歸屬感。雖然戲劇募捐活動在抗戰後期由於巨額的捐稅制度和商業因素的滲透，在相當程度上淪落爲商業手段，逃稅的成分居多，募集的意義淡薄，但抗戰前期它確實成爲檢驗民族凝聚力的試金石。

高度的政治覺悟和積極參加社會政治事件使戲劇演員自覺地把自我價值與國家利益密切聯繫，不過僅僅有政治熱情仍然不能完成宣傳任務，因爲戲劇畢竟是一門藝術，藝術水準的提高才能獲得社會的眞正認可。

毋庸置疑，抗戰初期戲劇舞臺上的演技水準確實不如人意。多數演劇人員沒有經過專業的演劇培訓便走向了街頭甚至劇院，當時全民激憤的情緒也並不十分在乎演技的精湛，在舞臺上哪怕僅僅高呼「打倒日本帝國主義！」的口號也可以贏得全場掌聲。這個時候，熱情是最重要的，熱情才能調動觀眾的情緒，熱情才能使戲內外的講演充滿煽動性。在宣傳大於藝術的情況下，演員表演的粗糙在所難免。抗戰進入相持階段以後，一方面觀眾對抗戰的意義已經明確，不再需要「好一計鞭子」之類的街頭動員，而且長久的口號讓人緊張疲乏，另一方面，觀眾也需要在看戲過程中獲得藝術的享受，更關鍵的是，一個戲劇表演者必須要用表演藝術征服觀眾，使他們在藝術審美享受中認可戲劇的思想與藝術價值。因此，演員表演的專業化日漸受到重視。而多數演員的表演還停留於模倣階段，未能深入人物內心去刻畫人物，「譬如表演一個屠夫，只知從屠戶的外形去模倣，而不知深入屠戶的內心去體驗；表演一個日兵，只知從『啤酒』『狂笑』去臨摹，而不知從心理方面去刻劃；表演一個現代時髦的青年，只知道一味的抄襲西洋電影人物的外形」。〔註20〕舞臺表演呆板、僵硬、缺乏生活實感，其模式化比舊劇有過之無不及，而且遠遠不如舊劇表演經過生活的提煉和藝術的昇華。西方電影的表演風格成爲多數演員借鑒的範本，借鑒原是提高的必經階段，但缺乏自我風格的借鑒卻「使得舞臺上的農民化身爲好萊塢的惡少，鄉間少婦也成了法蘭西的淫娃，可又不到底，夾七夾八，不三不四，不僅是使中國人發瘋，也使外國人糊塗，演員既在舞臺上活見鬼，觀眾也就在舞臺下窮開心」。〔註21〕在「活見鬼」和「窮

〔註20〕熊佛西：《論表演》，上海戲劇學院熊佛西研究小組編《現代戲劇家熊佛西》，中國戲劇出版社 1985 年版，第 310 頁。
〔註21〕宋之的：《我對於戲劇界的幾點希望》，載《新蜀報》1939 年 1 月 1 日。

開心」中的劇場效果中，又怎麼能完成抗戰戲劇的嚴肅使命呢？

　　演技水準不如人意是可以理解的。首先，戰前戲劇表演人才儲備不足。戰前戲劇表演人才主要來自兩種途徑，一是各新劇團體或電影公司的專業演員，二是戲劇學校畢業的學生。戰前話劇團體數量有限，活動頻繁的也只有南國社、上海戲劇協會、中國旅行劇團等少數幾個團體，有演出經驗的專業演員自然不多；而培養戲劇人才的專門學校在戰前數量極少，1922 年冬蒲伯英在北平開辦人藝戲劇專門學校，1925 年北平美術專門學校添設戲劇系，這些學校生源狀況既不理想，還因為各種原因均先後停辦。1935 年 10 月國立戲劇學校在南京成立，但抗戰爆發時，它的第一屆學生還沒有畢業。因此，抗戰開始以後演劇運動發展迅猛，但有演劇經驗的戲劇演員並不多，能指導青年演劇的戲劇專家更是少之又少。其次，現代話劇表演體系還未建立起來。話劇之前，中國舞臺表演由傳統戲曲一統天下，傳統戲曲程式化、寫意化的表演體系與現代話劇的現實題材很難相容，難以被話劇演員合理借鑒，而外國關於戲劇表演體系的理論還沒有在中國普及，缺乏理論指導、一味依賴生活體驗很難實現表演技術的突破和提高；再次，豐富的生活經驗也可通過藝術磨礪而彌足演技的不足，可是多數話劇演員出身學校，雖然有愛國熱情和進步思想，但社會接觸面較狹窄，尤其與底層人民的生活有隔閡，從概念出發從思想出發演劇成為知識份子演劇的特點；最後，30 年代開始西方電影進入中國都市，西方演員的表演風格成為中國電影藝人模倣的對象，而大多數電影明星到了抗戰時期由於電影膠片昂貴、機械設備等原因，先後在戲劇舞臺上磨礪演技，自然也把對西方演技風格的機械模倣帶到舞臺。舞臺和電影最大的不同就在於近距離地直面觀眾，遠離民族生活的表演風格實在令觀眾難以接受。趙丹參加救亡演出的時候被鄉下人認為是外國人，他在臺上痛哭流涕，臺下卻哄笑不已，這才使他意識到自己的表演離開大眾的生活多麼遙遠，從而開始糾正自己的表演風格。〔註 22〕

　　要想獲得人們對戲劇的尊重，最終要靠藝術的魅力征服觀眾。為了演好屈原這個人物，金山不僅閱讀楚辭以理解詩人的基本情感、作品基調，逐步體會與進入屈原的內心世界，還時常穿上長袍在嘉陵江邊徘徊以找到人物的「感覺」，為了把握人物的外部形象，他四處收集許多古代石刻人物的拓片，目觀心契，細細揣摩。為了讓屈原附體，他日夜穿著那長袍，穿上倣古的靴

<hr>

〔註 22〕趙丹：《地獄之門》，上海人民出版社 1980 年版，第 80 頁。

子，借鑒、融化民族戲曲的程式動作，抖袖，撩袍，甩髮、雲手，亮相，臺步、身段⋯⋯一招一式都練到了得心應手的境地，最後使《屈原》的演出獲得了極大的成功。抗戰時期湧現了一大批優秀演員、導演和舞臺工作人員，他們創造出一個又一個嶄新的舞臺形象深深地打動了觀眾的心，也成為戲劇演藝發展的豐碑，標誌著那個時期戲劇舞臺的的最高成就，張瑞芳塑造的愫芳，金山塑造的屈原，舒繡文塑造的丁大夫，藍馬塑造的陸憲揆，魏鶴齡塑造的文天祥，路曦塑造的玉春，江村塑造的曾文清，白楊塑造的靜子，吳茵塑造的中老年婦女形象⋯⋯他們傑出的演技不僅可以完美傳達劇本內容，而且還能彌補劇本的缺陷。鳳子的出色表演掩飾《邊城故事》劇本的瑕疵，《屈原》的成功實在得益於導演的大膽創新和演員的出色詮釋。

這些形象豐滿、具有典型民族性格心理特徵的舞臺形象塑造不僅帶給觀眾完美的藝術享受，也提高了觀眾的藝術鑒賞能力，一個精心打造的完美的藝術形象在給觀眾帶來審美愉悅的同時，也確立了演員的藝術地位和社會影響。

三、社會偏見和工作弊風

抗戰時期戲劇工作者的文化結構、思想素質、演技水準有了不同程度的提升與改善，他們積極參與現實政治的愛國情懷、明辨是非的學識修養、生動感人的現代舞臺形象，使戲劇運動蓬勃向上，生氣勃勃。他們以民眾導師的身份登上舞臺，以舞臺為講臺，以民眾為學生，宣講愛國救亡的道理，這種高昂的姿態不僅使他們與傳統藝人的自覺卑賤區別開來，同時也使社會各方面對戲劇演出和戲劇演員刮目相看，平等與尊重目光日益增多。

不過，冰凍三尺，非一日之寒，社會習俗與偏見是民族心理、價值觀念、文化傳統的長期積澱，甚至形成一種穩定的社會心理，政府部門的高調、戲劇工作者的努力總會遭受到來自民間的層層阻礙。「戲子王八吹鼓手」反映的是根深蒂固的民族心理，民間社會的評價標準總會受到權力階層的影響，但這種影響是迂迴漸進的，並隨時受到民間社會的調整，政府對戲劇功能的抽象拔高與演員文化素質及自我定位的根本改變，很難完全滲透到社會世俗層面。

抗戰時期，社會對戲劇的需求日益迫切，但這並不意味著社會成見的消失，上海影人劇團剛到四川的時候，還被當地軍閥叫條子，這明顯是把藝人與賣笑混為一談。如何稱呼戲劇工作者，實際上也體現了一種社會評價。神鷹劇團的董每戡和夫人晚上散步時，路人指點著說「喂，你瞧！那一對是唱

戲的！」他無限感慨地說：「一班幹戲劇的朋友，最厭人呼他爲唱戲的。因爲這名稱自古迄今不甚好聽，含有蔑視侮辱的成分。」〔註23〕不過，稱呼的改變也不意味著社會態度的根本轉折。《戲劇春秋》表現了戲劇人從北洋政府時期到抗戰前三十多年來的艱辛歷程，借劇本出版之際，夏衍在序中表達了戲劇人在戰時仍然受到不公正的對待，「即使在今天，在一切所謂『文化人』『藝術家』『社會教育工作者』這許許多多的美名下面，也還是掩飾不住蔑視的眼光與口吻。」〔註24〕社會偏見之頑固可想而知。

　　頑固的社會偏見固然有傳統文化觀念的流弊，也有演藝界自身因素作祟。第一，學習風氣不夠濃厚難以形成良好的行業競爭氛圍。抗戰時期進入戲劇圈的演員大多是初中畢業，雖然已經具備起碼的文化意識，但是其文化修養還不能很好地理解含意深刻的戲劇，在演劇過程中通過學習不斷充實自己就顯得十分必要，然而「今日我們的演員（乃至一般演劇工作者）的文化教養的程度頗爲參差，平均水準也相當低下，沒有學習的，無所謂的，隨波逐流的，表面上像煞有介事的，裝模作樣的，自恃天才的，只說不做的——這麼過著歲月的人並不算少」。〔註25〕第二，藝員不檢點的生活作風也是人們對演員存有偏見的原因。男女問題一貫是社會輿論對演員的關注焦點，它既有新聞效應，又能含蓄地進行道德譴責。雖然婚變情殤在其他行當也同樣存在，但戲劇工作者尤其是知名演員作爲公眾人物往往更受到社會輿論的關注，因此演員的私生活不僅是個人問題，而是整個演劇界的形象問題，因爲臺下道德與臺上藝德原是二而一的關係，而從事藝術的人大多生活浪漫，在感情婚姻方面較爲隨意，以至於有人歎息道：「目前一部分演劇者，是臺下的戲多於臺上的戲，戀愛的次數多於演劇的次數。」〔註26〕中國社會向來有道德文章並重的傳統，道德不嚴謹，技藝便難以獲得稱讚。第三，人事糾紛頻繁也影響了戲劇人的公眾形象。風頭主義、明星制度等都是人事糾紛的具體體現。中國演員多半路出家，並非術業專攻，同行相輕，嫉妒排擠不合作的現象比較普遍。抗日戰爭使最不容易統一的戲劇界也攜手起來，成立了包括話劇、傳統戲曲等各路戲劇人馬在內的中華全國戲劇界抗敵協會，但是抗敵

〔註23〕董每戡：《唱戲的》，載《新蜀報》1940年3月12日。

〔註24〕夏衍：《序〈戲劇春秋〉》，《夏衍論創作》，上海文藝出版社1982年版，第59頁。

〔註25〕顏翰彤：《另一種基本訓練》，載《戲劇月報》1943年第1卷第1期。

〔註26〕之喬：《臺上生活與臺下生活》，載《戲劇春秋》1940年第1卷第2期。

戲劇協會的成立並不意味著一切問題迎刃而解，劇團之間相互交流和學習的機會不多，團結協作還做得不夠，劇團內部也存在彼此之間的勾心鬥角。陽翰笙曾在日記裏含蓄提到藝人之間的不團結對戲劇排演的影響，排演《草莽英雄》時舒繡文和趙蘊如由於各種原因總不能同時到場，直到後來換了演員才使戲劇順利上演。〔註 27〕演員之間的意氣之爭干擾和影響了劇團的日常工作和計畫安排。陳天國與秦怡離婚後，兩人作為演員有時仍在一個臺上演戲，1944 年 1 月，中國萬歲劇團在抗建堂演出四幕歷史劇《董小宛》，秦怡演董小宛，陳天國演冒辟疆，董小宛與冒辟疆情意綿綿，當秦怡按照劇中情景向陳天國靠去，陳卻粗魯地抽身而去，使秦怡幾乎跌到，當臺下觀眾有人責罵陳的這一行為時，陳天國竄到臺角邊與其對罵起來。〔註 28〕將私人恩怨帶上舞臺，這是缺乏起碼職業素質和基本人格修養的舉措。

「我們戲劇工作者，始終處在一個極可憐的地位；始終在『戲子』、『娛樂』、『不正當』……等等『冷眼』下掙扎，始終是一切侮辱、蔑視的對象。只要想想我們的遭遇，一定會失聲痛哭，這原因，一方面是社會的惡劣的傳統觀念還兇狠的扼住我們的咽喉，而在另一方面，我們無可否認的，也有不夠嚴肅，不夠檢點的地方，我們的生活上還存在著許多可怕的漏洞，作為了敵人投射的目標。我們對於前者，當然給以無情的還擊，對後者，更應該揮起我們的鞭子！」〔註 29〕這個鞭子首先便要求戲劇工作者要加強學識修養。熊佛西在給一個青年的信中說：「我們應該注重內心的修養。多讀書，多旅行，多思想，多接觸各階層的生活，這比什麼都重要。演員的藝術是表現人類的生活，假使他們不深入生活，如何能夠表演生活呢？我們應該使他們內心飽滿起來，熱烈而結實，使之用之不盡取之不竭，這樣才有資格做個好演員。」〔註 30〕在顏翰彤看來，一個演員的文化教養的最低限度是「他的思想必須清晰，能夠敏銳辨別善惡，是非，曲直，敵友，使自己永遠站在正義與真理的一面，威武不能屈，富貴不能淫，貧賤不能移。他的學問必須豐富，能夠批判接受中國的和世界的藝術的遺產」。〔註 31〕演劇不是為了混飯吃，而是嚴肅

〔註 27〕陽翰笙：《陽翰笙日記選》，四川文藝出版社 1985 年版，第 454～456 頁。

〔註 28〕石曼：《重慶抗戰劇壇紀事》，中國戲劇出版社 1995 年版，第 145 頁。

〔註 29〕劉滄浪：《號召「正氣」》，載《戲劇月報》1943 年第 1 卷第 4 期。

〔註 30〕熊佛西：《論表演》，上海戲劇學院熊佛西研究小組編《現代戲劇家熊佛西》，中國戲劇出版社 1985 年版，第 313 頁。

〔註 31〕顏翰彤：《另一種基本訓練》，載《戲劇月報》1943 年第 1 卷第 1 期。

的工作，沒有學識修養是不能完成的，1941 年陽翰笙將「提高演劇水準及演員修養」視爲當前戲劇的新任務，他嚴厲地說：「每個戲劇工作者都應該成爲戰士，如果是腐化墮落，七十二行都可以混飯吃，爲了吃飯何必當一個『新戲子』？作一個戰士必要有藝術、文化、學術⋯⋯修養，不是好玩的，是一件很嚴肅的工作。」〔註 32〕1944 年第一屆西南劇運展覽會的閉幕式上通過了十條「劇人公約」：認清任務，砥礪氣節，面向民眾，面向整體，勤研學術，磨煉技術，效率第一，健康第一，尊重集體，接受批評。「劇人公約」體現了戲劇界的道德自律，對學識修養的強調便是其中的重要內容。

值得注意的是，爲了徹底扭轉社會成見，戲劇工作者對戲劇的社會功能的強調不免有矯枉過正之嫌。抗戰時期的很多戲劇高臺教化的口吻直接影響了戲劇人物的生動鮮活，對此，外國友人的感受非常深刻：「整個說來中國劇人比諸他們在美國、愛爾蘭與英國的同志態度都要謹慎，其教誨氣味之重，甚至比一九三五年我最近一次在莫斯科戲院所看到的蘇聯劇人更有過之而無不及。」〔註 33〕過於濃厚的教誨意味也就暗含著對觀眾審美需求的忽略，劇作者每每以教育者自居，而觀眾花錢排隊買票總是爲娛樂來的。雖然文藝的教育作用和娛樂作用是辯證統一的，但只有娛樂了觀眾才能達到教育目的。當娛樂被拒之門外或被視爲一種附加的藝術功能時，它往往難以獲得觀眾的長久青睞。因爲對都市普通市民而言，看戲不過是他們日常生活的一部分，他們來到戲院並不是爲了權力鬥爭或理性沉思，而是追求戲劇這種藝術形式所帶來的感性愉悅，它不是神聖的而是日常生活的。

在某種意義上，戲劇以及演員地位的提高「更多地依賴於戲劇的社會教育與意識形態功能得到前所未有的發掘和這種非藝術功能畸形的擴張，而並不是由於它自身最本質的情感與娛樂功能受到了更多的肯定」。〔註 34〕換句話說，戲劇作爲載道的工具而得到提升。從藝術的角度看，工具性是藝術沉淪的開始，教育功用的世俗化則使藝術失去感動人心的魅力。不過，令人驚異的是，幾乎所有的藝術工作者都以自身爲文化隊伍中最精銳的分子而自豪。他們既追求藝術的提升，又將藝術的精良視爲擴大宣傳教育效果的手段。在他們的自我表白中，常常充滿了戲劇兵、戰士、教育家等字樣，並以此爲標

〔註 32〕陽翰笙：《戲劇的新任務》，載《新蜀報》1941 年 7 月 22 日。
〔註 33〕〔美〕華思：《我對中國戲劇的觀感》，載《新華日報》1945 年 2 月 12 日。
〔註 34〕傅謹：《中國戲劇藝術論》，山西教育出版社 2000 年版，第 296 頁。

準要求自己。毋庸置疑，「戲劇戰士」、「教育工作者」——這正是抗戰時期戲劇工作者的自身定位。在這個定位中，藝術的成分、娛樂的功能完全處於從屬地位甚至沒有理所當然的地位。這為戲劇發展埋下了隱患：其一，戲劇內容過於貼緊時代和政治需要，對觀眾一味使用教誨口吻以拔高思想，忽視了觀眾娛樂需求。其二，市場要求戲劇好看，沒有市場支持的戲劇將成為無源之水，無本之木。這就需要戲劇隨著市場需要調整自己的發展軌道，追求藝術感染力和愉悅感，然而這種調整在以教誨為主旨的戲劇運動中又被視為背叛了戲劇運動宗旨。如此，戲劇被置於兩難之中，進退維谷。

第二節　市場化因素的悄然滲透

　　戲劇在抗戰時期被推到宣傳的顯要位置，政府部門從政治的角度強調戲劇的意識形態，從權力結構而言是由上而下的提倡和推行，知識份子從思想啟蒙與民族救亡的角度進行戲劇宣傳，從文化層次而言也是由上而下的思想啟蒙，不過，劇場總是由高高在上的戲臺和寬廣的觀眾席共同構成，戲劇效果也是由演員和觀眾共同完成。現代戲劇的興起把專業劇場和傳統的茶園區別開來，專業劇場具有現代化演出設備，採取歐美鏡框式舞臺，固定了觀眾坐席，要求憑票入場，對號入座，廢除了傳統茶園的倒開水、送熱毛巾、叫賣零食，保證劇場的清靜有序以使觀眾潛心欣賞戲劇表演。同時，「憑票入場」也需要觀眾花錢看戲，而觀眾能否樂意花錢看戲，這就不是政府部門和戲劇批評家所能做主的。演出市場是由演出行業的生產者、經營者和消費者共同構成的市場體系，它們各有各的運作特色，卻又相互關聯，彼此影響，市場需求和消費能力是戲劇生產的經濟指揮棒。觀眾花錢看戲意味著人們開始承認戲劇藝術是一種能創造有形價值的勞動，並對這一勞動進行有償支付，市場機制也由此參與戲劇生產。

　　政治和市場同是中國現代戲劇發展中一雙看不見的翻雲覆雨之手。市場化與戲劇職業化道路息息相關，話劇在辛亥革命前後形成熱潮，又隨著辛亥革命的失敗跌入家庭劇的泥潭，商業化因素的左右，新劇演員的不求上進，使得文明戲很快以迎合觀眾的媚俗而招致新文化人物的痛恨。為了改變文明戲被商業操縱的惡劣傾向，愛美劇因之而興起，但是愛美戲畢竟不是戲劇的常規形態，戲劇作為一種獨立的藝術品格必須依賴市場的認可，也必須依賴

職業劇團的藝術努力。職業化道路在中國旅行劇團的努力之下剛有起色，抗戰爆發又打斷了戲劇職業化和市場化的步伐。戰爭進入相持階段以後，大後方政治局勢相對平穩，電影發展由於物資供應不足處於低落之中，後方民眾對精神生活的需求構成旺盛的戲劇消費市場，而一旦進入市場，作爲戲劇主要觀眾的都市普通市民便悄然由臺下走到演出者的臺前，成爲他們選擇劇目的依據，並在無形中對戲劇演出傾向進行悄然調整。

　　不過，世界上從來沒有單純的事物，市場化與職業化、商業化從來難解難分，它是一把雙刃劍，它帶來的經濟效益可以促使戲劇運作體制的良好運轉，也可能使之陷入商業資本運作之中忘卻社會責任和藝術追求。但勿庸置疑，市場化使抗戰戲劇進入了多元的發展時期。

一、市場熱點的轉換

　　抗戰結束之後，田進和陳白塵分別對抗戰八年來的戲劇創作進行了清算，他們以 125 部多幕劇爲對象，以 1941 年春爲界將抗戰戲劇創作劃分爲前期後期，在田進的統計中，抗戰前期直接和間接描寫抗戰的占 66%，後期僅有 8%，與抗戰無關的劇作前期僅有 7%，後期達到 20%；〔註 35〕陳白塵的統計結果是抗戰前期描寫抗戰的有 66%，後期僅有 22%，與抗戰無關的劇作前期僅有 7%，後期達到 17%。〔註 36〕雙方統計資料略有出入，但在基本面上是一致的，即在題材取向上，後期描寫抗戰的劇作比前期少得多。對這一現象，批評家的解釋是客觀壓力之下作家現實主義戰鬥精神的動搖，不過，對於「抗戰戲劇」，劇作家也有不同的理解，吳祖光就認爲「『抗戰』並非消極地僅僅驅逐敵人於國門之外，而是爲了人類的生存與發揚光大。就以今天來說，『抗戰』同『建國』是並行的大業：只要我們的思想是健康的，我們寫作的出發點是正確的，是不妨害國家民族的，那麼它自然會具有抗戰建國的功能。」〔註 37〕如果用這種眼光看當時的劇作，那麼是否與抗戰有關就應該納入一個更加寬泛的範疇去認識。不過，放下認識的分歧不論，最關鍵的因素或許在兩個當事者的分析中被省略了，那就是：如果沒有市場的接受和呼喚，劇團能一

〔註 35〕田進：《抗戰八年來的戲劇創作》，載《新華日報》1946 年 1 月 16 日。
〔註 36〕陳白塵：《奔向現實主義的道路》，董健《陳白塵論劇》，中國戲劇出版社 1987 年版，第 135 頁。
〔註 37〕吳祖光：《「編劇」的含蓄》，載《新蜀報》1941 年 2 月 23 日。

廂情願地演出「與抗戰無關」的劇本嗎？

1941 年 4 月 5 日到 10 日，重慶舞臺上演出了《天長地久》，該劇根據法國作家小仲馬的《茶花女》改編，小說《茶花女》最早由林紓翻譯成中文，這個類似杜十娘的風塵女子把一場人間愛情故事演繹得柔腸寸斷，對情而不是義的歌頌給長久以來缺乏情感滋潤的中國人灑下一場愛的甘霖。觀看該劇的觀眾擁擠不堪，花三元五元買票的多是中上階層的人，對於這樣與抗戰無關的戲劇的上演，江上仙（即葛一虹）撰文對市場追捧進行嚴厲的批判，「重慶是什麼地方，是我們戰時的首都，是我們抗戰的司令臺，在這裡是應當可以自由地呼喊出抗戰的呼聲的。在這裡的環境，無論如何，在今天是與孤島的上海，大不相同的，那末，我們為什麼還要拿給予上海觀眾的東西來塞給重慶的觀眾呢？」〔註 38〕《新華日報》特為此配發了「編者按」：「江先生這篇來論，提出的是目前劇運的方向問題，這確是戲劇界的朋友值得深思省察的問題。文章在指辭上有些過火，但是我們覺得為了引起大家的討論起見，還是應發表的。」這個「編者按」措辭謹慎客觀，但是還是含蓄表達了對這種與抗戰無關戲劇的不支持態度。

不過，批評家的反感似乎並沒有影響觀眾的看此類戲的熱情。1941 年 12 月留渝劇人在國泰戲院上演了拜塞爾的劇作《閨怨》，同月，中央廣播電臺在抗建堂演出了李慶華根據奧尼爾《天邊外》改編的《遙望》，1942 年 1 月留渝劇人在國泰演出了俄國奧斯托洛夫斯基的《大雷雨》，1943 年根據《紅樓夢》改編的《鬱雷》也被中國青年劇團搬上了話劇舞臺，1945 年 1 月根據美國小說《飄》改編的《亂世佳人》在原小說豐富的戲劇性中加入濃烈的中國北伐背景，雖然有生硬之嫌疑，也是一出受到觀眾歡迎的演出，除了改編劇外，曹禺的《北京人》講述一個大家庭的敗落，吳祖光《風雪夜歸人》描寫藝人追求自立的生活與心理歷程，《牛郎織女》是描寫牛郎眷戀美好人間的神話劇……這些戲劇都受到觀眾的喜愛追捧，其中，《閨怨》共演出 10 場，觀眾 14000 人，《遙望》演出 9 場，觀眾 3560 人，《大雷雨》演出 12 場，觀眾 14000 人，1944 年 4 月怒吼劇社上演的《牛郎織女》共 23 場，其中 3/4 的時候賣了滿座，《北京人》1941 年 10 月及 1942 年 1 月被中青演出，兩次共演出 20 場，觀眾 12000 人，1943 年 3 月中藝又演出了《北京人》20 場，1943 年中國藝術

〔註 38〕 江上仙：《為什麼要演〈天長地久〉這樣的戲？》，載《新華日報》1941 年 4 月 28 日。

劇社演出了曹禺根據巴金小說《家》改編的劇本《家》，該劇在本年度共演出
86 場，創下了重慶演出場次最多的話劇紀錄。〔註39〕

　　這些戲的共同特點是：第一，家庭題材的作品居多。抗戰前期，大義滅
親是抗戰戲劇常見的情節，賣國與愛國的不同抉擇常常導致家庭的分裂，在
民族存亡與人倫親情之間，劇作家毫不猶豫把價值的天平偏向前者，以至有
人擔心過多在舞臺上表現大義滅親或許會導致普通民眾的牴觸情緒；〔註40〕
抗戰後期，《北京人》、《家》、《鬱雷》等以家族內部的分崩離析為線索，將個
人命運浮沉、家族倫理親情與時代風潮之複雜糾葛加以詩意的展現，令人們
再度關注平凡人生在時代大浪中的悄然變更，雖然沒有抗戰為背景，卻也觸
及現實，觸及心靈。第二，愛情故事成為情節主線。抗戰前期的劇作中，愛
情很少成為關注的重點，即使有，也常常被置於次要或陪襯地位。《全民總動
員》中，麗麗小姐喜歡民族英雄，卻不知道眼前被她不看在眼裏的鄧瘋子就
是她心儀的偶像，對英雄的暗戀反而成為其思想缺陷的證明。《一年間》劉瑞
春剛結婚就上前線，洞房化燭祇是陪襯英雄愛國主義情懷的私人事件。就連
插曲的使用也避免產生柔情的遐想，田漢《江漢漁歌》中有一首插曲原為「大
別山頭掛夕陽，月湖清淺泛鴛鴦。子期不在伯牙往，流水高山空斷腸，空斷
腸」，後來在排演時田漢認為不合抗戰口味，特地將第二句改為「月湖清淺隱
漁光」。〔註41〕或許兒女私情與戰爭需要的義無反顧之間有著天然的牴觸，因
此抗戰初期的劇作中極少有愛的柔情，然而，愛情是人類永恆的情感需求，
愛情中的悲歡離合最能賺取女性們的眼淚和同情。女性觀眾的崛起是大眾文
化產生的重要現象，1934 年唐槐秋帶領中國旅行劇團在北平上演《梅蘿香》
時，發現在場觀眾以摩登女士居多。〔註42〕女性觀眾常常呼朋喚友成群結隊
來看戲，深諳市場規律的演出者知道：男性觀眾看戲是來一個，女性觀眾看
戲是來一群，抓住了女性觀眾就抓住了商機，她們是戲劇商業運作中不可忽
視的接受群體。來到戲院的女性或許並不反感愛國教育，但是她們更憧憬浪

〔註39〕 本節涉及的各劇演出場次及觀眾數量統計主要來源於石曼《重慶抗戰劇壇紀
　　　　事》，中國戲劇出版社 1995 年版。
〔註40〕 顧以樵：《戲劇中的意識問題》，載《戲劇崗位》1940 年第 1 卷 5、6 合期。
〔註41〕 施劍青：《江漢漁歌与田漢同志》，載《抗戰文藝研究》1982 年第 1 期。
〔註42〕 《中國旅行劇團演出驚人》，北平《實報》1934 年 11 月 21 日，轉引自上海戲
　　　　劇學院徐琚碩士論文《中國旅行劇團：現代職業話劇的拓荒者（1933～
　　　　1947）》。

漫眞摯的情感生活，才子佳人的愛情故事、悲歡離合的男女眞情最能贏取她們的心。抗戰後期上演的《天長地久》、《亂世佳人》、《風雪夜歸人》、《牛郎織女》等戲劇多以青年男女情愛爲主要線索，男女主角多是中青年的紳士淑女，或受過高等教育的學者、青年，他們或因性格的軟弱或因爲時代的因素或由於家庭的阻礙而遭受到感情的挫折，才子佳人的愛情故事，悲歡離合的男女眞情開始滋潤人們因戰爭而日漸乾枯粗礪的心靈世界。第三，藝術水準普遍較高。抗戰前期由於急切的宣傳需要，戲劇往往在街頭劇和大規模演出的熱鬧中完成宣傳與募捐，雖然也推廣和普及了話劇這一藝術形式，但藝術水準的提高是有限的。抗戰後期，相當一部分西方經典戲劇登上中國舞臺，如莎士比亞的《哈姆雷特》、奧斯托洛夫斯基的《大雷雨》等，高水準的原著爲磨礪演導水準、提高觀眾審美品味立下功勞；與此同時，中國作家的原創作品《風雪夜歸人》、《北京人》等以溫婉綿長的詩意表現平凡人生與時代浪潮的交匯，都是民國時期戲劇舞臺上可圈可點的佳作。經過幾年的磨礪，大後方「演劇水準達到了相當的高度，不僅追及了戰前上海業餘劇人協會的成就，而且超越了它」。〔註43〕

抗戰後期，市場熱點由宏大的民族國家話語轉向生活的日常化、情感化，戰爭體驗與生命體驗同時在舞臺上展現民族生存樣式的多樣性。早期的抗戰戲劇奠基於群體生存的激情，濃厚的教化色彩與空洞的口號使得民族、主義、國家等集體性概念喪失了個體生存感受的具體性和豐富性，到了抗戰相持階段，它們不能再度激發觀眾的狂熱追隨，而小人物的個體遭遇、青春期的悸動和日常生活中的情愫因爲細膩的生活質感逐漸獲得市民的親近，這使抗戰後期的戲劇少了吶喊和說教，收穫了多元和審美的愉悅。

二、促銷策略

戲劇內容趨於生活化、市民化的同時，劇團之間的競爭也日趨激烈，如何吸引觀眾花錢看戲已經不單單是排演水準的問題，而與演出團體的自我推銷有關。戲劇廣告是大後方戲劇演出進行自我宣傳的主要管道，它主要以報紙這一最爲經濟快捷的現代媒體和開放透明的公共空間爲媒介，在這個公共空間中，一個成功的戲劇廣告不僅僅要向讀者報告戲劇演出的時間、地點和票價，更要

〔註43〕劉念渠：《戰時中國的演劇》，載《戲劇時代》1944年第1卷第4期。

培養市民的消費需求和抓住其消費心理吸引讀者的眼球。換句話說，這是涉及市場營銷的學問。本節主要以抗戰時期戲劇廣告分析其市場促銷。

　　任何時代的廣告就其整體而言都會準確地傳遞出時代脈搏。總體來說，抗戰時期的戲劇廣告充滿濃厚的意識形態色彩，注重以正確的意識引導觀眾。1941年《霧重慶》在重慶上演，這是一出反映一群大學生逃難到重慶之後面臨各種人生選擇的戲劇，他們為擺脫生活困境而開飯館，生活富足後卻在不同的人生選擇中失去愛情，或當老媽子當堂倌，或依靠他人過著寄生生活，或給人算卦，或消沉而死去，災病與沉淪圍繞著他們，他們的內心正如重慶多霧的天氣一樣，陰霾而缺少光亮。1941 年 1 月中國萬歲劇團將它搬上舞臺時，刊登在《新蜀報》的廣告內容充滿義正辭嚴的口吻：「誰是大時代的寄生蟲，本劇給你一個正確的回答。出賣祖先的漢奸，悲觀動搖的懦夫，提高物價的奸商，投機倒把的份子，看了『霧重慶』都將自愧而無地自容。」〔註44〕大時代的青年應該怎麼辦？誰是大時代的寄生蟲？是戰爭使人沉淪還是人在戰爭條件下的苦難生活中沉淪？這樣的戲劇廣告既對戲劇主題進行了精當的概括，又對人們生活中可能面臨的不良選擇予以警示，激發和引導觀眾關注這齣戲劇的主要看點。

　　即使在商業化傾向日益嚴重的 1945 年，戲劇廣告也沒有放棄意識形態的宣傳。《重慶屋簷下》講述在重慶的青年人因為不知情而幫助奸商囤積商品，在醒悟中又失去了生命。這是一個在時代中沉迷而又不甘沉迷的靈魂。1945年 3 月史東山導演的《重慶屋簷下》在銀社上演第 37 場時，3 月 9 日《新民報》刊登的廣告是這樣的：「它幫助你瞭解重慶，瞭解你自己扮演著什麼角色？它告訴你誰醜誰美，什麼值得歌頌什麼必須打倒！」〔註 45〕這個廣告幾乎把戲劇當作教科書宣講，讓觀眾通過一場戲獲得諸多人生與社會問題的答案，從而樹立起正確的價值觀和審美觀，姑且不論其實際效果如何，那種引導的意圖和教誨的意味是相當明顯的。

　　意識形態的引導是抗戰時期戲劇廣告的特點，不過作為促銷手段而言，廣告需抓住讀者的消費心理，什麼樣的戲劇能吸引觀眾？觀眾到劇場來是為什麼？如何能使讀者讀過戲劇廣告之後進入劇場？濃厚的教誨氣息並不是戲劇廣告的全部，它也根據市場消費心理積極地做出以下調整以抓住觀眾眼球：

〔註44〕戲劇廣告，載《新蜀報》1941 年 1 月 16 日。
〔註45〕戲劇廣告，載《新民報》1945 年 3 月 9 日。

（一）宏大的演出規模

宏大的演出規模是大後方戲劇演出進行自我宣傳的一大亮點。高成本、大製作在物質貧瘠的時代本來是不適宜的，但是，越是這樣的時代，人們越嚮往在虛擬的舞臺上感受富足和寬裕的物質生活，越有在宏大的規模中融入集體族群的精神需要。而且，從消費心理而言，在票價相差無幾的情況下，大手筆、大製作所帶來的聲光色電的震撼性與愉悅感更能獲得觀眾的青睞。《秋子》是抗戰時期唯一一部大型歌劇，1942 年 2 月由中國實驗歌劇團與中國電影製片廠聯合演出，《秋子》的廣告重點就在「大型」二字上：「本劇籌備兩載耗資二十萬，動員演員樂隊三百餘人。當然爲中國藝壇有史以來的空前大演出。」〔註 46〕耗資既巨，人員亦眾，如此盛況空前，觀眾即使不去看門道，也想去湊湊熱鬧，開開眼界。

高成本、大製作一度成爲大後方戲劇活動的亮點，這在古裝戲中尤爲突出。1941 年 11 月中華劇藝社在國泰劇院演出《天國春秋》，刊登在《新民報》的巨幅廣告爲：「耗資十餘萬，動員百餘人，太平天國興亡鑒，楊韋之亂寫眞錄」〔註 47〕其廣告賣點首先在於其大投資、大規模，其次才是戲劇內容的戲劇性，探秘性。可見，大投入、大規模成爲戲劇廣告吸引觀眾眼球的重要賣點，其目的在吸引觀眾花錢買票。當然，耗資之巨與規模之大的眞實性有待觀者自鑒。以中華劇藝社演出《天國春秋》來說，廣告上赫然寫著「耗資十餘萬」，而《新民報》對該劇的介紹是投資五萬餘元，數據相差一倍，不知道是報社的消息不夠準確還是劇團有意誇大投入規模以招徠觀眾，但是有一點可以肯定，在戲劇排演中，追求大投入大規模已成一種趨勢。觀眾喜歡，劇團也在推波助瀾，戲劇廣告更是在這方面做足文章以使演出賣個好價錢。

（二）舞美的炫奇爭勝

舞美、燈光、服裝構成戲劇演出的有機組成部分，它們的完美演繹使戲劇的藝術效果獲得直觀的呈現。更重要的是，在時尚信息並不發達的抗戰時期，人們對時尚的追求和理解往往需要從藝術舞臺上獲得樣本和方向，因此，對觀眾而言，看戲不僅是看劇情，也不僅是接受一場精神的洗禮，更是一種學習時尚和追趕潮流的重要方式。在戲劇舞臺上，舞美、服裝的新穎獨特與演員良好的身體條件相配合，通過舞臺演繹、情節闡釋以及附加的道德內涵，

〔註46〕戲劇廣告，載《新蜀報》1942 年 2 月 4 日。
〔註47〕戲劇廣告，載《新民報》1941 年 11 月 29 日。

往往會形成一種新的時尚，這對時尚行業及青年觀眾極有吸引力。一出戲劇盛行之後，喜好時尚的觀眾常常會在生活中模倣劇中人的髮型或者服飾，這才會出現如下情形：在《天長地久》的演出中，一些理髮師爲了學做劇中人的髮型，一連去看幾場。〔註48〕

　　大後方戲劇演出在服裝的新穎方面下足了功夫。這在歷史題材的演出中尤爲突出。1942 年 1 月 8 日中國萬歲劇團公演《棠棣之花》，廣告特別強調：「倣古布景道具，特製戰國服裝，全知古代舞俑，十餘詩意歌曲。」〔註 49〕將道具、服裝的倣古特色重點推出，讓那些不喜歡歷史題材的觀眾哪怕出於對歷史服飾的興趣也能走進劇場。1942 年 4 月 3 日中華劇藝社演出五幕史劇《屈原》，廣告以六個「空前」先聲奪人，「服裝空前」赫然在列。服飾、舞美的爭奇鬥豔使戲劇的觀賞價值更突出，它的賞心悅目給觀眾帶來直接的感官刺激，最能在第一時間獲得觀眾的喜歡。

　　（三）名人效應

　　名人效應是指社會公眾人物對普通民眾的號召力與榜樣作用。大後方演出的市場行銷有效地利用了名人效應，其名人分爲兩種，一是戲劇界明星，一是社會名流。

　　戲劇界明星包括名作家、名導演、名演員等。一般來說，觀眾看戲首先看是誰演的，獲得大眾認可的明星演員永遠具有票房號召力，抗戰時期，重慶話劇界的「四大名旦」和金山、藍馬等男演員在舞臺上的頻繁亮相，這與觀眾對他們演技、颱風的認可和追捧離不開。當時戲劇廣告中最多的套語即「鐵般的演出陣容」，其實就是利用明星策略對觀眾產生巨大的召喚效應。除了演員之外，劇作家也會成爲市場行銷的重點。1941 年中國青年劇社公演《北京人》時，作者曹禺被重點推出：「繼《蛻變》後又一珠聯璧合的偉大貢獻！醞釀四載，舉國守望，劇壇瑰寶，藝海奇珍。聽一曲對蒙塵古都的懷鄉曲，讀一篇頌新生世界的光明行。」〔註50〕這則廣告將劇作家和《蛻變》作爲宣傳點，以曹禺的知名度和《蛻變》的已有的成功演出喚起人們對這一新作品的期待。

　　社會名流一般不參與戲劇生產，但他們對戲劇的評價與支持程度也可以成爲戲劇賣點。中國藝術劇社成立後，首次公演戲劇爲《祖國在呼喚》，演出

〔註48〕石曼：《重慶抗戰紀事》，中國戲劇出版社 1995 年版，第 66 頁。
〔註49〕戲劇廣告，載《新民報》1941 年 1 月 8 日。
〔註50〕戲劇廣告，載《新蜀報》1941 年 10 月 24 日。

廣告中穿插了潘公展爲該劇所寫的祝語，潘公展身居文化要職，是國民黨中央圖書審查委員會的主任委員，掌管著劇作的生殺大權，他對該劇的題詞在某種意義上成爲一種官方態度，在各種程式上自然可以遇山開路，逢水搭橋。而《戲劇春秋》上演時，其演出委員會由 11 人組成，其中包括王延松，王小籟，杜月笙，谷正綱，陳立夫，潘公展等社會知名人士，這些人或爲政界名人，或能在社會上翻雲覆雨，他們進入演出委員會不見得是私人商業行爲，倒是演出團體借助這些社會名流的加入提高了知名度，不是廣告勝似廣告，其廣闊的人脈關係爲演出獲得活絡的空間。

（四）票價優惠

票價優惠也是大後方重要的戲劇促銷手段。抗戰期間，大後方戲劇演出很少有打折的戲票，除了第一屆戲劇節重慶舉辦的「五分錢公演」外，其他時候票價都居高不下，因此票價優惠對普通市民、尤其是學生觀眾很有吸引力的。1941 年 3 月 31 日，中國萬歲劇團爲「回應勸募戰時公債」公演《國賊汪精衛》，普通票價爲三元、六元、九元，榮譽券爲一百元、二百元、五百元，與之配套的優惠政策是：凡購買一百元、二百元、五百元公債者贈特級、優級、甲級榮譽座一張以資存念。不過這種優惠實際上是羊毛出在羊身上，因爲購買公債本身就花費不菲。比較實惠的票價優惠是 1944 年 2 月中國藝術劇社爲慶祝戲劇節將《戲劇春秋》座券七折優待。1944 年 3 月凱旋劇社演出《黃金潮》時，票價實行半價優惠。不過在大後方，戲劇票價優惠實質上並不多見，大概與演出成本太高、劇團入不敷出有關。

（五）豐富多變的廣告策略

報紙廣告是大後方戲劇營銷的重要方式。報紙覆蓋面廣，信息量大，傳播迅速，時效性強，是最爲經濟有效的促銷媒體。初期的戲劇廣告主要刊登戲劇演出的時間、地點、票價和演出者，相當於劇目預報，並無很強的推銷意識。隨著戲劇市場的逐漸成熟，戲劇廣告中增加了戲劇內容以及演出特色的介紹，廣告特色得以初步呈現，但廣告方式還顯得比較單一、缺乏變化，很多戲劇廣告從劇目上演到演出結束的一個周期，內容都缺乏有新意的變化。到了抗戰後期，戲劇廣告的行銷意識才出色的表現出來，廣告內容開始豐富多變。

在大後方戲劇團體中，中國藝術劇社最具有市場意識，它的戲劇廣告也最爲新穎靈活，富有煽動性。1943 年中國藝術劇社上演《戲劇春秋》，其廣告

設計頗具匠心。演出之初，刊登在 12 月 5 日《新華日報》的廣告為：

> 轟動渝市名劇即將捲土重來！！
>
> 各報好評，鐵的保證。
>
> 新民報《電影與戲劇》評：「……這個戲的濃烈的色彩與輕盈的姿態總是幫助了票房價值的成功。小穿插尤有很精彩動人的地方，從演員的成績來說，我看到了我久未看到的好演劇。」十一、廿八（顏再生）
>
> 新華日報《戲劇專頁》評：「……戲劇春秋此次上演，獲得了普遍的讚譽，我相信除出原作真摯的感情與演員們表演卓越之外，導演的苦心設計也是成功最大的基因。」十一、廿九（浦雨）
>
> 新蜀報《影與劇》評：「……令人心酸而又令人愉快的戲劇。……是一部不同凡響的史劇。戲劇工作者應該看，愛好及留心戲劇者應該看，每個中國人都應看。」十一、廿九（野煙）

上演半個月之後，廣告內容有了變化：

> 最後兩天：突破本季話劇續演紀錄。在機關，在學校，在家庭，在公共場所，「戲劇春秋」成了人們主要的話題，劇中人的臺詞成了人們口頭的流行語，設非劇情演技真摯動人，曷克臻此。〔註51〕

第一個廣告借助其他媒體對《戲劇春秋》的評價從藝術水準對演出進行高度肯定，第二個廣告借助公共場所人們對《戲劇春秋》的關注將該劇融入人們的日常生活，使人感到觀看《戲劇春秋》是生活中必不可少的一部分。其實，整個《戲劇春秋》的演出從一開始就有數次不同的廣告以突出不同的宣傳重點，每一次都緊緊抓住一般市民的觀劇心理。1943 年霧季中國藝術劇社共演出了 7 齣戲（其中含 6 齣大戲），這樣的廣告策略對它的演出成功功不可沒。

戲劇廣告對戲劇的賣座率是有影響的，《天國春秋》在成都上演遭遇失敗，舒繡文將之歸罪為中藝沒有宣傳，戲上了三天，人們還不知道這個戲已經上演了。〔註52〕儘管實際情況可能比這個更複雜，但也可看出戲劇廣告的促銷作用。

戰爭在持續，生活也要進行，人們無法抗拒內心深處對精神生活的渴望，這就是後方戲劇興盛的心理需要。政府部門對戲劇意識形態功能的拔高和戲劇

〔註51〕戲劇廣告，載《新華日報》1943 年 12 月 19 日。
〔註52〕陽翰笙：《陽翰笙日記選》，四川文藝出版社 1985 年版，第 229 頁。

工作者文化啓蒙的良苦用心並非爲市民全盤接收。市場這隻無形的手對戲劇發展走勢進行適度的調節，一方面淡化戲劇的教化色彩，一方面也使戲劇題材開始出現豐富多姿的趨向。戲劇開始滲入人的心靈世界，撫摸人內心深處的每一道纖細的紋路和每一波顫慄的情思。此外，市場競爭機制也要求戲劇演出必須在舞美設計、演員陣容、導演手法上盡善盡美，這對戲劇舞臺藝術的完善與走上職業化道路都是極好的鍛煉，儘管有時候過猶不及，在服裝、燈光、音樂方面投資過大，形成相當程度的浪費，這也是市場競爭中必須交付的學費。

三、民營職業劇團和游擊演出

市場化的進程必然催生出職業戲劇團體。現代戲劇產生初期，由於缺乏高水準的原創作品、高素質的表演人才以及尊重戲劇藝術的社會風氣，職業化往往被商業化所腐蝕，這就是文明戲墮落的原因。在中國旅行團興起之前，話劇演出籌措經費最後賠本的事例數不勝數，雖然我們感動於戲劇前驅者們的艱苦執著，然而長期虧本絕對不是戲劇發展的正常狀態。愛美劇運動提倡的非營利性、業餘性把商業市場排出在戲劇發展之外，當「愛美的」戲劇向市場關上大門的時候，市場同樣也對戲劇關上了大門，沒有市場的戲劇如同在暗夜中獨舞，它既無法從市場中獲得持續的資金回報以延續藝術探索，也無法從市場中獲取觀眾的情緒和思想反應以修正自己的發展方向，更無法培養起健康有益的文化環境。愛美是一堵牆，既隔絕了市場，也隔絕了大眾。抗戰的爆發使眾多的戲劇團體如雨後春筍生長，這些業餘劇團在經過幾次拖拉讚助以及經濟虧本後，大多偃旗息鼓。官辦劇團由於有政府資助和穩定的專業表演人才，還能在困難中繼續堅持。在民營職業劇團出現之前，重慶的戲劇演出總是人滿爲患，這說明戲劇在大後方人民文化生活中佔據極其重要的位置，人們是如此渴望文化生活，僅僅幾個官辦劇團已經不能滿足演出市場的需求，在這種情況下，民營職業劇團應運而生。

大後方比較著名的民營職業劇團有以應雲衛、陳白塵、陳鯉庭領導的中華劇藝社，1941 年 10 月成立於重慶；以夏衍、於伶、金山等人領導的中國藝術劇社，1942 年底成立於重慶；以田漢、杜宣爲領導的中國藝術劇社，1941 年 10 月成立於桂林。這些民營職業劇團的演出活動十分活躍。中國劇藝社在 1941 年 10 月到 1942 年 5 月第一屆霧季演出中，一共演出了七個大戲和一個小戲，還和「中萬」合演了一部大戲，《棠棣之花》、《天國春秋》、《屈原》初

次演出場次分別是 24 場、25 場、21 場，達到了當時的最高紀錄。1942 年到 1943 年的霧季演出中，中華劇藝社又獻出 6 部有水準、有深度的大戲，成爲霧季演出的中堅力量。中國藝術劇社在 1943 年到 1944 年的霧季演出中推出了七臺戲，在 1944 年到 1945 年的霧季演出中推出四臺戲，成爲重慶劇運主力。新中國劇社從 1941 年 10 月 10 日首演陳白塵《大地回春》開始，至 1942 年秋，共進行過七次公演，擴大了社會影響。

民營職業劇團顯示了戲劇發展的生命力，它豐富了大後方人民文化生活，使戲劇在一定程度擺脫了政黨意識形態的控制。自然，有些民營職業劇團的成立也有一定的政治背景，但是它們整個運作機制是市場運作機制。而難能可貴的是，它們既注重票房價值，也注重藝術追求，還主動擔負宣傳抗戰、教育民眾的時代任務。

不過，市場化最大的誘惑在於追逐經濟利益，它使那種簡便快捷的營利性演出迅速浮出水面。游擊演出就是一個典型的例子。

所謂「游擊演出」是指那些臨時組合的演出，或者是劇團演員臨時參加別的劇團的工作，因爲缺乏正規劇團的穩定性和持久性，又常常因爲搶佔劇場和市場而妨礙了正規劇團的工作，因而被冠以「游擊」二字。在軍事上，「游擊戰」是與「陣地戰」相對而言，游擊戰具有靈活機動快捷的特點，適合單刀深入又能全身而退，本無貶義可言，但在戲劇運動中，由於游擊演出對於正規演出的衝擊以及一味追逐經濟利益的價值取向，游擊演出成爲「投機演出」的代名詞，雖然它在客觀上也能活躍演劇市場，並且鍛煉和推出演藝新人，但其演出目的是以最小的付出獲得最大的回報，因此「游擊演出」不會在藝術性與思想性方面對於戲劇作嚴格要求。它選擇劇目的特點是：「第一，舞臺裝置比較簡單，最好是幾幕一景，頂多兩景；第二，服裝不要新製，完全能夠借到（湊足）最好；第三，劇中人物不要太多，四五個人到八九個人最適合；第四，劇本內容，一定得有吸引觀眾的力量。這樣，用算盤計算一下，成本不大，戲能叫座，分潤盈餘的伙伴不多。」〔註 53〕這裡提到的每一個標準都與藝術性、思想性沒有關係，而是直接與經濟掛鈎，《野玫瑰》之被「留渝劇人」看中正是因爲這個劇本完全適合游擊演出小投資大回報的市場預測標準。

游擊演出在抗戰後期盛極一時，許多著名的藝人都參加過，其中包括秦

〔註 53〕劉念渠：《重慶抗戰劇運第五年巡禮》，載《戲劇月報》1943 年第 1 卷第 1 期。

怡、江村、徐春霖、施超、路曦、田烈、陶金、魏鶴齡、章曼蘋、寇嘉弼、項堃、郁民、蘇怡、張駿祥等人，最早的游擊演出常常使用「留渝劇人」的名號，而「留渝劇人」並非一個成員固定的組織，它是這樣一夥或那樣一夥臨時組合，沒有任何物質設備或經濟基礎。一般來說，他們找到合適的劇本之後，是先找好經濟關係，再臨時湊合一夥人趕出一個劇來。他們表演的劇本就內容而言，也有比較積極的健康的，像《一年間》、《大雷雨》等，即使是被批評家指責的《天網》也未必就是低俗墮落的作品。《天網》是法國劇作家戴爾描繪犯罪的社會悲劇，寫一個銀行小職員謀財害命，以致後來家破人亡，直到劇終其謀殺罪也未被揭露，但因有殺妻之嫌而被判處死刑。該劇的思想內容確實與抗戰無關，但正如改編者陳錦所言：「這個劇本，深含哲理，結構和穿插，皆比較緊密美妙，全劇九段，都可令人感歎！到處顯示著因果線的支配。所謂《天羅地網》，真如細針密縷，可以看到劇作者的手法。」〔註54〕該劇以《天羅地網》為名先在上海演出收到較好的票房，1942 年 2 月被留渝劇人搬上重慶舞臺，共演出 12 場，觀眾達 10000 人，上座率還是很不錯的。游擊演出良莠不齊，不能一概而論之。留渝劇人也不是固定團體，「不同的態度，不同的動機，不同的方法，這樣一組或那樣一組的留『渝劇人』，就生了不同的結果。」〔註55〕在游擊演出最為興盛的 1944 年，很多劇團紛紛湧現，有的甚至只上演一次就銷聲匿跡，打一槍換一個地方，唯利是圖的空氣籠罩了國統區劇壇。

游擊演出越演越烈引起劇壇人士的關注，1942 年 3 月《戲劇崗位》在組織討論霧季以來的劇運時，對霧季的劇運是凌亂還是蓬勃，爭論得很激烈。〔註56〕1945 年 6 月，《演劇藝術》集中刊發了一組關於「游擊演出」的文章，戲劇界認為人才過剩、酬金高、劇人生活困難、正規劇團演出少或不演出是游擊演出盛行的原因，因此，不當以游擊與否作為演出評價的標準，而是應該注意演出的社會的藝術的價值，不過他們共同對劇壇的刮起的一種名利之風深感憂慮，吳祖光痛心地感到在游擊演劇中，戲劇被金錢和特殊勢力迷住了眼睛，游擊演出的粗製濫造最終會妨害戲劇的健康發展，這是它最大的隱患，「劇本常常在水準以下，導演是百般將就，演員是東拼西湊——觀眾渴望發

〔註54〕陳錦譯：《緩期還債序》，上海商務印書館 1937 年版。
〔註55〕劉念渠：《重慶抗戰劇運第五週年巡禮》，載《戲劇月報》1943 年第 1 卷第 1 期。
〔註56〕陽翰笙：《陽翰笙日記選》，四川文藝出版社 1985 年版，第 19 頁。

現新的人才，但是鄙視那種新的陣容，三天五天上一個戲，成就如何是可想而知的。從生活上說，豪賭、淫樂、暗算、排擠，種種毒素侵入了我們一向乾乾淨淨的戲劇圈子。沒有愛好與理想，志向與道義。」〔註 57〕游擊演出形式並非必然誕生這種烏煙瘴氣的東西，但這種烏煙瘴氣的風氣又確實與游擊演出連袂而來，這是導致游擊演出被戲劇人士擔憂的原因。

游擊演出的興起滋生了一種特殊人物——戲劇掮客，所謂戲劇掮客是指這麼一些人，「他們沒有劇團，沒有演員，沒有場地，也沒有資金，什麼都沒有。他們就有一種本事——能鑽到圖書雜誌審查委員會去把劇本通過。劇本通過了，他們就找這個劇團的三個人，那個劇團的五個人，借燈光，借布景，湊成一臺戲。他們不花本錢,美其名曰『打游擊』。」〔註 58〕戲劇掮客在戲劇市場中扮演了很重要的角色，他的好處是可以打通關節通過劇本審查，也可以先期籌措戲劇排演需要的資金。劇團工作者多是藝術人員，社會關係不廣，處理社會事務的能力不強。戲劇掮客在很大程度上說明劇團處理外部事務，協調複雜的社會關係，應付繁瑣的辦事環節，相當於劇團的經紀人，劇團負責人也能因此而省卻不少麻煩，專注於劇團內部事務，這未必不是好事，掮客從中獲利本無可厚非。問題是，他們給劇運帶來了什麼？「不幸的是他們給劇壇帶來了強烈的市儈氣息與功利臭味，極端的粗製濫造與欺騙觀眾的作風。」〔註 59〕他們唯利是圖的運作方式把藝術工作者當作賺錢工具，極大損害了藝術工作者的利益。

戲劇掮客多與權力部門有密切的關係，甚至就是權力部門人員假公濟私的行為。1943 年夏，中華劇藝社、國立劇專劇團在成都與當地的「神鷹」等劇團聯合演出了陳白塵、吳祖光、周彥、楊村彬合寫的劇本《勝利號》，演出以募集圖書基金的名義演出，演出共 20 多場，上座率很高，但資方除了支付製作費以及演職員車飯費以外不付任何酬金和劇本上演稅、導演稅。這次演出是由四川圖書雜誌審查委員會主任組織，他掌管著劇本的生殺大權，劇團也只好忍聲吞氣，敢怒不敢言。〔註 60〕而所謂的募捐公演衹是名義，成為權

〔註 57〕《關於游擊作風的意見》，載《演劇藝術》1945 年第 1 卷第 1 期。

〔註 58〕陳白塵：《抗戰文藝與抗戰戲劇》，董健《陳白塵論劇》，中國戲劇出版社 1987 年版，第 367 頁。

〔註 59〕陳鯉庭語，見《關於游擊作風的意見》，載《演劇藝術》1945 年第 1 卷第 1 期。

〔註 60〕周彥：《記〈勝利號〉在成都的演出》，載《抗戰文藝研究》1982 年第 3 期。

勢人員的生財之道。

四、噱頭與生意眼

對市場的適應意味著戲劇必須面對以「大眾」爲主體的巨大人群，在近代社會，「大眾（mass\the masses）」的產生與工業化、都市化、教育的普及化、政治的民主化和經濟的市場化有密切的關係。「從 15 世紀起，mass 一直被廣泛使用。最接近詞源爲法文 masse 與拉丁文 massa——意指可以用來鑄造的一堆材料（其詞源意涵也許是指捏麵團），並進而擴大指涉一大堆材料。我們可以看到其演變出兩種明顯的意涵：（1）沒有定型的、無法區隔的東西；（2）一個濃密的集合體。」〔註 61〕可見，在西方，大眾最早是指那些沒有明確統一的精神信仰卻能影響和制約社會經濟發展的烏合之眾。此外，大眾也非一個可以隨意捏揉的泥團，它用強大的世俗力量對精英意識進行消解。在中國，大眾更多是作爲政治弱勢群體在強調文學的階級性時發出一種正義的呼聲，或作爲文化弱勢群體在思想啟蒙中被重視，民國時期幾次有關「文學大眾化」的討論都顯示出知識份子憂患意識下的優勢心理。其實，知識份子的這種憂患意識和優勢心理常常不知不覺地被政黨意識形態所利用和引導，由「大眾化」到「被大眾所化」的歷史事實體現了中國知識份子整體對權勢的親和性。在中國現代知識份子的文化辭典中，大眾似乎並不包括那些受過教育、具有文化消費能力、而又沒有崇高精神追求的消費群體，然而，一旦進入市場，這些具有現代意義的大眾消費群體在休閒和消費方式上的好惡會形成一種實實在在的消費指南，讓文化生產者不得不根據他們的消費需求製定和調整既定計劃。當然，並不是所有文化精英都做出了遷就大眾的選擇，但他可能付出失去市場青睞的代價。

在所有的文藝形式中，戲劇與市場的聯繫最爲緊密和直接，大眾的喜好會迅速地在票房和現場演出中得到反映。40 年代，由於民營職業劇團的出現，市場競爭加劇。在重慶，有時候一天就有幾齣好戲同時開演，1942 年中藝的《大地黃金》與中電的《秋收》同天開演，1941 年 12 月《閨怨》與《遙望》分日場夜場同天演出，1942 年 3 月和 4 月《野玫瑰》和《屈原》先後在國泰上演，形成了互相競爭的局面，這裡有導演的競爭、演員的競爭，

〔註61〕〔英〕雷蒙·威廉斯：《關鍵詞：文化與社會的詞彙》，劉建基譯，三聯書店 2005 年版，第 282 頁。

但是歸根結底還是觀眾的競爭，什麼樣的戲才能吸引觀眾成為劇團排演劇本的首要考慮。在重慶霧季演出中，選擇劇目還是以市場考慮居多。〔註62〕其實，這並非壞事，因為市場需求同樣具有多樣性和層次性，懷舊與求新的心理、現實和潛在的願望、健康與有害的追求同時存在於市場。總體說來，大眾審美文化的消費意向是休閒娛樂與輕鬆快樂，它不追求精英文化的批判反省與精神提高，也不會積極接受政治意識形態的灌輸和宣傳，它具有一種與權力鬥爭或理性沉思相對立的感性愉悅特性，它不是神聖的或精神性的而是日常生活的。〔註63〕有什麼樣的市場需求就有什麼樣的藝術手段，誰也沒有權利把尋求快樂輕鬆的觀眾趕出劇場，但與此同時，一些沒有深度精神追求的討好觀眾的花招也開始流行於劇壇。

這些討好觀眾的花招被劇壇人士稱為「噱頭」。噱頭是上海一帶的方言，意為嘩眾取寵、拿出花頭、開開玩笑，演出的噱頭包括機關布景、服飾場面以及演員滑稽逗樂的表演，噱頭在演出中也不全然是壞作用，它能抓住觀眾的注意力，凝聚劇場氛圍，使用得好的噱頭猶如蔥薑蒜椒等調料能使戲劇這道大菜更有滋有味。導演應雲衛和演員石揮都是善於運用噱頭的優秀藝人，他們的戲受到觀眾的特別青睞。不過當噱頭的使用完全脫離了劇情需要而一味迎合觀眾的低俗心態時，就會成為劇壇的惡劣風氣。早期戲劇的海派風格很大程度上就是指借助手段、機關布景吸引觀眾，無論劇本的主題是如何嚴肅或悲慘，演員為了獲取觀眾的喝彩隨便加入許多噱頭，無論人物的家境是如何貧困，布置也豪華多變，以至於機關布景、真牛上臺、僕人在給主人的茶中吐口痰之類的噱頭層出不窮。抗戰時期戲劇向市場化邁進的過程中，這類噱頭又開始潛滋暗長，「插科打諢的噱頭主義出現了。因為觀眾可以笑和鼓掌。彎轉曲折的情節劇也出現了，偷情賣俏的戀愛噱頭也參入到抗戰劇作與演出中了。因為觀眾也要『軟』的東西來調劑調劑，他們滿意與鼓掌了。自然，長篇大論的八股演講，有時也照舊可以引起觀眾的鼓掌的」。〔註64〕

不顧藝術水準、一味取悅觀眾、迎合觀眾的戲劇現象引起戲劇界人士的嚴肅批評。首先，劇本創作中的噱頭初露崢嶸。杜宣曾經以抗戰劇本中「我

〔註62〕陽翰笙曾提到，1942年5月，他約中藝、中萬編導人談論下半年的劇目問題，不少人在選擇劇目上都把生意眼看得很重。陽翰笙《陽翰笙日記選》，四川文藝出版社1985年版，第43頁。

〔註63〕王一川：《大眾文化導論》，高等教育出版社2004年版，第8頁。

〔註64〕之喬：《效果主義》，載《戲劇春秋》1940年第1卷第1期。

們有位女同胞的大腿被飛機炸了，作者拿著血淋淋的慘痛，博觀眾一笑」為例，反對「寄慘痛於哄笑」的唯「噱頭」主義。〔註65〕當然，杜宣舉的例子可能並不合適，陳白塵就十分委屈地辯解說，反噱頭主義者「引了我《亂世男女》裏蒲是今在講『飛進一條女人大腿的故事』做例子，大罵我一通：把血淋林的故事當作噱頭，眞是太無心肝！可是批評家弄錯了，那太無心肝的該是被我諷刺了的人物蒲是今，而不該是作者」。〔註66〕儘管杜宣所舉例子不當，但討好觀眾的花招盛行卻是事實。噱頭甚至滲入了歷史劇的創作，作家「只顧抓到歷史的一鱗半爪，來添油加醋，用噱頭和趣味，來編歷史的桃色事件，爭風吃醋，而沖淡歷史的嚴肅性和進步性，喧賓奪主地掩沒了歷史事件的中心鬥爭；這是洋場市儈主義的歷史劇作傾向，他祇是為著生意眼，而不是為著歷史的再認識。」〔註67〕其次，促銷手段中的噱頭更是層出不窮。戲劇的市場化推動了一味迎合觀眾的噱頭主義盛行，在《密支那風雲》中，劇團甚至動用了草裙舞與飛機降落隊等噱頭吸引觀眾。1944年「中術」將曹禺的《鍍金》更名為《鸞鳳和鳴》上演，對此，曹禺抱怨與從前大世界演他的《雷雨》改名為《父子同妻》的作風沒有差別。就連廣告中也不例外，獨幕諷刺劇《代用品》上演時，其廣告為：「她，嬌得可憐！懶得可惡！笨得可笑！俗得可恥！包你大笑兩個小時。詼諧處使你不笑也要笑！痛心處使你不哭也要哭！」用「包你大笑兩個小時」來吸引觀眾雖然不算過頭，但也有用噱頭吸引觀眾的嫌疑。那麼，在決定上演劇本的時候呢？

在決定上演劇本的時候，這樣的心裏的算盤，這樣的對話是典型的：

——生意經怎麼樣？

——括括叫！

——噱頭呢？

——百份之百！OK！

這便是決定上演劇本的標準！〔註68〕

在演出中考慮有無噱頭本來無可厚非，但是一味依靠噱頭就可能導致劇

〔註65〕杜宣：《關於劇作上的唯噱頭主義》，載《戲劇春秋》1940年第1卷第1期。

〔註66〕陳白塵：《〈結婚進行曲〉外序》，董健《陳白塵論劇》，中國戲劇出版社1987年版，第112頁。

〔註67〕周鋼鳴：《關於歷史劇的創作問題》，載《戲劇春秋》1942年第2卷第4期。

〔註68〕江上仙：《為什麼要演〈天長地久〉這樣的戲？》，載《新華日報》1941年4月28日。

團對演出藝術水準的忽視，也可能使一些嚴肅樸實的戲劇不能獲得演出機會，甚至在演出時候不顧劇情需要而嘩眾取寵，更會在舞臺上滋生突出自我表現的個人主義。而且，儘管在抗戰幾年之後，生活過分緊張，人們需要一種輕鬆的、不費思想的玩意兒來調劑緊張的生活，但這樣的觀眾也是最喜新厭舊的，沒有思想內容和藝術水準支撐的噱頭也很快會因為俗套、油滑而被觀眾厭煩。

戲劇中的噱頭本不足為奇，但抗戰時期在噱頭與生意眼的背後湧動著市場與經濟的浪潮，它像一隻無形的手撥動著戲劇界敏感的神經，遭受過極端經濟壓力的話劇太需要市場認可了，而巨大的經濟壓力也迫使劇團必須重視市場的需求，這「不是專門著眼於生意經，也不是什麼商業化不商業化，成本過重，劇團三五十人生活必須維持，一個戲的演出是否可以收支相抵，則是今天的演出者不能不加以考慮的問題。曲高和寡的演出，不是冒險就是出於認識的錯誤。」〔註69〕茅盾的《清明前後》是一個小說化的戲劇，用專業眼光來看，一個可資炫耀的場面都沒有，在離上演日期只有幾天的時候，還有演員向宋之的建議最好不要演這個戲，因為「我們失敗了不要緊，我們在別的戲裏可以補過來的。但劇社的經濟，劇社賠得起嗎？」雖然劇社最終還是上演了這個戲，並且票房也不糟糕，但是當時讓宋之的下決心推出此劇的原因是：如果該劇演出失敗，《芳草天涯》還能在票房上彌補損失。〔註70〕

看重市場需求是戲劇成為成熟藝術形態的標誌，祇是它的成長之路總是彎曲的，為了獲得市場青睞也付出了媚俗的代價。總體而言，著眼於生意眼和噱頭的市儈風氣遭到批評家的一致反對，有人將戲劇中的商業化現象歸為道義問題，認為應該通過確立演劇制度、建立嚴正的戲劇批評和戲劇工作者的自我教育來對這種不良風氣加以清除。〔註71〕甚至有人認為靠話劇想賺錢本不是一種常態，屢次的演出，如果不經過有力的推銷票子，很少不早已預備賠本的，但是何以一定要演出呢？因為它有極高的教育任務。在這個觀點中，發人深省的還不是演劇賠本的現實，而是將市場營利直接排除在戲劇發展的常態之外，這與戲劇界對話劇的教育定位有關，高臺教化不僅排斥了戲劇的娛樂性，而且將

〔註69〕劉念渠：《堅持工作爭取工作》，載《戲劇時代》1944年第1卷第2期。
〔註70〕宋之的：《〈清明前後〉演出前後》，宋時編《宋之的研究資料》，解放軍文藝出版社1987年版，第200頁。
〔註71〕《談戲劇界的道義問題》，載《文藝先鋒》1945年第7卷第2期。

戲劇的生存意義與生存條件割裂開來，如果這種思想在戲劇運動中是主流的話，抗戰勝利以後戲劇運動走向低落就不僅僅是政治的原因了。

抗戰進入相持階段以後，國統區的劇運也處於從業餘性到職業化的轉捩點，劇團不再是自掏腰包由意識、志趣、感情相投而結合起來的愛美劇團，而是明明白白用票房收入來支付演職人員薪水的商業機構了。新舊體制的交替期暴露出戲劇面對市場化產生的許多問題，業餘劇人時代的殉道精神漸漸消逝了，經濟正逐漸上陞為一種重要的社會力量，這本來也為戲劇所具有的商品屬性所決定。商品屬性和意識形態屬性是戲劇同時具有的特點，任何一個屬性過多膨脹都會打破藝術與市場中應有的平衡。市場對戲劇運動最大的影響就是運動消逝，職業凸現，這對戲劇發展而言，是禍是福，這個問題筆者至今未看到中肯的評論，但它對戲劇高臺教化的解構是明顯的，當然這並不意味著市場就沒有意識形態的影響，而是這種影響已經隱蔽化、日常化了。

第三節　政府雙重定位標準導致戲劇困境

抗戰時期國民黨對戲劇的態度表現在兩個方面：一是從民族國家意識的角度強化戲劇的意識形態功能，一是從文化統制的角度製定了若干戲劇政策。前者提高了戲劇的社會地位，但急功近利的宣傳心態也影響了戲劇的藝術水準上的探索以及對人性的深層展露與思考；後者主要集中於劇團管理、劇本審查以及戲劇捐稅，國民黨政府「一方面把話劇當做宣傳工具，企圖通過劇團監管、戲劇審查等措施，將其全部納入黨化或政治化的軌道；另一方面又把話劇視為純粹的商業活動，課以重稅」。〔註72〕它體現了國民黨對戲劇的雙重標準，既把戲劇當作教育工具，極力強化戲劇的教化功能，又視戲劇為商業娛樂活動，通過捐稅制度「寓禁於徵」。如此悖立的態度源於政府對戲劇與生俱來的娛樂功能的排斥，政府不能正確認識和引導戲劇的市場機制，使正在市場競爭中進行體制轉換的職業團體面臨巨大的經濟壓力，演劇人員的生活日趨艱難，抗戰時期戲劇藝術工作者為民族救亡立下汗馬功勞，他們無愧於「民族戰士」和「社會教育家」的稱號，然而，他們的工作成績卻沒有在政府政策中得到承認和體現，實在令戲劇工作者心寒。

〔註72〕馬俊山：《論國民黨話劇政策的兩歧性及其危害》，載《近代史研究》2002 年第 4 期。

一、教育宣傳工具

　　從晚清開始，以梁啓超、陳獨秀爲代表的現代知識份子就極力宣導戲劇的教育功能，但是，把戲劇宣傳作爲政府行爲是從國民政府開始的。1936 年，陳果夫關於《中央文化事業計畫委員會以來工作狀況》的報告中指出：「戲劇不是專爲人民所娛樂的，而是與社會教育互相貫通的，如果戲劇辦得很好，那麼社會教育一定有很大的收穫與成功，如果戲劇辦得不好，那麼看戲的人要受他不良的影響，而社會教育也不能進步。」〔註73〕1943 年，國民黨第五屆十一中全會通過了《文化運動綱領》，力圖用文化的力量發揚民族精神，恢復民族自信，並將「推廣與提倡文藝、戲劇、電影、廣播及新聞事業」列爲文化運動的內容，可見，與社會教育的直接聯繫是國民政府關注戲劇發展的直接原因。

　　正由於「戲劇是推行社會教育以及從事宣傳工作的一個最優良的工具」，〔註74〕所以國民黨政府在經濟十分困難的情況下還是創辦了國立戲劇學校，這是由政府出資創辦的第一所戲劇類專門學校。它於 1935 年 10 月成立於南京，1938 年 2 月遷到重慶，1939 年 4 月疏散到四川江安縣，1940 年獲教育部批准由原來的高中程度升改爲專科。國立戲劇學校在民國戲劇史上是值得重書的一筆，不僅因爲這個學校彙聚了諸多藝術名師，爲民族培養了諸多戲劇部門的專業人才，而且因爲這是戲劇藝術被國家納入高等教育範疇的第一個成功的典範，此外，獨立戲劇學校的創辦也說明戲劇教育師資力量已達到相當水準，社會生源和就業市場也初具規模。當然，政府創辦國立戲劇學校的初衷並不是著眼於繁榮現代文化和發展藝術門類，而是看中了戲劇在開通民智、改良風俗的教化作用，尤其是宣傳黨義、教導民眾的宣傳功用。

　　國立戲劇學校的創辦祇是一個典型的例子。爲了加強抗戰宣傳，國民黨重要政府部門幾乎都成立了戲劇組織，教育部的巡迴戲劇教育隊、實驗戲劇教育隊，政治部的抗敵演劇隊、孩子劇團、教導劇團，中萬劇團、中電劇團，三民主義青年團的中國青年劇社等，這些劇團分散在大後方和戰區不同的地域工作，目的仍是指導和加強各地抗戰建國的宣傳工作，通過戲劇演出和提供戲劇劇本促成國人思想的統一。

〔註73〕《陳果夫關於中央文化事業計劃委員會成立以來工作狀況的報告》，中國第二歷史檔案館編《中華民國史檔案資料彙編》，第五輯第一編「文化」，江蘇古籍出版社 1994 年版，第 35 頁。
〔註74〕張道藩：《戲劇藝術及其應用》，載《中央日報》1938 年 9 月 23 日。

　　爲了推進抗戰宣傳，教育部還要求各省市配合中央同步推進音樂戲劇教育，1941 年，教育部訂立了《推進音樂戲劇教育要項》要求各省市辦理，《要項》規定：各省市社會局教育科必須設專人主辦音樂戲劇教育，訓練音樂戲劇人才，選派學生至國立音校或劇校；各省市應設巡迴歌詠戲劇隊；組織歌詠歌劇學習；中學以上學校利用課餘組織歌詠歌劇隊；各教育廳編審歌詠戲劇教材；視察人員督監。這一規定不僅指定各省市的音樂戲劇教育必須配有專人負責，還對如何配置專業人員提出了建議，即通過培訓的方式來解決，雖然沒有將歌詠和戲劇作爲中學的必修課程，但是要求其利用課餘組織歌詠歌劇隊，並通過教育廳編審相關教材。以上規定對校園文化活動進行了某種規劃和引導，當然，政府規定祇是反映了政策製定者的希望和意圖，實際的執行情況可能會不同，相信並不是令行即止，否則也就不會強調視察人員的監督作用了，但在這個規定中，國民政府對戲劇的教育定位以及利用戲劇進行黨政宣傳的意圖是很明顯的。

　　值得說明的是，教育部音樂戲劇教育推進計劃推動了中學以上的校園戲劇活動，校園成爲培養戲劇人才的一塊熱土，以復旦劇社和重慶育才中學爲代表的學生演劇在抗戰時期均有上佳的表現。當然，這塊「熱土」不是指學生演劇在校園文化活動中最爲活躍，而是指抗戰時期大多數從事戲劇工作的人都具有大學文化背景，這與其接受的校園文化氛圍不無關係。此外，對音樂戲劇教育的推行培養了學生對藝術的興趣，青年學生是戲劇運動不可忽視的熱心觀眾，他們的青春熱情，他們對新鮮事物不可遏止的渴望，他們對社會時事具有的強烈的社會責任感，都是構成劇場最活躍健康和充滿生命力的元素。郭沫若的《屈原》在山城演出，許多學生抱著棉被排隊買票，《安魂曲》的演出，陶行知讓育才中學的學生連夜從北碚步行十幾里去觀看……這種行徑不僅是對作家藝術成果的高度肯定，也給劇場帶來了蓬勃的生氣。

　　對戲劇節的重視也可以反映出國民黨對戲劇的價值定位。首先，戲劇節得到政府的認可和製定。1938 年元旦中華全國戲劇界抗敵協會在漢口成立，大會決議以每年國慶紀念日爲戲劇節，從第一屆戲劇節開始一直到第四屆，戲劇節的舉辦都獲得政府的支持，1942 年社會部轉奉行政院指令：戲劇節「未便與國慶日合併舉行」，遂停辦，直到 1943 年政府正式出文將戲劇節定爲每年的 2 月 15 日。戲劇節的製定由民間到官方，沒有任何一個藝術形式獲得政府如此關注。其次，戲劇節的舉辦常常獲得政府的支持。中華全國戲劇界抗

敵協會成立以後，每月津貼由社會部和教育部各資助 100 元，1942 年第四屆
戲劇節舉行前，劇協常務理事張道藩向教育部請求補助費用，教育部補助慶
祝費用 500 元，費用的補助或許並不多，但國民黨對這具有廣泛群眾基礎的
藝術形式顯然另眼相待。爲什麼會這樣呢？身兼中華全國戲劇屆抗敵協會常
務理事和國民黨文化要員張道藩是這樣闡釋的：「在文盲眾多的中國，掃除文
盲的工作，限於事實的困難，不能立時奏效。關於一切救國的工作，及國民
必須具有的常識，必須認清的責任，欲待一般文盲不感覺文學的阻礙，由於
閱讀報自動地獲得，在救國甚於救火的今天，是決不可能，我們爲著要使一
般文盲所知道的東西，和知識份子一樣，甚至於更多，更切實，就只有把要
告訴他們的內容，利用戲劇的形式來演出，就只有利用演員來作爲表現內容
的符號，用動作與言語，直接而深刻地教育他們，所以，戰時的中國，戲劇
的重要性，是誰也不能否認的。」〔註 75〕因此，「戲劇是教育國民的活動教科
書，是影響青年思想最有力的武器，一切的戲劇工作者，是符合這些目的的，
完成這些使命的教育者和宣傳者」。〔註 76〕這是一個國民黨文化官員以非官方
身份發表的文字。「教育國民的活動教科書」和「影響青年思想的有力武器」
正是官方看重戲劇運動的主要原因。而用什麼樣的思想內容去教育國民與影
響青年則是下一步的問題。不過，國民黨政府的某些設想把宣傳看得太簡單，
也把戲劇作用太誇大。1942 年 6 月，國立編譯館擬定的《話劇叢刊編輯辦法》
中，包括了根據國民黨黨員守則 12 條分別撰寫話劇 12 種，另以黨員守則和
國民公約爲中心思想，編寫鄉村宣傳劇叢刊等。洪深就接到梁實秋給他布置
的題目「整潔爲強身之本」（黨員 12 守則之一），〔註 77〕對看重藝術追求的眞
正作家來說，這種任務苦不堪言。

　　國民黨政府對戲劇的教育定位往往忽視了戲劇的商品屬性，1943 年 6 月教
育部實驗戲劇教育隊「因經常費有限，物價飛漲，演出費用太大」向教育部請
求舉辦售票公演，教育部特於 11 月擬定了《社會教育團體參加募捐公演注意事
項》對售票公演嚴加限制。〔註 78〕實驗戲劇教育隊售票公演雖然被限制，但作
爲官辦劇團畢竟還有政府經常費的投入，雖然這種投入遠遠跟不上物價上漲比

〔註 75〕 張道藩：《中華民國第一屆戲劇節的意義》，載《中央日報》1938 年 10 月 14 日。
〔註 76〕 張道藩：《中華民國第一屆戲劇節的意義》，載《中央日報》1938 年 10 月 14
　　　　日。
〔註 77〕 石曼《重慶抗戰劇壇紀事》，中國戲劇出版社 1995 年版，第 99 頁。
〔註 78〕 國民黨中央教育部檔案，中國第二歷史檔案館，卷宗號 5～11915。

例，而民營職業劇團則完全要靠售票演出維持劇團運作，國民黨政府儘管對戲劇教育寄予厚望，但資金投入卻相當不足。戲劇在民眾教育方面發揮的重要作用很大程度依靠的是戲劇工作者不計個人得失的高度社會責任感。

二、「寓禁於徵」的戲劇捐稅

國民黨政府一味強調戲劇的宣傳教育功能，沒有將職業化、市場化納入到戲劇發展的正常軌道。但是演劇團體必須依賴市場而生存，市場化是戲劇發展的必經之路，「話劇職業化以後，演劇成了一項有利可圖的商業活動，劇團也相應地變成了獨立經營的文化企業，劇人則成了出賣其藝術勞動的自由職業者」。〔註79〕對戲劇發展的這一新動向，政府採取了高額征稅的方式進行調控。

1942 年 4 月 24 日，國民黨政府第一個《筵席及娛樂稅法》開始公佈施行，該法規規定娛樂稅稽徵對象為「以營業為目的之電影、戲劇、書房、球房及其它娛樂場所」，稅率「不得超過原價百分之三十」，而音樂演奏會和不以營業為目的的娛樂免徵娛樂稅。1943 年 7 月該法規修訂重頒後，稅率上限調高到 50%，1945 年 1 月到 1946 年 12 月第二次法規修訂前，稅率臨時調整至 40%。除了高額娛樂稅之外，以各種名義附加於戲劇之上的各種捐稅多如牛毛，勞軍、獻機、賑濟災民、購買國債等各種名目紛紜而出，在衡陽每張戲票捐稅多達二十七種，牢房裏的飯也算在戲票上。1942 年至 1949 年期間，每張戲票的營業稅、印花稅、節儲金、娛樂稅以及其他經常性雜稅加在一起，捐稅總額達到 68%～103%之高，1943 年 7 月以後更是保持在 103%以上。〔註80〕

捐稅提高之後，劇團只有通過提高票價將高額捐稅轉由觀眾支付，然而國民黨對戲票進行限價銷售，限價政策從 1942 年 4 月開始實行，1942 年 4 月以前為 15 元，1942 年 4 月以後為 30 元，1943 年 9 月以後為 50 元，1944 年 5 月以後為 65 元，1945 年 1 月以後為 100 元，和戰前 0.5 元左右的票價比較，抗戰時期票價上漲 200 倍以上，看起來，這已經大大抵銷了稅率提高之後的經濟壓力，其實不然，因為 1945 年的物價指數是 1937 年的 2491 倍，〔註81〕

〔註79〕馬俊山：《論國民黨話劇政策的兩歧性及其危害》，載《近代史研究》2002 年第 4 期。

〔註80〕馬俊山：《論國民黨話劇政策的兩歧性及其危害》，載《近代史研究》2002 年第 4 期。

〔註81〕根據費維愷《1937～1948 年紙幣發行量和物價指數》，〔美〕費正清主編《劍橋中華民國史》，章建剛等譯，第 1 冊，上海人民出版社 1991 年版，第 127 頁。

票價的上漲遠遠不能與物價上漲的幅度相提並論。一方面是物價飛漲，一方面是票價受限，劇團運作之艱難可想而知。在桂林舉辦的西南第一屆戲劇展覽會中，新中國劇社展示了兩份統計表，一份是「收入票款支出統計表」：以《金玉滿堂》統計，其中院租及捐稅兩項幾乎占全數的 60%，而生活及伙食僅占 9.6%，院租及捐稅逐年增加，院租 1942 年為 24.3%，1943 年 27.6%，1944 年 28.5%，捐稅 1942 年為 7.5%，1943 年 17.5%，1944 年 30.5%，生活費及伙食費始終保持著 10%。還有一份是「物價票價增長比較表」，1941 年持平 1942 年相差不多，1943 年物價高出很多，1944 年更懸殊了。〔註 82〕這兩份表實際上是一種無聲的抗議，對繁雜的戲劇捐稅和票價限制表達不滿，也從客觀上展示了戲劇團體生存處境的艱難。

其實，對於向戲劇徵收高額娛樂稅，國民政府內部也未達成共識。1942 年，甘肅省黨部致函中央社會部、宣傳部，對蘭州市政府 1941 年下半年起向各劇社影院徵收「行為取締稅」表示異議，認為徵收行為取締稅乃「寓禁於徵」的政府行為，而「戲劇電影為文化宣傳及社會教育之有力工具，亦為一般人民之正當娛樂。」所有演出劇本影片既已由中央及地方審核檢查機構審核通過，而復課以行為取締稅，「不締將戲劇電影列入應行取締禁止之列，似又未妥」。1942 年 4 月 24 日《筵席和娛樂稅法》公佈施行，4 月 29 日宣傳部長王世杰仍然簽具社會部，希望「如承同意應予以免徵」。社會部長谷正剛批示轉諮財政部。5 月 16 日財政部孔祥熙覆函社會部對征稅理由進行解釋：「行為取締稅意在限制過度奢侈消費非全係取締性質。戲劇電影既係供娛樂則其觀眾自具有負擔能力。政府從而課以稅捐以充社會公益之用，自屬應當。」〔註 83〕財政部是著眼於戲劇的娛樂功能以及其在市場上產生的經濟效益，為遏制過度奢侈的社會風氣和推進地方財政而徵取戲劇捐稅，而宣傳部則認為由教育與宣傳的觀點看，戲劇是社會教育的必要手段，不應歸入奢侈消費課以行為取締稅。可見，戲劇同時具備的意識形態功能與商品功能導致國民黨政府不同部門之間的認識分歧。

高額捐稅令劇團叫苦連天、怨聲載道。抱怨來自兩方面，一是征稅名義有所謂「不正當行為」之稱，極大傷害了藝術工作者的自尊。自然，這種「不正當行為」之稱有以訛傳訛的嫌疑，但政府娛樂稅將戲劇徵收的稅率與賣淫

〔註82〕《參觀戲劇資料展覽》，《中國抗日戰爭時期大後方文學書系》，第 1 編，重慶出版社 1989 年版，第 654 頁。

〔註83〕國民黨中央社會部檔案，中國第二歷史檔案館，卷宗號 11～1000。

行業等同卻是事實，這對以「民眾導師」和「民族戰士」自居的戲劇藝術工作者來說是難以接受的現實，這意味著戲劇工作者的工作價值和工作成績沒有得到政府在政策層面的積極肯定。二是收取捐稅太高，給劇團帶來巨大的生存壓力，直接影響了劇團的和演藝人員的生活。由於捐稅提高，戲票價格自然上漲，而政府又對票價進行限制，從而降低了利潤空間，而問題的關鍵不在票價的限定，因爲在 1943 年，50 元的票價已經使小市民和學生捉襟見肘，提高票價將使他們無力購買。問題的關鍵在於捐稅。有人算了一筆帳：用坼帳租用劇場，四六是最公允的了。50 入場券裏，扣去 30%娛樂捐、3%營業稅、10%印花稅後，還剩下 26 元，劇團分 6 成，還剩 15.6 元，一個容納千人的劇場連演二十場，8 成客滿，勉強能維持一出戲的開銷，如果提高票價，小市民和學生則無購買力，因此 48%的捐稅是問題的癥結。〔註 84〕這就不難理解第一屆西南劇展在提出的諸多建議中，要求降低捐稅的呼聲爲何異常強烈了。

　　捐稅制度過高迫使劇團不得不另尋出路以謀取利潤。第一，設置榮譽券。所謂榮譽座的設置大概是「每次演出都得找一個公開的社團做『主催者』或『演出者』，由他們以籌募基金等等名義而出售一部分前排座位戲票，稱爲榮譽券。榮譽券既不納稅，而且可以戲票的十倍、五十倍的價格出售，劇團便是從這種榮譽券裏分得一杯羹，以爲輔助收入，而大部分爲此種社團所攫取。但它也有個好處，可以幫助打通關節，通過劇本審查關。」〔註 85〕榮譽券比普通票價一般高數倍，其所得暴利多半爲演出者所得，劇團只能分得一小部分，因此榮譽券的設置並非解決劇團開支困難的根本辦法。第二，利用各種募捐名義以減少票價開支也是一種避稅手段。由於政府規定不以營業爲目的的娛樂可以免徵娛樂稅，各個劇團也開始鑽這個政策空子。1942 年開始，戲劇演出都有各種各樣的募捐名義，1943 年 1 月到 5 月重慶演出的五十多種演出中，賑災公演占 3/10，文化勞軍 3/10，獻機占 2/10，其他 2/10。〔註 86〕此時的募捐已經不同於抗戰初期的募捐表演，抗戰初期的募捐表演多是義務表演、劇團自願，且收入除去開銷之後完全捐給相關機關。此時的募捐演出多是利用募捐名義以減少捐稅，或增加榮譽座，達到增加收入的目的，早已喪失了募捐的實質內容。這不能完全

〔註 84〕　《票價問題與捐稅》，載《戲劇時代》1943 年第 1 卷第 1 期。

〔註 85〕　陳白塵：《陽翰老與中華劇藝社》，董健《陳白塵論劇》，中國戲劇出版社 1987 年版，第 343～344 頁。

〔註 86〕　《霧季劇潮將告結束》，載《新蜀報》1943 年 5 月 15 日。

歸結於商業化風氣的侵蝕，這也是高額捐稅導致的結果。

　　縱使如此，大多數劇團仍然入不敷出。據軍委會政治部文化工作委員會刊出的《從三○年～三一年度重慶演劇概況》統計，該年度重慶十四個戲劇單位（中華劇藝社、留渝戲劇協會、中國萬歲劇團、中電劇團、中央青年劇社、孩子劇團、育才學校戲劇組、朝大劇社、教育戲劇隊、第二新教工作團、實驗劇院，中國藝術劇社）共演出劇本 134 個，共演出 374 場，平均每日演出一場以上，動員觀眾 270120 人，收入總數達 2263186 元，賺錢的 4 個，收支平衡的 4 個，不買票的 1 個，虧本的 5 個，虧本總數 19 萬多，而且「此等演出大都係用響應捐獻『黨軍號』、『劇人號』飛機及滑翔機、慰勞前方將士或入緬國軍，擴大社教宣傳，援助勞工文化事業，或為某些學校、圖書館、月刊社、流浪兒童教養所募集基金名目，許多捐稅多獲蠲免，並亦預銷榮譽券，而損失仍如此之多」。〔註87〕這還是 1943 年以前的情況，1943 年物價飛漲，劇團生存處境就更趨艱難。

　　在宣傳需要時，戲劇被政府奉為「社會教育的活動教科書」，在戲劇演出成為有利可圖的商業行為時，戲劇被政府視為「以營業為目的的娛樂」，問題不在於戲劇有無教育或娛樂的作用，而是在政府為戲劇定位的雙重標準下，對戲劇工作成績缺乏充分的肯定，其搖擺不定的態度明顯缺乏對戲劇本質的穩定認識，此外，政府對戲劇的娛樂性持排斥態度，一味抬高戲劇的教育功能，而戲劇之所以是有力的宣傳武器正在於它寓教於樂的特點，戲劇的藝術本性絕不會把宣傳當作最終目的，而且娛樂性的追求也有健康低俗之分，政府缺乏細緻的甄別，以高額稅捐置戲劇於水火之中，又施社會教育的任務於戲劇之肩，這種搖擺不定的社會定位使人不得不對戲劇的身份作出如下解釋：

　　一、它是教育工作，因為教育部設有戲劇教育隊，社會是教育學院設有
　　　　戲劇教育系……

　　二、它是宣傳工具，因為中宣部有劇團，三民主義青年團有劇團，軍委
　　　　會政治部有劇團……

　　三、它是一種學術，因為我們有國立戲劇學校……

　　四、它是不正當行為，因為有人課以不正當行為取締稅——現改名叫娛
　　　　樂捐；

〔註87〕田漢：《關於當前劇運的考察》，《田漢文集》，第 15 卷，中國戲劇出版社 1986
　　　　年版，第 296～297 頁。

五、它是和賣淫類似的行動，因爲演員在正式報戶口以外，還得「藝員
登記」。

六、它是危險的東西，因爲戲的演出，必須事先審查。

七、它是可以抬高市價的商品，因爲只有它受著嚴格的限價。

八、……〔註 88〕

三、艱苦的生存處境

世界上沒有懸空的藝術，也沒有不食人間煙火的藝術家。戲劇價值定位
不僅涉及到社會觀賞戲劇時的基本態度，也涉及戲劇人員的生存處境。

抗戰後期的國統區，隨著物價的飛漲和高額捐稅制度的施行，即使大牌
明星也常在饑餓威脅之中。1942 年 9 月 26 日重慶《商務日報》公佈了十三位
明星的薪水：黎莉莉 340 元，舒繡文 330 元，白楊 320 元，張瑞芳 300 元，
顧而已 300 元，魏鶴齡 300 元，施超 280 元，謝添 250 元，陳天國 250 元，
吳茵 230 元，楊露茜 120 元，熊輝 100 元，秦怡 60 元。而就在這天的《商務
日報》上，刊登的物價是：上等米每市擔售 630 元，次等米每市擔售 580 元，
白糖每斤售價 130 元，哈德門香煙每包售 75 元，大小莫香煙每包售 97 元。
兩相對照，戲劇演員的生活狀況不言自明。以上明星還基本是官辦劇團編制，
可以享受政府供應的平價米，那些在民營劇團的演員生活狀況就更糟，有些
演員爲了生存不得不改行或嫁人，堅持在戲劇舞臺上的則多是貧病交集。第
九戰區的演劇九隊，全隊 30 人除隊長呂復和另一隊員湯保和外，全都有病，
其中患肺病者 9 人，心臟病者 2 人，其他腸胃、痢疾、婦女病者若干人，因
醫藥費不夠，物價飛漲，醫生只有勸他們多睡覺。當《戲劇春秋》上演之後，
很多人不禁聯想到目前戲劇界的艱難處境：

在湖南，演劇九隊的工作曾經得到所有看過他們的戲的人們之
讚美，可是他們的生活怎麼樣呢？

在桂林，新中國劇社苦幹了兩三年，在這兩三年中，吃了上頓
沒下頓的情形，已經司空見慣。

在浙江的劇團，支持著浙江劇運，金華失守後，人員死傷流離，
除了閩贛的戲劇工作同志之同情外，未曾得到任何救濟。

〔註 88〕曾石：《戲劇的身份》，載《新蜀報》1945 年 6 月 28 日。

　　在江西的戲劇團團員，曾經連著數月在發薪簿上寫著『收到薪金十九元二角』；就是在重慶，支持了數年，迄未稍懈的中華劇藝社也經常地陷在窮困中，賣票的收入是可觀的，可是都到哪裏去了？

——演出費，娛樂捐，院租，其它什麼稅……〔註89〕

　　在艱苦的生活煎熬中，一些優秀的劇人被貧病奪去了生命。戲劇活動家沈碩甫 1943 年 4 月 3 日病死街頭，入殮時其內衣襯褲皆破爛不堪，江村、施超兩個優秀的演員也因長期的疾病和勞苦分別在 1944 年 5 月和 10 月離開人間，1945 年 5 月，著名導演賀孟斧被貧病奪去生命。賀孟斧去世以後，重慶戲劇界爲他的子女教育籌募舉行公演，但是募捐祇是治標，並不能從根本上解決劇人的生活困境。爲了解決藝人的生活困難，有人呼籲戲劇工作者要注意勞逸結合，要保障相當水準的生活，〔註90〕其實，這種呼聲實在是微弱而不切實際，因爲如果沒有政府政策的調整與支持，要完全依靠劇人自己做到勞逸結合併保持有相當水準以上的生活，實在是天方夜譚。

　　自然，抗戰後期物價飛漲，大後方多數居民都經受過物質生活的困窘艱辛，不過戲劇工作者在教育使命的驅使下比一般市民付出了更多的努力與艱辛，他們內心的驕傲自豪與政府政策規定之間出現嚴重錯位。他們以無私奉獻的精神進行民族國家意識的宣傳與藝術表演，而政府以娛樂性質徵收賦稅，他們並不怕窮，「重慶市每次大的戲劇公演，哪一次不是勞軍，哪一次不是捐款，哪一次不是宣傳，哪一次不是鼓勵人心，振奮精神，引導人們走上眞理之路？」〔註91〕但是不怕窮與藝術不需要錢是兩回事，社會待遇的不公正最讓戲劇工作者憤憤不平。「戲劇被當做『繁榮』的點綴，被當做少數有錢人的娛樂，被當做募集捐款的手段，被當做增收稅收的來源，要求於劇本是一套『義正辭嚴』的道理，一百個『不可』，一千個『不得』，戲劇非得有『教育意義』不可，不得『與抗戰無關』。而另一面將營業稅、娛樂稅、節約建國儲蓄券、各種救濟捐款等等，一層層地堆壓上去的時候，戲劇又分明是純營業性的、捐稅的對象。」〔註92〕政府自相矛盾的做法每令藝人惱恨不已，1944年戲劇節的這一天，中華全國戲劇界抗敵協會通過廣播表達的戲劇行業的願

〔註89〕扶風：《從〈戲劇春秋〉說起》，載《時事新報》1943 年 11 月 30 日。

〔註90〕甘依：《解救自己解救演劇運動》，載《新華日報》1945 年 6 月 16 日

〔註91〕吳祖光：《劇人不窮》，載《新蜀報》1942 年 3 月 14 日。

〔註92〕夏衍：《我們要在困難中行進》，載《新華日報》1944 年 2 月 15 日。

望：希望政府能重新估價戲劇運動的功能，重新認識戲劇在抗戰中所起的作用，在物價波動和無數層捐稅重壓之下考慮戲劇界的生存處境。〔註93〕然而，這樣的呼聲又能在多大程度上改變政府態度呢？而且一旦戲劇生存的良好環境遭到損害，政策的補救又能起到多大的作用呢？

在對戲劇的藝術定位中，權力、市場與藝術各自顯示了不同的要求與力量，它們在某些層面上相互協調，比如政府與藝人對戲劇教育功能的強調，這對提高戲劇社會地位極有作用；在某些層面上相互衝突，市場要求的輕鬆娛樂受到政府與戲劇批評家的否定；但更多時候是複雜地糾纏在一起相互作用，戲劇的娛樂性在市場的調整下頑固地體現出來，權力部門又極力把戲劇納入意識形態的宣傳之中，劇團在擔負社會教育功能的同時不能不受到市場因素的影響，而這一切都離不開藝術水準的提高……一切皆在抗戰建國的大背景下進行，抗戰建國也成為權力、市場與藝術得以統一的皈依。在傳統社會，藝術活動的主要目的都不是娛樂而是教化，換句話說，藝術祇是宗教、道德或政治教化的工具，比如西方中世紀藝術的宗教化，中國古代藝術與審美的道德化，都有反娛樂化的傾向，把劇場看作道德學校，審美的娛樂效果總要受到一定的限制或禁忌，所謂「樂而不淫」就是一種禁忌的表達。抗戰時期戲劇市場化的介入不僅體現了大眾文化在國統區的悄然興起，也使得戲劇的娛樂功能獲得一顯身手的機遇，雖然它很快又被湮沒在道德說教與政治教化之中。

〔註93〕《攜起手來，更勇敢地前進！》，載《戲劇戰線》1944 年第 1 卷第 4、5 期合刊。

第四章　戲劇批評與公共輿論空間

　　布迪厄在論及藝術產品的生產時曾經說道：「新定義的藝術勞動使得藝術家前所未有地依靠評論和評論家的全部參與。評論家通過他們對一種藝術的思考直接促進了作品的生產，這種藝術本身常常也加入了對藝術的思考；評論家同時也通過對一種勞動的思考促進了作品的生產，這種勞動總是包含了藝術家針對其自身的一種勞動。」〔註1〕文藝批評並不直接參與作品創作，而是通過生產一種意義與價值對文藝生產發生作用，或者說，評論家的文字並不單單說明大眾理解和評價作品，而是要注入意義和價值，並使大眾形成對這一意義與價值的信仰。在這個意義上，文學批評形成了一個重要的公共輿論空間，它不僅對作家作品在文學史與社會空間中進行價值定位，而且還通過公眾普遍意志與社會道德對作家的創作心態形成暗示與制約。

　　戲劇批評主要是針對戲劇文本和戲劇表演的批評。總體說來，民國時期的戲劇批評是相當薄弱的，「在某種意義上說，中國的現代戲劇還沒有形成足夠的戲劇批評實力，形成與戲劇創作匹配的批評格局，以及多樣的批評流派。」〔註29〕不過，學理性和系統性的匱乏並不意味著戲劇批評被冷落，在抗戰時期的國統區，幾乎每一出戲劇在表演前後都會有相關的評論散見於報刊，一些有影響的劇作和演出更是組織了評論專版，關於戲劇演出的大型座談會也有好幾起，比如 1940 年《戲劇春秋》雜誌社組織的《國家至上》和《包得行》的演出座談會，1945 年《新華日報》組織的《清明前後》與《芳草天涯》劇本的座談會，1942 年對《野玫瑰》的批評和 1945 年關於《清明前後》、《芳草

〔註 1〕　〔法〕布迪厄：《藝術的法則——文學場的生成和結構》，劉暉譯，中央編譯出版社 2001 年版，第 207 頁。
〔註 29〕田本相：《殘缺的戲劇翅膀・序言》，北京廣播學院出版社 2003 年版，第 4 頁。

天涯》的討論還成為當時文壇的重要事件。抗戰時期國統區的戲劇刊物呈現出前所未有的繁榮，《抗戰戲劇》、《獨幕劇》、《戲劇月報》、《戲劇與文學》、《戲劇春秋》、《青年戲劇通訊》、《戲劇戰線》、《演劇藝術》、《新演劇》、《戲劇時代》、《戲劇崗位》等均為國統區內較有影響的高水準戲劇專門刊物，幾乎每個戲劇刊物都會刊登關於戲劇運動的展望、檢討或報導的文章，也有戲劇表演或劇作的評論，綜合類文學刊物（如《抗戰文藝》、《文藝先鋒》等）中也有相當一些戲劇批評文章發表，而在各大報紙（如《中央日報》、《新華日報》以及有影響的地方報）的文學副刊中，戲劇評論更是必不可少的內容。

　　抗戰時期，戲劇批評不斷提出與時代要求、民族風俗、政治需要相符合的標準，以此檢驗作家創作和反思戲劇運動。是否與抗戰有關、能否激發民族自信成為戰爭期間批評家裁定戲劇價值的主要尺度，那種看重人性表現深度和藝術感染力的審美批評逐漸成為空穀足音，以政治實用主義為主流的社會學批評絕對佔據了輿論公共空間。發表在報刊上的戲劇評論伴隨人們的閱讀進入日常生活，無論是通過國家還是獨立的新聞機構來控制的湧入公眾耳目的信息流，都是影響人們觀點和行為的強大力量。雖然很難確定報刊的戲劇評論能在多大程度上左右觀眾鑒賞戲劇的眼光，但戲劇批評家作為高文化素質的專業群體卻受到劇作家、導演的重視，他們的價值取向和評判標準決定了劇作的座次排名或歷史地位，也在塑造公眾審美素養上具有指導作用，最關鍵的是，這些評論與國家意識形態之間形成一定的呼應或背離，它們在戲劇中共同生產出抗戰建國的價值意義，「抗戰戲劇」的名稱也因此而盛行，無論這個名稱意味著用戲劇支持抗戰，還是題材必須與抗戰有關，它都將不僅僅是「抗戰時期的戲劇」這麼一個簡單的時間性概念，而是將戲劇與抗戰的關係納入到戲劇批評的範疇，戰爭需要集體的力量，這使得五四時期的個性意識與啟蒙意識進入民族國家意識的新空間，意識形態的標準雖然發生位移，意識形態的話語仍然佔據了批評的中心。

第一節　反映現實與指導現實：抗戰戲劇批評的主導原則

　　「現實結成了一張無縫的網，人的任何活動都同他其他的所有活動緊密相連。文學批評關係到文學史和其他藝術史，關係到思想史，關係到政治史或社

會史等通史，甚至經濟狀況也能發揮作用來左右批評史的進程。」〔註3〕任何批評都具有現實的針對性，文學批評也確實像一面鏡子，它內含的時代精神和價值指向與文學作品提供的精神圖象相配合，映照出特定時代的精神追求。不過，批評的現實針對性和社會功利性批評不是一回事，社會性功利批評是以作品的職能作用和社會效果作爲判斷作品價值的尺度，將藝術納入社會結構的大場所之中，甚至將作品與社會現實作爲一個整體，當作同一個對象來批評，這種文學批評與時事、政治評論相結合，與現實關係密切，卻離通常的文學鑒賞甚遠。「上以詩補察時政，下以歌洩導人情」，〔註4〕強調文學的諷喻教化功能原本是中國文學的批評傳統，20 世紀 30 年代隨著馬克思主義進入中國，馬克思主義對物質生產與精神生產的辯證關係與中國傳統的經世致用的文藝觀相聯繫，加之政黨意識形態對文藝話語權的爭奪，文藝社會學批評成爲一種主要的批評範式。

抗日戰爭是關係民族存亡的重要事件，戲劇批評也由此找到配合政治、指導人生、鼓舞鬥志的現實依據，要求戲劇能夠反映現實與指導現實，而這個「現實」特指民族抗戰需要，這就是抗戰時期戲劇批評的主導原則，在這種原則之下，批評家更關注的當然是戲劇的內容與主題，文本批評多於演出批評也就順理成章。

一、「內容第一；主題第一」

「內容第一；主題第一」的說法來自洪深在《抗戰十年來中國的戲劇運動與教育》中的一段話：

> 所謂藝術都是宣傳；娛樂不背教育；藝術應有作用（Functional）；
> 內容第一；主題第一；故事寓言，不能沒有道德目的；悲劇喜劇，都
> 是對於人生的「社會學的解釋與批評」；戲劇鼓勵那在不斷變動的人
> 生中此時此地須要的道德行爲；文藝應是最高的功利主義……〔註5〕

洪深對文藝功利主義的看重使宋寶珍把他歸類爲社會功利性批評的範疇，

〔註3〕〔美〕雷納·韋勒克：《現代文學批評史：1750～1950》，章安祺、楊恒達譯，第五卷，中國人民大學出版社 1991 年版，第 12 頁。

〔註4〕白居易：《與元九書》，郭紹虞編《中國歷代文論選》，第 2 冊，上海古籍出版社 1979 年版，第 97 頁。

〔註5〕洪深：《抗戰十年來中國的戲劇運動與教育》，《洪深文集》，第 4 集，中國戲劇出版社 1959 年版，第 183 頁。

〔註6〕其實在抗戰時期，幾乎每個戲劇批評家都具有程度不同的現實功利主義傾向，文學現實作用的發揮主要是思想內容上的現實針對性，因此，抗戰時期戲劇批評對思想內容的看重遠遠超過藝術形式，同時，將作品與社會現實進行簡單比附的傾向也開始蔓延。抗戰以前，將戲劇內容與社會現實進行直接對照的戲劇批評就引發了黃芝岡與周揚之間的論爭。1937 年 2 月，黃芝岡在《從〈雷雨〉到〈日出〉》中認爲：曹禺在《雷雨》中宣揚的無非是「『正式結婚至上主義』和青年人死完了留老年人撐持世界的可笑的結束」，而《日出》裏的大都會雖有幕外砸木夯的工人的哼唷聲，卻沒有魯大海似的工人上場。他不滿意周萍自殺的結局安排，理由在於：

> 青年人的前途是很廣大的。將廣大的前途連繫在一件所謂「錯事」上，世間上的大錯事當莫過於此了。何況現代青年更當認清他廣大的前途，便是小的圓滿也得拋棄，便是國破家亡也當在至艱絕難中奮鬥而不當絕望自殺，現在的中國並不是全無出路，現在的大多數的中國青年也站在和虛無主義相反的那面，除非是極無志氣的無責任感的才會那樣沈鬱絕望，而且這使他絕望的又祇是無意識的做了一件從封建道德觀點上所認爲的「錯事」，如果每個青年人都象這樣抱定些小的過失，輕視偉大的前途，青年人便眞會在老年人的頭裏先死光了。〔註7〕

一個月之後，周揚《論〈雷雨〉和〈日出〉——並對黃芝岡先生的批評的批評》指責黃芝岡的文章是一篇社會批評，並對《雷雨》和《日出》給以充分肯定，認爲「《雷雨》和《日出》無論在形式技巧上，在主題內容上，都是優秀的作品，它們具有反封建反資本主義的意義。」「批評家沒有理由反對作家描寫社會中的黑暗的消極的現象，他所要檢閱的祇是被描寫的現象反映了現實的那些側面，反映得眞實到什麼程度，如果還不夠眞實，那就要指出是怎樣主觀的偏見妨礙了作者——這才是批評的主要任務。」〔註8〕儘管周揚指責黃芝岡對於作家的態度粗率，對於文藝的特殊性以及文學和現實關係有著樸素而不正確的理解，但實質上，他們使用的批評標準都是一致的，即以

〔註6〕 宋寶珍：《殘缺的戲劇翅膀》，北京廣播學院出版社 2002 年版，第 219 頁。

〔註7〕 黃芝岡：《從〈雷雨〉到〈日出〉》，王興平、劉思久、陸文璧編《曹禺研究專集》（上），海峽文藝出版社 1985 年版，第 558 頁。

〔註8〕 周揚：《論〈雷雨〉和〈日出〉》，王興平、劉思久、陸文璧編《曹禺研究專集》（上），海峽文藝出版社 1985 年版，第 565～566 頁。

政治實用主義爲主的社會批評。他們的分歧不在於批評的思維而是一個馬列主義者對非馬列主義作家的戰略策略選擇問題。〔註9〕

　　抗戰時期的戲劇批評就總體而言，社會學批評大於審美批評和心理批評。社會學批評表現了力圖將文學與時代相聯繫的努力，審美批評則力圖以藝術的自身規律評判作品。20 世紀 30 年代這兩種批評類型的表現各有千秋，抗戰開始以後，一句「與抗戰無關」的話語都引來軒然大波，在藝術之宮顧影自憐的審美批評自然是基本銷聲匿跡，絕大多數戲劇評論都是針對戲劇主題與時代聯繫的緊密度和人物形象的進步性進行褒貶評價。

　　《霧重慶》是宋之的在 1940 年創作的劇本，講述一群大學生在後方的苦悶生活，雖然某些情節的發展顯得勉強，人爲痕跡濃厚，但總體上反映了大後方青年人的苦悶與抉擇，也彰顯了抗戰的主題。不過仍然有人對劇中青年的結局提出質疑：「卷妤、大千、老艾等青年，既然過去曾作過光榮的鬥爭，爲什麼現在不能像一般的青年在抗戰中一樣，在前線，在敵後繼續著光榮的鬥爭，而要毫無意義的留在重慶呢？並且留在重慶一定要開小館，大千一定要去做違反抗戰的軍火商人的爪牙。難道說除了這個，他們就沒有別的路可走了嗎？再說，他們的認識，性格，小資產階級愛面子的根性允許他們這樣做嗎？」〔註10〕這質疑來自兩方面，一是開小館是否符合人物的出身和素養，二是爲什麼不安置人物奔赴前線。文章其實是對作者的題材和寫作角度進行顛覆，希望作者正面地直接地表現青年的抗戰鬥爭，這樣的批評與劇本本身隔膜，而且有粗暴之嫌。而這樣的戲劇批評在抗戰中並非特例，在《國家至上》的討論中，有人就認爲中國的知識青年爲中國革命運動盡了很大力量，而劇中的李漢傑的形象侮辱了青年。張孝英開朗大方，深明大義，有人對這個人物表示懷疑，認爲在非常封建頑固的家庭裏怎麼會有那樣理智熱情、國家觀念強烈的女兒呢？〔註 11〕把人物出身與思想個性進行簡單對應，或者將個別人物的塑造視爲作家對一代人的評價，這已經不僅僅是社會學的批評方法，而是企圖直接以戲劇施行社會教育的功利主義思維。

　　單篇文章的分析如此，綜合評述的文章也一樣。《重慶抗戰劇運第五週年演

〔註 9〕　錢理群：《大小舞臺之間》，北京大學出版社 2007 年版，第 84 頁。
〔註 10〕　留痕：《霧重慶》，載《新蜀報》1941 年 2 月 10 日。
〔註 11〕　《〈國家至上〉〈包得行〉的演出座談記錄》，載《戲劇春秋》1940 年第 1 卷第 1 期。

出總批判》將 1942 年度重慶劇壇 28 個演出劇碼進行排比梳理，鳥瞰巡禮地提出了劇本創作的遺憾：「還不能充分反映當前的現實萬象，還不能適應整個世界形勢又已向前發展的局面，新的課題——如太平洋戰事的主客逐漸易位，全世界反法西斯侵略國家的更進一步的團結，以及勝利到來後新的社會之理想等等，不斷地向我們提出來，而我們的劇作家似乎還沒有深切地接觸到，因此非驢非馬地改編外國名著爲抗戰劇本，無選擇地聽任劇團上演古典作品等不合理的現象，也在這『盛況空前』的劇運高潮中同時進行著了。」〔註 12〕要求戲劇創作與世界反法西斯局勢同步一致，這是批評家對戲劇提出的總體希望。

　　沒有直接表現抗戰的劇本，也會受到與社會現實是否吻合的審視。描寫封建大家庭衰敗沒落的《北京人》是曹禺在抗戰時期藝術最爲純熟精湛的作品，在劇中，曹禺以遠古的北京人和現實的袁氏父女表達他慣有的模糊的理想世界，茅盾以他特有的社會批評家的敏感提出三個遺憾：首先，袁家父女思想意識的政治歸屬不明晰；其次，圍繞曾家所處的時代背景交待模糊；第三，北京人的寓意不明朗。〔註 13〕總體上說，文章指責作家對曾家以外的世界反映力度不夠，要求作家將筆下人物與現實中社會群體的政治屬性進行對應。胡風也認爲《北京人》寫出了哀婉的現實和縹緲的夢，卻沒有寫出由現實到夢的道路，亦即這個故事發生在「抗戰前幾年的北平的這個有生力量的時代激流的交涉」，卻「沒有能在『現實社會』這個原野上面沖出一道水光四射的，滾滾的洪流」。〔註 14〕這都是著眼於社會現實對作品主題意義提出的異議。對《北京人》的批評如此，對任何與現實政治鬥爭沒有直接關聯的劇作批評皆如此。戲劇應該如實反映現實，然而如果將「現實」等同於某種政治屬性或者要求作家必須昭示光明，則未免過於狹隘了。

　　對政治傾向和主題思想的過度傾斜遮蔽了批評家對藝術水準的要求和人性思考的深度。這在《清明前後》和《芳草天涯》的劇本討論中表現尤爲明顯，《清明前後》是茅盾唯一一篇劇作，選取了抗戰後期工業危機與黃金潮對現實進行暴露，從藝術上說，作爲小說家的茅盾對戲劇文體並不駕輕就熟，劇作中充滿了小說化的痕跡，拖沓散漫。《芳草天涯》則是夏衍在 1944 年的新劇作，主要描寫大後方知識份子在民族救亡、個人情感、事業理想之間的

〔註 12〕 《重慶抗戰劇運第五週年演出總批判》，載《戲劇月報》1943 年第 1 卷第 1 期。
〔註 13〕 茅盾：《讀〈北京人〉》，載《戲劇春秋》1942 年第 2 卷第 1 期。
〔註 14〕 胡風：《關於〈北京人〉的速寫》，載《戲劇春秋》1942 年第 2 卷第 1 期。

徘徊與決斷。1945 年 11 月《新華日報》組織的《清明前後》與《芳草天涯》的座談會上，與會者普遍認爲，《清明前後》縱使其進展散漫，不感人，但由於所描寫的工業危機、黃金潮是官僚資本和反動政治所造成的惡果，主題鮮明，與當前實際鬥爭密切結合，因此，這「是一個大後方不多見的好戲之一，它不僅暴露了控訴了，而且是猛烈的抨擊了這個不合理的社會和那些吃人的黑暗勢力，更是明確地指出了如何才能求得生存的道路」。夏衍的《芳草天涯》卻由於「身在天涯，心懷芳草，欲斬馬謖，含淚踟躕」，「是一個非政治傾向的作品」而受到批評。〔註 15〕戲劇批評對劇作之間的優劣比較不足爲奇，關鍵在於他們判斷優劣的標準均以現實需要特別是政治傾向爲轉移，這種單一的評價標準不利於戲劇的多元化發展。

在抗戰批評語境下，審美性批評已被擠到邊緣，只有隱約的聲響。李長之極力推崇《棠棣之花》的人倫之美，理想人物多，以及作者對歷史材料從個人恩怨變爲反侵略大業、由個人立場轉爲民族立場的可貴提升，〔註 16〕立足於人性之美和熱情的理想境界對《棠棣之花》作出了客觀公正的評論，雖然祇是一篇短短的書評，但也可以看出京派批評家的氣質風範。此外，李長之《論曹禺及其新作〈北京人〉》、李健吾對《上海屋簷下》和《清明前後》的評論都是相當優秀的審美批評文章，如果這類批評能夠多些，並受到藝術家們的看重，將與社會性批評一起有助於劇本創作思想與藝術的均衡，使作品更爲圓潤而沉靜。

對內容與主題的看重使戰爭時期的戲劇大多拖著抗戰的尾巴，抗戰題材的作品自不必說，就是非抗戰題材的作品爲了獲得審查通過和輿論認可，也大多安上抗戰的尾巴，表現繁複人性與深入心靈意識的作品不復獲得評論家的青睞，這也是抗戰時期戲劇創作趨於浮表化的因素之一。

二、現實主義的獨尊地位

抗戰時期的戲劇多理想主義的色彩，所謂「抗戰八股」、「光明的尾巴」也是理想色彩與樂觀情緒的體現，祇是這種理想色彩因爲切合現實需要而被賦予現實主義稱號。現實需要與現實主義不是一回事，但現實主義眞實反映

〔註 15〕《〈清明前後〉與〈芳草天涯〉兩個話劇的座談》，載《新華日報》1945 年 11月 28 日。
〔註 16〕李長之：《〈棠棣之花〉書評》，載《文藝先鋒》1942 年第 1 卷第 4 期。

生活的要求與客觀現實之間存在明顯聯繫，因此中國現代的文學批評便在思想與方法之間進行了轉化。將科學的世界觀、現實主義的創作方法、活生生的現實生活加以並列是抗戰時期文學批評的常態。

對現實主義的推崇首先表現爲對浪漫主義的排斥。抗戰時期，浪漫主義被視爲個人主義的、脫離現實的、主觀的創作傾向被壓抑。《野玫瑰》因爲有特工、刺殺的傳奇劇情以及民族大義與兒女私情糾纏，被批評爲「助長了頹廢的、傷感的、浪漫蒂克的惡劣傾向」。〔註17〕浪漫主義有時候也會受到批評家的肯定，但多會在前面加以「革命」二字，並將之作爲「革命的現實主義」的一部分而肯定。郭沫若的歷史劇詩情洋溢，具有強烈的主觀色彩，批評者認爲《棠棣之花》「是帶著濃厚的浪漫諦克色彩的作品，但這決不是缺陷，而正顯示了郭先生的革命的浪漫諦克主義的成功。這種革命的浪漫主義，是革命的現實主義所不可缺少的組成因素，而且是與『五四』以後的現實主義同爲新文化運動的兩大主流，匯合而成爲今天革命的現實主義的高潮」。〔註18〕現實主義成爲衡量一切的尺規，浪漫主義在它的丈量之下，才能具有價值與意義。在這種情況下，能對浪漫主義劇作加以讚揚的劇評少之又少，陳銓的《藍蝴蝶》寫一個女子被兩個男子所愛，女子爲愛人死去而殉情自殺，故事充滿浪漫的情調，結局也異常可悲，季語煊撰文對其「美化的超現實的藝術上的效果」加以褒揚，〔註19〕實在是不可多見的對浪漫主義劇作肯定之詞。

現實主義要求作家以洞察社會內部結構的深刻眼光反映現實，又以科學的世界觀要求其反映的現實需要具備意識形態的傳播功能。因此，現實主義的獨尊地位不僅是提供了一種新的創作方法，而且是與一種新型的世界觀相聯繫，並進而與政治權威相聯繫。需要指出的是，現實主義在現代化中國的獨尊地位由來已久，陳思和在《中國新文學發展中的現實主義》中追溯了現實主義與中國新文學結緣的過程，揭示了中國現實主義在走向獨尊途中的兩個關鍵因素：其本身的功利潛能及與馬克思主義的結盟。〔註20〕不過，這還不足以說明國民黨文藝刊物中對現實主義的肯定。相比之下，南帆的描述或

〔註17〕 谷虹：《有毒的〈野玫瑰〉》，重慶師範學院中文系《國統區文藝資料叢編‧戰國派》（2），重慶師範學院 1979 年版，第 238 頁。

〔註18〕 章閱：《從〈棠棣之花〉談到評歷史劇》，載《新華日報》1941 年 12 月 7 日。

〔註19〕 季語煊：《評〈藍蝴蝶〉》，重慶師範學院中文系《國統區文藝資料叢編‧戰國派》（2），重慶師範學院 1979 年版，第 255 頁

〔註20〕 陳思和：《中國新文學整體觀》，上海文藝出版社 1987 年版，第 72～82 頁。

許更爲中性化：「當寫實主義與『爲人生』的口號結合起來時，否認寫實主義勢必成爲推卸責任的同義語；當寫實主義成爲抗拒形形色色頹廢主義的旗幟時，放棄寫實主義無異於投向資產階級的懷抱；當寫實主義被當成唯物主義或者科學的標本時，脫離寫實主義就是認可種種可疑的唯心主義哲學陣營。經過一系列複雜的理論運作，寫實主義——後來易名爲現實主義——成了一個享有特權的重要概念，滿它終於從一種文學類型轉變爲一種進步文化、正確世界觀和先進階級的標誌。這使現實主義具有了異乎尋常的號召力乃至威懾力。」〔註 21〕因此，無論是國統區權力部門還是在陝北邊區的紅色政權，都在大力提倡這種能夠充分容納意識形態宣傳的創作方法及文學思潮，因爲民族安危與國家存亡已經不容許作家沉湎於藝術之宮顧影自憐，加上批評界對西方現實主義、浪漫主義、現代主義等方法流派的簡單劃分以及誤讀，現實主義被作爲最能深入生活與現實的創作手法而加以推崇。其實任何創作手法都有其合理性，並不存在更好與更壞的可比性，但批評界對現實主義的一致推崇畢竟使《暗嫩》、《黑衣人》之類象徵劇、唯美劇消失無蹤，使《原野》之類的表現人物心理意識的舞臺探索也不再出現，取而代之的一律是民族、國家、戰爭的現實要求，甚至不惜付出生硬、粗率的代價。

但是，正如韋勒克所言，現實主義並不是唯一和最高的藝術方法，它有明顯的局限和束縛，「在舞臺上現實主義常常意味著避免某些不可能的場景，避免那些舊的布置調度上的那一套程式，避免意外的相會、聽壁角，避免舊戲中設計得過於明顯的對比等」。〔註 22〕所以它對舞臺上發生的任何事件都要求符合事物發展的必然規律，「《山城故事》裡的囤積者的被打死，《雞鳴早看天》裡漢奸之自殺，《金玉滿堂》裡發國難財而被處死刑，《小人物狂想曲》中的官僚之不知死活，這都是必然的結果麼？作者的處理能心安理得麼？」〔註 23〕一味以現實主義爲標準強調社會歷史的發展規律與必然性，偶然性在事物發展中的真實存在與其所具有的戲劇效果完全被排斥，這樣，悲劇也必須是表現社會歷史必然規律的社會悲劇，而不能是以偶然和宿命串連的命運悲劇或性格悲劇，抗戰戲劇教誨氣息的嚴重性可想而知。

〔註 21〕南帆：《真、現實主義與所指》，南帆《文本生產與意識形態》，暨南大學出版社 2002 年版，第 75 頁。

〔註 22〕〔美〕R・韋勒克：《文學思潮和文學運動的概念》，劉象愚等譯，中國社會科學出版社 1989 年版，第 250 頁。

〔註 23〕田進：《抗戰八年來的戲劇創作》，載《新華日報》1946 年 1 月 16 日。

「大體而言，中國現代文學批評的實用性，具體顯示爲批評和讀者的聯繫，它首先是一種爲著讀者的批評，其次才是爲著作者的。」〔註 24〕普遍地用文學的社會性壓抑文學的藝術性，用文學所屬的一般意識形態本質來代替和消融文學的特殊本質，鮮明而逼仄的價值觀念召喚戲劇批評以鑒別和推斷文學的社會功用爲切入點，甚至是價值終點。這種從民族利益出發、重視戲劇現實作用的批評標準是抗戰時期文藝界愛國心與正義感的體現，但實用化簡單化的評判思維也給戲劇創作帶來不良影響。難怪陳白塵會抱怨一個劇作者要指望從批評家那裡得到創作上的指導眞比上天還難，〔註 25〕這自然有批評水準的因素，但批評思維也是一個不可忽視的原因。

三、文本批評多於劇場批評

劇本爲一劇之本，但是戲劇之所以爲戲劇，主要是靠劇場演出，劇本的文學內涵通過演員的表演呈現於舞臺上時，才能夠達到劇本作者與觀眾的精神與情感交流。舞臺設置、燈光、化妝、服裝、音響效果以及演員的演技有機地組合在一起才使戲劇成爲一種直接可感的存在，因此，眞正的戲劇批評應當做到從腳本內容的主題分析到導演、演技、裝置、燈光、化妝、服裝和音響效果等一切舞臺藝術的各方面，都須作詳細的批評和解釋。〔註 26〕但實質上，重文本輕劇場是注重社會功利性戲劇批評的特點。早在戲劇發展初期汪仲賢就曾經抱怨過戲劇批評對劇場的忽視，「翻開關於戲劇的新著出來一看，不是說某劇的主義怎樣新鮮，便是說某劇的思想怎樣高超，絕對沒有人提起某劇的表演方法怎樣的，換言之，只有紙面上的戲劇的理論，而無舞臺上的戲劇的實際」。〔註 27〕任何行動和實踐都離不開理論的指導和總結提升，戲劇批評多偏於 Drama，而無 Theater，使得戲劇演出的許多相關部門沒有得到足夠的看重。

戲劇批評家不能閉門造車，不能沒有劇場體驗僅憑戲劇文本評價戲劇效果，但在抗戰時期，這樣的戲劇批評並不少見，有些是只看了劇本而未看演

〔註 24〕 許道明主編：《中國現代文學批評史新編》，復旦大學出版社 2002 年版，第 4 頁。

〔註 25〕 陳白塵：《關於〈太平天國〉的寫作》，董健《陳白塵論劇》，中國戲劇出版社 1987 年版，第 13 頁。

〔註 26〕 舒非：《建立戲劇批評》，載《戲劇戰線》1939 年第 1 卷第 2 期。

〔註 27〕 汪仲賢：《隨便說》，載《戲劇》1921 年第 1 卷第 3 期。

出，有些則只看了演出而未看劇本。劇場性是戲劇之爲戲劇的根本，但過多強調社會效用的戲劇批評必然更多注重戲劇的思想內容和人物的典型性，劇場藝術則經常被批評家所忽視。劇場批評的匱乏可能也與戲劇的特點有關，因爲文本批評只要具備文藝理論素養就可以進行，而劇場批評則必須具備戲劇專業素養，行外人士不敢貿然下筆。而且，現代戲劇在中國發展僅僅幾十年的時間，戲劇理論書籍無論是自己撰寫的還是從國外翻譯來的都非常缺乏，沒有理論指導的批評多流於印象化而缺乏學理性。最後，對表演藝術不夠重視也是一個因素，過多強調戲劇教化色彩使人們把戲劇演出的成敗完全寄希望於劇本品質的高低，1944 年國民黨頒發的戲劇獎項就只有優良劇本獎、導演獎和戲劇組織獎，沒有對優秀表演者進行表彰。

　　劇場批評匱乏是戲劇批評由來已久的缺陷，一篇劇評文章比較常見的評論模式是先說戲劇主題，再分析戲劇人物，再談論導演或演員的演技，或者還有舞臺裝置，那已經是鳳毛麟角了。而一篇劇評對戲劇主題和戲劇人物進行分析評價之後，就僅有很少的篇幅談導演手法或者演員的表演，以《棠棣之花》而論，《新華日報》刊發的專刊中發表了三篇長文：歐陽凡海《論歷史劇》、章罌的《從〈棠棣之花〉談到評歷史劇》、舜瑤《正義的贊詩，壯麗的圖畫！》，三篇長文分別對該劇的思想內容予以肯定，演員、導演、舞臺裝置方面的卻談得很少，甚至幾乎不談。

　　當然，劇場批評匱乏並不等於沒有劇場批評，演員的表演已經使評論家注意到劇場藝術的作用，一個好的演劇團體不僅能增加文本的藝術魅力，甚至能彌補劇作的不足。《全民總動員》演出以後，就有人專門寫文章隆重推出王爲一和張瑞芳的出色表演，初出茅廬的張瑞芳也從此嶄露頭角，成爲陪都四大名旦之一。留痕對鳳子和沈揚的表演讚歎不已，他認爲《邊城故事》本是一個有缺陷的劇本，但是演員在劇中正確完成了自己的表演的任務，不但沒有損害劇本，還加強了演出的效果。〔註 28〕《重慶抗戰劇運第五週年演出總批判》共分劇本批評、導演、演出、舞臺裝置四個部分，也體現了戲劇批評對演劇整體的重視。沛雨《試論〈戲劇春秋〉的導演》、尤成美《評〈金風剪玉衣〉的舞臺裝置》、夏白《〈風雪夜歸人〉中的演員與導演》、歐陽凡海《從〈天國春秋〉談到目前的演劇水準》則已經是典型的劇場批評文章。

　　相對來說，演員演技與導演手法的批評比較舞臺裝置、音響效果的批評

〔註 28〕留痕：《老勾與鳳娃的創造》，載《新蜀報》1941 年 5 月 13 日。

豐富一些，因爲導演手法和演員表演與劇本主題的關係最爲密切更爲直觀。但是，很多批評者沒有舞臺表演和導演的親身體驗，諳熟文本而對劇場陌生，其批評自然帶有文人讀案頭劇的特點了。在這樣的批評風氣中，劇作家承受了巨大的道德責任與歷史使命，而演員、導演和其他演劇部門的二度創作則受到漠視。

四、《野玫瑰》的論爭

《野玫瑰》是陳銓 1941 年創作的劇作，之所以在今天還屢屢被人提及，乃是因爲它在 40 年代引發的一場劇壇風波。1943 年《野玫瑰》獲得國民黨教育部學術委員會頒發的獎項，包括秦怡（《野玫瑰》女主角夏豔華的飾演者）在內的上百名文藝界人士聯名抗議，要求教育部收回成命，時爲中央圖書雜誌審查委員會主任委員的潘公展卻認爲，《野玫瑰》不僅不應禁演，反應提倡，倒是《屈原》劇本成問題，這時不應鼓吹爆炸。1987 年，編寫《中國抗日戰爭時期大後方文藝書系》的戲劇卷時，夏衍和陽翰笙都不同意收錄《野玫瑰》，陳白塵則大有「有他無我，有我無他」之語。〔註 29〕那麼，《野玫瑰》究竟是什麼樣的戲劇？這場論爭的焦點是什麼？

《野玫瑰》是以淪陷後的北平爲背景展開故事的，交際花夏豔華實際上是我地下工作者，她離開自己的戀人，通過與北平僞政委會主席王立民結婚的方式潛藏於漢奸家中從事特工工作，這時，她從前的戀人劉雲樵來王家寄住並與王立民的女兒曼麗交往，與從前戀人的邂逅並目睹他和別的女人親近令夏豔華的內心十分酸楚，她自比一朵無人憐愛的野玫瑰，卻以大義爲重，在戀人身份暴露後果斷地安排他與曼麗出走，自己則設計使王立民擊斃警察廳長，王立民擊斃警察廳長後病發失明，爲免病痛之苦服毒自盡，臨死前才知道夏豔華的眞實身份。這是灌注著民族主義理念的文學創作，從全劇來看，民族主義的理念在不同的人物關係之中得到強調。首先是敵我之間，當王立民明白了夏豔華的眞實身份之後，感歎夏是他生平遇到的最厲害的對手，夏豔華告訴他：「立民，你最厲害的敵手，就是中國四萬萬五千萬人的民族意識。它像一股怒潮，排山倒海地沖來，無論任何力量，任何機智，都不能抵擋它！立民，你失敗了！」從而說明，民族意識煥發的巨大力量是戰爭取得勝利的

〔註 29〕何蜀：《〈野玫瑰〉與大批判》，載《黃河》1999 年第 3 期。

重要保障；其次是男女之間，當劉雲樵知道了夏的工作性質之後，心生敬仰，表達「我們要同中華民族千萬英勇的戰士，手攜著手，向著民族解放的大目標前進！」此時，民族解放的共同目標超越了男女私情，昇華爲一種英雄意識；最後是父女之間，曼麗要求父親辭去僞政府職務時，王立民說：「你小孩子家，你懂得什麼？國家是抽象的，個人才是具體的，假如國家壓迫個人的自由，個人爲什麼不可以背叛國家！」曼麗指責父親說：「父親，我認爲自由不應該站在個人主義的立場上講，應當站在民族主義的立場上講。因爲民族沒有自由，個人就沒有自由。」在自由與忠誠之間，對民族和國家的忠誠壓倒了個人自由的追求。每一種人物關係在處理民族與自由、責任與情感的關係時，作者把價值的天平都傾向了前者。

民族意識的弘揚原本是抗戰時期文藝的主要任務，爲什麼具有民族意識的《野玫瑰》卻受到批判呢？從故事內容看，儘管該劇涉及私人情感與民族利益的衝突，但也稱不上香豔，有一個女子以野玫瑰自喻的感懷身世，卻畢竟是一部抗戰題材的作品，愛情、美女、特工、民族命運等多種因素的組合給這齣戲帶來了市場看點，但比此戲更多噱頭的劇本並沒有受到如此大規模的批判，那麼，是什麼引起了爭議呢？

或許我們能從批評《野玫瑰》的文章中獲得啓發。批評《野玫瑰》的第一篇文章是顏翰彤的《讀〈野玫瑰〉》，他對《野玫瑰》的批評是「主題頗有些模糊，結構殊欠嚴整，人物僅被概念的表現著，語言沒有性格化，使牠的藝術水準依然停留在一九三七年的階段，而且更存在著嚴重的問題——牠隱藏了『戰國派』思想」。〔註30〕可見，主題模糊、人物概念化等等並非《野玫瑰》的致命傷，因爲這類毛病在抗戰戲劇中普遍存在，它的致命傷在於劇作中「隱藏了『戰國派』思想」。換句話說，《野玫瑰》不過是靶子，矛頭所指乃是「戰國派」的理論。在這次《野玫瑰》批判風波中，有影響的批判文章還有徐曼《剪燈碎語之二》、谷虹《有毒的〈野玫瑰〉》、余士根《指環的貶值》、方紀《糖衣炮彈——〈野玫瑰〉觀後》，歸納這些文章的批評中心，它們都不約而同地把對「戰國派」的批判作爲《野玫瑰》批評的重要構成，並認爲劇本中的問題正是作家「戰國派」思想毒素在作祟。「假如我們還不健忘，該記起前些日子在我們大後方有一個所謂《戰國策》的刊物？這一派裏的老爺教授們，他們把目前的世界大戰拉回到戰國時代去，據他們的解釋，世界上根本沒有正義和眞理，人與人之間，

〔註30〕顏翰彤：《讀〈野玫瑰〉》，載《新華日報》1942 年 3 月 23 日。

國與國之間，全是爲著厲害關係，互相厮殺，互相吞併，只有強者才適於生存，弱者是活該滅亡的。……在這一劇裏，我們從頭到尾可以看到陳銓教授躲在幕後，藉著劇中人的嘴，來發揮他那一套理論。」〔註31〕如此，對《野玫瑰》的批判實質上成爲對「戰國策」派思想的批判。

「戰國派」是抗戰時期以西南聯大林同濟、雷海宗、陳銓、賀麟等人爲代表的學術思想流派，它主要以《戰國策》半月刊和《大公報·戰國副刊》爲陣地發表他們對民族出路的思考，「戰國派」以「民族主義」爲指歸，以「力」爲導向，認爲中國目前處於「爭於力」的戰國時代，戰國時代的大政治體現爲戰爭，中國要取得戰爭勝利必須要有高度集中的政權，由此，陳銓認爲「抗戰以來，中國最有意義，最切合事實的口號，莫過於『軍事第一，勝利第一』，『國家至上，民族至上』，『意志集中，力量集中』。」〔註32〕他把五四以來中國思想界的發展分爲三個階段：個人主義階段、社會主義階段、民族主義階段，認爲社會主義階段強調階級鬥爭，以模倣俄國作家爲時髦，這即使有價值也是一時的價值而非永久的價值，民族主義階段以民族爲中心，中華民族成了一個集團，要求民族自由、民族平等與驕傲。戰國派在理論上將階級運動與極權國家聯繫起來，「歷史上的許多事情，在起初推動者的用意是一回事，到了後來實際上的結果或作用另是一回事。社會主義的開始固然是一種階級運動，實際上的結果恐怕還是極權國家──由蘇聯以至德意──的誕生嗎？究竟列國時代的基本價值與形式是內外之分，不是上下之別。所以，『上下別』的階級解放運動都變成爲『內外分』的國家極權運動。」〔註33〕不能說學術觀點是沒有包含政治態度的純理論，國民黨政府將這幾個知名教授安排到各處講演也有其政治目的，但是「戰國派」的理論畢竟是學術層面的研究，筆者無意也無能力在此詳細評價「戰國派」觀點的得失，只想說明這個觀點的提出對中國共產黨的理論基礎形成了威脅，對集權統治的提倡則直指中國共產黨的存在合理性，因此 1942 年 6 月 9 日到 11 日《解放日報》發表了李心清《「戰國」不應做法西斯主義的宣傳》、《群眾》7 卷 1 期發表了漢夫《「戰

〔註31〕谷虹：《有毒的〈野玫瑰〉》，重慶師範學院中文系《國統區文藝資料叢編·戰國派》（2），重慶師範學院 1979 年版，第 230 頁。

〔註32〕陳銓：《政治理想與理想政治》，重慶師範學院中文系《國統區文藝資料叢編·戰國派》（1），重慶師範學院 1979 年版，第 22 頁

〔註33〕林同濟：《民族主義與二十世紀》，重慶師範學院中文系《國統區文藝資料叢編·戰國派》（1），重慶師範學院 1979 年版，第 63 頁。

國」派的法西斯實質》等文章對「戰國派」思想加以批駁，將推崇武力與強權的「戰國派」歸爲「法西斯」的信徒，但是理論層面的較量畢竟難以使「戰國派」受到重挫，因爲「戰國派」的高等院校背景和知名教授品牌對社會是頗有影響力的，要從大眾文化層面批駁戰國策理論，還需要一個適宜的靶子。

　　《野玫瑰》的出現爲批駁「戰國派」提供了一個合適的靶子。批判首先從《新華日報》發難應該不是歷史的偶然，而這場發難的成功有評論策略的因素，也有民族審美心理慣性的影響。

　　所謂評論策略是從兩方面著手，一是將戰國策的理論等同於法西斯理論。法西斯的強權擴張與「戰國派」在民族弱勢下對於「力」的推崇本來有質的區別，但是「戰國派」一味強調「力」卻沒有將正義同時推出，畢竟落下被攻擊的把柄。近代以來，在國際政壇長期處於劣勢的中國天然地反感強權政治，日本法西斯的塗炭生靈尤其使國民痛心疾首，當「戰國派」被視爲法西斯信徒時，人們對法西斯的痛恨自然轉化爲對戰國策觀點的排斥。不過，這還不是最主要的，因爲多數人對學術觀點並不感興趣，重要的是從世俗層面與大眾文化層面打擊它，因此，把《野玫瑰》當作「戰國派」觀點的劇情演繹才會收到事半功倍的效果。二是將《野玫瑰》定位爲對漢奸的歌頌。將漢奸王立民的不甘被操縱等同於劇本對漢奸的歌頌，對漢奸的歌頌等於對法西斯的歌頌，這就將《野玫瑰》與「戰國派」一網打盡。漢奸和法西斯都是中華民族的仇敵，學術觀點孰是孰非或許難以判斷，但是民族利益面前多數中國人都能不假思索地選擇自己的立場。「『爭於力』的學說在本質上是法西斯主義的應聲蟲，『爭於力』的『英雄豪傑』，在有民族意識的，反法西斯的，力求民主進步的『中國四萬萬五千萬人』裏是找不出的，因爲從開始抗戰的第一天，就以弱抗強，以正義抗野蠻，不等待季勒斯的『指環』，而永遠排斥極端的個人主義，那麼，怎麼可能是王立民之流了呢？」〔註 34〕在某種意義上，「戰國派」的理論似乎是隨著王立民的形象訇然倒塌的，在這一邏輯轉換之前，有一個預設的前提，即作者對王立民的讚美喜愛，而實際上，這齣戲最耀眼的英雄還是夏豔華，王立民畢竟是一個負面角色獲得了應有的下場。

　　民族審美心理慣性也在批判中發揮了作用。王立民和普通所見的漢奸形象不同，抗戰時期多數漢奸形象委瑣、人格卑劣，有奶便是娘，概念化痕跡十分嚴重，王立民不同於抗戰初期的漢奸形象，他有鐵一般的意志，是一個

〔註 34〕顏翰彤：《讀〈野玫瑰〉》，載《新華日報》1942 年 3 月 23 日。

極端個人主義者，他是出於對權力的極度嚮往而不是貪慕榮華富貴或貪生怕死而當漢奸的，他對權力的需求大於道德判斷，有堅強的意志，同時不乏對於女兒的溫情，實事求是地說，這個人物已經超越了概念化而具有自我意識。然而，傳統戲曲中的奸臣均是罪大惡極之人，中國人也習慣了涇渭分明的道德判斷，很少從人性的角度探索思想的複雜性，由政治身份直接推測道德價值已經成爲一種普遍的思維定勢，傳統的因果報應仍然在人們的思想意識中佔有一席之地，黑白分明的臉譜化的人物似乎更符合義憤填膺的審美標準。先入爲主的觀念成爲突破抗戰戲劇公式化的障礙。面對這樣一個全新的漢奸形象，批評者質疑：「這樣一個倔強的英雄的靈魂應該屬於漢奸的嗎？」「漢奸不是大有可爲？而抗戰也不是毫無意義的事嗎？」〔註35〕對此，王立民的扮演者汪雨反駁道：在漢奸戲中擊鼓罵曹的浮淺的發洩已經過去了，劇中民族主義正是對造成漢奸的個人主義的批判。〔註36〕其實，這不在於民族主義與個人主義的問題，而在於劇本背後的政治影響。通過批判《野玫瑰》成功地使「戰國派」的理論處於千夫所指的劣勢，這才是關鍵。

1942 年 6 月 28 日《解放日報》發表一篇短訊《〈野玫瑰〉一劇仍在後方上演》，將國統區上演《野玫瑰》視爲國民黨文化部門與整個進步文化界的公開對抗，消息的最後饒有意味的添上「又及反映日前婦女職業問題之陳白塵近作《結婚進行曲》一劇，在此已奉令禁演。」批評方向從《野玫瑰》到「戰國派」理論再到國民黨政府的意識形態傾向，在巧妙轉換中，批評的意義已經跨越了文藝領域。

還有一個與《野玫瑰》批判不太相關的話題，陳銓在 40 年代連續創作了幾個劇本，除了《野玫瑰》之外，還有《藍蝴蝶》、《金指環》、《無情女》等，這些劇本都有大致相同的模式：一個才貌雙全的出色女性，身負神秘使命，被幾個男性所鍾愛而能遊刃有餘，他們都經歷著男女情愛與民族國家利益的糾纏，最後都或殉情或爲國捐軀，一女幾男的人物格局具有傳奇性和強烈的劇場效應。正如薩特的戲劇中滲透著存在主義一樣，陳銓的戲劇都以抗戰爲題材體現他對於力的崇拜，但陳銓的寫作還有圖解概念的痕跡，他的技巧還不夠圓熟自然。不過，他的劇作由於愛情分量較重，加之俊男靚女配對和有

〔註35〕方紀：《糖衣炮彈——〈野玫瑰〉觀後》，重慶師範學院中文系《國統區文藝資料叢編·戰國派》（2），重慶師範學院 1979 年版，第 246 頁。
〔註36〕卜乃夫：《〈野玫瑰〉自辯》，載《新蜀報》1942 年 7 月 2 日。

情人難成眷屬的結局，浪漫氣氛和悲劇情調伴隨著為有犧牲多壯志的豪邁情懷，確實別具一格。此外，他的戲很經濟。以《野玫瑰》為例，人物不多，布景簡單，四幕一景，「間諜工作者的神秘與不可揣測，少女戀愛的噱頭與心旌之不定，被剝奪了愛情的野玫瑰的嫉妒與心理的矛盾。許多五光十色的場面，自然使觀眾眼花繚亂，麻醉在作者所安排的男女關係糾葛不清的噱頭的情調上……」〔註37〕這被批評者視為糖衣的東西也是陳銓劇作的看點和賣點，《野玫瑰》上演 16 場，觀眾 10200 人，首先把《野玫瑰》搬上舞臺的就是游擊演出，可見其商業價值。而其餘劇本對《野玫瑰》模式的複製不完全是作者的才力不濟，或者也是對商業運作的看重。陳銓的作品在發表之時就鄭重聲明，非作者同意不得上演。陳銓與商業運作的配合無論是主動還是無意，是否也引發了一些戲劇人士的不滿？衹是在君子恥於言利的時代，雙方既未明言，這也是筆者的無端揣測了。

第二節　戲劇特刊：戲劇批評的特殊視窗

抗戰時期，報紙是戲劇批評的重要物質載體，它通過專家評價與讀者閱讀交流戲劇觀感體驗，形成一個重要的公共輿論空間。報紙的閱讀群體主要是都市市民，他們通過閱讀報刊獲得社會信息，交流對事物的基本看法，形成重要的輿論要求與氛圍，當戲劇成為公眾娛樂生活的重要組成，報紙也需要通過對公眾娛樂生活的關注獲得更大的發行量和發揮話語力量，因此報紙的劇評自然有介紹與鑒定新劇的必要，同時也是現代都市生活的反映與需求。不過報紙發行策略並不完全受商業因素的左右，一個成功的辦報人總會確定自己的辦報原則並從各種角度體現這一原則。以劇評而論，劇評有介紹和鑒定戲劇的必要，但鑒定的標準和評判的態度更是報紙副刊編輯看重的內容，因為「一個刊物的特性，尤其是一個報紙副刊的特性，絕對不是自己露鋒芒和標新立異的工具，它一定是配合報紙本身的一種文字輔佐物」。〔註38〕副刊畢竟是整個報紙的有機組成部分，其輿論宣傳和信息傳播不可能偏離整個報紙的思想導向與辦刊特色。郭沫若的《屈原》在《中央日報》發表後，

〔註37〕 方紀：《糖衣炮彈——〈野玫瑰〉讀後感》，重慶師範學院中文系《國統區文藝資料叢編·戰國派》（2），重慶師範學院 1979 年版，第 241 頁。
〔註38〕 陳紀瀅：《我們需要怎樣的副刊》，王文彬《中國報紙的副刊》，中國文史出版社 1988 年版，第 38 頁。

1942年4月由陳鯉庭導演演出於重慶舞臺,演出的轟動引起國民黨的不滿,《中央日報》副刊編輯孫伏園因此離職,這雖然不是戲劇批評,但以此類推,批評之事,往往人言人殊,報紙編輯有權選擇刊登這樣或那樣的觀點,選擇標準卻往往與報紙的辦刊風格、閱讀對象以及政治傾向關聯,否則就得捲舖蓋走人,另謀出路。

抗戰時期,劇評是報紙文藝副刊的重要內容,很多重要劇評首先見諸副刊,由於讀者的普遍需要和文藝副刊新聞性、趣味性、文學性相結合的辦刊策略,戲劇特刊成為戰時劇評特色,也成為戲劇批評風向指標的特殊視窗。

一、戲劇特刊的意義

戲劇特刊是介紹評論某個戲劇的專題欄目,它以報紙為媒介不定期刊出。一般而言,戲劇特刊是在某劇演出前夕對於該劇的集中介紹批評,以引起讀者的觀看興趣並引導讀者的鑒賞指向。此外,一個劇本演出獲得觀眾的肯定、具有較大的社會反響之後,報紙也會集中刊發該劇的劇評,此為戲劇專刊,其性質與特刊類似,本書也將之納入戲劇特刊的範疇。

戲劇特刊構成濃厚的戲劇氛圍。抗戰期間很多報紙都刊登過戲劇特刊,戲劇特刊推出的劇目往往成為當時社會文化生活的熱點,也是戲劇批評關注的重心。由於某些戲劇特刊刊出時間在演出之前,特刊內容有時不免帶有廣告性質。不過,戲劇特刊的推出不是簡單的商業行為,它推薦的劇目必與報紙總體宣傳方針相符合,或者代表副刊編輯群體的政治立場與審美立場。當然,這當中也不排除劇本作者或導演者與報紙編輯、新聞機構有密切的私人情誼或利益關係,但也需劇本主題思想及藝術風格與報紙的基本立場相符合。總體而言,以專題形式和大幅版面為一個戲劇作專題宣傳,其重要性與嚴肅性會隨著社會影響超越文藝範疇,因此,選擇什麼戲劇作為戲劇特刊內容決不是隨意偶然的事件,對發行量大、政治面目明確的報紙來說更是如此而言,它們絕對不會徇私枉情而犧牲其基本政治立場。如此看來,戲劇特刊表面祇是一出戲劇的集中介紹甚至是粗略評析,但是它的選擇標準及其隱含政治態度與卻是一扇通向特定群體戲劇期待的窗口。

不過戲劇特刊畢竟屬於副刊性質,它必須照顧讀者的接受心理,不同的報紙擁有不同的讀者群體,即使同樣的閱讀對象在閱讀不同報紙時也有不同的閱讀需求,一般來說,根據政治性的強弱可把報紙分為政黨報與娛樂休閒

報，但抗戰時期國統區小報的刊行受到戰爭背景與政治氣候的壓抑，不像 20
年代的上海小報那樣風行，關注民眾娛樂和傳播民間輿論的功能主要由地方
報兼顧。地方報區別於政黨報的首要一點就是閱讀對象的不同，地方報的閱
讀對象主要是市民群體，而政黨報的閱讀對象則是以政府機構工作人員為中
心的政治群體，因此地方報的政黨色彩不如政黨報濃厚，它更迎合市民階層
娛樂性與消遣性的閱報心理。這並不意味著地方報就沒有政治色彩，但無論
其政治傾向性如何，在政府檢查機關的審查下，總體上它不會溢出政府的許
可範疇。1941 年《北京人》由中央青年劇社首次搬上重慶舞臺，《新蜀報》於
1941 年 10 月 24 日刊出「《北京人》公演特刊」，特刊內容由三篇文章構成，
一是導演張駿祥《關於〈北京人〉的公演》，介紹了中央青年劇社排演該劇時
社內人事變動以及同仁的努力，並向作者曹禺給予的首演權致謝。二是扮演
曾文清的演員江村所寫的《夕陽時代的寫照——〈北京人〉》，江村以詩歌的
形式對《北京人》的主題進行概括；「夕陽時代的陰暗裏/腐朽的軀殼/埋進了
封建社會的廢墟/『明日的北京人』——/兩棵綠色的生命/打破了囚牢的鎖——
走了/『黎明以前那段最黑暗的時候』/多天——是新世紀底太陽。」這種以文
學化、形象化的手法描寫出的戲劇意境，對觀眾來說比單純地被告知情節更
有吸引力，也更有懸念。三是羅庚《我看過〈北京人〉排演》，以劇團排演時
候的專業、認真暗示這是一次高品質的演出。整個特刊內容顯得活潑輕鬆，
即使對戲劇主題的概括也沒有濃厚的教化色彩，而是採取了與市民平等親和
的態度，這是地方報戲劇特刊的特色。政黨報政治色彩濃厚，這決定了它的
戲劇特刊也具有同樣的政治取向，不過這也是就總體而言，由於編輯人員和
編輯方針的不同，政黨報刊即使很重視政治色彩，偶然也有政黨色彩不很明
顯的內容，以《中央日報》的「戲劇周刊」論，這是由國立劇校主辦的欄目，
1938 年 3 月 23 日余上沅在復刊宣言中說該欄目意義有四：1. 用戲劇推動救
亡圖存的工作；發表研究所得，儘量批評介紹，以供大家採用、研究；2. 公
開的研究場所，希望各方面能各就所長，發揮言論，戲劇運動的人因此而增
多，力量因此而加厚；3. 注重戲劇藝術及技巧研究，提高演劇水準；4. 戲劇
是推動戲劇教育最有力工具，藉此輔助社會教育工作。從宣言上看，它注重
學術研究與交流，對政治的關心主要體現在支持抗戰，政黨色彩並不突出。
不過這並非政黨報的常態，即使「戲劇周刊」也在不久後因故停辦。
　　不同的政治派別有不同的政治取向，這均在其機關報或代言報中一目了

然，一個戲劇一般不會在兩個以上的報紙同時推出特刊，但為何在此報而不在彼報推出，或者說為何被此報選中而不被彼報選中，均是其基本政治態度和政治策略的體現。此外，不同的歷史時期有不同的政治焦點和閱讀心理，戲劇特刊的內容與傾向也發生變化。抗戰時期的戲劇特刊多是抗戰題材的戲劇，這些戲劇的結局也多諭示勝利與光明，像洪深的《飛將軍》、吳祖光的《鳳凰城》、王進珊的《柳暗花明》等，都是描寫空軍、東北義勇軍、特工人員的英勇事蹟。但是在抗戰後期也有一些並非抗戰題材的戲劇成為戲劇特刊的內容，除了前面提到的《北京人》外，外國名著《哈姆雷特》也成為《時事新報》1942 年 12 月 11 日推出的戲劇特刊，這是梁實秋翻譯改編的劇本，該刊刊出了梁實秋、劉念渠、陳瘦竹的文章。這與抗戰後期戲劇運動提高藝術品性的努力不無關係，再加上抗戰後期政治氣候呈現出比較複雜的變數，報紙的戲劇特刊也採取了多元性的宣傳策略。

但總體來說，抗戰時期的戲劇特刊政治性強，即使地方報也不例外，戲劇特刊重視抗戰題材的作品，即使抗戰後期也不例外。

二、《中央日報》、《新華日報》戲劇特刊比較

《中央日報》和《新華日報》是抗戰時期政黨色彩十分鮮明的報紙。重慶《中央日報》由國民黨中央宣傳部直轄，發行量大，覆蓋面廣，屬於政府喉舌機構；《新華日報》則是中國共產黨在國民黨統治區域發行的大型機關報，它利用靈活、優惠的發行方式同樣擁有廣大的讀者，是中國共產黨在國統區的形象代言報。在抗日民主統一戰線下，兩黨之間的利益之爭多於和諧共處，由於各自依靠的政黨背景不同，兩報之間主要是政治形象的競爭。

政黨報也需考慮讀者的文化需求，為了利用戲劇作為意識形態的宣傳工具，或者將之作為拉攏文化界人士的手段，《中央日報》和《新華日報》都先後開闢過戲劇專欄。《中央日報》的「戲劇周刊」1936 年 1 月由國立劇校主辦，1937 年 7 月抗戰開始之後，因國立劇校離京赴內地從事宣傳工作而停刊，劇校遷渝之後，1938 年 9 月 23 日該欄目復刊，在此欄目發表文章的多是國立戲劇學校的師生，其文章學院氣息濃厚，論事公允客觀，學術性與現實性兼顧，國立戲劇學校奉命搬遷川南後「戲劇周刊」停辦，但戲劇論文和劇評仍然附屬在《中央日報》副刊發表，直到抗戰結束。除了對戲劇批評和戲劇活動的關注之外，《中央日報》還刊登劇本，郭沫若的《屈原》及陳銓的《無情女》

都是首先在《中央日報》刊出。劇評是《新華日報》副刊的重要內容，它著重推出過斯坦尼斯拉夫斯基的演劇理論，並有專門人員撰寫戲劇評論，還組織過《清明前後》與《芳草天涯》兩個劇本的座談會。1942 年 2 月 9 日《新華日報》出版了《戲劇研究》專頁，編者在肯定重慶戲劇運動的同時對今後的劇運提出了 6 點希望，其中一點涉及到戲劇批評：「我們需要的是經過研究而寫出的劇評，——當然，像一般宣傳文章或者是觀感也可以起一般輿論的作用。」〔註39〕《戲劇研究》專頁在 1942 年 9 月 17 日後停辦，而戲劇批評在此欄目開辦之前和停辦以後在《新華日報》副刊上都非常活躍。

抗戰期間《中央日報》和《新華日報》都推出過戲劇特刊，是什麼劇目成為兩個黨報的特刊內容，或者說兩黨最想通過戲劇表達什麼樣的政治態度，戲劇特刊是一個可以以小見大的切入口。

抗戰期間，《中央日報》推出的戲劇特刊有：1938 年 11 月 11 日《全民總動員》專刊，1938 年 11 月 25 日《阿 Q 正傳》專刊，1940 年 12 月 20 日《刑》特刊，1943 年 4 月 22 日《藍蝴蝶》特刊。除了《阿 Q 正傳》之外，這些戲劇都是抗戰題材，而《阿 Q 正傳》成為特刊與國立劇校有關，在國立劇校搬遷江安之前，戲劇欄目主要由國立劇校主辦，學院氣息一定程度上淡化了欄目的政治色彩。《阿 Q 正傳》是魯迅代表作品，該劇也是為紀念魯迅逝世兩週年推出，而在刊出者看來，槍斃每個人意識中的阿 Q 也助於民族戰爭的勝利和現代國家的建設。《全民總動員》專刊是在演出之後推出的，推出的原因是觀眾反應熱烈，戲劇周刊幾天之內收到各方關於《全民總動員》的稿件不下二十餘篇，於是集中刊出給參加演出的工作人員及熱心觀眾一個參考。專刊共選定 4 篇文章，一篇是對演員表演的評論，即韓秋江的《兩個值得提出的演員：全民總動員觀後》，文章對王為一和張瑞芳的演技大加稱讚，可謂典型的劇場批評。其餘三篇均以劇本主題分析為主，分別是陳作《對〈全民總動員〉劇本的幾點商榷》、北蘿《〈全民總動員〉的劇本檢討》、葉耐冬《關於〈全民總動員〉劇本的意見》，文章對劇本的意見主要集中在劇本內容未體現「全民」，過於重視英雄主義而忘掉了群眾在救國工作上的力量，就劇論劇的學究氣息中還是透出明顯的政治氛圍。《藍蝴蝶》是陳銓的劇作，婉君與錢孟群是結婚五年的恩愛夫妻，錢孟群作法官的三年中，頂住了日寇、漢奸的威脅利誘，奮不顧身，為國家民族完成了鋤奸偉業。同他合作鋤奸的上海特工隊副隊長兼音樂教授秦有章是婉君原來的戀人，

〔註39〕《我們的願望》，載《新華日報》1942 年 2 月 9 日。

秦有章對婉君一往情深，婉君為秦的深情所感卻苦於無法回報，奸黨黨羽實行報復，有章犧牲，孟群負傷。婉君的悉心照料使孟群恢復了健康，但有章那顆愛情的魂魄到底化作「藍蝴蝶」縈繞著婉君，她終於聽從「藍蝴蝶」的召喚，撞車自殺。她給孟群的遺言是：「我死以後，只許你悲傷半年，半年以後，你必須要提起精神，替國家服務。現在中華民族，正是危急的時候，像你這樣的人，是不能死的。」〔註40〕這個被陳銓命為「浪漫悲劇」的戲劇 1943 年由中國青年劇社演出，陳銓自任導演。特刊內容除了對演出陣容的介紹外，有陳銓《〈藍蝴蝶〉的思想背景》，金慧《詠〈藍蝴蝶〉四首》，獨孤拔《讀〈藍蝴蝶〉後》等，特刊重點在於說明一個人人格的高下，就看他對精神生活認真的高下，在於要有高超的理想，而這高超的理想就是為國家民族服務、為摯愛親情捐軀，說到底仍然是對戰國派文化思想的宣傳。

　　《中央日報》推出的戲劇特刊中，《刑》特刊的黨政色彩最濃厚。《刑》是宋之的在 1940 年創作的劇本，1940 年 12 月由中電劇團在重慶國泰大戲院演出，章泯導演。該劇講述的一個正直的基層政府官吏衛縣長在地方秉公執法，為地方惡勢力不容，地方惡勢力陷害衛縣長亂拉壯丁、貪贓受賄，省裏著令將衛縣長撤職查辦，後來民眾和省裏瞭解到事件真相，省裏下令衛縣長繼續工作，幾個地方惡勢力人物被扣押，正義得以聲張。該劇涉及了當時頗為敏感的糧食問題和兵役問題，其現實針對性是很強的。《中央日報》製作的特刊內容除了介紹《刑》本事和演員陣容以及上演日期地點外，重點在於推出以下 3 篇文章：一是《寫在刑演出之前》，作者為中電劇團的負責人，也是該劇演出者羅學謙，文章沒有什麼自我見解，無非是回顧蔣介石不久前對於參加糧食會議的縣長的訓話，重複了蔣介石的訓話內容，即要求基層幹部要振作精神，任勞任怨，如果畏縮不前，貽誤極責，不特不配做政府公務員，而且要受法律嚴厲的處分云云。時任國民政府立法院院長的葉楚傖在《書劇本刑後》中對該劇取材大加讚賞，對國家基層官員的工作予以充分肯定和重視，認為「縣責重而權輕，位卑而任崇。處士紳貴和而不流，御吏胥能嚴而有恩，實長官則恭而無詔，而能抑豪強……為縣吏良不易，為良縣吏尤難。」再聯繫劇本對衛縣長進行評價，認為該縣長工作努力，然還應化解惡以求同聲相應，最後對被誣陷的官宦命運感慨。《刑的讀後感》作者是潘公展，潘公展時任國民黨中央宣傳部副部長，是主管文化出版機構的政府要員，文章呼

〔註40〕陳銓：《藍蝴蝶》，青年書店 1943 年版，第 122 頁。

籲每一個地方行政官吏，要以大無畏的精神克服萬分險惡的環境，達到貫徹中央政令的目的，文中一排大號黑體字尤爲引人注目——「讓我們高呼一句：中央政令的貫徹，地方有司不畏強暴的精神，就是三民主義勝利的最大保證！沒有不畏豪強的精神者就不配做一個革命黨員！」這已經完全在借戲劇而高呼政治口號了。

《刑》特刊的目的非常明確，第一是要求地方有司不畏強暴，堅決貫徹中央政令，第二是對縣吏的基層工作予以充分肯定和重視，三是再次重申蔣介石的訓話精神。此外也向市民推出國民黨基層官員的正面形象。因爲《刑》中的衛縣長正是一名符合三民主義原則的基層官吏，他堅持原則，秉公辦事，可以做政德與人格的表率。

總體來說，《中央日報》的戲劇特刊非常看重積極向上的社會內容，在宣傳民族意識的同時注重國民黨正面形象的塑造，它所宣傳的劇本即使不具備明顯的政黨意識，也會在推出評薦的過程中加以政黨意識形態的疏導，使之符合國民黨意識形態的宣傳需要。

抗戰期間《新華日報》推出的戲劇特刊有《三兄弟》公演特刊（1940 年 6 月 5 日）、《棠棣之花》劇評（1941 年 12 月 7 日）、《屈原》公演特刊（1942 年 4 月 3 日）、《風雪夜歸人》劇評（1943 年 3 月 15 日）。其中《棠棣之花》和《風雪夜歸人》均爲演出之後刊出的劇評專刊，四個特刊中郭沫若的劇本就佔據兩席，可見郭沫若與《新華日報》在政治思想上的同步性。

在這四個特刊中，《三兄弟》是日本反戰作家鹿地亙的劇作，1939 年該劇由「在華日本人民反戰同盟西南支部」首先在桂林演出，之後來到重慶，《新華日報》的這次特刊共有 4 篇文章，篇幅最大的是鹿地亙《三兄弟的故事》，因爲該戲用日語演出，因此先介紹故事梗概有利於觀眾看懂戲劇。其餘四篇文章多在反侵略上作文章，只有洪深一人還著眼於戲劇藝術，認爲該劇除了國際政治意義之外，演員的感同身受、現身說法、眞情流露對話劇本身也有重大的意義。《新華日報》推出這個特刊的目的在「編者介紹」中說得很清楚：「增加我們對於日本被壓迫人民的瞭解和同情，促進中日兩國人民戰鬥的聯合，並且以共同的力量加速來消滅日本軍閥財閥們的腥血統治。」

《棠棣之花》是郭沫若於 1940 年創作的歷史劇，該劇取材戰國時期聶政刺殺俠累的故事，劇本在謳歌聶政爲民族義無反顧勇敢獻身精神的同時，也在抨擊奸臣的賣國行爲。該劇 1941 年 11 月在重慶抗建堂上演了 24 場，觀眾

達 15000 人，但演出之後卻沒有幾篇介紹或批評的文章，有人將之歸結爲一般批評家對歷史劇的陌生，《新華日報》的專刊也正是以《棠棣之花》爲標本闡發對歷史劇的認識，在某種程度上回擊了關於《棠棣之花》不顧歷史眞實的社會言論。專刊共有四篇文章：歐陽凡海《論歷史劇》認爲增強抗戰意識需增強民族意識，亦即對自己民族歷史、文化的正確認識而獲得民族自信，《棠棣之花》中歷史人物具有剛勇的俠骨和淳樸眞摯的人性，只有愛人民才能具有革命的熱情。章罷《從〈棠棣之花〉談到評歷史劇》提出了四個評價歷史劇的原則：首先對歷史事實有正確的認識，第二對劇情的批評應用歷史的眼光，第三瞭解歷史的眞實性和劇本的戲劇性，第四從作者的寫作年代和思想出發進行批評，並從這四個原則整體上肯定了《棠棣之花》的成績。舜瑤《正義的贊詩，壯麗的畫圖！》認爲樸質的人倫之愛是劇中的亮點，「如果一個人不是充滿對窮人對被壓迫者對全人類的至愛，不是充滿強烈的善善惡惡的正義感，那他就不可能拋棄一切獻身於革命事業，也不可能在革命進程的無數艱難中堅持奮鬥到底」。〔註41〕看得出來，這個專刊一方面在說如何認識歷史劇，同時也在通過對歷史的解讀建構一種新的民族精神，這種民族精神是建立在對被壓迫者的熱愛與對民主政治的追求中的。

《屈原》特刊由徐遲和郭沫若的信件往來組成，徐遲指出郭沫若在《屈原》中的「雷電頌」與《釐爾王》暴風雨中釐爾王的發狂類似，對《天問》沒有入劇表示遺憾，郭沫若把屈原和李爾王之間作了區分，認爲屈原是抒情的而不是哲學的，特刊更多是郭沫若的創作說明，沒有明顯的現實指向。但是有鑒於《屈原》劇本批判了當時的最高統治者楚懷王，這個特刊的低調處理或許是一種戰略需要，不過推出特刊本身就有隆重的意味，無怪乎國民黨政府會將之視爲鼓吹爆炸的劇本。

《風雪夜歸人》專刊並沒有以專刊名義，但是當日 4 篇劇評文章全是評論《風雪夜歸人》的文章，筆者也將之視爲特刊。這四篇文章是梁華《憤怒的雪花》、章罷《評〈風雪夜歸人〉》、華筠《觀〈風雪夜歸人〉後》、夏白《風雪夜歸人中的演員與導演》，這幾篇劇評讚揚了戲劇對被侮辱與被損害的人純潔心靈的關注，也對戲劇結局提出質疑，對該劇的導演手法和演員水準評論較多。

比較而言，《新華日報》推出的戲劇專刊除了《三兄弟》外，都不是抗戰

〔註41〕舜瑤：《正義的讚詩，壯麗的畫圖！》，載《新華日報》1941 年 12 月 7 日。

題材的作品，這可能因爲國統區抗戰題材的劇作多以國民黨軍隊或政府工作人員爲正面形象，而以共產黨領導的抗日鬥爭又不能被國民黨審查機關通過而在大後方演出，於是《新華日報》只能通過《三兄弟》表達對得道多助失道寡助的抗戰局勢的看法，借歷史劇《棠棣之花》、《屈原》表達爭取民主政治的現實情懷，通過對《風雪夜歸人》中被壓迫與被損害的人的同情含蓄表達階級意識。

總體看來，《新華日報》推出的戲劇特刊更具有社會批判意識，而且其矛頭所指多是上層社會的權貴富紳們，對底層人的呵護同情是特刊基本態度。當然，《新華日報》的戲劇特刊在揭示社會黑暗時候，或借助歷史，或放在北伐時期，側重個人在社會不公正中的壓抑委屈，主要以個人的偉岸或真摯追求形成戲劇的亮色，其正面人物多是被壓迫被侮辱的現實小人物、歷史上失敗的英雄以及愛國卻受姦佞排擠的賢臣。《中央日報》的戲劇特刊即使有社會黑暗，那也主要來自漢奸、日本人、地方惡勢力和淪陷區的民族敗類，正面人物一般是政府工作人員或國民黨高級將領或淪陷區中不甘淪落的有志青年，並通常是邪不壓正的光明結局，即使是悲劇，也是完成民族正義後的至情至性之舉。

在抗戰時期，不同黨政報的戲劇特刊反映了不同的政治態度，二者都十分注意維護各自的政黨形象，衹是在表達政治主張方面，《中央日報》可以無所顧忌，大力弘揚政府意圖，《新華日報》則在低調中牢守自己的政黨立場，這種合作中的文化話語爭奪與政黨形象建設正是政黨文化工作的微妙之處。戲劇特刊推出的戲劇基本成爲當時的文化熱點，也吸引了很多觀眾的觀看，至於觀眾看過之後是否能按特刊的思路去接受戲劇又是另一個問題了，但是意識形態的灌輸本是潤物細無聲的過程，不求一時之速，但求經常化、日常化，因此，戲劇特刊的點滴之功也就不容忽視。

三、戲劇特刊對戲劇批評的影響

戲劇特刊也屬於戲劇批評，它是一種有組織有目的的文學批評行爲。一般來說，它對戲劇批評的影響首先在於它對某劇的集中推薦可能造成觀眾對該劇的追捧，從而促使批評家關注評論此劇；其次，戲劇特刊在重點推出某劇的時候，對該劇的評價往往有一錘定音的功效，成爲其他批評文章的參照與評論基礎；最後，戲劇特刊推出的劇目內容往往成爲戲劇演出熱點的風向標，促使戲劇批評及時調整批評標準和關注層面。

當然，和一般報刊相比，政黨報的戲劇特刊更有影響力，這倒不是因爲黨政報的劇評水準更高，而是政黨報的特刊選擇與評價傾嚮往往是政黨文藝政策的直接體現。1942 年 9 月，張道藩依據蔣介石的訓示創辦了《文化先鋒》，在創刊號上張道藩以私人名義發表了《我們所需要的文藝政策》，詳細闡述了國民黨對於文藝的要求，在文章中張道藩提出提出「六不」和「五要」的文藝政策。所謂「六不」是：不專寫社會黑暗、不挑撥階級的仇恨、不帶悲觀的色彩、不表現浪漫的情調、不寫無意義的作品、不表現不正確的意識。「五要」是：要創造我們的民族文藝、要爲最苦痛的平民而寫作、要以民族的立場而寫作、要從理智裏產作品、要用現實的形式。「六不」、「五要」究其根本就是在民族主義的名義下排斥煽動階級仇恨的文學，要求作家多描寫光明。而在共產黨方面，延安整風運動以後，毛澤東《在延安文藝座談會上的講話》成爲中國共產黨對文藝界的要求，《講話》首先認爲「我們的文藝是爲工農兵以及城市小資產階級」的，並對若干文藝問題做出結論，在「歌頌與暴露」問題上把階級立場視爲歌頌和暴露的標準，「你是資產階級文藝家，你就不歌頌無產階級而歌頌資產階級；你是無產階級文藝家，你就不歌頌資產階級而歌頌無產階級和勞動人民：二者必居其一」。〔註 42〕1942 年 5 月 14 日，《解放日報》刊登了記錄毛澤東講話的文章《對於當前文藝諸問題底我見》。6 月 12 日，《新華日報》轉載了這篇文章，藉此第一次公開向國統區文藝界傳遞《講話》「引言」部分的主要內容。1944 年 1 月 1 日，《新華日報》以顯著位置刊登了《毛澤東同志對文藝問題的意見》，1945 年《新華日報》社以《文藝問題》爲書名公開出版發行《講話》的內容，從而將延安文藝政策傳達給國統區，不過《講話》在國統區影響遠遠不如解放區，除了政權領域的限制外，也與周恩來等人根據國統區的具體情況調整了對國統區文藝界的要求有關。〔註 43〕不同政黨文藝政策必然體現各自的意識形態要求，國共兩黨文藝政策相對立

〔註42〕毛澤東：《在延安文藝座談會上的講話》，《文藝運動史料選》，第 4 冊，上海教育出版社 1979 年版，第 541 頁。

〔註43〕周恩來《關於大後方文化人整風問題的意見》，中共中央文獻編輯委員會《周恩來選集》（上卷），人民文學出版社，1981 年，第 188 頁。該電報由周恩來與董必武聯名從延安發給在重慶主持中共中央南方局工作的王若飛，內容有二：一是文化人正逢只限於文委及《新華日報》社兩部門的同志，不宜擴大到黨外文化人；二是即使對文委及《新華日報》社同志的整風，也應顧及大後方環境，聯繫到目前工作，以便引導大家更加團結，更加積極與國民黨鬥爭，而防止互相埋怨猜疑情緒增長。該電報爲 1945 年 1 月 18 日發。

的焦點之一就在於暴露與歌頌的問題，所謂暴露與歌頌其實是在於政治話語的爭奪，以爭取輿論獲得民心。

《中央日報》和《新華日報》的戲劇特刊都貫徹了相應政黨的文藝政策，祇是後者由於特殊的政治環境表達得更爲含蓄隱蔽。這對大後方戲劇批評有一定的影響，尤其是暴露與歌頌的問題。抗戰後期國統區的腐敗墮落使戲劇中暴露黑暗的作品越來越多，但是很多暴露黑暗的作品總是遭到一些批評家的質疑。例如在《戲劇春秋》雜誌社舉辦的《國家至上》和《包得行》的演出座談會上，歐陽予倩就認爲「《國家至上》劇本，抗戰以來，算是不錯的作品，像《殘霧》、《亂世男女》僅暴露黑暗，沒有光明的一面，固然我們不是要求每一個戲都套上光明的尾巴，但總希望有所指示」。〔註44〕杜秉正對洪深在《飛將軍》中對高鵬飛的批評感到不妥，認爲「在空軍中雖有不合理的人物存在，究竟比較少，而且這些在整個社會制度尚未改善之前，似乎也無法使之單獨完美。空中戰士是年青的一群，他們是純潔的，前進的，勇敢的，他們有勇氣接受一切合理的批評，同時，被歪曲了的事實，加諸他們的身上，也是他們所痛心的。過分強調消極人物，也容易引起民眾對空軍的懷疑」。〔註45〕批評界對暴露問題的過於敏感使劇作家難以接受，陳白塵的《亂世男女》演出之後，批評家認爲該劇暴露太多，過於悲觀，陳白塵指責批評者「把『暴露』和『悲觀』故意混淆了，同時也故意把「護短」和『隱惡』混淆了，更把『統一戰線』當作了見了面就該『今天天氣哈哈哈』，彌縫錯誤，相安無事的『馬虎結合』了。而且把『動搖人心』之罪不歸於被暴露的事件之本身，卻歸到暴露者頭上來」。〔註46〕而《新華日報》組織的戲劇座談會上，《清明前後》之所以受到肯定卻是因爲它對社會現實的抨擊力度。可見，暴露與歌頌問題已不單單是作家創作題材與藝術手法的選擇，而成爲一種政黨態度對戲劇批評產生影響。

「暴露」既然不受歡迎，理想的亮色就受到格外器重，抗戰時期戲劇批評中獲得批評家認可的戲劇往往首先都有理想或光明的色彩。《北京人》和《正氣歌》受到批評界好評，其中一個原因就是「曹禺的《北京人》代表一種理想，吳祖光的《正氣歌》也代表一種理想，這才是眞正的文藝創作，文藝創作家不

〔註44〕《〈國家至上〉〈包得行〉的演出座談記錄》，載《戲劇春秋》1940年第1卷第1期。

〔註45〕杜秉正：《現階段的空軍劇本》，載《戲劇戰線》1940年第1卷第10、11期合刊。

〔註46〕陳白塵：《「暴露」和「悲觀」》，董健《陳白塵論劇》，中國戲劇出版社 1987年版，第78～79頁。

只暴露黑暗，而且更重要的，乃是創造光明！」〔註47〕《棠棣之花》受到好評也是因爲「理想人物之多」。〔註48〕同樣，《桃李春風》「報導了民族新生中許多善良者艱苦奮鬥的事實，它爲中華民族優良的傳統造就了具有感召力的形象」，儘管有其他方面的缺點，但是它的社會目的是極正確的，〔註49〕這或許也正是該劇本獲得1943年度教育部評選的優良劇本獎的重要原因。

當然，戲劇特刊對戲劇批評的影響並不僅僅限於暴露與歌頌的態度，而且，與其說是影響，毋寧說戲劇特刊是戲劇批評在文藝政策影響下的集中體現。雖然並不是所有的戲劇批評都與戲劇特刊或文藝政策保持同調，不過戲劇特刊可以作爲一種標誌性的存在使人們瞭解意識形態的指向。

第三節　戲劇批評之熱點問題

抗戰時期戲劇界舉行過數次有關戲劇問題的討論，這些討論有些是由刊物或文藝團體組織相關人員針對某個問題集中發表看法，有的則是批評家對某一問題特別感興趣自發地形成理論熱點，參與討論的人員有批評家、劇作家、導演、演員以及其他文化界人士，討論多以筆談或座談的形式進行，散見於各戲劇刊物、報紙等。這些討論往往是針對戲劇發展過程的新問題新現象及時分析、總結，以調整戲劇運動發展的方向。抗戰時期關於戲劇方面的討論很多，就大的方向說，歷史劇問題、戲劇職業化問題、演劇體系問題、劇本荒問題、上演稅問題、戲劇捐稅問題、戲劇民族形式問題等等都作爲戲劇運動發展中的重要問題引起評論家的關注；就具體的文本批評說，關於《國家至上》與《包得行》的演出座談會，關於《芳草天涯》與《清明前後》兩個話劇座談會等等，都是當時戲劇批評的熱點，而幾乎在每一個重大戲劇問題的發現與思考中都隱含著重要的意識形態背景，本節主要選取幾個大的熱點問題加以說明。

一、關於歷史劇的討論

40年代歷史題材的創作蔚然成風，有關歷史劇的討論也進入了高潮。抗戰時期，國統區的兩個重要戲劇刊物——《戲劇月報》和《戲劇春秋》都曾

〔註47〕李長之：《〈棠棣之花〉書評》，載《文藝先鋒》1942年第1卷第4期。
〔註48〕李長之：《〈棠棣之花〉書評》，載《文藝先鋒》1942年第1卷第4期。
〔註49〕《關於〈桃李春風〉》，載《文藝先鋒》1943年第3卷第4期。

推出專輯或組織座談會，對歷史劇的創作發表看法，而其他關於歷史劇創作的言論也散見於各報刊，歷史劇的討論可謂抗戰時期戲劇界的熱點問題。

歷史劇的興起是抗戰時期一個重要的文化現象，夏衍將原因歸結爲「大後方文網森嚴帶來的必然結果」，〔註 50〕田漢則強調歷史劇的創作意義在於「敵人在拼命曲解、僞造或蒙蔽我們的歷史，我們也應該針對此點從根本上給他們一擊」。〔註 51〕陳白塵則認爲現實的道路雖然崎嶇，卻並非完全不能通行，他個人之所以寫歷史劇「是因爲在這條荒漠的路上發現了同路者的足音」。〔註 52〕總之，無論是出於現實戰鬥的需要，還是劇作家對歷史題材的偏愛，歷史劇的創作已經引起批評家的關注。

抗戰時期的歷史劇主要取材於中國歷史上三個亂世：春秋戰國、南明小王朝、太平天國。但凡亂世，都會涉及興亡的主題、激烈的政治鬥爭、英雄的人格以及正在萌發的新的思想意識，這本身就極具戲劇性，是馳騁想像力的理想場域。而爲何集中於這三個時期，除了劇作家各自的治史特長之外，也必然與作家對歷史與現實的認識密切聯繫。歷史劇的創作當然要借助現成的歷史史料，但是用什麼思想來對歷史史料進行取捨組合，則取決於劇作家的現實意識與現實傾向。對於太平天國題材的集中，田漢將之歸結爲「太平天國興亡史足供今日借鏡」，〔註 53〕田漢的說法過於籠統，有學者將之與 1937 年張聞天出版的《中國現代革命運動史》聯繫起來，該書將太平天國確立爲中國革命的起點，故而太平天國之成敗成爲近代革命家的重要借鑒，同時也成爲歷史研究和歷史劇創作的熱點。〔註 54〕這一觀點雖然不能在作家自述中得到證明，但也不失之爲一種合理的想像。郭沫若抗戰時期的 6 部史劇中取材戰國時期的就有 4 個，而爲什麼獨鍾情於戰國題材，郭沫若作了如此表白：「戰國時代是以仁義的思想來打破舊束縛的時代，仁義是當時的新思想，也是當時的新名詞。」〔註 55〕「仁義」即愛人和成仁，所謂愛人即「把人當作人」，所謂「成仁」就是要對抗強權暴政不惜「舍生取義，殺身成仁」。在這裡，又分明回蕩著五四時期以人性爲基

〔註 50〕夏衍：《中國抗日戰爭時期大後方文學書系・總序》，重慶出版社 1989 年版，第 5 頁。

〔註 51〕《歷史劇問題座談》，載《戲劇春秋》1942 年第 2 卷第 4 期。

〔註 52〕陳白塵：《歷史與現實》，載《戲劇月報》1943 年第 1 卷第 4 期。

〔註 53〕《歷史劇問題座談》，載《戲劇春秋》1942 年第 2 卷第 4 期。

〔註 54〕周寧：《想像與權力》，廈門大學出版社 2003 年版，第 86 頁。

〔註 55〕郭沫若：《獻給現實的蟠桃》，《郭沫若全集》，第 19 集，人民文學出版社 1992 年版，第 342 頁。

點的啓蒙意識的聲音。但是抗戰畢竟不同於五四，《棠棣之花》從 1920 年的詩劇到 1940 年改寫爲五幕劇，20 年的歷史進程中，俠累由奸臣而爲國賊，聶政行刺因私恨而公仇，國家主題取代了個人主題，已經展示了一種新的歷史建構。南明題材的歷史劇取材於大明王朝滅亡以後南明小王朝的歷史，代表作有阿英的《碧血花》、《楊娥傳》、《海國英雄》，周貽白的《李香君》、周彥的《桃花扇》（《秣陵風雨》）、歐陽予倩《桃花扇》、舒湮《董小宛》等，南明歷史劇多半不出孔尚任《桃花扇》的吟詠範疇，祇是這些史劇已經將孔尚任的歷史興亡之感轉化爲對民族氣節的弘揚謳歌。

在劇作家筆下，歷史不是自然之物，而是一種意識形態的建構。五四時期以《潘金蓮》爲代表的歷史翻案劇和以《三個叛逆的女性》爲代表的歷史詩劇以個性意識顛覆歷史道統，以個性爲主體重新建構歷史，到了抗戰時期，民族利益的弘揚壓倒一切，個人的自由與幸福不再受到劇作家的青睞，那些爲民族利益犧牲個人幸福的人們受到禮贊，這種新型的歷史觀通過歷史劇進入大眾文化空間，在人們找到歷史歸宿感的同時也悄然影響了人們對現實的認識，這正如研究者所言：「從歷史構築現代國家意識形態，這一自覺的現代文化使命感，使啓蒙立場的知識份子發現並利用了新史學與新史劇之間的協調動力關係，使純粹的思想或學術通過戲劇變成大眾世界觀，創造出意識形態整體性。」〔註 56〕換言之，歷史劇的創作並非爲了普及歷史知識，而是通過歷史的理解進行意識形態的建構，給現實鬥爭提供依據和方向。

那麼，是直接從歷史中提煉現實教訓呢還是借歷史宣洩現實願望，對這個問題的不同回答使 40 年代的歷史劇創作呈現出「戲劇歷史化」和「歷史戲劇化」的不同特色，前者更講究歷史史料的眞實，看重的是「歷史」劇，後者更追求歷史精神的眞實，看重的是歷史「劇」，40 年代關於歷史劇討論就是在這個背景下發生的。

討論主要涉及到以下一些問題：歷史劇是歷史還是劇？歷史英雄與歷史趨勢的關係是什麼？歷史劇應該使用什麼語言？歷史劇能否影射現實？歷史劇是否應該具有眞實性？這當中有些是細節問題，例如要求歷史劇要在塑造英雄人格的同時也要注意歷史背景和時代趨勢，因爲歷史興衰非一人一事的影響。〔註57〕例如寫作歷史劇時也應從演出「經濟」考慮，因爲「在作者說，

〔註56〕周寧：《想像與權力》，廈門大學出版社 2003 年版，第 72 頁。
〔註57〕葛一虹：《從拿破崙的患重傷風說起》，載《戲劇月報》1943 年第 1 卷第 4 期。

由天南而地北，不過是大筆一揮，在演出者說，可就是一場寒熱」。〔註58〕也有一些問題能基本達成共識：歷史劇使用的語言應當是現代白話，但應當剔出現代術語，現代詞彙和現代思想在古人的嘴裏表達出來是不合適的。爭論的焦點集中在歷史與現實的關係上，歷史劇能否影射現實？歷史眞實是歷史史料的眞實還是歷史精神的眞實？對這個問題的不同回答將論爭分成兩派，一派以陳白塵、邵荃麟、周鋼鳴、蔡楚生、劉念渠等人爲代表，主張歷史劇的創作必須尊重歷史，本書以「客觀眞實」派代之；一派以郭沫若、楊村彬、夏衍爲代表，認爲歷史劇不必完全拘泥於歷史，本書以「主觀眞實」派代之。

陳白塵是「客觀眞實」派中卓有成就的劇作家，在《歷史與現實》中，他以創作歷史劇的切身體會表達了內心對於歷史劇認識的幾個階段和困惑，通過自我否定而否定了歷史劇創作中的「翻案」寫法、「借屍還魂」寫法、懷古的寫法以及在歷史劇中追求自然主義的歷史眞實，最後他得出結論，史劇創作應當「不依自己的愛好而掩飾其非，也不依自己的憎恨而埋沒其美」，「寫出人物的眞實，便是寫出人物的批判！寫出人物的批判，也就是寫出歷史的教訓」，寫歷史和寫現實並沒有多大的區別，現實題材要瞭解現實環境，歷史題材也要瞭解歷史環境。〔註59〕陳白塵主張通過歷史史料總結歷史教訓，以歷史教訓完成史劇的現實性，這種思路是建立在歷史眞實的客觀性上的，至於是否存在一個絕對客觀的歷史則不在他的考慮範疇。

邵荃麟和周鋼鳴的文章爲陳白塵的切身體會提供了理論支持。邵荃麟對歷史劇創作提出兩點意見：第一，「寫歷史劇就老老實實只寫歷史，不要去『創造』歷史，不要隨自己的意欲去支使古人。自然，藝術家的主觀必然存在的，但所謂主觀，應該指作者對歷史認識的角度和對歷史評價的立場。歷史人物還是應該讓他們自己在歷史眞實環境去活動，去發展罷。」第二，不要以古擬今，不要借古人的事情來影射現在。「只要作品是現實的，對過去現實的剖析，一樣可以增加我們對當前現實的理解」。〔註60〕邵荃麟的文章簡潔有力，歷史的客觀眞實仍然是他反對歷史翻案劇的主要立足點。

在這一派中，周鋼鳴的論述最具學理性，他認爲歷史劇屬於歷史再認識的範疇，現實主義的創作方法和科學的歷史觀是傳達歷史眞實性的必須武器，人

〔註58〕張駿祥：《關於寫歷史劇的幾點意見》，載《戲劇月報》1943年第1卷第4期。
〔註59〕陳白塵：《歷史與現實》，載《戲劇月報》1943年第1卷第4期。
〔註60〕邵荃麟：《兩點意見》，載《戲劇春秋》1942年第2卷第4期。

－181－

類歷史的社會生活、歷史的時代背景、在這背景中發生的歷史事件、以及參與在中心事件中當事者構成歷史眞實性的基本要素，而構成歷史眞實性的基礎就是人的因素，這需要作家批判地透過歷史的背景、歷史生活、歷史事變、歷史思想潮流表現歷史社會生活鬥爭的人，在這個過程中，作家要發揮自己進步的主觀性，然而如何才能使作家進步的主觀和歷史的進步的客觀相會合，這就需要作家向歷史主動地追求、批判地追究、猛烈的追擊。因此，他以此爲標準對史劇創作中的洋場市儈主義傾向、革命的主觀主義和公式主義以及虛僞的歷史觀進行批判，提倡那種追求歷史眞實的史劇創作，即「把握正確的歷史觀，對歷史眞實的追求抱著很嚴肅的態度，很忠實地分析歷史，處理歷史的事件，顯示歷史的眞面目並以達到歷史正確的再認識的目的」。〔註61〕

「主觀眞實」派以郭沫若的文章最具影響力，在《歷史・史劇・現實》中，郭沫若提出了他著名的「失事求似」的史劇創作原則，他首先以區分了史學家和史劇家的任務：「歷史的研究是力求其眞實而不傷乎零碎，愈零碎才愈逼近乎眞實。史劇的創作是注意在構成而務求其完整，愈完整才算得是構成……歷史研究是『實事求是』，史劇創作是『失事求似』。史學家是發掘歷史的精神，史劇家是發展歷史的精神」。其次申明「史劇既以歷史爲題材，也不能完全違背歷史的事實。」因此，關於人物的性格、心理、習慣、時代的風俗、制度、精神，總要盡可能的收集材料，務求其無暇可尋。同時他也提出「史實是不是眞實」的質疑，要求「史劇的批評應該在劇本範圍內，問它是不是完整。全劇的結構，人物的刻畫，事件的發展，文辭的錘煉，是不是構成了一個天地。假使它是對於歷史的翻案，那就要看它翻案的理由，你不能一開口就咬定它不合乎史實」。最後，文章甚至對歷史劇的概念進行解構，因爲世上的事無一非史，因而所有的戲劇也無一非史劇。〔註62〕在文章中，郭沫若以史學家和史劇家的雙重體驗提出的問題「史實是否眞實」的問題的確很有見地，按照西方闡釋學的觀點，「眞正的歷史對象根本就不是對象，而是自己和他者的統一體，或一種關係，在這種關係中同時存在著歷史的實在以及對歷史理解的實在」。〔註63〕絕對客觀的歷史是不可能存在的，它總包含

〔註61〕周鋼鳴：《關於歷史劇的創作問題》，載《戲劇春秋》1942年第2卷第2期。
〔註62〕郭沫若：《歷史・史劇・現實》，載《戲劇月報》1943年第1卷第4期。
〔註63〕〔德〕迦達默爾：《眞理與方法》（上冊），洪漢鼎譯，上海譯文出版社1999年版，第384～385頁。

著認識主體的主體性。祇是在那個時候人們多以史料的可靠性對「歷史眞實」進行質疑，還未能從歷史意義與歷史書寫的關係認識這個問題。

楊村彬在更早的時候（1939 年）就表明了自己對史劇創作的態度，在忠於自己與忠於史料之間，他毫不猶豫地選擇前者，其理由在於歷史劇是劇不是歷史，「有人覺得我們應該忠實於歷史，那是歷史家的事情。我們覺得我們應該問：我忠實於我自己沒有？即這裡的人物和故事的處理是不是都很正確地根據我的新觀點？假使有不正確的地方，寧肯修補歷史。所以歷史戲不過是借歷史而寫出的戲而已，不是歷史，是戲。」對一出戲來說，最要緊的是它的藝術性，「史劇不要專在史上下功夫，更要注意到藝術，不要使它似史而不成其爲劇，同樣，研究人物也不可盡在古字上下功夫，更要在人字上下功夫，要研究其人情人性人道，古時候的人也是人，不要專門研古而忘了他還是一個人」。〔註64〕

比較兩派的觀點，他們都追求歷史眞實，都認爲劇作家有主觀發揮的權利，所不同者前者反對將史劇與現實之間做機械的對照，更反對因爲現實需要而更改歷史，他們對現實需要與現實性進行區分，認爲現實需要是功利的而現實性則是在歷史眞實性中自然流露的，是科學的。而後者則在歷史精神的旗幟之下著眼於現實需要，在藝術性的要求上著眼於戲劇性追求，把史劇和現實之間緊密聯繫。其實，所謂主觀眞實與客觀眞實之別，實際上是在歷史劇之現實性與眞實性方面各有側重，最理想的狀況當然是二者的統一，即使無法統一，也並非意味著二者的水火難容，有關歷史劇的這場論爭實際正如後來的研究者所言：「歷史劇的現實性是政治尺度，歷史劇的眞實性是知識尺度；前者意味著權力，後者意味著知識。所謂歷史眞實與藝術眞實的統一，是歷史劇試圖建立政治權力與歷史知識之間協調合作機制的意識形態方式。」〔註65〕抗戰時期的歷史劇一來塑造豪情俠義的民族英雄，增強了民族自信心；二來以亂世教訓的總結鑒照現實，它的大主題是弘揚民族主義抵禦外敵，次主題爲反分裂而主張團結，主張分裂的多是上層統治階級，忠義之士多被排擠或是下層邊緣人士如李香君等，階級意識在次主題中暗含。這就可以理解爲什麼毛澤東會在 1944 年 11 月 21 日寫給郭沫若的信中說，「你的史論、史

〔註64〕楊村彬：《民族藝術之路》，周靖波編《中國現代戲劇論》（上卷），北京廣播
　　　　學院出版社 2003 年版，第 310～314 頁。
〔註65〕周寧：《想像與權力》，廈門大學出版社 2003 年版，第 90 頁。

劇有大益於中國人民，只嫌其少，不嫌其多，精神決不會白費的，希望繼續努力」。〔註66〕

二、關於戲劇民族形式的討論

「民族形式」問題是抗戰時期一次規模較大的文藝論爭，它始於 1938 年下半年，1942 年上半年以後逐漸低落，持續時間達三年多；參與論爭的地區包括國統區、解放區等不同的政治區域，是一次全國性的大討論；「民族形式」何以在當時提出，郭沫若認為：「民族形式的提起，斷然是由蘇聯方面得到的示唆，蘇聯有過『社會主義的內容，民族的形式』的號召」。〔註67〕郭沫若所言的「號召」是指 1930 年斯大林在蘇共十六大報告中的講話：「什麼是無產階級專政下的民族文化呢？這是一種社會主義內容和民族形式的文化。」〔註68〕斯大林的這次講話是從政黨專政的角度對蘇聯文藝提出要求，他將民族文化分為內容和形式兩方面，這種簡單粗糙的方式根本不適合討論複雜的文藝問題，但是這個政治家的出發點原非發展文藝，而是為了鞏固本黨的國家專政，因此，這種失誤並不是不可諒解。很難有資料證明毛澤東在 1938 年 10 月提到「民族形式」的時候在多大程度上受到斯大林的影響，不過 40 年代正好是毛澤東思想的形成期，他對中國革命和中國具體形勢的思考逐漸趨於成熟，即使他有意識地借用了斯大林的「民族形式」術語，也一定融入了他自身的深思熟慮和獨立見解。在《中國共產黨在民族戰爭中的地位》中，毛澤東第一次使用該術語：

> 共產黨員是國際主義的馬克思主義者，但是馬克思主義必須和我國的具體特點相結合併通過一定的民族形式才能實現。馬克思列寧主義的偉大力量，就在於它是和各個國家具體的革命實踐相聯繫的。對於中國共產黨說來，就是要學會把馬克思列寧主義的理論應用於中國的具體的環境，成為偉大中華民族的一部分而和這個民族血肉相聯的共產黨員，離開中國特點來談馬克思主

〔註66〕中共中央文獻研究室編《毛澤東書信選集》，人民出版社 1983 年版，第 241～242 頁。
〔註67〕郭沫若：《「民族形式」商兌》，《郭沫若全集》，第 19 卷，人民文學出版社 1992 年版，第 31 頁。
〔註68〕斯大林：《聯共（布）中央委員會向十六次代表大會的政治報告》，《斯大林全集》，第 12 卷，人民文學出版社 1955 年版，第 319 頁。

義，祇是抽象的空洞的馬克思主義。因此，使馬克思主義在中國
具體化，使之在其每一表現中帶著必須有的中國的特性，即是説，
按照中國的特點去應用它，成爲全黨亟待瞭解並亟須解決的問
題。洋八股必須廢止，空洞抽象的調頭必須少唱，教條主義必須
休息，而代之以新鮮活潑的、爲中國老百姓所喜聞樂見的中國作
風和中國氣派。〔註69〕

　　從以上文字可以看出：毛澤東提出「民族形式」主要是針對中國共產黨
與國際關係的大背景，要解決的是民族戰爭中，中國共產黨如何聯繫具體國
情實踐馬克思主義的問題。如果聯繫此前中國共產黨的黨內鬥爭和左的路線
給中國共產黨有生力量帶來的損失，可以體會，毛澤東的此次講話實在是有
感而發，是從實踐中獲得的經驗。在這個術語使用的背後，他的眞實願望是：
擺脫共產國際的支配，使中國共產黨成爲一個具有獨立自主權的政黨。因此，
可以認爲：毛澤東提出「民族形式」在原初意義上並不是針對文藝問題，所
謂「新鮮活潑的、爲中國老百姓喜聞樂見的中國作風和中國氣派」主要針對
的也是教條主義，由於此前指導中國社會主義革命的理論主要來自國外，教
條主義的針對性──洋八股──就十分明顯了。因此，與其説毛澤東談的是
如何深入學習馬克思主義理論，毋寧説是要求黨內加強對中國具體國情的瞭
解。這與文藝無關，主要是針對黨內工作思路的講話。

　　在毛澤東提出「民族形式」之前，對民族形式的討論已經在報刊零星出
現。但是，有計劃有規模的討論是在毛澤東提出「民族形式」之後。1939 年
1 月開始，延安文化界就民族形式問題陸續進行了有計劃的討論，以後又逐漸
擴展到全國。論爭從延安開始，延安的討論又自毛澤東講話以後有計劃地進
行，這個起點使得這場論爭的意識形態背景比較明顯。換句話説，這並非一
場自發的文藝問題的論爭，政治意識形態在一定程度上組織和參與了論爭的
過程。當然，這並不是説這場全國性的大討論僅僅在迎合意識形態的需要，
抗日戰爭加強了全民族同仇敵愾的民族凝聚力，也導致大量知識份子由中心
城市向邊緣地區流動，密切了與民眾的聯繫，戰爭形勢的需要和戰爭時期對
本民族生活境況、文化心理複雜性的深入瞭解，喚醒了知識份子的文化審視
心態。此外，30 年代文藝大眾化問題在民族戰爭時期再度被關注，它與民族

〔註69〕毛澤東：《中國共產黨在民族戰爭中的地位》，《毛澤東選集》，第 2 卷，人民
　　　　文學出版社 1991 年版，第 534。

性問題的某些交叉點使得這場論爭具有歷史的延續性。這些，都是引發這場論爭的不可忽視的因素。

戲劇界集中討論民族形式問題是在 1943 年，其時，郭沫若《「民族形式」商兌》和胡風的《論民族形式問題》已經發表，文藝界關於民族形式的論爭已經基本到了尾聲。《戲劇春秋》分別在桂林、重慶兩地組織文化界尤其是戲劇界人士討論戲劇民族形式問題，除了集體座談之外，也有劇作家零星發表的文章表達自己的觀點，體現了戲劇界對文藝熱點問題的積極參與，同時戲劇的民族形式問題也是擺在戲劇工作者的具體問題，因爲傳統戲曲彌漫著不合現代社會的思想毒素，現代話劇又面臨民族審美心理的檢驗，怎樣才能建設藝術性和思想性完美統一的民族戲劇獲得民眾的認可和熱愛呢，由於抗戰時期戲劇在民間迅速普及，對這一問題的探討和解決也就更加迫切了。

戲劇民族形式的討論主要集中在兩個問題上：一、戲劇「民族形式」的基本原則是什麼？第二，戲劇的民族形式應該怎樣發展？

對於戲劇民族形式的基本原則，歐陽予倩提出現代的、中國的、大眾的三原則，並對此三原則進行進一步解釋，所謂「現代的」就是科學的，爲現代使用的，「中國的」就是適用於中國的，但並不是中國傳統的東西，它是不排外的，不閉關自守，對外來形式應有計劃、有方法地加以整理，再有計劃、有方法地加以組織後運用起來，達到集其大成的目的。「大眾的」就是通俗的，但不是惡俗的，不是粗製濫造和低級趣味的。〔註70〕民族形式不是固定的，因爲中國社會是在改變中。民族形式就是在革命的實踐上能組織鼓勵更廣泛的民眾，在創作方法上能配合波瀾壯闊的生活內容，只要忠實地描寫社會生活，自然就是民族的。

由於戲劇是舶來品，對於民族形式的鑒定顯得特別重要。民間形式中心源泉論在討論中受到反駁，對戲劇而言，如果民間形式是民族形式的中心源泉，這就意味著戲劇的民族形式必須以傳統戲曲爲依託，如此一來，民族形式的現代意義將何以體現呢？座談會否定戲劇的民族形式將從花鼓、草臺、目連戲中產生。但也認定根據現代原則對舊題材進行改造以後，傳統戲曲同樣也可以具有生命力，「舊劇中楊家將、薛平貴等劇，都是美好的東西，祇是裏面有了什麼『託夢』等神化的成份而已，只要我們重新寫過，用正確的觀點，把楊家將、薛平貴還原成『民族英雄』，『革命人物』，再以改良的形

〔註70〕《戲劇的民族形式問題座談會》，載《戲劇春秋》1940 年第 1 卷第 2 期。

式來表現，不就成為合乎原則的民族形式了嗎？」﹝註71﹞話劇完全由國外移植過來，是否就不具有民族性呢？夏衍認為中國話劇劇中人是中國人，表演的是中國的事件，它已經擺脫了早期對於西方戲劇的模倣，而中國民眾也在不斷進步中，到抗戰時期話劇已經被人們所熟悉和瞭解。而且，它因為其現實性和對文化素質的低要求，更具有充分發展的前途，只要做到中國化與大眾化，更能達到民族形式的要求。

　　戲劇的民族形式應當如何發展，在這個問題上「舊瓶裝新酒」的說法受到普遍反對，討論者普遍認為內容變，形式會自然改變，民族形式應當相容並包地吸收各種各樣的方法，消化應用。在建設戲劇民族形式過程中，話劇和戲曲雖有不同的要求，但並不排除二者的相互借鑒。在戲曲的改革中切忌一刀切，「一定要先瞭解各種地方戲的舊有形式，更進一步要注意到戲劇與文學的不同，他在作者與觀眾之間要通過演員，我們研究各個地方的風俗習慣交通語言……因為地方戲的演員，是被地方所支配的。」﹝註72﹞在演出方面，話劇對傳統戲曲的學習只要運用得好，不僅可以更清楚的表達劇情，還可加強心理描寫，而無論舊劇話劇，要做到中國化、大眾化只有兩點──「第一是『現實』，第二也還是『現實』，只要是現實的，就一定是中國化的，只要是用現實的生活習慣來表現的，就一定是大眾化的。」﹝註73﹞陳白塵則將現代精神作為民族形式的基礎，在他看來，「現代人的生活，思想，感情是會脹破了古老的簡陋的形式的。非民族地生活，思想，感情也是會破壞了民族的形式的」。﹝註74﹞總之，讓戲劇保持與現實人生、時代生活的關係，這是戲劇民族形式的關鍵所在，這個結論其實與整個文藝界對民族形式的討論方向一致。

　　這次討論並沒有形成統一的結論，事實上也不可能有統一的結論。不過這次討論提出舊劇的內容改造和話劇向舊劇學習的要求，這是具體的可操作的。討論對話劇的反省和對舊劇的有限肯定雖然還不是主流，卻也難能可

﹝註71﹞轟紺弩語，《戲劇的民族形式問題座談會》，載《戲劇春秋》1940年第1卷第2期。
﹝註72﹞龍嘯風語，《戲劇的民族形式問題座談會（中會）》，載《戲劇春秋》1941年第1卷第4期。
﹝註73﹞易庸：《戲劇的民族形式問題》，載《戲劇春秋》1940年第1卷第2期。
﹝註74﹞陳白塵：《民族形式問題在劇作上》，載《戲劇崗位》1941年第2卷第2、3期合刊。

貴，顯示了客觀理性的色彩。

　　當然，對於民族形式論爭的意識形態背景，光末然已經意識到「『民族形式』現成爲文藝政策的中心口號，在華北、在西北戰地到處展開著討論」，〔註75〕因此重慶戲劇人士對西北地方的戲劇民族形式實驗十分關注，光末然和茅盾還專就西北地方的戲劇民族形式討論與實驗情形作了詳盡報導，《路條》的實驗也引發了大後方戲劇工作者的興趣，但是張庚認爲延安戲劇運動在全國起了模範作用，而國統區戲劇運動則沒能找到獲得大眾認可的適當思路，〔註76〕這一觀點並不被國統區戲劇人士普遍接受。黃芝岡就認爲，延安劇運祇是在「內容的現實政治意義」上有值得誇耀之處，由於沒有技術的配合，戲劇完成的祇是理論政治論文的宣讀工作。〔註77〕總體來看，大後方關於戲劇民族形式問題的討論還是走出了自己的足跡。

三、關於建立現實主義演劇體系的討論

　　建立現代話劇演劇體系一直是中國戲劇發展的重要問題。這個問題並非抗戰時期的特殊問題，而是中國話劇走向職業化、走向大劇場時就必須正視的問題。不過在抗戰初期，充沛的政治激情壓倒了藝術追求，急切的宣傳任務難以打造精緻的藝術，演劇藝術的粗糙被政治任務的急切所遮蔽，但是，戲劇運動的發展離不開演藝水準的提高，現代話劇在中國是舶來品，在演藝上沒有現成的傳統可以借鑒，西方電影中的表情道白又無法在戲劇舞臺上爲民眾認可，於是，「新的演出技術和新的寫劇方法成了目前戲劇運動的嚴重課題。同時，非大眾化的對白和歐化的表情，也在士兵和民眾面前碰了壁。」〔註78〕40年代開始，隨著國統區戲劇職業化運動的開展，建立現代話劇演劇體系再度成爲戲劇界的中心任務。爲此，《戲劇崗位》特別舉辦了「如何建立現實主義演劇體系」的座談會，錢烈（鄭君里）也在《新華日報》發表了重要文章《建立現實主義的演劇體系》，在這個過程中，斯坦尼斯拉夫體系逐漸被介紹到中國。

　　在《建立現實主義的演劇體系》中，鄭君里強烈批評戲劇演出中各分工

〔註75〕《戲劇的民族形式問題座談會（前會）》，載《戲劇春秋》1941年第1卷第3期。
〔註76〕張庚：《話劇民族化與舊劇現代化》，《張庚文錄》，第1卷，湖南人民出版社2003年版，第240頁。
〔註77〕黃芝岡：《評〈話劇民族化與舊劇現代化〉》，載《新演劇》1940年復刊號。
〔註78〕鄭伯奇：《略談三年來的抗戰文藝》，《中國抗日戰爭時期大後方文學書系》，第1編，重慶出版社1989年版，第543頁。

部門的傾軋和各工作者間不同創作方法的錯雜，認爲這一切全是因爲沒有建立起現實主義的演劇體系。〔註 79〕他宣導在共同的世界觀下建立現實主義的演劇體系，這個演劇體系包括：（一）每個工作者具有共同的世界觀，並使之成爲這個團體文化理想的表現；（二）替每個劇本的內容尋覓最眞確的獨特的藝術形式；（三）履行各工作部門的集體主義的分工，建立各工作者間的共同創作方法，調整各工作者的創作上的地位；（四）演員是演出的基礎，他的個人品質是他自己特有的創造性的出發點，演員應把批判角色和體驗角色結合起來；（五）舞臺裝置需根據劇本內容和演出風格單純化；（六）培植專司服裝、化裝、效果、音樂的專門人才。統一的演出風格需要共同的世界觀，這也是鄭君里將戲劇稱爲「最民主的藝術」的原因。

1941 年 10 月 14 日，《戲劇崗位》在重慶中蘇文化茶樓召開「如何建立現實主義演劇體系」座談會，出席人有鄭君里、徐昌霖、陽翰笙、周彥、凌鶴、潘子農、舒湮、陳白塵、安娥、賀孟斧、孫師毅、藍凡、史東山、陳鯉庭、趙慧深、李嘉。在座談會上，人們對於「現實主義」及其實現方式就有不同的認識。鄭君里認爲演劇體系的形成依賴於導演乃至整個劇團的世界觀的統一，要產生一種共同的方法就是集體主義，而集體主義有資本主義和社會主義的區別，現實主義演劇體系的形成需要的是社會主義性質的集體主義，蘇凡認爲現實主義是文學上的術語，民主主義是政治上的術語，集體主義原是經濟學上的術語，三者之間不能互相加上一個等號，確立現實主義的演劇體系，可以用現實主義和集體主義的精神，集體主義不能保證一定通向現實主義，只有發揮它的精神方可，這就必須以提高一般工作人員的認識爲前提。現實主義並不能包治百病，而凌鶴的期待中顯然超越了演劇體系所能解決的問題，在談到爲何需要現實主義演劇體系時，他講了四個方面：「一，在我國目前最需要抗戰團結進步的現實主義。二，如何使大家去認識現實主義的眞面目，演員去認識生活，劇作家去組織主題，怎樣消除人事問題，風頭主義。三，集體主義是方法，是最民主的創作方法，四，最要緊的是如何使批評家去理解這些問題。」談論眾說紛紜，在演員與角色關係上，引入了斯坦尼對演員兩個自我的理解，最後陽翰笙精闢地指出，建立現實主義的演劇體系，實際上就是斯坦尼體系的中國化。參與這次討論的人員都是知名的導演、演員與劇作家，他們的認識對戲劇演出體系的建立至關重要。「這次會議是在中

〔註79〕錢烈：《建立現實主義的演劇體系》，載《新華日報》1941 年 10 月 10 日。

國話劇經歷了抗戰初期外延擴展的震盪以後，重新走向正軌，走入劇場的歷史大轉折關頭召開的，它不僅爲抗戰後期大後方話劇的『黃金時代』繪製了一幅藝術藍圖，而且影響到以後幾十年的發展。」〔註80〕

在以上討論中，有兩點值得注意：第一、對現實主義的道德判斷。「在中國我們把現實主義看成是民主的，進步的。」〔註81〕這種認識在40年代的文藝界具有普遍性，把一種藝術方法或藝術風格加以道德評價，通過道德鑒定使其更具有推廣的理由和價值，這也是文藝推陳出新的一種模式。第二、現實主義與集體主義的關係。其實演劇本來就是集體製作的結果，但集體製作與集體主義之間還存在一般行爲和思想境界的界限，而且這和現實主義並沒有必然關係，將二者的聯繫起來無非是爲了加強現實主義的民主色彩，使之因爲思想的進步而獲得理論的立足點。在這裡，現實主義的提倡已經不僅是一種藝術方法或藝術風格的提倡，它同樣潛藏著深刻的意識形態內容。

總體說來，抗戰時期的重要戲劇問題討論都隱藏著重要的意識形態因素，藝術問題的政治化和將政治問題借藝術表達是比較普遍的思路，這一方面說明藝術受到意識形態的牽制和影響，另一方面也說明意識形態對藝術的滲透和運用，其實，沒有任何脫離意識形態的藝術，也沒有缺乏意識形態意圖的理論探討。在抗戰建國的大背景下，國共兩黨在文化話語權的幾次較量都是爲了通過藝術討論達到政治目的，但其中確實又包含了藝術問題的思考，一個眞正富有社會責任心和藝術進取心的評論家很難迴避對以上問題的思考和回答。

〔註80〕馬俊山：《論斯坦尼體系對中國話劇的現實主義體系的影響》，載《大戲劇論壇》第一輯，北京廣播學院出版社2003年版。

〔註81〕凌鶴語，《如何建立現實主義的演劇體系座談會》，載《戲劇崗位》1942年第3卷第5、6期合刊。

第五章　現代性訴求下的舊劇改革

　　在抗戰時期，舊劇改革工作變得異常緊迫。舊劇中多為歷史題材，歷史的趨同性最易喚起人們的集體歸宿感，同時舊劇中有許多現成的抗敵禦辱的故事，但是這些故事還需要過濾掉其中的忠君思想才能符合現代民族意識和愛國熱情，舊劇改革利用傳統戲曲將傳統藝人和觀眾詢喚為意識形態的主體，同時也將傳統藝術與時代需求相結合進行現代民族戲劇的探索，它理應成為戲劇運動不可缺少的組成部分。

　　自新文化興起以來，舊劇中陳腐淫穢的內容因與現代社會的發展理念格格不入而受到新文化人士的痛斥，但是戲曲作為中國民間數百年來的主要娛樂方式擁有雄厚的群眾基礎，戲曲表演技藝也在數百年的磨礪中高度程式化、寫意化而趨於完美，它就像一朵含著毒素的花令現代知識份子面對它時內心充滿矛盾又引發分歧。儘管晚清以後戲劇的教化功能被強調，但這種改善與提高的願望並非戲曲界自發產生，而是源自外力的推動。舊劇改革工作主要是由政府部門在統籌規劃。抗戰以前，舊劇改革多為清除舊劇思想內容中的封建毒素，還沒有富有成效的積極的建構措施，而且由於缺乏舊劇藝人的廣泛參與，即使清除毒素的成效也不顯著，茶樓戲院流行的戲曲仍然良莠不齊，與政府改良要求相差甚遠。抗戰開始以後，傳統戲曲在時代需求下必須滿足新的意識形態的要求，同時新舊藝人攜手合作也使舊劇改革不再停留於口頭上、書案上、政策上，而有了切實的建設性的成效。戰時舊劇改革延續了去除思想毒素的任務，同時把弘揚民族意識放在顯要位置。舊劇改革由移風易俗轉移到抗戰救亡，這個根本轉變把舊劇改革納入戲劇運動的範疇。傳統戲曲的民主思想、美好德操與封建糟粕融為一體，優美的表演形式與獨特的劇場情景融合一體，群眾的審美需

求與世俗心態融爲一體，這一切昭示舊劇改造是一個複雜的社會文化工程，它不僅需要以正確的時代意識與現代觀念重新體察傳統，還需要付出艱苦的努力繼承與生產傳統。在抗戰時期，民族意識的召喚成爲戲劇現代性追求的最大生產動力，這種生產力最終轉化爲積極的生產勞動成果，烙下了戲曲在現代性追求中被繼承、改造與利用的痕跡。

第一節　邊緣化：傳統戲曲的現代處境

經世致用的文化傳統是戲曲在中國文化格局處於邊緣地位的重要原因，不過，近代以來人們對戲曲教化功能的看重使之在理論上進入了民眾大學的殿堂，但這並不意味著戲曲文化地位的提升，因爲它很快被有新文化人士參與的白話新劇後來居上。準確地說，本書在此所謂的傳統戲曲之邊緣化主要針對話劇在戲劇運動中的中心地位而言，抗戰時期，正由於「話劇運動在整個戲劇運動中一直起著領導的作用」，〔註 1〕才有了致力於抗日救亡的話劇運動對戲曲改革的引導推動，才使得傳統戲曲在精神上自動向民族需求的方向靠攏。

一、新舊戲劇團體之比較

這裡所謂新舊戲劇團體主要以抗戰時期的話劇團體和傳統戲班而言。比較的層面主要是兩種戲劇團體在文化素質、組織構成、資金來源以及政府扶植方面差異，比較的目的是對比新舊戲劇在戲劇運動中的實際地位。

在比較之前，有必要瞭解舊劇藝人的藝術傳承模式。富連成科班成立於 1904 年，1948 年宣佈解散，是京劇歷史上辦學時間最長的科班，它爲學員入學製定了統一契約格式：

> 立關書人○○○，今將○○○，年○○歲，志願投於○○○名下爲徒，習學梨園生計，言明七年爲滿，凡於期限內所得銀錢，俱○○○師享受。無故禁止回家，亦不准中途退學，否則有中保人承管。儻有天災病疾，各由天命。如遇私逃等情，須兩家尋找。年滿謝師，但憑天良。空口無憑，立字爲證。立關書人○○○，畫押。中保人○

〔註 1〕 田漢：《抗戰與戲劇》，《田漢文集》，第 15 卷，中國戲劇出版社 1986 年版，第 16 頁。

　　○○，畫押。　年　月　日吉立。〔註2〕

　　這不過是梨園契約的基本內容和普遍格式，一般進入梨園學習技藝的弟子都需簽訂這樣的契約以確立師徒關係並確保在學期間其勞動收益爲師傅領受，同時也是家門與師門各自明確責任關係的證明。從當年富連科班學員的照片看來，梨園弟子一般都是幼年入學，經過七年左右的學習之後，基本進入演劇的最佳年華。在這段時間內所得的收入必須交由師傅不得自己使用，學成以後才能獨立支配自己的開支。師傅教授弟子如何練嗓練功以及遵守行訓、班規等，並在說戲中幫助弟子理解戲本及角色，一般不會指導和要求弟子進行其他的文化學習，和其他進入獨立師門的梨園學徒相比，富連成科班最特別的是開設了教育班，教授學生普通科學等課程，如國語、三民、社會、算學等，1931 年甚至將之列爲學生的必修課，體現出傳統梨園由師徒相傳到學堂教育相結合的教育模式。但是，富連成先後收了 468 名弟子，即使其弟子因爲普通科學的學習在見識上超越一般藝人，這對龐大的舊劇演藝隊伍完全是杯水車薪，無助於提高舊劇藝人的整體文化素質。

　　富連成科班的這紙契約說明以下幾個問題：第一，大多數舊劇藝人都經歷了拜師學藝的艱苦過程，一旦進入師門，他們與師傅的關係就如同父子般尊卑分明。第二，一般來說，傳統戲曲演員多出身寒門，自幼進入戲班學藝，所學者不過是練功、弔嗓、說戲等基本功和表演技藝，艱苦長久的基本功訓練和貧寒的家庭出身使他們完全沒有接受系統文化教育的機會，更別說新式教育。傳統戲班主要靠班規、行訓和祖傳慣例以督促藝人的道德修養。他們多數人不識字，更不具備現代意識，他們的思想意識除了生活中的耳聞目染的世俗觀念之外，就是傳統戲曲中的忠孝節義。即使是富連成科班順時而動開辦的識字課使學員能讀書識字，但認字與思想的現代性之間還隔著巨大的觀念差距。

　　話劇演員在文化素質上普遍高於戲曲演員。最早從事話劇運動的人多爲留日學生，如李叔同、曾孝谷、歐陽予倩、陸鏡若等，還有就是熱愛戲劇的文化人，如任天知、鄭正秋、王鐘聲等，和傳統藝人相比，他們不僅具有高度的文化素養和藝術情趣，還有關懷時政的熱情。文明戲衰落以後，文明戲的演員多數沉迷在美酒、婦人、鴉片之中，在文化和思想品位上比歐陽予倩、

〔註2〕　唐伯弢編著、白化文修訂《富連成科班三十年史（修訂版）》，同心出版社 2000
　　　　　年版，第 54～55 頁。

陸鏡若、任天知、鄭正秋等人相去甚遠，但田漢、洪深等人致力的愛美劇運動與唐槐秋對職業戲劇的努力也開闢了話劇藝術化、民族化的道路。抗日戰爭的爆發後，大量學生與文化青年湧入戲劇表演的行列之中，使話劇演員的整體文化素質得到極快的提升。根據國民黨檔案資料的有限統計，抗戰初期話劇團體成員的年齡多在 20～28 歲之間，學生居多，文化層次多在中學及中學以上，例如民族劇團的 16 名成員中，大學畢業肄業者 11 人，最低也是中學畢業。西京鐵血劇團多為教員、民教館職員、黨部幹事、還有省新運會股長。此外，根據抗戰時期各個報刊刊登的招募演員啟事，話劇演員要求必須是初中文化以上，也有少數要求高中文化程度。雖然文化素質的提高並不一定帶來演劇事業的繁榮和提高。不過，面對文化層次普遍較低的觀眾，這種文化優勢會自然轉化為啟蒙者教育者的責任感與優越感。

在教育尚不發達的戰爭年代，文化素質的差異意味著不同的文化群體，不同的文化群體必然帶來內部組織的區別。我們比較以下戲劇團體的人員結構：〔註3〕

劇團名稱	成立時間	所在地	成員總數	男性成員	女性成員	國民黨員
力行劇社	1940 年 10 月	貴州貴陽市	156	94	62	90
民眾劇團	1940 年 3 月	陝西城固縣	53	40	13	53
醒民劇社	1941 年 3 月	福建連城	50	50	0	4
秦劇研究社	1941 年 1 月	甘肅蘭州	47	46	1	6

表中的力行劇社和民眾劇社主要為話劇團體，醒民劇社和秦劇研究所主要為舊劇團體。上表列出的新舊戲劇團體數量不多，卻能在一定程度上說明新舊戲劇組織的內部區別，一是女性成員比例話劇團體明顯高於舊劇團體；二是黨員人數話劇團體明顯高於舊劇團體。女性成員稀缺說明戲曲演出還是被社會視為良家女子禁入的行業，而話劇則因為承載了現代思想意識，從社會教育的角度而被社會普遍接納，進入話劇團體工作成為現代知識女性的象徵。黨員人數多說明話劇團體在活動中能比較直接地進行時事宣傳和黨義教育，也為政府所鼓勵提倡，而舊劇則因為演劇題材與現實隔離太遠，或本身包含太多迷信淫穢的內容而未能吸引政府工作人員積極加入，當然也不排除

〔註3〕 該表數據來源為國民黨中央社會部檔案，中國第二歷史檔案館，卷宗號 11～2918。

戲曲演出的專業性程度使一般愛好者望而止步。聯繫國民黨檔案各種公開與未公開的資料看，業餘話劇團體的成員多為國家公務員，如縣長、民教館長、童子軍理事、地方黨部幹事、科員以及中學教務主任、小學教員等，而業餘舊劇團體學歷偏低，一般是高小畢業，多數人沒有其他社會兼職工作；此外，話劇團體或多或少能獲得數目不一的政府資助金費。而舊劇團體多為自籌資金。相比之下，新劇受到更多的政府關注，舊劇顯然處於被忽視的地位。

　　政府對新舊戲劇的態度差異還表現在戲劇教育的推行方面。1935 年成立的國立戲劇學校是國民黨投資興辦的第一所戲劇專門學校，從該校的課程安排、師資力量與培養模式看，它主要致力於話劇人才的培養。政府對戲曲人才的培養並不重視，或許因為戲曲長期以來形成了自己的師徒教學模式，而且這種教學模式與生活起居住行、戲班市場運作程式、梨園行規聯繫在一起，現代化的教學理念很難滲透進去，而且讓藝人脫離戲班而到專門學校教學也未必符合他們生存規則，最重要的是讓伶人直接登堂入室享受國家公務人員的待遇，則是當時政府也未必有的雅量。抗戰時期山東省立戲劇學校是一所專門的戲曲學校，王泊生為院長，在抗戰時期它的戲曲演出明顯不如國立劇專活躍，而且這個為數不多的官辦戲曲學校也還經常演出話劇，這一方面有學校教學品質和教學方針的因素，另一方面也是抗戰時期舊劇由於遠離時代，在政府教育計畫中明顯沒有強大的話語權。

　　儘管戲曲受到政府主管部門和新文化人士的淡漠，但是這並不影響它廣闊的市場接收面以及雄厚的群眾基礎。在五四問題劇風潮過去之後，魯迅曾不無感慨地寫道：「先前欣賞那汲 Ibsen 之流的劇本《終身大事》的英年，也多拜倒於《天女散花》、《黛玉葬花》的臺下了。」〔註4〕在一個鄉野村夫都能哼幾句戲文的國度，文化人居高臨下的改革要求與民眾現實需要之間發生明顯斷裂。即使在抗戰時期，舊劇的號召力仍不可忽視。宋之的曾經記錄下在敵後演劇時聽到的議論：「不行啊——那些戲呀（指話劇）在此地演人們不理解，受攻擊，因為它不通俗，所以現在工作方式變更了，現在一切都很好，觀眾很歡迎。」還有就是「演話劇呀，不愛看，非敲起鑼鼓傢伙點，觀眾『才接受』。」〔註5〕所謂工作方式變更了，就是演了「舊瓶裝新酒」的戲，可見

〔註4〕　魯迅：《〈奔流〉編校後話・三》，《魯迅全集》，第 7 卷，人民文學出版社 1981
　　　　年版，第 164 頁。
〔註5〕　宋之的：《戰地演劇觀感》，載《新演劇》1940 年復刊號。

民間社會更喜歡接受傳統戲曲，這種情況在小城鎮中更加突出，這是從事話劇工作的人不得不面對的現實。如果一味把這種現象歸結爲觀眾的品味不高，其實是對民族審美特性的漠視，也是對戲劇生產運作規律的漠視，因爲觀眾也有選擇戲劇的權利。

　　戲曲演出受到觀眾喜愛是一方面，另一方面則是舊劇從業人員覆蓋面廣，人數多，遠遠超過了話劇隊伍。「八·一三」對日開戰開始，上海梨園公所發給救濟同業的米糧，領米的就有七千餘口，有辦法的，被戰事阻隔的還不在內，這使正在上海的田漢驚訝於舊劇演員數量之大，無形影響之深。「根據各方估計，平劇、各種地方劇以及雜技之類演員總數竟達五十萬人。全國各地、海外各埠每日受他們影響的觀眾何止百數十萬。」〔註6〕如此眾多的戲曲從業者和欣賞者的存在說明了一個最基本的事實：廢棄舊劇客觀上是不可能的。而從擴大抗戰宣傳面、加強抗戰宣傳效果考慮，主觀上也不應該廢棄舊劇。「爲了達到大眾化的目的，我們不妨儘量地通俗化（只要不卑俗化），舊劇的形式我們無妨採用，地方劇的形式我們無妨模倣。……舊劇和地方戲素來不被我們重視，但內地落後的大眾對於話劇卻感覺生疏乏味。站在抗戰第一的立場上，我們的藝術潔癖也只好受點委曲。」〔註7〕鄭伯奇的話中帶有極大的藝術偏見，亦即認爲搞地方戲就是對落後的大眾的遷就，是對藝術潔癖的玷污，是一時權益之策，可見舊劇改革多帶著功利目的，這個目的需要借助戲曲的普及率達到，並沒有以提升戲曲地位爲前提。

二、新舊之間：舊劇改革的理論建設

　　理論是具體實踐的規律總結，又爲具體實踐提供指導思想，沒有理論指導的實踐是盲目的無計劃的實踐。爲什麼要進行舊劇改革？進行舊劇改革的目的是什麼？如何進行舊劇改革？應當警惕和注意的方面有哪些？舊劇改革的價值與意義何在？其前景與發展方向是什麼？這些問題是每個改革者在採取具體措施和方法時應當充分考慮的，否則舊劇改革就將陷入盲目與混亂之中，既消耗財力又消耗人力，還不能收到理想的社會效果。因此，田漢在抗

〔註6〕　田漢：《關於抗戰戲劇改進的報告》，《田漢文集》，第 15 卷，中國戲劇出版社 1986 年版，第 113 頁。
〔註7〕　鄭伯奇語，參見《田漢文集》，第 15 卷，中國戲劇出版社 1986 年版，第 15～16 頁。

戰時期呼籲：「我們必須根據今日的客觀要求組織現階段改革舊劇的理論，而且不要單在一個角落裏幹，應把這理論普及到每一個角落裏。」〔註8〕實事求是地說，抗戰時期有關舊劇改革的理論建設是非常薄弱的，舊劇改革應當遵守的藝術規律以及改革的路途方向還沒有建立在學理性與現實性相結合的理論基礎之上，但是已經比五四時期舊劇改良的討論更進了一層。

抗戰時期舊劇改革的理論建設是建立在五四初期舊劇改良的論爭基礎之上的。1917 年前後，隨著新文化運動的全面展開，關於中國戲劇路在何方也成爲文化界激烈爭論的問題，論爭的焦點主要集中在舊劇的廢存上，當時有三種理論並存，作爲傳統戲曲維護派的張厚載在《我的中國舊劇觀》中充分肯定中國戲曲藝術的寫意性、程式化和音樂美，認爲「中國舊劇，是中國歷史社會的產物，也是中國文學美術的結晶。可以完全保存。社會急進派必定要如何如何的改良，多是不可能」。〔註9〕以胡適、錢玄同、傅斯年、周作人爲代表的急進派則主張廢除舊劇，認爲中國要想有眞劇，非把中國現有的劇館全數封閉不可，並趕緊灌下西方的「少年血性湯」以救中國戲曲於暮氣攻心奄奄一息之中。宋春舫則認爲舊劇內容上的封建糟粕與形式上有許多不近人情之處，必須加以改革，但藝術上有其特有的優長深厚的美學根基。這三派之中最有學術影響的是急進派的主張，宋寶珍之所以批判胡適觀點缺乏學理性、貽害後世，正是源於其強大的社會影響。〔註 10〕這次論爭爲抗戰時期舊劇改革留下的理論起點就是：舊劇的存在阻礙了社會進步，舊劇要在現代社會生存，必須進行改革。但是如何改，改到什麼程度，卻沒有在這次理論論爭中得到闡釋。

抗戰時期的舊劇改革沒有非常系統的理論建設，但是戲劇界通過戲劇民族形式的座談以及一些引發爭議的理論文章而形成零碎的觀點。對於爲什麼要進行舊劇改革，普遍的認識是舊劇改革的目的是爲了配合當前的抗戰宣傳，這以易庸的觀點爲代表，易庸在《戲劇的民族形式問題》中談到舊形式的利用問題：

> 第一、只是『利用』的問題。第二，與其說是利用舊戲的本身，倒不如說是利用她的普遍性，她已經是普遍的，而且她不受文字教

〔註 8〕　田漢：《展開有理論的戲劇運動》，《田漢文集》，第 15 卷，花山文藝出版社 2000 年版，第 492 頁。
〔註 9〕　張厚載：《我的中國舊劇觀》，載《新青年》1918 年第 5 卷第 4 號。
〔註 10〕　宋寶珍：《殘缺的戲劇翅膀》，北京廣播學院出版社 2003 年版，第 37 頁。

育的束縛限制，可以普遍開去。第三、與其說是利用舊戲的普遍性，更不如說是利用舊戲藝人廣大的人力。因爲他是舊戲普遍性最重要的因素。舊戲能夠保持普遍，並不是因爲它的形式有怎樣了不起的豐富內容，主要是人力的天才與訓練。一出不高明的戲往往經過高等藝人而成爲名戲。舊戲的欣賞價值不在劇作本身，而在角色的技術表現。這是欣賞中國舊戲與欣賞近代戲劇最大的區別。第四、這些舊劇藝人的廣大數量，正是我們在抗戰中所要動員，並且要用他們來動員其他民眾的。他們可以用來作動員工作的武器就是舊戲。
〔註 11〕

可見，「利用」是舊劇改革的主要目的。但仍然有人對利用舊劇可能取得的成就表示懷疑，老舍就以自己的利用舊形式而失敗的創作經歷否定了舊形式，胡風雖然也認爲利用舊形式進行宣傳是應當的，但是就其已經看過的改良舊劇而言，還看不出有什麼新因素，「就內容方面說只看見他們企圖使舊劇去接近新任務的努力，但沒有完成這任務。就形式方面說，音調和旋律也還沒有脫掉舊美學的特點」。〔註 12〕對此，田漢婉轉地表達了自己的意見：「中國傳統的藝術形式的遺產其深其廣都與整個中國的深與廣同其程度。要說我們一兩年的研究嘗試，或是看過人家一兩出『改良舊劇』便對舊形式的運用做下否定的結論，是不免稍欠妥當，或是太急躁的。」〔註 13〕相比之下，張庚從接受民族遺產的角度談論戲曲現代化的觀點更爲寬宏大度，他認爲「要利用和改造舊形式不僅僅在爲抗戰做工具的意義上，而且在接受民族的戲劇遺產的意義上」。他反對功利主義地以舊劇爲工具卻不管舊劇自身的命運和發展前途，改革必須懂得舊劇的藝術規律，在這個基礎上對它進行改造整理也就是對它的批判和發展。並且提出，在舊劇現代化中，必須堅持一個正確的思想方向，也就是政治方向，堅持進步的創造藝術的態度。〔註 14〕在以上討論中，談得最多的就是舊劇改革的現實利用，藝術的考慮是很少的，張庚的觀點似乎擺脫了功利主義的干擾，在實際論述中卻依然通過確立政治方向把舊劇改革納入了意識形態範疇。

〔註 11〕 易庸：《戲劇的民族形式問題》，載《戲劇春秋》1940 年第 1 卷第 2 期。
〔註 12〕 《戲劇的民族形式問題座談會（中會）》，載《戲劇春秋》1941 年第 1 卷第 3 期。
〔註 13〕 《戲劇的民族形式問題座談會（中會）》，載《戲劇春秋》1941 年第 1 卷第 3 期。
〔註 14〕 張庚：《話劇民族化與戲曲現代化》，《張庚文錄》，第 1 卷，湖南人民出版社 2003 年版，第 240 頁。

　　關於如何利用改革舊劇，胡風提出要在歷史題材上下功夫，因爲舊劇的力量不僅僅在於它的封建意識形態，還在於它也在某一限度上反映了一點歷史生活。﹝註15﹞鄭伯奇則提出：「舊劇之應加以改革是沒有問題的。但第一步是整理舊劇。舊劇從內容到形式雖則大部分是沒落的，但也不盡是完全可以拋棄的。中國直到現在還是個半封建的社會。處理封建社會生活的劇本只要是站在積極的民主的科學的立場還是可用的。」﹝註16﹞最後問題集中在如何看待「舊瓶裝新酒」上。「舊瓶裝新酒」是國統區抗日通俗文藝開展過程中風靡一時的話題。首先提出這個口號的是通俗讀物編刊社，它宣稱「『舊瓶裝新酒』的創作方法就是要純粹利用大眾語匯，亦即一切通俗化的鼓詞，土腔，小調，小規模的民間劇，街頭劇，活報劇，年畫，連環畫等形式，並與各種新文學運動合流，創作通俗讀物，務使民眾看得見就念得出，念得出就聽得懂；一邊講抗戰的理論和策略亦即各種實際經驗與教訓，深入民眾，而促進全面抗戰的總動員工作的方法」。﹝註17﹞抗戰初期，對舊劇的利用就有許多採取了「舊劇裝新酒」的方法，利用受民眾喜愛的現成的舊形式加入時事宣傳，這種簡便快捷的方法被許多人使用，它在抗戰初期的宣傳效果也非常突出，但是一旦超出宣傳效用看這種方式，它的藝術性和思想性都無法獲得提高，老舍就認爲把握舊形式的套路裝入新內容困難重重，因爲舊的形式裝不下豐富複雜的抗戰內容，新內容要擠破這舊瓶子。田漢則認爲「文藝上內容和形式的關係，不是瓶子和酒的關係。瓶子和酒都是無機的關係，而內容和形式的關係是有機的關係。再新的酒裝進瓶子裏，瓶子還是舊的。而新的內容注入舊的形式裏，可以使形式起質的變化。」因此，田漢認爲舊劇改革應當是一場從內容到形式的全面改革，「今天我們去運用舊形式，把新內容裝進舊形式裏去，這本身便是舊形式的否定。因爲形式同內容是有機的關係，你把新內容裝進舊形式裏面去，舊形式要起質的變化，經過相當融匯擴大的過程他也將變成適合傳達新內容新現實的新形式──那就接近了新形式」。﹝註18﹞張庚認爲「舊瓶裝新酒」是對舊劇的功利主義的利用，「『舊瓶』怎麼可以裝『新

﹝註15﹞　《戲劇的民族形式問題座談會（中會）》，載《戲劇春秋》1941年第1卷第3期。
﹝註16﹞　《戲劇的民族形式問題座談會（中會）》，載《戲劇春秋》1941年第1卷第3期。
﹝註17﹞　《通俗讀物論文集》，生活書店，1938年，轉引自楊中《被冷落的「下里巴人」》，載《抗戰文藝研究》1987年第3期。
﹝註18﹞　《戲劇的民族問題座談會（中會）》，載《戲劇春秋》1941年第1卷第3期。

酒』呢？假使不是酒瓶爆裂，就是酒味變壞，二者必居其一，如果我們要遷就形式，那麼必須要歪曲了內容；反之，就得在形式上作許多改良」。〔註 19〕易庸認為「舊瓶裝新酒」至少包含著消極的意義，就是「以新的去合舊的，以新酒裝入舊瓶，是改造新的去適應舊的，而不是改造舊的來適應新的。」這樣的後果就是「被改革的不是舊劇，而是我們自己」。〔註 20〕在舊劇改革中，新舊關係常常被理解為內容與形式之間的關係，對「舊瓶裝新酒」的探討實際上是對舊劇改革的中心問題的積極思考。

抗戰時期關於舊劇改革的理論建設被納入戲劇民族形式建設的總體框架之中的，它標誌舊劇已經作為一種承載著中國民族審美意識的藝術形式而受到理論家的重視，儘管在這當中還有著眼於宣傳作用的功利打算，這也說明任何藝術革新要求的背後必然喧囂著時代之聲。正如五四時期有關舊劇改良的論爭一樣，抗戰時期的舊劇改革理論主要是由新文化人士著手進行，所不同的是，五四時期最有影響的激進派多為戲曲的門外漢，而此次參與舊劇改革討論的多為戲劇界的專家，從而保證了理論建設本身能基本遵循戲劇藝術的基本規律，但是這些專家除了田漢、歐陽予倩實實在在地進行過舊劇研究，其餘多是話劇界的劇評家、劇作家、導演、演員等，舊劇界既沒有名角兒也沒有如同張厚載、齊如山這樣的戲劇理論家在其中出謀劃策，排除舊劇藝人文化素質因素，話劇界對戲曲改革的熱心確有越俎代庖的嫌疑，不過正如田漢所言，舊劇改革太內行的人不行，鑽在裏面不出來，捨不得改，太外行的人也不行，不知道怎麼改。〔註 21〕在這種情況下，舊劇改革實則成為由話劇界領導的一場通俗化、大眾化的抗戰宣傳運動。

三、抗日救亡：舊劇改革的大好契機

抗戰爆發以前，就有政府部門和民間團體共同著手對舊劇進行整理改良。就政府方面來說，主要是通過消極的審查和取締的方式清理舊劇中有傷風化的內容。國民黨漢口市黨部認為「擁有廣大觀眾之各種舊習及地方劇尚少改革，

〔註 19〕 張庚：《話劇民族化與戲曲現代化》，《張庚文錄》，第 1 卷，湖南人民出版社 2003 年版，第 242 頁。

〔註 20〕 易庸：《讀歐陽予倩的舊劇作品──兼論舊劇改革》，載《戲劇春秋》1942 年 第 2 卷第 3 期。

〔註 21〕 《戲劇的民族形式問題座談會（中會）》，載《戲劇春秋》1941 年第 1 卷第 4 期。

致國內現行各劇，迷信者有之，不合時代需要者有之，不惟無裨宣傳，抑且貽害風化」，〔註22〕因而將漢口市戲劇審查委員會擴大組織爲漢口市戲劇編修委員會，重行整理各種新舊劇本，編修委員會下設平劇、漢劇、話劇、楚劇、雜劇五組，分別負責各劇種傳統劇目的審查和修訂以及新編劇目的創作等，漢口市戲劇編修委員會的成立得到了政治部第三廳的支持，每月撥給經費兩百元。不過舊劇內容的整理在實際操作過程中往往紛繁複雜，起初讓舊劇藝人感到無所適從，後來也就不了了之，如《封神榜》、《西遊記》等原以神怪關係不能演，後寬限半年，之後不了了之，有些劇原有的劇名不能演，換一名字又能演，如《思凡》、《下山》不能演，更名爲《夕陽橋》又能演。舊劇劇目在消極方面的審查工作未能取得突出進展，在積極方面的建構工作則遠遠不夠。當然也有個別省市對舊劇有積極的改良工作，1931 年江西省教育廳成立「推行音樂教育委員會」，下設總務、音樂、戲劇、宣傳四股，還創辦了「改良平劇班」和「平劇研究所」，改良平劇班自行招收學員，自行編導了《胡阿毛》、《西門豹》等改良京劇，平劇研究班則提出了改良平劇的標準，如自行編寫劇本、採用舊劇要合乎教育與藝術的原則，取消男旦女生，不勾臉譜等。〔註23〕這爲今後的舊劇改革摸索出一些道路。就民間團體來說，致力於舊劇改良的民間團體大多不能持久，而陝西易俗社則是致力於舊劇改良較爲持久的民間劇團。陝西易俗社成立於 1912 年，是由李桐老、孫仁玉約同薛卜五、王伯明幾位私人集資發起的，最初的計劃是一面招生教授戲劇，一面雇聘童伶演唱，以其收入供教養之費用，但是聘來的伶人，不能演他們新編的戲，所以不久便將受聘的伶工辭退，專靠自己社內的學生來演。他們的戲在做派、場子、演法等方面沿襲舊戲的方式，但他們的宗旨是宣傳性質，多偏重舊倫理方面。

　　中國戲曲演員生活在貧困線下的人很多，而傳統的師徒制度使得青年演員長期束縛在師傅或家長的鎖鏈下，毫無代價地爲「假父」、「假母」工作，超經濟的壓迫對女性演員尤其嚴重，女性演員在唱戲之餘常被叫去「出條子」，師傅還從中抽取份額，因此田漢把把中國舊劇演員的組織制度稱爲「準農奴制」。抗戰開始以後，田漢提出舊劇改革一是改革生活，一是供給劇本，

〔註22〕《國民黨漢口市黨部關於組織漢口市戲劇編修委員會致軍委會政治部公函及審批文件》，中國第二歷史檔案館編《中國民國史檔案資料彙編》，第五輯第二編「文化」（一），江蘇古籍出版社 1998 年版，第 88 頁。
〔註23〕《中國戲曲志·江西卷》，中國 ISBN 中心出版 1998 年版，第 34 頁。

改革生活的具體方案爲軍事化（嚴申紀律，消滅過去不良習慣與嗜好）、學校化（教隊員識字讀書報，批評解釋每日所演之劇）、單位化（隊員責任獨立、經濟獨立），實質上要以軍事化、學校化、單位化改革藝人生活是很難的，因爲梨園主要以師徒關係維繫教學與戲班組織，這與話劇演員之間的獨立關係不能相提並論。不過，爲了使舊劇演員「過得像一個文化上的戰士」，軍委會政治部第三廳在武漢組織了「戰時歌劇講習班」，參加講習班的多達 700 餘人，包括了漢劇、平劇、楚劇、湘戲、蹦蹦劇、清唱、馬戲等各種演員，田漢還特爲講習所譜寫了班歌，歌詞中寫道「戲劇的盛衰，關係國家的興亡。我們要把舞臺當作炮臺，要把劇場當作戰場；讓每一句話成爲殺敵的子彈，讓每一位觀眾舉起救亡的刀槍。」振奮人心的歌詞針對的正是舊劇工作者的從藝心態，這個講習班進行一個多月的訓練，主要批評舊劇藝人過去的生活與藝術，灌輸他們必要的藝術知識，爲他們解釋抗戰建國綱領，嗣後組織了兩個平劇隊，十個楚劇隊，十個漢劇隊。後來政治部由武漢移長沙，在長沙也進行過同樣的訓練，時間極短，收效亦大，後組織了平劇兩個隊，湘劇七個隊，由湖南省府幹訓所施以軍事訓練，使其精神體貌煥然一新。田漢就說道，自從展開了舊劇訓練工作，湖南的女伶幾乎完全脫離了她們的假母，洗淨鉛華成爲百分之百的職業演劇者。〔註 24〕

「神聖的對日抗戰，不僅成爲文化全般的推動力，尤其是改革戲劇的千載良機。」〔註 25〕原因在於「（一）日本帝國主義的炮火喚起了每一個中國人自求解放的要求，歌劇界豈能例外？（二）戲院關門，無論角兒零色都感著失業的威脅。（三）時局緊張如此，舊有劇本已不能吸引觀眾，非另闢途徑不能自存。」〔註 26〕在舊劇改革中，話劇界人士發揮了領導作用，而舊劇藝人的愛國熱情是舊劇改革的內動力，在漢口，朱雙雲領導漢口舊劇藝人組織勞軍公演團，有計劃地募捐演出，到鄉村作流動宣傳，參加當地以及傷兵醫院的慰勞演出，發起藝人從軍。在田漢開辦的講習所，藝人聽說前線將士天涼還身著單衣，紛紛捐錢捐衣。楚劇一個隊六十多人從湘鄂邊境輾轉反側到重慶時，六十多人已經死去三十多，剩下的人裏有三分之二害著重病，可他們

〔註 24〕 龍嘯風：《舊劇改良問題》，載《文藝先鋒》1945 年第 7 卷第 3 期。
〔註 25〕 田漢：《關於抗戰戲劇改進的報告》，《田漢文集》，第 15 卷，中國戲劇出版社 1986 年版，第 114 頁。
〔註 26〕 田漢：《抗戰與戲劇》，《田漢文集》，第 15 卷，中國戲劇出版社 1986 年版，第 29 頁。

到目的地整理一番，又唱起戲來。正由於眾多的舊劇藝人的積極參與配合，才使舊劇改革眞切地落實在劇場層面。眾多的舊劇組織在抗戰中紛紛加入了舊劇改革的行列，它們是：

廣西戲劇改進會：1938 年，歐陽予倩接受留日同學馬君武（時任廣西大學的校長，廣西戲劇改進會會長）的邀請，由上海經香港來桂林，在桂林呆 4 個月，寫作桂劇劇本《梁紅玉》並親自指導南華劇院桂劇班進行排練，該劇連演 28 場，場場爆滿，破桂林桂劇演出紀錄。1939 年，隨著抗戰形勢的發展，桂林成爲大後方的文化重鎮，出於政治上的考慮，桂系當局通過白鵬飛請歐陽予倩回到桂林，委託他專門抓桂劇改革，並主持廣西戲劇改進會。歐陽爲培植新桂劇的第二代，創辦了一所「桂劇學校」。後來歐陽擔任藝術館長，還擔任了廣西省立藝術館的組建工作，藝術館是在 1940 年 3 月 3 日落成的，藝術館的任務是：1、培養推行藝術教育的幹部；2、有系統地研究各藝術部門的理論和技術，以及推行藝術教育的方法；3、利用各種藝術作抗戰建國的宣傳。藝術館下有 3 部 1 組，即戲劇部、美術部、音樂部、總務組，後由於工作需要，增加了研究部，擴總務組爲總務部，一共 5 個部。戲劇部下分話劇和歌劇兩組，分別組建了一個話劇實驗劇團和一個桂劇實驗劇團。歐陽予倩改革桂劇的方面編導新劇重於修改舊劇，又因爲他是旦角出身，所以旦角戲的影響更深。

山東省立戲劇學校：山東省立劇院的前身是山東實驗戲劇學校，該校 1929 年成立，院長趙太侔，王泊生任教務主任，1934 年改爲山東省立劇院後，則以教授及演出皮黃、昆曲爲主，兼用話劇，1937 年自濟南遷到重慶，院長王泊生，在重慶以演京劇爲主，1940 年，山東省立劇院改爲國立實驗劇院。

夏聲劇校：1938 年 7 月，夏聲戲劇學校在西安正式成立。「夏聲」取意「華夏之聲」，而夏者，大也，故「夏聲」又蘊含著爲抗日救亡大聲疾呼的意思。學校首批招收員二十二人。劇校以「培養人才，研究戲劇藝術，實行並改良中國戲劇」爲宗旨，並貫徹「以學文化爲前提，以學戲劇藝術爲基礎，二者兼顧，同時並舉」的教育方針，規定學生不准演因果報應的迷信戲和賣弄風騷的淫蕩戲，是實行舊劇改革的生力軍。1944 年 2 月，陽翰笙看夏聲劇團演的《陸文龍》後，印象極佳，覺得「這個劇團在舊劇的改良上，確有許多新的貢獻」。〔註 27〕

此外還有斌良國劇社、四維兒童劇團、四維平劇團以及楚劇漢劇等團體，

〔註 27〕陽翰笙：《陽翰笙日記選》，四川文藝出版社 1985 年版，第 239 頁。

這些團體都在舊劇改革中積極演出新戲曲，用實際行動支持和回應了話劇界人士提倡和推動的改革理念。田漢的《江漢漁歌》1939 年 6 月根據武漢時期創作的《漁父報國》改編，1939 年 7 月由平劇宣傳隊首演於桂林金城大戲院；《新兒女英雄傳》1939 年寫於桂林，1939 年 5 月 30 日由平劇宣傳隊首演於桂林金城大戲院。1946 年，四維兒童劇團在北平演出平劇改革作品《江漢漁歌》、《武松》、《情探》、《葛嫩娘》等，一個多月演出了近四十場，在北平可謂奇跡，齊如山還特打破沉寂，寫了好幾篇文章加以鼓勵。這些熱心於舊劇改革的戲曲團體及時展示了舊劇改革成果，使得舊劇改革在舞臺上獲得階段性突破，贏得了社會關注。

戰前舊劇改革多屬外行人在鼓吹吶喊，內行人基本沒動靜，抗戰開始，舊劇改革不僅外行在鼓吹，許多內行的戲劇工作者也踴躍地加入了，這使舊劇改革所需要的全面的整套的努力成爲可能，因此舊劇改革在強調新文化人士改革成效的同時，不能忘記舊劇藝人的支持和參與。

第二節　政教性：舊劇改革的功能指向

舊劇之被批評很大程度上是由於思想內容的腐敗有害，舊劇之需要改良也是爲了去掉這些陳腐內容，加入爲時代精神所需要的現代意識，更好地發揮其教育宣傳的作用，因此無論戲曲在審美形式上如何努力，也無論內容和形式是如何有機的聯繫，也無法否認一個基本事實：舊劇改革在內容上的革新更爲明顯直接，是內容的變化帶動著形式的改革。傳統戲曲的現代性追求首先是去除思想內容上的毒素，去除毒素本身就是以現代思想觀念和價值標準審視傳統以去蕪存眞，其次還將合理的時代需求與價值觀念灌輸到戲曲之中，以達到寓教於樂、潛移默化的教化效果。在抗戰時期，舊劇改革重點指向民族意識的弘揚，這是配合時代需求和政治需要而作出的自覺調整。

一、弘揚民族意識的主題

抗戰時期舊劇改革的主題變化是很明顯的。去除技術上的因素，戰前舊劇改良主要以去除毒素、移風易俗爲主，戰爭開始以後，民族意識、國家意識的弘揚便成爲舊劇改革的主題。這可以以陝西易俗社的劇碼變化以及歐陽予倩的前後期舊劇改良爲例說明。

　　陝西易俗社 1912 年成立，以改善秦腔為事業，其劇碼多帶有教誨性質，每編制新劇，總要標明教誨意圖。在戰前，它的劇碼有：

　　《青梅傳》：教孝戒食尚武崇讓。

　　《紈絝鏡》：借上海繁華夢事痛罵冶遊濫交之害。

　　《人月圓》：戒煙戒賭戒冶遊戒土匪。

　　《商三官》：表揚孝女賢媛打倒貪官土豪。

　　《平河北》：記光武平河北故事勸在位者關心民疾毋爭位釀禍。

　　《大孝傳》：寫大舜事親見世界無不可感化之父母。

　　《軟玉屏》：勸恤貧戒虐婢。

　　《重圓鏡》：樂倡紅拂事勸婦女從一而終。

到了抗戰時期，它編寫的戲曲有：

　　《李秀成》：敘李秀成生平事蹟，用以激勵國家民族意識。

　　《出征》：寫志士從軍殺敵，以激發民眾愛國禦辱精神。

　　《安眠聖樂》：勸民眾捐財救國，以完成抗戰建國大業。

　　《長江會戰》：指示國民在第一期會戰中應循之路。

　　《民族之光》：激發民眾抗敵情緒。

　　《雙愚記》：寫愚民守財自娛，不肯捐財救國，致被僕妾所害，俾社會作借鏡。

　　《血戰永濟》：說明西北國防重要，發揚秦人作戰精神，弔慰死難烈士忠魂。

　　很明顯，抗戰前陝西易俗社的劇碼多著眼於舊的倫理道德的宣揚與維護，抗戰以後，他們的戲開始轉向國家民族意識的激勵和宣傳，以激發民眾的愛國熱情。

　　歐陽予倩早期是春柳社的成員，從日本留學歸國後他開始演出戲曲並著手戲曲改革工作。他早期創作的戲曲有《黛玉葬花》、《饅頭菴》、《晴雯補裘》、《黛玉焚稿》、《人面桃花》等，這個時期的戲曲多取材《紅樓夢》，文詞典雅，傷春鬥氣，情調哀婉，纏綿俳惻，抗戰後他創作了桂劇《梁紅玉》、《木蘭從軍》、京劇《桃花扇》等，這些戲曲宣傳婦女也能沙場殺敵，也有堅貞的民族意識，批判戰爭中盲目樂觀主義和委曲求全的投降主義，並且及時地在歷史題材中加入

了時代信息，《木蘭從軍》中，突厥王哈利可汗的上場道白爲：「孤，哈利可汗是也。世居漠北，將勇兵強，因愛中華氣候溫和，物產豐富，久想興兵奪取，多少年來，沒有機會可以下手，可喜近來，中華起了內亂，有機可乘，因此點起大兵百萬，要殺進長城，首先佔領延安府，然後掃蕩江南。」〔註28〕在這段說白中，異族入侵的原因和戰爭的性質都與最重要的現實問題相聯繫，雖然是傳統戲曲，人們在觀看時仍然能感受到強烈的時代氣息。花木蘭的父親在接到兵役通知之後，對木蘭說：「兒啊，想爲父打了一世的仗，受過好幾次傷，這裡，這裡，這裡，這些傷都是白受了，如今也輪到我去打外來的敵人，替國家出力，爲父有了葬身之地了。好，好，好！」〔註29〕這實際上是借人物之口對民族戰爭的性質、意義作出說明，從而鼓勵人人爲國家而不惜自我犧牲。歐陽予倩早期舊劇創作中還不免士大夫傷春鬥氣的閒情逸致，到了抗戰時期已經完全成爲民族意識的吶喊之聲。

整體來說，抗戰時期的舊劇改革無論是「舊瓶裝新酒」還是全面整體的改革都以宣傳民族愛國意識爲主，田漢在談到《江漢漁歌》的創作動機時開宗明義地指出：「今日吾人欲取得勝利必須全國男女老幼各就其崗位報效國家。老年人有老年人的用處，婦女有婦女應盡的責任。《江漢漁歌》一劇亦即闡揚此旨。」〔註30〕在對傳統戲曲的改編中，民族意識的宣傳總是最主要的價值取向。湘劇《新會緣橋》是田漢1942年爲湖南新成立的中興湘劇團而寫的高腔劇本，全劇18場，是從昆腔目連戲改變來的，京劇、桂劇都有這個本子，另名叫《啞子背妻》，平劇叫《老背少》，湖南一帶則叫《會緣橋》，通稱《老漢馱妻》。原來的《會緣橋》祇是一出宣揚封建倫理觀念、專爲女演員一人扮二角色突出演技的傳統戲曲，田漢給這個戲加了一個開頭：文煥自幼讀書習劍，適逢倭寇患東南，文煥別妻范嬌鸞從戎殺敵。又加了一個結尾，敵軍入侵，文煥奉命回家，他化裝成老頭背妻過會緣橋，妻唱「勸世文」，號召全國男兒「須當報國恩」，全國女子「鄉國最關情，天下興亡有責任」，全國兒童「莫愧中華少主人」。這一頭一尾把反抗強敵入侵，人人盡力殺敵的愛國意識凸現出來。即使在處理宮廷題材的戲中，鞭撻奸臣以及強調民族認同仍然是戲曲的重點，《殺宮》是崇禎帝在

〔註28〕歐陽予倩：《木蘭從軍》，《歐陽予倩文集》，第2卷，中國戲劇出版社1980年版，第330頁。

〔註29〕歐陽予倩：《木蘭從軍》，《歐陽予倩文集》，第2卷，中國戲劇出版社1980年版，第335～336頁。

〔註30〕田漢：《關於〈江漢漁歌〉》，載《救亡日報》1939年7月27日。

王朝滅亡之時殺家人繼而自殺的歷史故事，劇中崇禎帝對孩子交待後事時，提到流寇與清兵的區別，以官逼民反來說明前者的原因，以被異族奴隸來說明後者的結果，從情節上講不合情理，完全是作者為了遷就主題而強加的說教。看得出田漢在駕馭這類題材的時候，內心很動搖，從理性上講，要批判漢奸，強調民族意識，但又多出許多橫斜之筆，講述深宮哀怨、平民安康、甚至讀書人的迂腐無用，還包括對崇禎帝王朝顛覆時的命運的同情。正因如此，這個戲曲沒有《江漢漁歌》主題集中，影響大。

在突出民族矛盾的同時，也就意味著弱化其他的社會矛盾。舊劇中官逼民反的主題在抗戰時期沒有受到青睞，因為這不符合團結對外的抗戰形勢的需要，同時，那些以強凌弱的社會矛盾也在戲曲中退居次要的位置。在《花木蘭》中，儘管有地方惡少強搶民物、下級軍僚虐待犯人，但是都不屬於戲劇的主要矛盾，穿插這些情節的目的是為了顯示花木蘭的高超本領和她取得第一次軍事勝利的兵力來源。同樣，在《新英雄兒女傳》中，儘管有地方惡勢力企圖強搶民女何巧姑，但最後被男扮女裝的張蕙蘭以及結義兄長沉厚端挫敗，其結果也是為了顯示英雄兒女的俠肝義膽和張蕙蘭與沉厚端的義氣相投，也為何巧姑的以身相許埋下伏筆。

相比之下，延安的舊劇改革有比較突出的階級意識。延安的舊劇改革是在整風期間開始的，1943 年延安中央文委指出舊戲原本大都是「宣傳封建秩序，顛倒是非黑白的，其中不少還有迷信和淫蕩的成分」，如果「不加選擇不加改造的拿到一般幹部和群眾中去，則不獨談不到服務於戰爭、生產、教育，且勢必發生相反的結果」。〔註 31〕然而，如何選擇與改造舊劇使其服務於戰爭、生產、教育呢？這就不是單純的文藝觀點的問題，更需體現意識形態的要求。1944 年西北局文委在一次會議中指出：「過去我們反對舊劇，只是反對舊劇的反動內容，並不是反對利用舊形式來表達新內容——根據新民主主義精神來教育群眾的內容。所以，我們一方面反對一切宣傳封建秩序的舊劇，另方面又利用各種舊形式（秦腔、平劇、秧歌等）來作為我們的宣傳武器，這裡的所謂『利用』，是包含著『改造』二字的意思的。」〔註32〕很明顯，延

〔註31〕《中央文委確定劇運方針為戰爭生產教育服務》，載《解放日報》1943 年 3 月 27 日。
〔註32〕《西北局文委召集會議總結劇團下鄉經驗獎勵優秀劇作》，載《解放日報》1944 年 5 月 15 日。

安的舊劇改造是與政治宣傳效應及意識形態話語結合在一起的。以改良平劇
《逼上梁山》為例,《逼上梁山》的初稿由楊紹萱寫成之後,又採用了集體討
論的形式進行修改,討論首先確定主題到底是寫群眾事業還是林沖的個人英
雄,最後一致確定通過林沖的遭遇寫出廣大群眾的反抗和鬥爭,因為「當林
沖還沒有革命,還沒有成為群眾中的一員以前,他是不可能成為群眾的領袖
的,而且他還是要受迫害和無出路的;林沖只有在農民群眾的推動和幫助下,
決心為革命服務,代表群眾,他才有出路,才可能成為群眾領袖。」〔註33〕
為此該劇特別增強了群眾戲的成分,「長亭」一場原以夫妻生離死別為主,後
加上一老軍沖淡兒女情長,並體現群眾對林沖的同情關懷,「使林沖感到在危
困時,只有鄉里鄰舍禁軍兄弟才能給與同情與愛護。」「草料場」一場的目的
在於表現邊防官吏倒賣軍草、剋扣軍糧,欺凌民眾,又通過火燒草料場群眾
與林沖並肩戰鬥使林沖感悟到:「想俺林沖,到處被奸賊陷害,又到處遇父老
兄弟搭救,今後俺只有與眾位同心協力推翻無道昏君,殺盡姦邪,打開生路。」
全劇涉及民族意識的地方主要在於林沖和高俅之間不可調和的衝突,林沖主
張抗金禦辱而高俅主張聯金投降。很明顯,在整齣戲中,民族意識的宣揚並
沒有佔據最重要的位置,而階級意識下的群眾史觀成為了此劇的重點。

　　國統區與延安舊劇改革的著眼點不同可以從政治意識形態話語的強度進
行解釋,在國統區,政府以民族主義為名排斥具有階級意識的作品,像官逼
民反、貧富相拼的題材自然不便在思想內容上體現,而延安以新民主主義為
內容改革舊劇,階級意識和群眾史觀是新民主革命的重要內容,改良平劇《逼
上梁山》演出後,毛澤東特別寫信給編劇者稱讚該劇把顛倒的歷史恢復過來,
把人民再次作為歷史的創造者,「是舊劇革命劃時代的開端」。〔註34〕這是延
安舊劇改革與意識形態之間高度媾和的表現。此外,國統區的舊劇改革雖然
有集體氛圍的影響,但多是劇作家的個人成果,劇作家對歷史人物的解釋和
理解中還是有比較多的自我意識的成分,而延安舊劇改革是革命事業的一部
分,集體意識比個人意識具有更強的話語優勢,因此集體創作在延安舊劇改
革中比較突出。延安時期的集體創作本質上是一種以組織化、群眾化和民主

〔註33〕劉芝明:《從〈逼上梁山〉的出版談到平劇改革問題》,載《解放日報》1945
　　　年2月26日。。
〔註34〕毛澤東:《致楊紹萱、齊燕銘》,《毛澤東論文藝 (增訂本)》,人民文學出版社
　　　1958年版,第142頁。

化面目出現的寫作方式，它本質上不是一種群眾性質文藝生產方式，更是一種意識形態化的寫作方式，〔註35〕因爲它能有效防止個人意識在創作時對政黨意識形態的偏離和違背。

二、歌頌民族英雄

　　爲了配合抗戰宣傳，舊劇改革所選取的題材多取自中國歷史抗金、抗倭、抗清的民族戰爭，而那些赤膽忠心抗擊敵人的民族英雄自然成爲戲曲歌頌的對象。荊軻、岳飛、史可法、戚繼光、梁紅玉、花木蘭等皆成爲舊劇改革劇本中的重要人物，這些中國歷史上知名的民族英雄在戲曲中人格偉岸、光明磊落，他們作爲中華民族的精神支柱給國人以民族自信心與驕傲感。不過作者在處理此類題材的時候也經過了一番裁剪的功夫，首先就是將英雄的動機由傳統的忠君觀念改爲民族愛國意識，在改革舊劇裏，歷史人物對天子的愚忠消隱了，戰爭的勝敗和黎民百姓的幸福生活聯繫起來，儘管田漢的《岳飛》中人物還在唱直搗黃龍，迎回徽欽二帝，卻主要是從雪國恥的角度鼓舞士氣。在民間傳說中，韓世忠原是一小兵，睡覺時露虎形被梁紅玉發現而嫁給了他，歐陽予倩改編《梁紅玉》時省去了這些傳奇色彩，而直接把韓世忠的勇猛與梁紅玉的多智相互映照，故事的傳奇性減少而現實性加強。

　　除了這些歷史上知名的民族英雄，在改良的舊劇中還有兩個引人注目的特點，一是女性英雄形象登上舞臺，梁紅玉運籌帷幄，善於練兵，作戰勇敢，思慮周全，在與金兀朮的軍師談判和審訊漢奸時將計就計，辭令巧妙，甚至在韓世忠被勝利衝昏頭腦時，她也保持足夠的冷靜，堅持要求保持戒心，可謂巾幗不讓鬚眉。花木蘭不僅智勇雙全，而且治軍嚴厲，女扮男裝時驍勇善戰，回歸故里又是嬌憨多情的女兒相，惹人愛憐。《新兒女英雄傳》中的張蕙蘭英姿颯爽，身懷絕技，一路經歷風險而化險爲夷，她女扮男裝，即使在最危急的關頭也將消滅民族敵人掛在心頭。且角戲中女扮男裝的情節設計增加了故事的傳奇性和曲折性，這些不愛紅妝愛武裝的女子形象正是保家衛國戰爭中女子的楷模。二是群眾英雄形象的凸現。在《江漢漁歌》中，眞正的英雄是在抵禦外敵、剷除奸細鬥爭中立下汗馬功勞的眾漁人，他們以阮復成父女爲代表組織成漁民忠義軍，協助趙將軍大破金兵水師，最後以男女老少輪

〔註35〕　袁盛勇：《延安時期的集體創作——作爲意識形態化寫作方式的誕生》，載《中山大學學報》2005 年第 3 期。

唱、合唱的方式突出全民參戰的主題，這種群體英雄形象的塑造也貼切了田漢號召「全民抗戰」的宗旨。

此外，並非以英雄面貌出現的人物形象也同樣在國家危難關頭彰顯出民族意識。田漢和歐陽予倩都改編過《搶傘》，這本是舊劇中一個富有喜劇意味的戲本，田漢的改編保持了民間戲曲的風趣幽默，比歐陽予倩的更加有劇場效果。民女王瑞蘭在戰亂中與母親走散，書生蔣世隆則與其妹妹走散，兩個青年男女偶然相遇之後以夫妻名義結伴而行，整個過程情趣盎然。在結尾的時候，兩人相約參加戚繼光的部隊，宣稱男女平等，女子也可以殺敵，可以為抗戰作貢獻。這個結尾雖然顯得生硬、教化色彩過於濃厚，但也通過民族意識的弘揚提升了人物的思想境界。

舊劇改革把傳統戲曲中帝王將相、才子佳人以外的人物進行謳歌塑造，正如齊如山所說，這些新戲曲把原本站在兩邊的人物站在了中間，普通人物成為戲劇的主角。〔註 36〕這種轉變雖然在舊劇改革中並不占絕對優勢，因為才子佳人、帝王將相自有其長盛不衰的觀眾，但是這些微妙的轉變畢竟說明了一個現象：作者通過舊劇改革對以往的歷史進行重構，以民眾為基礎的民族國家意識成為民族傳統的一部分得以傳承發揚。

三、樂觀主義色彩

抗戰時期改編的舊劇一般都充滿樂觀主義色彩，這一是因為傳統戲曲喜樂精神的影響；二是因為舊劇改革的目的在於鼓勵民眾積極參加抗戰，增強民眾的抗戰必勝信心；三是傳統戲曲忠奸分明的人物類型、善惡有報的故事結果無法展示人物複雜豐富的內心世界，大是大非的價值立場和直截了當的結局才能滿足中國觀眾的審美需求。

在改編的舊劇中，尤以田漢的作品充滿浪漫的樂觀主義精神。《江漢漁歌》中眾漁郎與阮春花的打趣緩和了緊張的戰鬥氣氛，充滿漁民的生活趣味，阮復成父女身經危難，最後在漁村眾人的幫助下脫離險境，擒拿奸賊，全劇在戰鬥勝利的凱歌中結束。就是一般被視為有悲劇性結局的歷史人物也在新戲曲中被極力淡化其悲劇色彩。田漢的《岳飛》中，不但沒有寫岳飛風波亭的結局，反而突出了主人公直搗黃龍的決心，在鞏縣皇陵祭拜時，岳飛的唱詞

〔註 36〕 田漢：《讀齊如山先生對新平劇的意見》，《田漢文集》，第 15 卷，中國戲劇出版社 1986 年版，第 480 頁。

可謂氣勢如虹：

> 岳家軍一個個忠勇奮發，
>
> 號令如山誰敢喧嘩？
>
> 戰鄆城曾破那拐子馬，
>
> 戰穎昌斬將如斬瓜，
>
> 朱仙鎮敵與我爭雄定霸，
>
> 中原茫茫鬥龍蛇。
>
> 但願得到聖們威靈護咱，
>
> 列聖呀，復幽燕迎二聖重振邦家。

　　新戲曲比較富有喜劇色彩，它充分發揮了傳統戲曲的喜樂精神，照顧了一般民眾在欣賞傳統戲曲時的民族心理。其喜劇色彩主要來自濃鬱的生活情趣。田漢和歐陽予倩都改編過《搶傘》，而田漢的改編更富有喜劇氣息，蔣世隆從試探女子有無婚配到要求以夫妻名義結伴同行，男女雙方在問答過程中的微妙心態可謂妙趣橫生，蔣世隆賣弄聰明的小手段充滿了盎然的生活情趣以及男女之間的美好情愫。劇中蔣世隆希望王瑞蘭與其同行，卻不直說，而是一邊故作姿態要走，一邊說「小娘子不要扯！小娘子不要扯！」王瑞蘭看破他的用心，卻說「青天白日裏鬼扯了你！」男青年的小算盤和女性的潑辣柔媚在劇中如春風洋溢，意趣盎然。《岳飛》中，牛皋兵敗被軍法杖打，他希望岳雲為他求情，岳雲卻故意拖延報復，表現出岳家軍將領的友愛和牛皋的憨直忠勇。《新兒女英雄傳》中張蕙蘭女扮男裝惹起的愛情風波，還有沈厚端的書生呆氣與正氣，都是戲曲中不可或缺的喜劇因素。雖然這些細節難免脫離了故事發展的主線，似乎為喜劇而喜劇，但畢竟為嚴肅的戰爭主題增添了生活情趣與人情味，緩解了觀劇中的緊張感。

　　喜劇色彩還來自大團圓結局的設計。大團圓結局是傳統戲曲在結構上的重要特點，這種特點來自中國民眾對喜劇氣氛的追求，大團圓結局在五四時期被作為中國人自欺欺人的民族劣根性加以批判後，改良戲曲中也出現了類似《一縷麻》之類的悲情劇，但這並無損於大團圓結局在民間的繼續流行。抗戰時期的舊劇多以大團圓結局，這不能簡單地理解為是對民間審美心理慣性的投降，而是作家配合時代需要、民眾審美需求以及對歷史與現實關係認識的反映。花木蘭征戰十年，趕走匈奴，榮歸故里，最後與暗戀她的將軍喜結姻緣；梁紅玉聰明機巧，與敵軍師的談判展示了卓越見地，最後打敗金兀

術，處置漢奸，在金兀術設計逃走以後，立刻又組織人馬追擊彌補韓世忠輕敵樂觀的過失。即使劇中有正面人物的傷亡被害，也因爲整個抗敵事業的成功和當場報仇雪恨而減少了悲憤情緒，《新雁門關》中，胡宗光、郭子春之間因爲漢奸的挑撥而起誤會衝突，在史可法與胡夫人的調解下，二人最後重歸於好，胡夫人在追殺敵軍時受傷而亡，二位將領同心合力打敗敵軍，當場爲胡夫人報仇，使得敵人的離間陰謀失敗。《新兒女英雄傳》中，兵部尚書張經雖然被殺，但是一則其被殺祇是人物轉述，大大降低了因爲忠臣被冤對觀眾正義感和悲劇感的刺激程度，二則他的一雙兒女繼承他的遺願抗敵殺金取得戰鬥勝利，還先後成就了好姻緣，全劇在喜樂融融中結束。

當然，也不是說舊劇改革中就沒有悲劇。不過它們減少了悲涼、悲慘、悲哀的意蘊，充滿了昂揚的人格和盪氣迴腸的悲壯感。《雙忠會》兩個忠臣慷慨赴死，他們痛罵漢奸，淋漓盡致，雙雙赴死時，豪情萬丈吟詩作別，不但沒有身處逆境、感懷身世的悲涼，而且死亡成爲照耀他們光輝人格的最高見證。《桃花扇》中李香君癡心守候侯朝宗歸來，她怒罵阮鬍子，不爲榮華富貴屈就他人，脫下華美衣衫退給奸臣，被侯朝宗稱爲畏友，當她終於等到侯朝宗回來的時候，侯對她的愛情並沒有改變，她卻因爲侯身著清服、參加了科舉而痛心，她並不稀罕一個背叛信義沒有氣節的文人的愛情。李香君死了，拒絕任何人扶持她，她是獨立地倒下去的。這個煙花女子的形象堅貞過人，她給人的絕不是紅顏薄命的哀憐感，而是志氣貞潔、凜然不可侵犯的高貴感。

雖然同樣重視戲曲的教化作用，但抗戰時期舊劇改革不同於晚清知識份子的戲曲改良，首先就在於它是在戲劇大眾化的過程中開展的。它並非知識份子孤芳自賞的案頭創作。晚清時期梁啓超也寫過傳奇戲如《新羅馬》，此劇「熔鑄西史，提紫髯碧眼兒被以優孟衣冠」，〔註37〕目的在於激勵國人反對侵略、自強不息。該劇文采斐然、感情充沛，但由於作者對舞臺演出的隔膜，只能作爲可閱讀不可上演的「案頭劇」，這說明當知識份子的政治激情還沒有與藝術化和舞臺化交織在一起，他們在戲曲改良上的失敗便是可以預料的事情，因爲單純的熱情和衝動無法推動事物的持續發展。而抗戰時期的舊劇改革多在戲劇行家的推動下進行，田漢和歐陽予倩各自領導著戲曲團體，隨時上演其創作的戲曲，不僅可以隨時糾正創作中可能出現的非劇場效果，更能及時把改革成果推出獲

<hr>

〔註37〕 《捫虱談虎客批註》，《中國近代文學大系·戲劇集》，上海書店 1996 年版，
　　　　第 327 頁。

得社會反響，歐陽予倩的《梁紅玉》在桂林連演 28 場，田漢的《江漢漁歌》也獲得極大的轟動，這與其抗戰主題、與其戲曲實驗是分不開的。

每一種藝術形式都負載著特定的生產方式及意識形態所規定的意義。當過去時代的形式因素被後起的文化體系重構入新的文本時，它們的初始信息並沒有被消滅，而是與後繼的各種其他信息形成新的搭配關係，與它們共同構成全新的意義整體。舊劇形式本身積澱著傳統社會的思想意識，舊劇改革在思想內容上的努力往往與傳統戲曲本身的思想意識混雜在一起，展示著新的意識形態影響下的舊劇改革的初步成果。

第三節　話劇化：舊劇改革的藝術取向

傳統戲曲經過數百年的發展，其思想性與藝術性融合一體，相互倚重，任何變動都將牽一發動全身，因此，田漢才說舊劇改革必須「有全面的整套的努力才能收改革之實效。」〔註 38〕這全面整套的努力包括劇人、社會、政府的通力合作，就戲劇本體而言，除了加強戲曲內容的現實針對性以外，戲曲的藝術手法也在逐漸變化。在這個變化過程中，戲曲的話劇化是明顯的趨勢。這種趨勢的出現從舞臺藝術上講，話劇與戲曲同為舞臺藝術的姐妹，它們之間的互相借鑒交流是必然的；從改革的原動力講，當時指導和參與戲曲改革的多為話劇界人士，話劇的手法被他們自然而然地帶入了戲曲改革中；從價值觀念來講，話劇由於與現實結合緊密，挾帶著更多的現代思想觀念也成為戲曲改革參照的目標。

一、戲劇性加強

一出好的戲劇需要同時具備劇場性和戲劇性，劇場性與戲劇性是兩種不同的概念，劇場性是指表演「抓人」的力量，戲劇性是指特別能引起懸念，使人始終保持強烈的興趣的情節的力量。劇場性具有形式美的耐久性，戲劇性傾向於以人的心靈為訴說對象。相比之下，歐洲戲劇更重視戲劇性，而中國戲曲始終把追求劇場效果放在主要地位。〔註 39〕戲劇性與情節密切相關，

〔註38〕田漢：《關於舊劇改革》，《田漢文集》，第 15 卷，中國戲劇出版社 1986 年版，第 57 頁。

〔註39〕呂效平：《戲劇本質論》，南京大學出版社 2003 年版，第 40～41 頁。

但情節的複雜化並不必然構成戲劇性。中國戲曲是在傳奇的基礎上發展起來的，它往往情節複雜，一波三折，《牡丹亭》中杜麗娘由生而死，再由死復生，中間經過多重磨難，這樣的情節結構在傳統戲曲中並不是特例，《救風塵》、《牆頭馬上》、《西廂記》等皆如此，如何使劇情充分複雜化並利用縫合照應的技巧使之沒有漏洞是明清傳奇作家在創作中關注的問題；〔註40〕而西方戲劇在「三一律」要求下有戲劇長度和地點轉換的嚴格限制，它並不以情節的曲折取勝，而以情節的強烈度著稱，《哈姆雷特》中推動故事發展的不是外在的環境因素，而是人物的性格因素，是人物激烈的內心衝突形成巨大的張力。筆者無意在此對兩種不同的戲劇結構作優劣對比，而是試圖說明中國儘管也有《趙氏孤兒》那樣戲劇性很強的戲曲，但情節的非戲劇性展示正是中國傳統戲曲的特色，抗戰時期，舊劇改革對話劇的借鑒就是戲劇性的增強，人物的意志衝突開始在新戲曲中佔有比較醒目的位置。在《桃花扇》中，李香君心高氣傲，多才多藝多情，才會一往情深愛上才華橫溢的侯朝宗，她讀《岳飛》而流淚，凡有秦儈名字的地方都用香灰燒掉，是那樣的愛恨分明，正氣凜然，正因爲情深誼重，她才會拒絕一切榮華富貴，一心守候侯公子的歸來，又因爲寧折不彎、清高脫俗，她才會因侯朝宗的變節而遭受巨大的精神打擊。整個故事是在人物個性推動下自然發展的，外在的偶然因素和爲曲折而曲折的情節不再成爲戲曲的看點。當然，該戲的缺陷是李香君的性格是直線性的，內心從來沒有任何猶豫與動搖，只有事件的變化而沒有人物性格和心理的波動，也就缺乏必要的心理起伏。其實，在歐陽予倩的戲曲創作中，《漁父恨》也是非常能展示戲曲話劇化特色的劇作，該劇第一幕蕭恩並沒有出場，被囚的幾個漁民的談話透露出豪強魚肉百姓的事實，又以教師及其徒弟上場後的言行加以印證，同時把蕭恩的身份和本事通過教師和其徒弟的對話暗示出來，沒有自報家門，也沒有背躬之類的傳統戲曲手法，儘量通過側面交待和前場鋪墊完成人物介紹和交待事件細節。這種經濟的手法是對話劇的自覺學習。此外，蕭恩由隱忍到反抗也經歷了內心的掙扎，這是缺乏內心衝突的傳統戲曲中很少有的內容。

當然，並不是說改革的戲曲就不再追求情節的曲折，抗戰時期，田漢、歐陽予倩等人改編創作的新戲曲仍然保留著傳奇性的特點，例如《新兒女英雄傳》中，張蕙蘭女扮男裝逃離家鄉，路上巧遇書生沈厚端，店裏搭救民女何巧姑，

〔註40〕 呂效平：《戲劇本質論》，南京大學出版社 2003 年版，第 110 頁。

又因爲揭發漢奸成爲英雄，何巧姑欲以身相許，張蕙蘭爲不暴露身份與其兄妹相稱，誤上海盜船之後，一席話說動海盜葉大姐殺死其夫而放其生路，被落草爲寇的武端抓獲以後，又因葉大姐的令箭而得救，表明身份後，張蕙蘭換回女兒身，殺死偷窺其練武的溫八，又設計破了溫七的投降路線，最後將何巧姑許配給兄長張知方，自己則與沈厚端喜結良緣。情節不可謂不複雜曲折，但是推動故事向前進展的還有很多作者外加的因素，例如葉大姐聽一席話而殺父，漢奸張煥南輕易上當，以及其兄張知方爲救賣藝兄妹意外受傷等，這些細節有些與主線沒有關係，祇是爲了突出主題和人物形象，有些雖然在與人物命運相關聯，卻利用了太多偶然性因素而減少了事情的必然性。這在歐陽予倩的《花木蘭》中也是如此，花木蘭在家中打敗惡少，在從軍路上顯示本領，自然是爲了刻畫其武藝高強，但從整個戲劇結構來看，卻不免散漫。這說明，儘管話劇手法被戲曲借鑒，但是中國觀眾看熱鬧的觀劇心理仍然在很大程度上影響著作家的創作，曲折的情節可以使故事一波三折，風雲突變的偶然因素穿插起人生的各種際遇，這是生活在內陸農業文明之中的民眾在別人的故事中寄託自己人生幻夢的方式，它的魅力不在於文學性或者戲劇性，而在熱鬧中打開繁華人世的視窗。戲劇性的加強和曲折的情節結合起來，使改革後的戲曲在劇場上相對緊湊，情節發展與人物個性有了一定程度的結合。

二、說白增加

　　戲曲話劇化的另一個重要特點就是說白增多。1928 年洪深用「話劇」二字區別了白話演劇與傳統戲曲，儘管這個命名在今天受到質疑，但它至少用最簡潔的方式表明了傳統戲曲與話劇的區別，即前者重唱而後者重說。戲曲是以歌舞言其事，說白在戲曲中祇是起到交待事情前因後果、介紹人物、點明時間地點等敘述性作用，最具觀賞性和抒情效果的部分主要由唱腔配合程式化與寫意性的動作完成。抗戰時期的改良舊劇中，戲曲的唱詞減少，說白明顯增多，大概是因爲要在戲曲中宣傳團結禦辱、清除漢奸、全民皆兵、趕製寒衣等抗戰主題，不得不以說白的方式作額外發揮，戲曲多爲歷史題材，而說白直接明瞭，更便於插入時代內容而富於煽動性，而且從時間上說也更經濟，要在一定長的時間表演一個完整的故事情節，唱得過多則難以使故事得到有力的推進。

　　在桂劇《梁紅玉》中，梁紅玉與敵軍師哈密赤外交談判一場就很有話劇味，

該場基本由對話構成，而且整個對話俏皮生動緊湊，《土橋之戰》全劇只有 6 段唱詞，其中三段只有四句，對白明顯增多。田漢的《武松》第 16 場沒有一句唱，完全由玳安、王婆、兵士的對話構成。此外，這些道白就功能而言已經不單是交待時間地點、介紹人物等敘述性因素，它還能暗示情節發展與人物命運。《武松》的第 16 場，武大郎被害以後，武松意欲告官，卻被西門慶買通官府，無奈只能以私了的方式了結。王婆並不清楚武松的已起殺心，以為此事可以完滿解決，但玳安卻清楚王婆命不長矣，於是他們告別時有了如下的對話：

玳安　好，王乾娘你不必請我喝酒了。

王婆　為什麼？

玳安　閻王爺不是請你吃酒嗎？

王婆　不要胡說，你快回去上覆大官人，要他再花一點錢，這兒我看武松下什麼藥，就報告大官人

玳安　好了，咱們今天見！

王婆　世上只有明天見，哪有「今天見」的道理？

玳安　曉得明天還見不見哪？

王婆　休要胡說。叫大官人再花點錢，就有個天長地久了！

這番對話不僅話劇味濃厚，而且在言語之中，王婆的結局已經被暗示出來。為下文武松開殺戒做了鋪墊。當然，儘管說白增加，也仍然是戲曲而不是話劇，因為念的是京白，動作是戲曲的路子，要緊處配有鑼鼓，像梁紅玉說到「難道黃河以北燕雲十六州就不是中國的地方嗎？」「兵在我們中國，教我們退到哪裏去？」加上驚堂木，非常有力。

抗戰時期改編戲曲除了道白增加之外，文辭的雅俗也有變化。30 年代傳統戲曲在文人的幫助下對文辭鄙俚或情節幼稚的戲曲進行整理，使之更傾向於典雅，但也因為士大夫氣息離開大眾更遠了，像梅蘭芳的《霸王別姬》唱詞：「看雲斂晴空，冰輪乍湧，好一派秋晴光景……」如果不看唱詞，一般人很難聽懂。曾經有新聞記者問梅蘭芳，你的詞人家聽不懂怎麼辦呢？梅蘭芳回答得很乾脆，說這不是我的責任了，唱詞已經印在說明書上，觀眾可以先看再聽。〔註 41〕這種方式自然不能符合抗戰時期戲曲改革的大眾化思路，抗

〔註41〕張庚：《話劇民族化與舊劇現代化》，《張庚文錄》，第 1 卷，湖南人民出版社 2003 年版，第 234 頁。

戰時期的舊劇改革是以整個民族的前途爲目標，它不是服務於士大夫的欣賞口味，而是要考慮到廣大民眾的接受能力和思維方式。和 30 年代梅蘭芳等人的改良戲曲相比，抗戰時期的戲曲在道白上更趨通俗。在《新雁門關》中，胡夫人臨死前的唱段：「捨不得故國山河眞可愛；捨不得受難的同胞好傷懷；捨不得夫妻恩愛今難再，老爺啊，但願你得奏凱慰泉臺。」比較梅蘭芳的唱詞，田漢的改編劇更爲通俗易懂。即使是同一個人，在抗戰前後的戲曲創作也會有不同的文字風格，易庸就對歐陽予倩早期舊劇和抗戰時期的改編劇進行比較，認爲歐陽予倩在編詞與道白方面改革最大，前期的文辭典雅，格式謹嚴，後期的奔放自由，而音節也並不雜亂，他的改革把唱詞曲牌的字數限制打破，體現了舊劇改革由典雅到通俗的過程。〔註42〕

　　道白的增加以及通俗化使得戲曲在不同程度上多了些話劇的特點，當然，話劇的特點並不僅僅因爲有「話」，但是道白的增加與戲劇性增強、暗場增多、過場減少等舊劇改革特徵聯繫起來，再加上話劇界人士的推動，不能不使人聯想到舊劇改革在自覺不自覺地向話劇藝術吸收著有益的營養。

三、舞臺表演及布景燈光的話劇化

　　舊劇改革的成效最終須通過舞臺表演實現，在舞臺演出過程中舊劇藝人對話劇劇場藝術的借鑒最能體現話劇的影響。舊劇在表演上的改革自 20 年代就開始，傳統戲曲是一人做戲其餘人配戲，配戲的人幾乎一動不動，面無表情，否則就有搶戲的嫌疑，這已經形成了戲曲表演的常規。在齊如山的建議之下，梅蘭芳在《汾河灣》中已經有意識地在局部進行改進，當譚叫天做戲時，原本沒戲的他在一旁加入了相應的表情與身體語言。梅蘭芳等人的改革也可謂「移步而不換形」。這種改革即使不是直接受到話劇的影響，也有西方戲劇的啓發在起作用，因爲齊如山原本從國外留學歸來，對西方戲劇的耳濡目染才使他及時發現傳統戲曲的不合理因素。抗戰時期，話劇作爲一種政治手段擔任起宣傳的重任，它的表演藝術即使並不卓越，但政治與文化上的話語優勢使得話劇人士以話劇的標準改革舊劇，自然，作爲不同的表演藝術，話劇畢竟也有可資借鑒的地方。

　　抗戰時期，湖南衡山花鼓戲藝人在話劇演員的幫助下演出《勸夫投軍》，

〔註42〕易庸：《讀歐陽予倩的舊劇作品——兼論舊劇改革》，載《戲劇春秋》1942 年第 2 卷第 3 期。

該戲寫妻子勸說不務正業的丈夫去當兵，全劇採取了話劇處理場次的手法，盡可能不浪費場面，在後面用合唱的形式，許多農婦合唱「送郎歌」，同時挽著男人的手送夫參軍。這是話劇工作者對地方戲曲的具體指導，話劇意味是十分明顯的。正由於此，在戲劇民族形式問題的討論中，甚至有人建議讓戲曲演員學習話劇表演，〔註43〕這個建議雖然遭到反對，不過可以看出，對話劇的借鑒是戲曲改革的重要甚至是唯一參照。此外，戲曲導演往往也從話劇演出中獲得啓發，例如桂劇《漁父恨》中太師爺出場就是學習蘇聯導演的方式。李健吾認爲周信芳的成功是得益於戲曲的話劇化，這種認識雖然遭到田漢的反對，但是田漢也不否認話劇對舊劇的影響確實存在。

舞臺布景的寫實性追求也成爲抗戰舊劇改革的特點。「一種好的舞臺置景能夠使環境與人物活動之間先天地具有某種內在的關聯，這樣，景物就與人物的表演構成一個完整的藝術整體。」〔註44〕客觀地說，傳統戲曲並不注意舞臺置景，場景的表達更多依賴演員的表演，並不依賴舞臺上實際置放的道具。梅蘭芳在表演《過江》時，沒有布景反而更顯得自然，因爲在戲曲中實在的物質性布景反而與寫意性的表演之間不相諧和。田漢《新兒女英雄傳》有一場舞臺設置爲一隻海船的前身，海盜上場由臺下跳上去，這種布景是傳統戲曲沒有的，而是借鑒了話劇的布景方法。祇是這類布景徒然指示出人物活動的處所，而這種作用其實不用布景，演員的表演同樣可以傳達出類似信息。當然，舊劇使用布景並不是從抗戰開始，在30年代的海派戲曲中，燈光、機關、布景已經非常發達，不過那種主要爲追求感官刺激的新奇感，未能與戲曲本身的需要結合起來。

抗戰時期的新戲曲明顯減少了分幕與過場戲，而且時間地點相對集中。以田漢《新雁門關》爲例，該劇講述雁門關總鎮胡宗光與平型關總鎮郭子春因爲漢奸離間計而產生誤會，互相殘殺，後誤會澄清，二將相和，該劇總共13場，第1場在胡酋帳營中，漢奸張國華投靠胡酋，獻離間計；第2場在胡宗光家裏，胡宗光陰軍情緊急與夫人告別，回雁門關禦敵；第3場雁門關，軍情突變，胡宗光帶領人馬急救原平；第4場原平胡宗光家，夫人在家趕製寒衣，原平失守，夫人與侍女、院公改扮男裝逃走；第5場逃難途中，夫人被郭子春士卒誤當作

〔註43〕 許之喬語，《戲劇民族形式問題的座談會》，載《戲劇春秋》1940年第1卷第3期。

〔註44〕 傅謹：《中國戲劇藝術論》，山西教育出版社2000年版，第210頁。

奸細帶走；第 6 場院公見張國光，張國光心生離間計；第 7 場平型關郭子春堂內，郭子春與胡夫人相認；第 8 場張國華令院公傳假書信；第 9 場胡宗光見假書信，誤會產生；第 10 場郭與胡相廝殺；第 11 場夫人勸架反而加深誤會，賊兵趁機攻打，夫人與張國華廝打；第 12 場誤會消除；第 13 場夫人被暗箭所害，胡、郭二將軍並騎殺敵。整齣戲在地點上相對比較集中，均以胡家與雁門關為中心，時間也較為固定，每一場的時間不是隨意的，大致與現實生活的流速保持一致。此外，暗場的處理也很重要，暗場處理好了，就可以減少許多過渡戲，《新兒女英雄》中，兵部尚書張經的被殺是通過伍端的口說出來的，而不是在舞臺上具體演出；《桃花扇》中也通過琴師交待了侯朝宗曲事新朝以及李麗娘的下落，使整個故事有頭有尾。《武松》一劇，武大郎捉姦的場景在武松去公幹的另一側演出，其目的在於讓觀眾明白事情的來龍去脈。雖非暗場，起的作用是一樣的。在山東省立戲劇學校京劇《岳飛》的演出中，沒有一個過場，每一個小的場面都是為了創造劇場空氣，每一幕是一個地點，沒有走幾步轉幾轉就是另　個地點的傳統劇場處理。〔註 45〕這種處埋方式的好處是能使故事緊湊、連貫，避免了傳統戲曲的拖沓囉嗦。但在這種受到三一律原則支配的戲劇結構，時空轉換的自由度十分有限，那種一個圓場數百里，一聲歎息五更天的寫意性表演自然受到控制。

　　舊劇改革最大的難題是如何表現現實題材。抗戰時期的舊劇改革大致通過兩種途徑增強戲曲的現實批判能力，一是在傳統戲曲中加入影射現實的符號，即以新興話劇的手法按照當時的現實需要處理歷史題材，通常是痛斥奸臣，弘揚忠良，甚至在《西遊記》演出中也加入一些新名詞，諸如「你這出賣祖國的奸賊！」、「下官雖死也落一個青史名垂，萬古流傳，不像你這奸賊賣國求榮，萬年遺臭，我恨不得寢你之皮食你之肉。」演出雖然發生在淪陷區，但是這種做法具有普遍性，因為很多舊劇班子並沒有新派文人為之專門改編和創作劇本，他們自己由於文學素養和時事見解有限，也無法自行聯繫時事在思想性和藝術性上同時兼顧，只能利用現有的劇本，加入政治意圖，使戲曲能跟上時代步伐。二是將現實人物搬上戲曲舞臺。將現實人物搬上戲曲舞臺面臨的技術問題和觀眾的挑剔成分更大。首先是服裝難辦，戲曲動作與戲曲服裝之間有許多呼應配合，現代人物在舞臺上穿戲曲服裝自然古怪，而穿時裝的話，走臺步反而有失美感，不倫不類，反而易使英雄變得滑稽。

〔註 45〕胡風：《看〈岳飛〉》，載《新蜀報》1940 年 2 月 27 日。

其次是戲曲表演程式化與現實生活不協調，以平劇上演現實題材《長沙會戰》，一開場便八龍套分站兩邊，大將出來先要自報家門，實在有些彆扭。而阪垣征四郎曾以武二花登臺，湯恩伯將軍也被打扮成一個身披甲冑的文武老生出現，難免有滑稽之感。此外，戲曲對技術的重視不僅在表演層面，也在觀看層面上達成共識，沒有絕活難以獲得觀眾的認可，但是在戲曲中表現敵我戰鬥場面，表演日本人的幾個武生因爲動作技術難度高，完成漂亮，反而獲得觀眾喝彩，現場氣氛與表演意圖之間背離。相比之下，倒是第一種方式簡單易行，也容易爲觀眾接受。

無論從哪條途徑進行改革，抗戰時期的舊劇內容都在盡力接近或加入抗戰主題或現實成分，這裡存在兩個問題，一是舊劇演出表意直接清楚，一般不用隱晦間接的表達方式，要利用舊劇內容添加抗戰主題，往往只能依靠與原劇內容無甚相關的演說方式，宣傳目的與戲劇內容的嚴重脫離在特殊的演劇環境和觀眾心領神會的熱情呼應中能取得暫時的宣傳效果，但是這種急功近利方法不可長期使用，以免觀眾產生逆反心理。二是舊劇嘗試現代題材，也是想擺脫自身的題材束縛，以增強現實性。但是俗話說「聽生書，看熟戲」，觀眾留意的並非戲曲的故事層面，而是陶醉回味於其情感層面與技術層面，現代題材的戲雖然能在短期內以新鮮感刺激觀眾，但是由於缺乏傳統劇碼的長期錘煉、篩選、磨礪、加工，在情感的蘊蓄和技術的完美表現上很難取悅觀眾，更無法成爲梨園圈的保留節目。另外，如何加強戲曲的現實性，這個問題人見人殊，但是有一點能夠肯定，那就是現實性不等於現實生活，在藝術中，現實性往往是與藝術性結伴而行，而一個通常的規律是時效性過強的藝術往往缺乏藝術的長久性，抗戰時期的戲劇改良在內容上過分追求時效性，時過境遷之後，就會因爲藝術性和時代語境的雙重缺失而失去價值。

對於戲曲的話劇化，田漢曾說：場面、交待、分幕、燈光、裝置等，這應該歸功於幫助越劇發展的幹電影話劇的朋友們，但場面、交待、分幕、燈光、裝置等，又的確不是話劇所專有。〔註 46〕但是戲曲的舞臺表現手法因爲話劇的啓發而獲得豐富，卻是不可否認的事實。

戲曲改革的話劇化引起了一些人士的不滿，他們指出了新戲曲在表演中的

〔註46〕田漢：《劇藝大眾化的道路》，《田漢文集》，第 15 卷，中國戲劇出版社 1986
　　　年版，第 390 頁。

具體問題：1. 情節動作過於寫實，不能不把許多戲移到臺後去了，使觀眾非常不習慣。2. 道具的眞實化固然可取，可是人物地位畢竟不像話劇角色那樣易於走動，對演員表演反而成了妨害。3. 採用閉幕換景的辦法，這也是使許多戲移到後臺去的致命傷，在舞臺建築不理想的情況下，觀眾對話劇的換景已經深感苦惱了，舊劇本有那樣好的不換景的辦法，何必一定要跟話劇學呢？4. 角色的說白有的保留老方式，有的太寫實，以致不甚調和，對白獨白時，樂器大響，或突然變聲而唱，聽覺的節奏上很成問題；5. 舊劇中更需要避免新臺詞。〔註47〕他們含蓄地對戲曲的話劇化進行了批評，在這種批評的潛臺詞就是：話劇和戲曲屬於兩種不同類型的舞臺藝術，戲曲可以向話劇學習，但必須保著自己的藝術本體特徵，學習的目的不是削足適履，而是錦上添花。

　　當然，戲曲改良過程中對話劇的學習模倣早在民國初就已經開始，因爲戲曲改良總要有個標準和參照物，因此話劇藝術手法對戲曲的影響不可避免。戲曲在置景上極力追求聲光電影的特效，除了展示技術上的不落伍以外，本質上爲了讓觀賞者建立舞臺與現實之間的直接聯繫。戲曲話劇化在舊劇改革中幾乎是一種普遍趨勢，也似乎只有話劇化，改革才具有了成效。這大概因爲除了話劇，戲曲也沒有其他舞臺藝術可資參考，而話劇由於從西方引進，西方文化與中國文化在空間地域上的區別被理解時間上的落後，加之話劇一開始就以啓蒙的文化姿態出現於現代舞臺，話劇的藝術形式與先進的文化觀念之間劃了一個等號，這就使思想意識落後的傳統戲曲不得不從各方面迎頭趕上，甚至不惜以傷害自身藝術特性爲代價。

　　不過，戲曲的話劇化並不是舊劇改革著意追求的目標，而且這種現象也引起了戲劇專家的警惕，田漢就曾經說過：「舊歌劇改革要根據其本身的規律，不是對其他劇種的投降或模倣。如地方劇之平劇化，平劇之話劇化，話劇之電影化等……」〔註48〕不過，無論戲曲與話劇如何交流借鑒，戲曲是戲曲，話劇是話劇，它們的基本形態並沒有因此而改變。「話劇更多地體現出現代色彩，它以寫實主義爲圭臬，浸染著科學理性的精神，並成爲啓蒙話語的主要形式；戲曲更天然地賡續傳統的血脈，它以寫意象徵爲特質，主要表現的是千年傳承的中國世俗化的人情倫理，浸潤著中國傳統的喜樂精神，成爲

〔註47〕《看了〈萬嫩娘〉以後》，載《文藝先鋒》1945 年第 6 卷第 4、5 期合刊。

〔註48〕田漢：《關於改革地方戲與話劇的幾個基本認識》，《田漢文集》，第 15 卷，中國戲劇出版社 1986 年版，第 377 頁。

中國人認同民族傳統的主要舞臺表現形式。」〔註49〕不同文藝形式之間的相互學習原本是促進藝術提高的最好途徑，祇是抗戰時期話劇界的優勢地位使得人們過多關注了戲曲向話劇的借鑒，實際上，話劇也在自覺不自覺地從傳統戲曲中獲得藝術啓示，祇是這並非本書論述的重點，不再贅言。

〔註49〕 施旭升：《20世紀中國話劇與戲曲的關係研究》，施旭升主編《中國現代戲劇重大現象研究》，北京廣播學院出版社 2003 年版，第 31 頁。

結　論

　　從 1937 年到 1945 年，中國現代戲劇進入了繁榮興盛的黃金時代，抗戰初期此起彼伏的街頭劇表演是戲劇深入民間的步伐，大規模的劇院演出展現著從募捐獻金到尋求商業熱點的市場化進程，軍旅戲劇則以政治教育爲中心體現了文藝與政治的聯姻，眾多的戲劇團體如雨後春筍般湧現，把一向處於文化邊緣的戲劇突然推向了引領政治文化風雲的的峰巓，以至於抗戰結束之後，洪深在回顧抗戰十年來的戲劇運動時，不無感慨地說：儻使戲劇不在服務抗戰，儻使作者並不感受環境的催逼敦促，也許成就未必有這樣豐富這樣迅疾。〔註1〕

　　的確，在抗戰之前，中國現代戲劇行走著孤寂的路程，雖然在漫長的三十年中，一批能欣賞話劇的觀眾也在與中國現代戲劇同步成長，但範圍限定在大都市的劇場，觀眾局限於學生或知識份子群體，現代戲劇並不是不想走出狹小的劇場而走向廣闊的民間，但是始終缺乏一種時代契機和一個足以爲大眾也爲自身普遍認可的意識形態作支撐。民族戰爭爆發後，戲劇以其靈活生動的表演形式擔負起宣傳的重任，不過，簡單的「宣傳」二字很難描述出戲劇運動與特定歷史時期的社會政治、經濟、文化之間相互交織、糾纏的複雜關係。作爲整個社會政治運動與文化運動中不可分割的部分，戲劇運動是在權力部門、知識份子以及民間社會的要求中持續發展的，政府部門、知識份子以及民間社會對戲劇的要求並不完全一致，但它們都在戲劇運動的發展中充當了重要角色，而且，儘管它們對戲劇運動的認識與發展有著各自的特點與要求，它們又都在「抗戰建國」的總體目標下獲得了協調。

〔註1〕　洪深：《抗戰十年來中國的戲劇運動與教育》，《洪深文集》，第 4 集，中國戲劇出版社 1959 年版，第 224 頁。

　　1938 年 4 月 1 日國民黨全國代表大會通過了《抗戰建國綱領》，提出了「抗戰必勝，建國必成」的奮鬥目標，並製定了包括外交、軍事、政治、經濟、民眾運動、教育等各方面的基本政策，提出整飭弊政，組織國民參政機關，團結和發動全國力量，鞏固抗戰的政治和社會基礎，注意改善人民生活，鼓勵投資，擴大戰時生產，實行計劃經濟，以應戰時需要。這是國民黨抗戰時期全面的政治綱領。這個綱領符合抗戰時期的民族利益，獲得了全國人民的支持和擁護，這使得「抗戰建國」由一個政策綱領演變爲全國人民的現實追求和精神動力，也使得各民族、各黨派、各階層在「抗戰建國」的總目標下凝聚在一起，「抗戰建國」成爲社會各成員的粘合劑，對政府部門的政策法規、知識份子的文化思考、民間社會的基本生活方式產生了較大的影響。因此，當梁實秋在《中央日報》副刊說到「與抗戰無關的材料，只要眞實流暢，也是好的」的時候，才會遭到左翼、右翼文人的一致反對，這不是後來的某些研究者所認爲的反對者純屬個人認識的偏執，而是時代已經在社會的各個角落點燃起戰爭的火花，沒有任何人能獨立於現實而高歌，何況在一個現代知識份子數量有限的古老國度，文人更應該擔當起喚起民族意識的重任，關於「與抗戰無關論」的論爭實際上談的已經不是藝術問題、取材問題，而是知識份子的社會責任感，對這種社會責任感的詢喚不僅來自知識份子的自覺意識，也是社會與政府部門對於知識份子的具體要求。

　　抗戰時期的戲劇運動就是在這種社會責任感的詢喚中開展起來的，它不僅體現爲知識份子對民間社會的啓蒙活動，更是主流意識形態對知識份子思想意識的鑄造與要求。不過，對於國民黨政府而言，「抗戰建國」的總目標其實包括「抗戰」與「建國」兩個方面，「抗戰」是一致對外，「建國」則是內部建設，這二者不可分離，卻有一個領導者與被領導者、執政黨與在野黨的差異，國民黨在抗日民主統一戰線下繼續推行「一個政黨、一個領袖、一個主義」的主張，《抗戰建國綱領》提出「中國國民黨領導全國從事於抗戰建國之大業，欲求抗戰必勝，建國必成，固有賴於本黨同志之努力，尤須全國人民戮力同心，共同擔負。因此本黨有請求全國人民捐棄成見，破除畛域，集中意志，統一行動之必要……」「全國抗戰力量應在本黨及蔣委員長領導之下，集中全力，奮勵邁進。」〔註2〕國民黨要實行一黨專政，除了對當時處於

〔註2〕　《抗戰建國綱領決議案》，榮孟源主編、孫彩霞編《中國國民黨歷次代表大會及中央全會資料》（下），光明日報出版社 1985 年版，第 484～485 頁。

抗日重要地位的中國共產黨及其領導的軍隊採取種種限制的手法外，還需要在意識形態領域進行思想的清理和灌輸民族主義，這使國民黨政府主張的三民主義在力圖強調國民民族意識的同時，充滿了微妙的政黨鬥爭的色彩。

　　國民政府把文藝作爲樹立普通民眾民族國家認同的重要手段，以抗戰建國爲新的時代內涵的民族主義成爲整合社會不同政黨、階層與民族的重要力量，因此，國家權力部門對戲劇運動的參與、支持、限制、鼓勵等均以此爲出發點。這首先體現在政府機構中有關戲劇宣傳動員部門的設立，1938 年軍事委員會政治部在武漢成立，政治部共有三個廳，第三廳之下設戲劇科，這是抗戰開始以後正式成立的首個戲劇部門，第三廳成立之初許多有聲有色的宣傳活動（諸如雪恥與兵役擴大宣傳、第二階段抗戰擴大宣傳等）都主要依靠戲劇掀起浩大的聲勢，取得了良好的社會反響，此後，教育部、宣傳部內都有戲劇專業人員任職，政府機構中戲劇宣傳和管理部門的出現說明了政府將戲劇納入體制化的進程；其次就是官辦劇團的建立，官辦劇團是政府意識形態宣傳的重要部門，它的建立不僅使國統區戲劇運動的開展獲得了合法性，還由於政府不同程度的資金資助而具備了一定的物質保障。這對戲劇人才的培養和保護是有一定積極作用的。尤其是 10 個奔赴戰區的抗敵演劇隊更是堅守演劇宣傳、加強軍隊政治訓練的有生力量，他們和其他主要活動於都市的官辦戲劇團體一起，構成抗戰時期國統區戲劇運動的生力軍。此外，相關戲劇政策的製定更是體現了國民黨政府力圖把戲劇運動納入政黨意識形態宣傳範疇的努力，國民政府主要從消極與積極兩方面進行戲劇的意識形態建構，消極方面就是把加強了劇本和演出的審查工作，抗戰期間有關劇本和演出的具體審查措施頻繁出臺，審查管理部門也經歷了由分散到集中的調整，戲劇審查制度是現代國家在文化統制方面的必然構成，但過於繁瑣的審查要求與辦事人員素質的有待提高讓戲劇界人士談審色變，怨聲載道；積極方面就是舉辦過幾次有全國影響的優良劇本的徵文和評獎活動，評選內容實際上反映了國民黨對戲劇工作的宏觀要求，國民黨中央教育部作爲評獎活動的直接舉辦單位爲戲劇運動的蓬勃發展起到了推波助瀾的作用。政府權力部門對戲劇運動的管理、調控與指導體現了國民黨政府把戲劇運動納入體制化的努力。但是正如倪偉所言，「文藝體制化必然涉及到如何看待和處理國家與社會之間關係的問題。南京政府奉行的黨國一體的訓政模式顯然對國家與社會之間必要的分野認識不足……國家權力的無限制膨脹，社會空間遭到極度擠

壓，因而喪失了良性發展的必要的活力。」〔註3〕這雖然談的是 30 年代國民黨的高壓文化統制，但是這種以國家權力蠶食社會空間的粗暴並未隨著抗戰建國的全面開展而消失，而是在戲劇審查制度中繼續延續下來。

在現代化背景下重建民族國家，是 1840 年到 1949 年整個中國現代化所面臨的歷史主題，知識份子從來是民族國家建設的重要群體，也是現代國家民族主義運動的最有力的領路人。但是知識份子對於民族國家的想像更多帶有烏托邦的文化氣息，而現實政治總具有一定程度的強制性和暴力性，這使得知識份子在民族意識的呼喚中充滿了焦急的期待和立足社會公平的義憤，加之文藝群體本身具有挑戰權力秩序的傾向，從而決定了包括文藝界在內的知識份子與現實權力之間保持著相當的距離，並以批評政治社會為己任。如果說，政府部門是「勢」的代表，知識份子則以「道」自重，在傳統中國，禮崩樂壞之時，「道」便承擔起重建社會政治秩序的任務。勢與道之間並非完全協同，但也並不意味著它們必然處於緊張的對立局面。當它們共同憧憬的民族國家理想與民族現實生活遭到外來者的挑釁與侵害時，共同的民族利益會使它們在不諧調中尋求最大程度的合作。從這個角度看，抗戰時期戲劇的宣傳並非完全迎合官方的需要，而是拯救民族危亡的需要。當然，即使是這樣，知識份子也沒有放棄對理想色彩的描繪，對現實政治的批判。這既是中國現代知識份子揭示社會病痛的文學傳統，也是藝術本身對現實功利傾向的自覺糾正與不自覺偏離。更重要的是，相對中國傳統戲劇的邊緣化社會地位而言，知識份子對戲劇藝術的積極推動與參與為提升戲劇的地位作出了卓有成效的努力。抗戰時期大量在校學生與文化青年參加戲劇宣傳隊伍，為戲劇運動輸送了最新鮮有力的血液，他們和舊劇藝人相比，文化素質高，具有現代文化意識，還有對藝術的潛心熱愛與追求，他們以民族戰士與大眾教師自居，強烈的社會責任感與文化優越感是他們與舊劇藝人最大的區別。與此同時，戲劇界的領頭人物如郭沫若、田漢、陽翰笙、歐陽予倩、洪深等人在抗戰時期都具有官方身份，這是國民黨政府為了推行文藝政策對文化知名人士的拉攏，無論其最終效果如何，可以看出，在這個階段知識份子與官方還是保持著相對合作友好的關係，這也是抗戰時期愛國知識份子與政黨部門從民族利益出發攜手共建民族國家的努力。抗戰時期戲劇以抗戰題材為主，以「國家至上」和「民族萬歲」為價值歸宿，這是知識份子與國家政權對民間社會

〔註3〕 倪偉：《「民族」想像與國家統制》，上海教育出版社 2003 年版，第 300 頁。

共同發出的民族意識呼喚。當然，知識份子對戲劇發展也有一系列的思考與討論，抗戰時期一系列的戲劇座談會與戲劇論爭體現了知識份子對民族未來、人性處境、藝術發展的獨立意識，但又不同程度地滲透了不同政黨意識形態的影響，在對現實主義的推崇中，在歌頌與暴露的態度中，在戲劇民族形式問題的探討中均是如此，而關於歷史真實性的討論更是在學術性、藝術性的問題下面潛藏著意識形態話語，有必要說明的是，政治上處於強勢的國民黨在歷次文學話語的爭奪中多處於弱勢，因為抗戰時期的戲劇批評雖然並沒有直接針對政府文化政策進行抨擊，但是卻活躍著與國民黨專制統治要求不相一致的民主、公平以及階級意識的話語。

在現代中國，戲劇大眾化實際上是一場由上而下的戲劇運動，所謂「上」是指知識精英與國家意志，所謂「下」則是以民間社會和大眾社會為對象，而大眾文化和民間文化自有其運行的規律，民間文化是相對穩定的傳統社會秩序的產物，大眾文化是由複雜化、工業化的社會生產出來的，民間文化在思想意識上的滯後性與大眾文化追求的感官愉悅性與「大眾化」所隱含的政治意識之間有很大差別。戲劇大眾化運動就是以戲劇為載體完成意識形態通俗化，使之從神聖的精神性的領域進入日常生活空間，從而完成民族國家意識建構。抗戰時期戲劇大眾化的努力在一定程度上取得了成功，「從前祇是在都會裏兜圈子的劇人們，都組織了許多演劇隊，實行下鄉，實行上前線了。從前幾乎少有跟話劇發生過關係的工人、農民、士兵……都慢慢地跑到話劇的臺前來了。從前簡直不願意印行戲劇雜誌和戲劇書籍的書店老闆們，幾乎都『作風變』，大量地印行起來了。從前被閒散地或是蒙著厚厚的灰塵靜靜地躺在圖書架上的劇本，現在卻有許多機會和讀者握手，講交情了。」〔註4〕而且，抗戰戲劇成為壓倒一切的存在，在相當一段時期，劇作家非抗戰劇不敢寫，演劇團體非抗戰劇不敢演。〔註5〕不過民間文化與大眾文化都有不受精英文化和國家權利左右的堅韌性，大眾文化是具有的商品消費特點的市民文化形態，都市市民直接以票房價值來表現他們對於文化的需求與偏好。抗戰戲劇在抗戰初期建構起一種教育與輿論的環境，劇場成為傳播和製造民族意識的社會公共領域，引發起都市市民的觀劇熱潮，這不僅體現了戲劇巨大的宣傳效果，同時也是抗戰戲劇成為時代風氣之後都市市民的競相追隨，這裡既

〔註4〕　任鈞：《臺下散談》，載《戲劇崗位》1939年第1卷第1期。
〔註5〕　吳祖光：《編劇的「含蓄」》，載《新蜀報》1941年2月23日。

有民族愛國情緒的表達，也是時尚的認同。不過，大眾並非被動的文化接受者，他們也通過票房來調節戲劇發展的趨向。1941 年以後抗戰題材的戲劇在總體比例上有所減少，而改編劇、外國名劇以及「與抗戰無關」的軟性戲劇開始增加，無論其原因有多少種，有一點是肯定的，那就是市場的呼喚與需要。沒有觀眾欣賞的戲劇卻能夠蔚然成風，這是不可想像的。戲劇的市場化運作必須正視來自觀眾的要求。

戲劇大眾化面臨的最大挑戰來自民間，具有話語優勢的現代話劇在農業社會並不具備票房號召力，傳統戲曲在民間仍然擁有廣泛的群眾基礎，然而傳統戲曲之所以被稱為「舊劇」，這個「舊」字已經不僅僅指代戲曲的年代久遠，更隱含著價值判斷的因素。傳統戲曲作為傳統社會的「遺形物」潛藏著迷信、淫穢等思想的毒素，已經無法適應現代社會的發展要求，這使得舊劇改革成為抗戰時期戲劇運動的重要任務，田漢、歐陽予倩等人在整個抗戰時期把主要精力都投放在舊劇改革之中。舊劇改革的主要目的是利用舊劇配合現實政治的需要，但舊劇形式本身積澱著豐厚的歷史信息，它與現實題材之間具有天然的疏離感，改革者不得不在其中加入許多新的名詞術語，如《岳飛》的結尾中岳飛的道白：「眾將官，趁此直搗黃龍，消滅民族敵人去！」現代詞語出現在傳統戲曲之中，這一方面說明傳統戲曲本身沒有體現現代思想的現成題材與術語，改革者不得不冒著傷害傳統戲曲的整體協調性的危險而借用現代詞彙，二來也表現了改革者急於在傳統形式中注入新的時代內涵，以現代思想意識提升傳統戲曲的教化功能。在延安舊劇改革中，更是注入了群眾路線與階級意識，用集體創作的形式保證了政治意識形態的灌輸和傳播。不過，舊劇改革儘管在民族國家意識宣傳上盡了最大的努力，但其藝術成效最終既沒有讓戲劇界滿意，也不能獲得民間社會的廣泛追隨。

總體而言，政府部門的引導規劃、知識份子的精神追求、大眾群體的日常需要共同形成戲劇發展的驅動力，它們最終統一在「抗戰建國」的總體目標之下，這三者之間不完全是從屬關係，但也不完全處於並列狀態，它們複雜地糾纏在一起，在某些時候一個因素的影響或更明顯，在另一個時候則處於被支配的地位，而且，它們相互之間也存在對立，國民黨政府對戲劇的高額捐稅制度就引發了戲劇界人士的抱怨，而戲劇界人士對大眾的教誨中也不乏一廂情願的成分。當然，事物發展不是在單純環境中受到單一因素或僅僅幾個因素的影響，像外國戲劇在中國的交流與影響、電影藝術在戰爭前後的

狀況與發展、中國人口教育素質的普及率、都市人口的遷移與消遣、大眾文化的基本狀況等等，都可以納入本論題的探討範圍，但筆者學識有限，這些因素只有留待今後再繼續思考。

抗戰時期的戲劇運動也引出了一些值得深思的問題。第一，戲劇的重要性在抗戰時期被加以重視在很大程度上與藝術本身無關，而是其教化功能被強調到極度膨脹的程度，過於現實功利性的出發點雖然未必生出乾癟的戲劇果實，但是抗戰時期戲劇教誨氣息過於濃厚，居高臨下的高臺教化姿態是普遍存在的現象。這與知識份子及政府部門對戲劇的社會定位有關。戲劇不是不能有宣傳作用，但必須以藝術的方式進行，必須建立在藝術技藝的磨礪和提高的基礎上，過於濃厚的教誨氣息難以獲得觀眾的長久熱愛。第二，戲劇的娛樂性是戲劇與生俱有的屬性，大眾在戲劇中追求感官愉悅與娛樂性也是大眾文化本質的特性，娛樂也有高雅低俗之分，娛樂也有正當非正當的差別，抗戰時期緊急的政治形勢壓抑了人們在文化生活上的娛樂性要求，「與抗戰無關」成為許多戲劇被批評的理由，這不僅是只注日於「抗戰」而忽略了「建國」，同時也是僅僅注目於眼前的政治而忽略了人們在長期困苦的戰爭生活中起碼的文化要求。戲劇對娛樂的排斥最終會受到市場對戲劇的排斥，在抗戰後期游擊演出紛紛在噱頭與生意眼上作足文章，實際上是在有限的程度上滿足觀眾的娛樂需求，祇是在各種因素的作用下，又成為一種追求經濟利益的金錢傾向。第三，國民黨政府在抗戰時期對發展戲劇運動做了一定的貢獻，政府部門對戲劇的重視直接提升了戲劇的藝術地位，官辦劇團的建立也有利於鍛煉和保護戲劇人才，從中可以看出國民黨試圖通過對民眾娛樂生活的干預而重塑國民精神的努力，但是國民黨在劇本審查和演出審查中的粗暴干涉了作家正常的創作心態與戲劇團體的市場運作，權力的誤用與濫用使國家權力喪失了權威性和合法性基礎，加之戲劇高額捐稅的徵收造成戲劇團體極大的生存困境，更傷害了戲劇界人士的社會自尊。第四，任何藝術的發展都需要從現實生活與鬥爭中獲取持續發展的動力，抗戰時期戲劇對宣傳功能的過分追求雖然是對時代任務的緊急回應，但也使戲劇從民族生活現實中獲得了廣闊的表現題材和表演領域，使得戲劇走出了戰前狹小的唯美主義的幻夢或濃烈的階級意識，與時代的緊密聯繫、對現實的積極參與配合著技藝的摸索、向西方演藝理論的學習，使得抗戰時期的戲劇無論在思想內容還是在藝術表現上均獲得巨大的進步，在這個過程中戲劇運動始終以建設民族文化與民族

國家爲最終目標，這種宏大的氣魄和長遠的眼光是抗戰時期戲劇運動成功的核心與關鍵。抗戰之後，戲劇不復再有 40 年代的輝煌，除了新的傳播媒介的興起、電影事業發展的衝擊、大眾文化生活的豐富外，戲劇自身也漸漸缺乏明確的自我確立的文化目標，只有普通的戲劇活動，而無有組織有規模有戲劇人自覺同心協力參加的戲劇運動了。

最後需要說明的是，抗戰時期戲劇運動與「抗戰建國」的關係，實質上是戲劇運動與意識形態的關係，這當中很多事件的歷史意義應當不僅僅局限於那個特定的時代，而是會在許多相似的歷史境遇再度出現。總之，在國家意識形態的建構中，戲劇作爲傳播意識形態的重要工具都將拖著沉重的肉身而尋求精神世界的飛行。

參考文獻

一、報刊史料

1. 《新華日報》（1938 年～1945 年）

2. 《中央日報》（1937 年～1945 年）

3. 《大公報》（1937 年～1945 年）

4. 《新蜀報》（1937 年～1945 年）

5. 《時事新報》（1937 年～1945 年）

6. 《新民報》（1937 年～1945 年）

7. 《抗戰文藝》：中華全國文藝界抗敵協會會刊，1938 年 5 月創刊於武漢，1946 年 5 月終刊於重慶，共出 77 期。

8. 《文藝先鋒》：文藝先鋒社印行，1942 年 10 月創刊，至 1948 年。

9. 《抗戰戲劇》：福建省抗敵後援會抗敵劇團，1938 年 6 月創刊，至 1940 年 10 月。

10. 《戲劇春秋》：桂林戲劇春秋社，1940 年 11 月創刊，至 1942 年 10 月，共出 2 卷。

11. 《戲劇新聞》：中華全國劇協的會刊，1938 年 5 月創刊於武漢，原爲周刊，1938 年 9 月第 6 期起，轉移至重慶出版，改爲半月刊，1942 年 3 月，該刊借《新蜀報》副刊版面發行，不定期。

12. 《戲劇崗位》：重慶戲劇崗位社，1939 年 4 月創刊，至 1942 年 5 月，共出 3 卷。

13. 《戲劇月報》：重慶戲劇月報社，1943 年 1 月創刊，至 1944 年 4 月，共出 5 期。

14. 《戲劇戰線》：成都戲劇戰線社，1939 年 9 月創刊，1942 年 5 月終刊。

15. 《戲劇時代》：重慶中央青年劇社，1943 年 11 月創刊，1944 年 10 月停刊，共出 1 卷。

16. 《青年戲劇通訊》：重慶青年戲劇月報社，1940 年創刊，至 1942 年 2 月，共出 19 期。

17. 《戲劇與文學》：上海劇藝社，1940 年 1 月創刊。

18. 《新演劇》：創刊於 1937 年 5 月，先後在上海、武漢出版，1938 年停刊。1940 年 6 月在重慶復刊，由上海雜誌公司發行，但僅出了一期（復刊特大號）。

19. 《演劇藝術》：中國文化事業社發行，1945 年 6 月創刊於重慶。

二、徵引文獻

1. 中國第二歷史檔案館編《中華民國史檔案資料彙編》，第三輯「文化」，南京：江蘇古籍出版社，1991 年。

2. 中國第二歷史檔案館《中華民國史檔案資料彙編》，第五輯第一編「文化」（一、二），南京：江蘇古籍出版社，1994 年版。

3. 中國第二歷史檔案館《中華民國史檔案資料彙編》，第五輯第二編「文化」（一、二），南京：江蘇古籍出版社，1998 年。

4. 《中國抗日戰爭時期大後方文學書系》，第一、二、七編，重慶：重慶出版社，1989 年。

5. 《中國話劇運動五十年資料選》（1～3），北京：中國戲劇出版社，1959 年。

6. 陳獨秀《陳獨秀文章選編》（上、下），北京：三聯書店，1984 年。

7. 《中國近代文學大系·戲劇集》，上海：上海書店，1996 年。

8. 《中國新文學大系·文學理論（2）》，上海：上海文藝出版社，1987 年。

9. 《中國新文藝大系·理論史料集》（1937～1949），北京：中國文聯出版公司，1998 年。

10. 重慶師範學院中文系編《國統區文藝資料叢編·戰國派》（1、2），重慶：重慶師範學院，1979 年。

11. 《魯迅全集》第 4、7 卷，北京：人民文學出版社，1981 年。

12. 《田漢文集》第 14、15 卷，北京：中國戲劇出版社，1986 年。

13. 《洪深文集》（1～4），北京：中國戲劇出版社，1959 年。

14. 《郭沫若全集》第 19 卷，北京：人民文學出版社，1992 年。

15. 《馬克思恩格斯全集》第 1 卷，北京：人民文學出版社，1965 年。

16. 上海戲劇學院熊佛西研究小組編《現代戲劇家熊佛西》，北京：中國戲劇出版社，1985 年。

17. 北京大學、北京師範大學、北京師範學院中文系中國現代文學教研室編《文藝運動史料選》，第 5 冊，上海：上海教育出版社，1979 年。

18. 《毛澤東論文藝（增訂本）》，北京：人民文學出版社，1958 年。

三、參考著作

1. 阿英主編《晚清文學叢鈔·小說戲曲研究卷》，北京：中華書局，1960 年。

2. 〔英〕艾瑞克·霍布斯鮑姆《革命的年代》，王章輝譯，南京：江蘇人民出版社，1999 年。

3. 〔西班牙〕奧爾特加·加塞特《大眾的反叛》，劉訓練、佟德志譯，長春：吉林人民出版社，2004 年。

4. 〔美〕本尼迪克特·安德森著《想像的共同體：民族主義的起源與散佈》，吳叡人譯，上海：上海人民出版社，2005 年。

5. 〔法〕布迪厄《藝術的法則——文學場的生成與結構》，劉暉譯，北京：中央編譯出版社，2001 年。

6. 蔡爾康等《李鴻章歷聘歐美紀》，長沙：嶽麓書社，1986 年。

7. 陳白塵、董健主編《中國現代戲劇史稿》，北京：中國戲劇出版社，1989 年。

8. 陳思和《中國新文學整體觀》，上海：上海文藝出版社，1987 年。

9. 董健《陳白塵論劇》，北京：中國戲劇出版社，1987 年。

10. 〔美〕費正清主編《劍橋中華民國史》（上、下），章建剛等譯，上海：上海人民出版社，1991 年。

11. 馮並《中國文藝副刊史》，北京：華文出版社，2001 年。

12. 傅謹《中國戲劇藝術論》，太原：山西教育出版社，2000 年。

13. 黃宗英《黃宗英自述》，鄭州：大象出版社，2004 年。

14. 季進、曾一果《陳銓：異邦的借鏡》，北京：文津出版社，2005 年。

15. 〔德〕迦達默爾《真理與方法》，洪漢鼎譯，上海：上海譯文出版社，1999 年。

16. 江沛《戰國策思潮研究》，天津：天津人民出版社，2001 年。

17. 〔英〕雷蒙·威廉斯著《關鍵字：文化與社會的詞彙》，劉建基譯，上海：三聯書店，2005 年。

18. 〔美〕雷納·韋勒克《現代文學批評史：1750～1950》，第五卷，章安祺、楊恒達譯，北京：人民出版，1991 年。

19. 李恒基、楊遠櫻主編《外國電影理論論文選》，上海：上海文藝出版社，1995 年。

20. 呂效平《戲劇本質論》，南京：南京大學出版社，2003 年。

21. 〔英〕馬丁‧艾思林《戲劇剖析》，北京：中國戲劇出版社，1981 年。

22. 南帆《文本生產與意識形態》，廣州：暨南大學出版社，2002 年。

23. 倪偉《「民族」想像與國家統制》，上海：上海教育出版社，2003 年。

24. 錢理群、吳福輝等《中國現代文學三十年》，上海：上海文藝出版社，1987年。

25. 錢理群《大小舞臺之間》，北京：北京大學出版社，2007 年。

26. 〔美〕R‧韋勒克《文學思潮和文學運動的概念》，劉象愚等譯，北京：中國社會科學出版社，1989 年。

27. 榮孟源主編、孫彩霞編輯《中國國民黨歷次代表大會及中央全會資料》，北京：光明日報出版，1985 年。

28. 施旭升主編《中國現代戲劇重大現象研究》，北京：北京廣播學院出版社，2003 年。

29. 石柏林《淒風苦雨中的民國經濟》，鄭州：河南人民出版社，1993 年。

30. 石曼《重慶抗戰劇壇紀事》，北京：中國戲劇出版社，1995 年。

31. 司馬長風《新文學史話》，香港：南山書屋，1980 年。

32. 司馬長風《中國新文學史》，香港：昭明書社，1978 年。

33. 宋寶珍《殘缺的戲劇翅膀》，北京：北京廣播學院出版社，2003 年。

34. 唐伯弢編著、白化文修訂《富連成科班三十年史（修訂版）》，北京：同心出版社，2000 年。

35. 田本相主編《中國現代比較戲劇史》，北京：文化藝術出版社，1993 年。

36. 王本朝《中國現代文學制度研究》，重慶：西南師範大學出版社，2002年。

37. 〔美〕王笛《街頭文化》，李德英、謝繼華、鄧麗譯，北京：中國人民大學出版社，2006 年。

38. 王韜《漫遊隨錄》，長沙：嶽麓書社，1985 年。

39. 王文彬《中國報紙的副刊》，北京：中國文史出版社，1988 年。

40. 王興平、劉思久、陸文壁編《曹禺研究專集》，福州：海峽文藝出版社，1985 年。

41. 王一川《大眾文化導論》，北京：高等教育出版社，2004 年。

42. 魏朝勇《民國時期文學的政治想像》，北京：華夏出版社，2006 年。

43. 夏衍《夏衍論創作》，上海：上海文藝出版社，1982 年。

44. 許道明《中國現代文學批評史新編》，上海：復旦大學出版社，2002 年。

45. 許國榮、左萊《金山傳》，北京：中國戲劇出版社，1989 年。

46. 陽翰笙《陽翰笙日記選》，成都：四川文藝出版社，1985 年。

47. 〔英〕約翰·湯姆森《意識形態與現代文化》，高銛等譯，南京：譯林出版社，2005 年。

48. 張庚《張庚文錄》，第 2 卷，長沙：湖南人民出版社，2003 年。

49. 張光年《張光年文集》，第 2 卷，北京：人民文學出版社，2002 年。

50. 張靜廬編《中國現代出版史料》（丙編），北京：中華書局，1956 年。

51. 張靜廬編《中國現代出版史料》（乙編），北京：中華書局，1955 年。

52. 張駿祥《張駿祥文集》（上、下），上海：學林出版社，1997 年。

53. 張英進、於沛《現當代西方文藝社會學探索》，福州：海峽文藝出版社，1987 年。

54. 趙丹《地獄之門》，上海：上海人民出版社，1980 年。

55. 趙明《劇影浮沉錄》，北京：文津出版社，1991 年。

56. 周靖波編《中國現代戲劇論》（上、下），北京：北京廣播學院出版社，2003 年。

57. 周寧《想像與權利》，廈門：廈門大學出版社，2003 年·

58. 朱斯煌主編《民國經濟史》，南京：銀行學會、銀行周報社，1948 年。

後　記

　　本書是在博士論文的基礎上修改完成的，2010 年經中國社會科學出版社出版時，書名爲《1937～1945：國家意識形態與國統區戲劇運動》，採用這個書名是我基於一些現實的考慮，也留下了一絲小遺憾。該書出版之後，收到一些學界同行的良好回饋，但對書名提出異議的不乏其人，因此，此次出版第一是對原書的內容進行補充、修正和調整，第二就是將書名恢復爲《1937～1945：「抗戰建國」與國統區戲劇運動》。

　　從意識形態的角度研究戲劇在抗戰時期的發展形態，分析文藝政策與文學制度對戲劇運動的具體影響，這個選題是受李怡先生的直接啓發而選定的。意識形態不僅是觀念，更是一種生活狀態。書稿完成之後，我堅信此中仍有許多未被開發的空間值得關注。書中一些未及深入的環節，例如戲劇發展與都市的關係，戲曲改造與文化創新，權力機構、民間社會與藝術形式之間的相互作用，等等，或將成爲今後持續關注的課題，繼續豐富和擴展我對抗戰時期戲劇運動的認識。

　　抗戰文藝的研究一度顯得冷清，有突破的學術成果不多，如何釋放抗戰文藝的研究潛力，成爲學者們深思的問題。李怡先生提出「抗戰文學研究應該以大後方爲典型的民國文化格局的重新清理和分析爲基礎，建構新的『民國文學』闡釋框架，以期爲抗戰時期不同區域的中國知識份子的精神有更爲深入的把握」，近幾年李怡先生關於民國文學機制的系列文章高屋建瓴，爲民國時期的文學研究提供了切合中國國情的視野與角度。在修訂本書過程中，這些見解和思路對我有很大啓發。

　　感謝我的啓蒙導師胡潤森先生引導我步入學術之門，感謝我的博士導師李怡先生在我求學道路上給予的無私幫助，感謝我的家人用溫暖的親情照耀我一路前行，感謝臺灣花木蘭文化出版社爲本書的出版付出的努力。

2012 年 2 月 5 日